KB009974

롯데학술총서

004

백제의 야마토왜와 일본화 과정

일러두기

- 이 책은 『백제의 야마토왜와 일본화 과정』(1990)의 신판이다.
- 외국의 인명과 지명 등은 원칙적으로 외래어 표기법을 따랐으나, 의미가 더 명확하게 전달되도록 한자음 그대로 표기한 곳도 있다.
- 단어 위의 점은 저자의 강조이다.
- 전집이나 단행본, 정기간행물은 『』, 논문 등은 「」로 표기했다.

백제의 야마토왜와 일본화 과정

최재석 지음

만권당

머리말

이 책의 정식 제목은 『백제의 야마토왜(大和倭)와 백제 야마토왜의 일본으로의 변신 과정』이지만 그것을 짧게 표현하다 보니 『백제의 야마토왜와 일본화 과정』이 되었다.

필자는 본래 『한국 가족제도사 연구』 저술을 시작하면서 이 작업이 끝나면 조선시대 사회사와 일본 고대 가족제도사를 연구할 계획으로 그에 대한 자료를 수집하고 있었다. 그러나 한국 가족제도사 연구, 특히 신라 가족사를 연구하는 과정에서 한국 고대사 또는 한국 고대 사회사 쪽으로 계획을 변경하게 되었고, 한국 고대사 연구는 필연적으로 일본 고대사 연구로 나아갈 수밖에 없었다.

한국 고대사를 연구하다 보니, 도중에 중단한 조선 사회사나 일본 가족제도사 연구보다 한국 고대사와 일본 고대사 연구가 몇 배나 중요하고 긴요하다는 것을 느끼게 되었다. 처음에는 한국 고대사 관련 논문집 두 권을 1991년까지 끝내고, 일본 고대사 연구는 1991년에 시작해 21세기로 넘어가기 직전인 1999년까지 끝내려고 계획을 세웠다. 전 세기인 19세기부터 일본인 고대사학자들이 왜곡한 한국 고대사와 일본 고대사를 현 세기인 20세기를 지나 21세기까지 끌고 가서는 안 된다고 생각했기 때문이다. 필자는 하루라도 더 젊을 때 일본 고대사 연구를 시작해야 한다고 생각해 강행군에 나섰고, 그 결과, 야마토왜의 역사인 일본 고대사 연구를 1987년부터 1990년까지 4년 만에 끝낼 수 있었다. 과로의 연속이었지만 '끝내고 죽어야 한다'는 한 친지의 격려가 큰 힘이 되었다. 연구가 진행되는 동안 매일매일이 흥분과 긴장의 연속이었는데, 그것은 서기 670년까지의 일본 고대사는 한국 고대사의 일부라는 증거가 꼬리를 물고 속속 나타났기 때문이다. 탈고를 하고 보니 어느덧 정년이 되어 있었다.

연구를 끝내고 보니 일본 고대사학자들의 거의 전부가 메이지(明治) 시대부터 오늘날까지 한국사, 특히 『삼국사기(三國史記)』의 초기 기록이 조작되었다고 그렇게도 집요하게 한결같이 주장하는 근본 이유를 더욱 확실히 알게 되었다. 일본 고대사의 진실(야마토왜는 백제에 의해 건국되고 경영된 직할 영토였다)을 은폐하고 허위 고대사(일본사가 한국사보다 오래고, 일본은 처음부터 독립국가였으며, 한국은 일본의 식민지였다)를 주장하려면 『삼국사기』의 기록이 조작, 전설일 뿐이라고 왜곡할 수밖에 없었기 때문이었던 것이다.

이 연구의 주 자료는 『일본서기(日本書紀)』인데, 『일본서기』는 크게 백제 중심의 기사와 야마토왜 중심의 기사로 구분된다. 물론 전자는 역사적 사실에 입각한 기록이고 후자는 특히 후세에 조작·변개된 기사이다. 후자에 속하는 기사는 전체가 전적으로 조작된 것도 있지만, 내용은 백제 중심이되 그 표현은 야마토왜 중심으로 되어 있는 것도 있다.

나라(奈良) 시대인 8세기까지도 야마토왜 사람들은 한국 의복을 입고 한국 음식을 먹었으며 언어도 한국어를 사용했다. 그러나 8세기 초반에 편찬된 『일본서기』와 『고사기(古事記)』는 한국어로 편찬되어 있어야 함에도 불구하고 한국어는 극히 일부만 남아 있고, 대부분의 기사는 한국어가 이질화된 후세, 즉 헤이안(平安)·가마쿠라(鎌倉) 시대의 일본어로 되어 있다. 다시 말하면, 후세 일본의 언어와 의복과 음식은 8세기까지의 한국어와 한국 의복과 한국 음식이 이질화된 것이라는 점에 유의해야 한다.

이 책은 그동안 쓴 열 편의 논문을 모은 것인데, 책으로 모으면서 약간 수정한 곳이 있다. 자매서인 『일본 고대사 연구 비판』을 함께 읽으면 일본 고대사의 진실을 더욱 뚜렷하게 파악할 수 있을 것이다. 이 책에서 필자가 적용한 방법은 한국 고대사회사 연구에 적용한 것과 같은 '역사·사회맥락적 방법'이다.

자료 수집을 기꺼이 도와준 분들이 없었다면 책이 이렇게 빨리 햇빛을 보지 못했을 것이다. 도와준 시간 순서대로 적으면 허인순 교수, 최광식 교수, 박혜인 교수, 문명재·오현숙 씨 부부, 조명철 씨, 이문웅 교수, 김웅렬 교수, 김은숙 교수 등이며, 모두에게 깊이 감사한다.

또 원고 정리와 원전 대조, 교정 및 색인 작성에 수고를 아끼지 않은 안호룡, 이경형, 박남훈, 김홍주 씨에게 깊이 감사드린다.

차례

4부 야마토왜와 인접 국가의 관계

5부 야마토왜의 '일본'으로의 변신 과정

들어가며

이 책은 고대국가로서의 야마토왜의 형성·구조·발전·변신 과정에 관한 열 편의 논문으로 구성되어 있다. 양적으로 방대하고 지루하여 모두 읽지 않으면 그 내용을 잘 파악할 수 없다는 어려움이 있으므로 대략적인 윤곽을 알 수 있도록 여기에 제시하고자 한다.

일본 고대국가 연구의 올바른 시각

종래 일본 고대국가사 또는 고대 한일관계사 연구는 주로 '문화'의 시각에서 행해져 왔다. 이러한 문화의 시각에서는 고대 일본열도에서 일어났던 역사적 진실의 하나인 국가 성립사나 한국과 왜(일본) 사이에 전개되었던 역사적 관계를 올바르게 파악할 수 없으며, 이 시각은 오히려 진실에의 접근을 근원적으로 저해할 뿐이다. 따라서 일본 고대국가사나 고대 한일관계사를 정확히 파악하기 위해서는 다음과 같은 시각에서 보아야 한다.

1) 문화의 시각이 아니라 인간 집단의 시각에서 보아야 한다.

2) 일본 원주민과 일본으로 이주한 이주민을 구별하고 양자의 수와 문화 수준이 조사 · 비교되어야 하며, 동시에 그 이주민의 본래 국적이 밝혀져

야 한다.

3) 일본 국가사 연구와 조몬(繩文) · 야요이(彌生) 시대를 포함하는 일본 고대사는 엄격히 구별되어야 한다.

4) 다음과 같은 시각도 아울러 가져야 한다.

① 일본 고대국가의 강역의 범위와 일본열도 각지에 존재하는 수많은 독립된 소왕국 또는 소군주의 실체 파악

② 야마토왜의 해상수송 수준 또는 능력

③ 일본 이주민의 이주 형태(개별 이주인가 집단 이주인가)

④『일본서기』의 올바른 분석 시각

그러나 이보다 더 중요한 것은 일본 고대사의 진실을 과학적으로 파헤치고자 하는 용기와 의지가 있는가 하는 점이다.

고대 일본열도로 건너간 한민족과 일본 원주민의 수와 문화 수준

일본 도쿄대 하니하라 가즈로(埴原和郎) 교수는 인구학적·인류학적 시각에서 700년 당시 일본으로 건너간 이주자와 일본 원주민의 수를 추정해 이주민과 일본 원주민의 수의 비율은 80~90퍼센트 대 10~20퍼센트라는 견해를 발표했다. 그러나 그는 일본 이주민의 국적을 밝히지 않고 '한반도를 경유한 아시아 대륙인(from the Asian Continent, perhaps mainly via Korean Peninsula)'이라고만 했다. 그러나『일본서기』의 이주자에 관한 자료 분석에 의하면 이주민은 거의 전부 한민족임이 확인된다. 이것은 ① 중국인은 일본에 이주해야 할 이유가 없다는 점, ② 날씨가 좋으면 한반도에서 일본열도는 서로 바라볼 수 있을 정도의 근거리에 있다는 점, ③ 고구려와 신라의 해상수송 능력 차이,

④ 나라 시대까지도 일본인들(생물학적으로는 한민족이다)이 한복을 입고 한국 음식을 먹었다는 점, ⑤ 일본 사서(『고사기』, 『일본서기』, 『만엽집(萬葉集)』) 어느 것이든 조작되지 않은 부분에는 지금도 한국어 또는 한국식 한자가 남아 있다는 점에 의해 뒷받침된다.

한편 일본 원주민과 이주민인 한민족 사이에는 크나큰 문화 수준 차이가 보인다. 일본 원주민에게는 실과 바늘로 만든 의복이나 문자, 종이, 먹도 없었고, 저수지·수로·제방이나 말(馬), 조선술도 없었다. 이러한 신천지 일본열도에 한민족이 집단 이주해 ① 의복·직물 제조, ② 문서 독해와 문구·물감 제작, ③ 말 사육, ④ 건축·토목·해상수송, ⑤ 공예·도기, ⑥ 의약, ⑦ 회화·음악, ⑧ 역법(曆法·易法), ⑨ 불사·불교 등 모든 분야를 개척하고 야마토왜라는 국가를 세웠다.

일본 고대 천황과 지배층의 원적

700년 당시 일본에 거주한 한민족과 일본 원주민의 수와 문화 수준의 차이를 볼 때 일본의 천황과 지배층이 한민족이라는 것은 너무나도 자명한 사실이지만, 이를 명확히 확인하기 위해 천황을 위시한 몇몇 지배층의 본래 국적을 살펴보았다.

『고사기』와 『일본서기』의 귀신시대(神代)의 설화, 『일본서기』의 「텐지기(天智紀)」, 「비다쓰기(敏達紀)」, 그리고 『신찬성씨록(新撰姓氏錄)』 등을 보면 일본 천황은 본래 백제인이라는 것이 확실하다. 그뿐만 아니라 일본열도 내에 수없이 존재하는 한국 국명[백제(百濟), 신라(新羅), 고구려(高句麗), 가야(伽耶), 가라(加羅)]에 의해서도 일본 천황이 한국인일 수밖에 없는 근거를 알 수 있었고, 또한 고려(高麗), 신라, 가라(가야) 등의 지명은 일본열도의 여러 곳에 존재하는 데 반해 백제라는 이

름이 붙은 지명은 주로 기나이(畿內) 지방에만 집중되어 있음을 두 권의 저서[『조선의 국명을 본뜬 명사고(朝鮮の國名に因める名詞考)』와 『대일본지명사서(大日本地名辭書)』]를 통해 알 수 있었다.

야마토왜의 지배층은 ① 종주국인 백제의 왕실, ② 야마토왜에 파견되어 그곳의 일을 감독한 백제의 왕자와 고관, ③ 야마토왜를 실제 경영하기 위해 일정 기간 야마토왜로 파견된 백제 관인, ④ 현지인 야마토왜의 왕과 소가씨(蘇我氏), ⑤ 야마토왜의 중신, ⑥ 그 밖의 여러 분야의 지배층 등으로 나눌 수 있는데, 여기서는 야마토왜의 실질적인 왕인 소가씨, 중신인 모노노베씨(物部氏), 그 밖의 여러 분야의 지배층, 즉 불교계 지도층, 왕실교육 담당자, 역대 천황의 시의(侍醫), 견당(遣唐) 유학생, 국인(國人), 군대 사령관, 국박사(國博士) 등도 백제인을 중심으로 하는 한국인이라는 것을 고찰했다.

야마토왜와 인접 국가의 관계

야마토왜가 백제에 의해 경영되었다 하더라도 야마토왜는 고구려와 신라에도 유학생을 파견했으며, 또 신라에는 수없이 사절을 파견했다. 또 왕실의 교육 담당자와 시의까지도 백제인뿐만 아니라 고구려인, 신라인을 초빙했다. 이 밖에 야마토왜에는 여러 직업의 고구려인, 신라인이 거주하며 활동했지만, 백제 패망 후 유학생, 사절 등의 해상수송을 신라에 의존한 것이나 신라에서 일본에 파견한 사신에 대한 칙사 대접 등으로 미루어 볼 때 야마토왜는 상당 기간 신라에 예속되었을 것으로 생각된다.

663년 본국인 백제의 마지막 항쟁마저 실패로 끝나자 야마토왜에 대규모의 백제 지배층 이주자가 몰아닥쳤다는 사실과 진정한 고대국가를 건설하는 시기인 669년부터 702년까지 견당사(遣唐使)는 중단되고 오로지 견신라사(遣新羅使)만 여러 번 파견되었다는 사실은 일본 고대국가 건설의 주역이 누구인지를 암시한다. 이른바 671년의 오미령(近江令)이나 690년의 기요미하라령(淨御原令)의 시행, 701년의 다이호율령(大寶律令) 반포를 비롯해 690년의 후지와라쿄(藤原京) 조영(造營) 착수, 708년의 헤이조쿄(平城京) 조영 착수 등 일본에서의 율령 체제 확립과 그것에 상응하는 왕도(王都) 건설은 모두 일본으로 대규모 이주한 백제 지배층과 일본으로 파견된 견신라사에 의해 이루어졌다. 700년까지 일본은 백제와, 일본으로 이주한 백제인에 의해 경영되었으며, 중국 문화의 영향은 거의 받지 않았던 것이다.

백제의 야마토왜 경영, 그리고 '왜'에서 '일본'으로의 변신

일본열도 내의 국가 형성사는 북미나 호주처럼 신천지에 집단 이주한 이주민의 개척사로 시작된다. 즉, 야마토왜의 역사는 5세기 초 한국에서의 전란을 피해 야마토 지역에 집단 이주한 백제민의 정착·개척사로부터 시작된다. 이들은 처음에는 자치적으로 저수지, 수로나 농경지 개척과 같은 사업에 종사했으나, 6세기부터는 백제에서 임명되어 파견된 왕이 중심이 되어 국가 형태를 갖추었다. 이로부터 일정 기간 야마토왜의 총독 역할을 하는 백제의 왕자나 고관이 파견되고, 야마토왜의 국가 행정을 관리하기 위해 백제 관인이 교대로 파견되기도 했다. 야마토왜에서 백제의 관위(官位)가 사용되고 백제가 잡은 포로가 야마토왜로 송치(送致)되거나 백제의 장군이 기타큐슈(北九州)를 방위하는 현상에서도 백제와 야마토왜의 관계를 알 수 있다.

왕이 거처한 곳, 사찰 소재지, 실질적인 소가씨의 시정 지역, 사회복지사업 실시 지역, 성(姓)을 하사받은 사람의 거주 지역, 실제로 왕정이 미친 지역, 『신찬성씨록』의 씨족 거주지 등으로 살펴보건대 야마토왜의 강역은 야마토에서 확대되어 나갔으나 8세기에도 일본열도 전체에 미치지는 못했다. 그런데 왕(천황)이 거처한 곳은 왕궁이라기보다 20~30년 정도면 기둥이 썩는 오막살이에 불과했으며 왕권이 미치는 지역 내, 심지어는 야마토나 가와치(河内) 지역에도 야마토왜와는 관련이 없는 소왕국이 존재했으니 진정한 의미에서 기나이는 물론이고 야마토나 가와치도 야마토왜의 강역이라고는 말할 수 없다.

이러한 왕궁의 구조, 왕권, 문서 해독자, 역법의 도입, 전문적 국가 경영자의 유무나 율령 체제의 확립 등의 관점에서 볼 때, 663년 종주국인 백제의 패망으로 대거 이주한 백제 지배층에 의해 처음으로 고대국가가 형성되었으며 율령 체제의 확립이 가능했던 것으로 보인다. 그리고 해상수송 능력을 볼 때 700년까지도 일본은 자력으로 사절이나 유학생을 외국에 보낼 수 없었다.

야마토왜는 백제 패망까지는 궁, 거주지, 사찰, 심지어는 왕의 시신 안치소 등의 이름에도 백제라는 것을 표시해 백제 사람에 의해 경영되는 것을 과시했으나, 종주국인 백제가 멸망한 뒤 백제의 지배층이 백제의 관위가 통용되고 백제가 경영하고 있던 야마토왜에 대거 이주하자 이러한 의식은 달라지기 시작했다. 이들은 국호를 '왜(倭)'에서 '일본(日本)'으로 바꾸고 고대국가로서의 기틀을 만드는 동시에 야마토왜의 역사를 왜곡하기 시작했다. 역사의 진실을 은폐하고 거짓 역사를 서술했는데, 그것은 첫째, 야마토왜가 한국 역사보다 더 오래되었고, 둘째, 야마토왜는 처음부터 독립국가였으며, 셋째, 한반도는 일본의 식민지였다는 세 가지 항목으로 요약될 수 있다[일본 고대사학자는 여기에 더 보태 임나(任那)는 가야이고 『삼국사기』의 초기 기록은 조작되었다고 주장한다]. 좀 더 구체적으로 말하면 『일본서기』가 그 속에서 인용하는 역사서[『백제기(百濟記)』, 『백제신찬(百濟新撰)』, 『백제본기(百濟本記)』]를 가필·조작해 원천적으로 역사의 진실을 은폐·조작했고, 역대 기년(紀年), 왕의 재위 기간, 왕의 수명, 국호, 왕호, 중앙 주요 관직명, 지방행정구획(국, 군, 현)과 그 책임자(관직과 성명), 한(백제, 신라, 고구려)·일 관계, 임나일본부(任那日本府), 「진구기(神功紀)」 등을 조작했으며, 일본 총독으로서의 백제 왕자와 고관, 그리고 백제 관인의 일본 파견, 또는 일본 개척자로서의 이주민 등의 기사 등을 왜곡 기술했다. 물론 일본열도 각지에 존재하는 무수한 소왕국에 대해서는 언급하지 않았다. 고대사의 진실을 은폐하고 왜곡한 역사서가 『일본서기』이지만 쓰다 소키치(津田左右吉)의 한탄처럼 모두 은폐되지는 않았다. 은폐하려는 것이 은폐되지 않은 것이 『일본서기』이며, 조작·변개한 것이 그대로 노출되어 있다. 여하튼 국호를 '왜'에서 '일본'으로 바꾼 670년부터는 왜(일본)가 백제로부터 독립되는 시기로 볼 수 있다.

663년 이전 야마토왜가 백제의 직할 영토라는 것은 다음에 잘 나타나 있다.

① 일본열도 내 한민족과 원주민의 수나 야마토왜 내 백제인과 원주민의 수는 각각 9:1이고 문화 수준 차이도 컸다.

② 백제, 신라, 고구려, 가야의 국명을 딴 지명이 일본열도를 뒤덮고 있고, 야마토왜의 왕궁명, 지역명, 사물명에도 '백제'라는 명칭이 붙었다.

③ 한반도의 횡혈식석실, 도질토기, U자형 쟁기끝, 마구(馬具) 등이 일본열도 전역에서 출토되고, 오진릉(應神陵), 닌토쿠릉(仁德陵)의 출토품도

한국의 출토품과 흡사하다.

④ 야마토왜의 개척은 백제에서 온 집단 이주민에 의해 시작 · 지속되었다.

⑤ 백제의 관위가 시종 그대로 야마토왜에서 사용되었다.

⑥ 백제는 야마토왜에 관인 등을 일정 기간 파견해 야마토왜를 경영했으며, 야마토왜의 불교 일체(승려 파견, 사찰 건립, 불상 · 불사리 보냄)를 직접 경영했다.

⑦ 백제는 전쟁 포로를 야마토왜에 송치해 그 노동력을 이용했다.

⑧ 백제는 왕자, 왕족을 파견해 야마토왜의 정무 보고를 받고 통치했다.

⑨ 야마토왜의 왕이 백제 사인(使人)에게 백제 왕의 지시를 따르겠다고 말했으며, 당시에는 백제를 '본국[종주국(宗主國)]'으로, 백제 왕을 '형(兄) 왕'으로 의식했다.

⑩ 야마토왜의 해외수송 수단은 백제와 신라가 장악하고 있었다.

⑪ 왕의 거처는 맨땅에 기둥을 박고 띠로 이은 집인 데 비해 백제가 직영한 객관(客館)과 불사(佛寺)는 주춧돌 위에 기둥을 세운 기와집이다.

⑫ 백제의 장군이 백제에서 야마토왜로 후퇴해 그곳을 방어했다.

⑬ 백제 패망 후 이주한 지배층은 백제 관위에 상응하는 관위를 받았다.

1부

일본 고대국가 연구의 올바른 시각

1. 문화의 시각과 인간 집단의 시각

일본 고대국가사는 고대 한일관계사인 동시에 한국인에 의한 일본 개척사이기도 하다. 그러나 지금까지 거의 100년 동안 고대 한일관계사 연구는 의식적이든 무의식적이든 간에 거의 '문화' 측면에서만 이루어졌다. 이러한 시각에서는 고대 한일관계의 진실, 즉 고대 일본열도에서 일어났던 역사적 사실이나 양 지역 간에 전개되었던 역사적 관계를 올바르게 파악할 수 없으며, 이는 오히려 진실에 대한 접근을 저해할 것이다. 이러한 일본인의 연구 시각은 사실 한국인에게도 받아들여졌다.

문화 전파의 시각에서 본 지금까지의 고대 한일관계 연구 결과는 대체로 다음과 같다.

① 일본의 문화가 '반도'에서 왔다고 하지만, 그것은 '반도'의 문화가 아니라 '중국'의 문화가 반도를 경유한 데 불과하다.
② 일본은 '대륙 문화', '아시아 문화'를 섭취해 고대국가를 건설했다.
③ 일본 고대 문화에는 중국(남북조, 당 등), 그리스, 페르시아, 중앙아시아, 인도 등의 문화의 영향이 적지 않다.
④ 일본 문화의 원류는 한반도 문화 또는 백제 문화이다.

⑤ 일본은 백제 문화를 직수입했다.

⑥ 한국 고대 문화가 일본에 전파되었다.

문화 전파의 시각에서 본다면 고대 한일관계에 대해서는 이 이상의 결론이 나올 수 없으며, 한국과 일본의 진정한 관계와 일본에 이주한 한국인과 일본 원주민의 관계는 파악할 수 없게 된다. 인간이 아니라 문화의 시각에서 보는 사람은 이미 이러한 사정을 알고 문화 전파의 시각을 택한 것으로 보인다. 왜냐하면 이들은 문화 전파의 시각에서 일본열도에서 일어났던 역사적 사실의 파악을 저해했을 뿐만 아니라, 문화 전파의 자체 설명에서도 이중 삼중으로 사실을 왜곡하고 있기 때문이다. 위 ①의 주장은 주로 1945년 이전 시대 일본인 학자의 대표적인 견해이고 ②, ③의 주장은 그 이후의 것인데, 일본이 받아들인 것이 한국 문화라는 점을 모호하게 표현하거나, 한국 문화가 아닌 다른 나라의 문화를 받아들였거나 그 영향을 받았다는 점을 어떻게든 강조하는 식으로 사실을 왜곡한 것이다. 한편 ④, ⑤, ⑥의 견해는 '한반도 문화', '한국 고대 문화', '백제 문화', '일본 문화의 원류', '직수입', '전파' 등의 표현을 사용함으로써 일견 매우 솔직한 것처럼 보인다. 그러나 곧 알게 되겠지만 이들 ④, ⑤, ⑥의 견해는 고대 한일관계의 진실을 전해주지 않을 뿐만 아니라, 오히려 그것의 파악을 저해하고 있다.

우리는 흔히 '문화 전파', '문화 차용', '문화 수입' 등의 용어를 사용하고 있는데, 이러한 용어는 적어도 다음과 같은 두 가지 경우를 염두에 두고 사용하는 것이 타당하다. 첫째는 문화를 주고받는 두 지역에 각각 국가가 존재하는가, 또 두 지역의 인구 규모는 상대적으로 어떠한가 하는 점이다. 특히 문화를 받아들이는 쪽이 아직 국가가 존재하지 않는 지역이라면 그 지역의 인구 규모가 상대 국가에 비해 어느 정도인가 하는 점은 더욱 중요한 의미를 갖는다. 국가가 성립되기 전에는 '귀화인'이 있을 수 없듯이 국가 성립 이전에는 '문화 수입'이 있을 수 없는 것이다. 문화를 수입했다는 것은 국가 성립을 전제로 한 말인 것이다. 둘째는 두 지역 간의 문화 수준 차이는 어느 정도인가, 또 문화 요소의 전파가 간접적으로(두 지역 성원의 일차적·직접적 접촉 없이) 이루어졌는가 또는 직접적으로(한 지역 사람이 다른 지역으로 이주하는 등의 방식으로) 이루어졌는가 하는 점이다.

이 점을 보다 분명히 하기 위해 과거의 중국-한국 관계와 영국-호주 관계를 예로 들어 생각해보기로 한다. 전자의 경우에는 중국 대륙과 한반도 양 지역 모두 이미 국가가 존재하고 있었으며, 이 양 지역의 국가 사이에 문화 수준 차이가 존재하고 있었지만 한국에도 고유의 문화가 엄연히 존재해 그 차이가 큰 것은 아니었다. 이것은 한국 고대 삼국의 관위제도와 중국의 관위제도의 차이에서도 나타난다. 또 많은 중국인이 한국에 이주해 중국 문화를 한국에 전한 것이 아니라 주로 간접적인 방식에 의해 한국이 중국의 문화를 수용했는데, 이 경우도 중국 문화 속에 포함되어 있는 일부 문화 요소를 한민족이 수용한 것이었다. 반면에 후자, 즉 영국과 호주(원주민)의 관계를 보면 영국인이 호주에 이주하기 전에 호주에는 원주민(Aborigine)이 살고 있었지만 국가가 없었으며, 원주민의 인구는 영국 이주민에 비해 얼마 되지 않았고, 영국인과 원주민 사이의 문화 수준 차이는 엄청났다. 또한 영국인이 고도의 선진 문화를 가지고 호주에 이주함으로써 간접적인 방식이 아닌 직접적인 방식을 취했으며, 영국 문화의 일부만이 이식된 것이 아니라 총체적인 영국 문화 자체가 그대로 옮겨졌던 것이다.

그렇다면 전자, 즉 이미 국가를 가진 한국의 경우에는 중국의 문화를 수입·수용했다고 말할 수 있다. 그러나 후자, 즉 호주 원주민의 경우에는 문화 전파의 시각에서 그들이 영국 문화를 수입·수용했다고는 결코 말할 수 없다. 다시 말하면, 문화 전파의 시각은 두 지역(영국과 호주)의 지난 200년 동안의 역사적 관계를 올바르게 설명하는 것이 아님을 쉽게 알 수 있다. 굳이 호주가 영국 문화를 수입했다고 한다면 그것은 초기의 이주민이 지니고 간 영국 문화가 아니라 호주에 국가가 건설된 이후 영국으로부터 수입한 문화에 대해서만 적용하는 것이 타당하다. 또 호주의 경우, 호주에 집단 이주한 영국인과 종주국인 영국 양자만이 문화의 전파·수입의 주역이 될 수 있고 호주 원주민은 문화 수입의 주역이 될 수 없다. 호주 원주민만 사는 신대륙 호주에 영국인이 대거 이주해 호주를 개척하고 국가를 세웠다면 이러한 역사적 상황을 '문화'의 시각에서는 설명할 수 없다. 이처럼 호주의 영국인과 원주민 사이의 관계를 올바르게 파악하려면 문화의 시각이 아닌 인간 또는 인간 집단의 시각에서 보아야 한다. 이와 마찬가지로 문화 전파, 문화 차용 같은 문화의 시각에서 본다면 한국 및 일본열도로 간 한국 이주민과 일본 원주민의 역사적 관계를 올바로 설명할 수 없는 것이다.

고대 한국과 일본의 관계를 고대 중국과 한국의 관계와 같은 것으로 추측해 '한국 문화가 일본으로 건너갔다', '일본은 백제 문화를 수입했다' 등의 표현을 사용해왔지만, 이러한 표현을 사용하려면 적어도 그 당시 일본열도(기나이)에 고대국가가 형성되어 있었는지가 우선 고찰되어야 한다. 그러기 위해서는 문화의 시각이 아니라 인간 또는 인간 집단의 시각에서 살펴보아야만 한다.

2. 이주민과 원주민

고대 한일관계나 일본 고대사의 진실을 파악하기 위해서는 먼저 한일 양 지역의 관계를 문화의 시각에서가 아니라 인간의 시각에서 다루어야 한다는 것을 지적했다. 고대 한일관계사 연구에서 문화의 시각은 일본(원주민)에 의해 건설된 고대국가의 존재를 전제로 하고 있기 때문에 이 시각은 이미 '일본 원주민이 건설한 고대국가'의 존재를 의심할 만한 여지를 남겨놓지 않고 있다. 그리고 이 시각은 일본 원주민이 건설한 고대국가의 존재를 전제함으로써 '귀화인' 또는 '도래인'이라는 개념을 도입할 수 있도록 해준다. 따라서 '소수의 귀화인, 도래인', 그것도 그 국적을 모호하게 표현해 '대륙' 또는 기껏해야 '반도, 한반도(한반도와 한국은 엄청난 차이가 있다. 전자는 지리적인 용어이고 후자는 정치적인 용어이다)'에서 건너온 소수의 귀화인, 도래인이 일본의 문화에 기여했다는 것이 이러한 시각에서 보는 학자들의 또 하나의 상투적인 주장이 되어왔다.

이와 같이 고대 한일관계사를 규명하는 데 문화의 시각은 올바른 역사적 사실 파악을 저해할 뿐, 하등의 도움도 되지 않는다. 고대 한일관계사를 규명하고자 하면서 이러한 시각을 도입하는 것은 그 자체가 진실을 파악하지 못하게 하려는 저의를 숨기고 있는 것이라 할 수 있다.

고대 한일관계사를 문화의 시각이 아닌 인간의 시각으로 본다면 먼저 일본 원주민과 일본으로 간 이주민의 수가 비교되고, 동시에 그 이주민의 정체(본래 국적)가 밝혀져야 한다. 그리고 일본 원주민의 문화 수준과 이주민의 문화 수준이 비교되고, 나아가 고대 일본을 개척한 사람들의 국적이 밝혀져야 한다.

이른바 귀화인, 도래인의 수에 대해서 일제 때까지는 의당 소수인 것으로 못박아놓았으나 근래에 와서는 그 은폐의 막이 어느 정도 열리기 시작했다. 즉, 일본으로 간 이주자의 숫자에 대해 '소수이다', '무시할 수 있다'에서 '상대적으로 큰 숫자이다', '이주민의 규모는 상당히 컸다' 등으로 표현함으로써 진상의 일부가 밝혀지기 시작한 것이다.

최근 일본의 인류학자 하니하라 가즈로는 일본으로 간 이주민의 수에 대한 여러 인류학자나 일본 고대사학계의 위와 같은 주장은 이론이라기보다는 추측이며 과학적 기반 위에서 연구된 것이 아니라고 비판하면서, 이주민과 원주민의 비율이 9:1 내지 8:2라는 주장을 발표했다. 이와 같은 하니하라의 견해는 일본 학계의 현상으로 볼 때 매우 획기적인 발언이라고 생각된다. 그러나 그 역시 일본으로 간 이주자가 '예상외로 훨씬 많다'라고 하거나, 이주자가 한국인이 아니라 '한반도를 경유해 아시아 대륙 또는 동북아시아 대륙에서 왔다'고 주장함으로써, 우리는 그의 주장이 종래 문화의 시각에서 추측에 의거해 일본 고대사를 논한, 그리고 그가 일부 비판한 일본 고대사학자들의 주장과 하등 다름이 없음을 알게 된다.

우리는 이른바 '한반도를 경유한 아시아 대륙인'의 정체를 밝혀야 한다. 그런데 다행히도 『일본서기』에는 일본으로 들어온 이주민에 관한 사항이 비교적 소상히 밝혀져 있으므로 우리는 이를 통해 적어도 그 이주민의 국적, 개별 이주냐 집단 이주냐 하는 이주 형태, 그리고 일본 원주민과 국적별 이주민의 비율을 파악할 수 있다.

한편 일본 원주민의 문화 수준도 『일본서기』에 의해 확인할 수 있고, 고대 일본 개척자의 국적과 개척 상황도 찾아낼 수 있다. 우리는 이 사료에 의해 일본 원주민 고유의 의복의 유무, 문자의 유무, 말(馬)

의 유무, 지묵의 유무와 그 제조 연대, 조선술의 유무 등에 대해 알 수 있으며, 또한 다음과 같은 분야의 개척은 어느 나라에서 온 이주자가 어떻게 행했는지에 대해서도 알 수 있다.

① 의복과 직물 제조

② 문서 독해와 문구, 물감 제조

③ 말 사육과 마구 제작

④ 건축, 토목과 항해

⑤ 공예와 도기 제작

⑥ 의약의 도입

⑦ 회화, 음악과 무용

⑧ 역법(歷法, 易法)과 오경(五經)의 도입

⑨ 불사 창건과 불교의 도입, 보급

3. 일본 국가사와 일본 고대사

'문화'가 아니라 '인간'의 시각으로 일본 원주민 수와 비교한 원적(原籍)별 이주자 수, 일본 원주민의 문화 수준, 고대 일본 개척자의 원적과 개척 사항 등을 파악하면 고대 한일관계사의 윤곽은 어느 정도 밝혀질 것이다. 그러나 이것만으로는 진상을 모두 파악하는 데 부족하고, 일본 고대국가 건설과 경영의 구체적인 내용이 밝혀질 때 비로소 고대 한일관계사의 진실이 드러날 것이다.

여기서 한 가지 유의해야 할 점은 일본 고대사와 일본 고대국가사를 엄격히 구별해 고찰해야 한다는 것이다. 우리의 가장 큰 목표가 일본 고대국가의 진상 파악이라면 일본 고대국가와 고대국가 건설 이전 시대의 상황을 엄격히 구별해야 한다. 이 양자가 관련이 있기는 하지만, 그것을 구별하지 않는다면 고찰의 초점이 흐려질 우려가 있기 때문이다.

한 가지 예로 일본의 조몬 시대나 야요이 시대에도 한국에서 건너간 이주민이 적지 않았고, 그들이 남겨놓은 유적, 유물도 적지 않지만, 이 문제에 관심을 쏟느라 일본 고대국가사 연구를 소홀히 해서는 안 된다.

실제로 유적, 유물 등의 고고학적 연구가 우리에게 시사하는 바는 적지 않겠지만, 적어도 일본 고대국가사 연구에서는 무엇보다도 문헌적 연구에 중점을 두어야 한다. 얼핏 생각하기에 문헌적 자료보다는 고고학적 자료가 더 설득력이 있을 것 같지만 현실적으로는 연구자의 자의적인 해석이 더해질 가능성이 더 크기 때문이다. 예컨대 사찰, 불상 조각, 공예품 등은 문헌 사료에 의하면 백제인이 집단적으로 일본에 이주해 건립·제작한 것이 엄연한 역사적 사실인데도 일본인 학자 중에는 이것들을 페르시아, 중앙아시아, 인도, 중국 등의 문화의 영향을 받은 것이라고 주장하는 사람도 있다. 실제로 백제인이 사찰을 건립하고 불상을 조각했다 하더라도 그들 백제인의 건축·조각술에는 백제적 요소 이외에 다른 나라 문화의 영향을 받은 부분이 포함되어 있을 수 있다. 백제인이 건립한 사찰에서 일부 페르시아나 중국 양식이 발견된다고 가정하자. 그런 경우 백제인에 관해서는 언급하지 않고 단지 당시 사찰 문화가 페르시아나 중국의 영향을 받았다고만 강조하는 것은 역사적 사실을 왜곡하는 것이 된다. 중요한 것은 백제인이 사찰을 건립했다는 사실이다. 백제인이 일본에 이주할 때 가지고 간 중국의 문화재가 발굴된 사례를 가지고 중국 문화의 영향이라거나 중국과의 교역으로 얻어진 문화재라고 주장한다면 이 또한 사실을 왜곡한 것이 된다. 이런 점에서 문화보다는 인간의 시각으로 보아야 하고, 또 고고학적 자료보다는 문헌적 자료를 중시해야 하는 것이다. 다시 말하면, 현실적으로 자료의 자의적 왜곡이나 견강부회(牽強附會)적 해석을 방비하는 데는 문헌적 자료가 고고학적 자료보다 더 유효하다. 학문적 태도를 견지할 때만 고고학적 자료가 문헌적 자료보다 더 많은 사실을 우리에게 줄 수 있는 것이다.

일본 고대국가의 진실을 밝히려면 먼저 그 지배 엘리트의 국적을 밝혀야 한다. 지배 엘리트 가운데서도 가장 핵심적 존재인 왜왕의 국적에 대해서는 이미 필자가 밝힌 바 있다. 『고사기』, 『일본서기』, 『신찬성씨록』 등에 의하면 왜왕은 일본 원주민도, 유라시아인도, 부여족도 아닌, 바로 백제인이다. 이와 같이 일본 고대국가의 중심인물이며 통솔자인 왜왕의 원적이 밝혀졌다 하더라도 고대국가의 성격을 더욱 철저히 밝히려면 왜왕을 보좌하는 중신, 정치 개혁을 입안·주도한 정치인, 불법(佛法)을 보급하는 데 결정적인 역할을 한 인물, 왕국 경영의 이론가인 오경박사, 국인 등 고대국가 지배 엘리트의 원적도 함께 밝혀야 한다.

『일본서기』의 기록을 보면 사찰, 불상 조각, 회화, 공예품 등 거의 전부가 한국인이 남긴 유적, 유물임을 알 수 있다. 그러나 일본인들은 이들 유적, 유물에 그리스, 페르시아, 중앙아시아, 중국, 인도의 영향이 남아 있다거나 또는 그것이 일본 원주민인 '호족(豪族)'의 것이라고 주장하기도 한다.

『일본서기』에는 왜곡, 조작, 허위가 많지만 역사적 진실도 적지 않게 기록되어 있다. 그런데 우리는 『일본서기』보다 뒤에 나온 역사서인 『육국사(六國史)』나 『신찬성씨록』이 더욱 역사적 사실을 왜곡하고 있다는 사실에 유의해야 한다. 그리고 이러한 역사서보다도 메이지 이후 오늘날까지 일본 고대사학자들의 일본 고대사 연구가 더욱 왜곡이 심해 『일본서기』에 보이는 사실마저도 왜곡 설명하고 있다는 점에도 주의해야 한다.

필자는 이미 일본 고대사학자의 한일 고대사 연구나 일본 고대사 연구는 학문이 아니라는 견해를 발표한 바 있다. 즉, 학문과 민족주의적 감정을 혼동하고 있는 그들에게 일본 고대사나 한일 고대사의 올바른 연구를 기대하기는 어렵다는 점을 지적하고 학문의 객관성을 견지하는 한국인 학자에 의해서만 이러한 연구가 가능하다는 점을 언급했다.

일본 고대사 및 고대 한일관계사의 진실 은폐는 오늘에 와서 시작된 것이 아니다. 일본 고대사는 『일본서기』를 편찬한 720년부터 치더라도 오늘날까지 1,200여 년 동안 줄곧 은폐·왜곡되어 왔으며, 필자의 사견으로는 앞으로 오랜 기간 동안 이 태도는 그대로 계승될 것으로 생각된다. 그리고 진실 은폐의 정도와 왜곡의 정도가 8세기보다 9세기, 19세기보다 20세기에 더 커지고 있음에 우리는 주목해야 한다.

일본 고대사 또는 한일관계사를 올바르게 고찰하려면 이러한 기본적 시각 외에 다음과 같은 네 가지 문제를 고려해야 한다. 첫째는 일본 고대국가의 지역이 어느 범위까지인가 하는 강역의 문제이고, 둘째는 야마토왜의 해상수송 능력은 어느 정도인가 하는 문제이고, 셋째는 백제인의 야마토왜 이주는 집단 이주였는가 개인 이주였는가 하는 이주 형태의 문제이며, 넷째는 『일본서기』의 분석 시각에 관한 문제이다.

지금까지 야마토왜 또는 일본의 강역에 대해서는 그다지 명료하게 제시된 것이 없었다. 야마토왜의 강역 규명은 고대국가인 야마토왜의 성격을 밝히는 데 중요한 하나의 열쇠가 된다. 따라서 일본 고대국가에 대해 언급할 경우 먼저 강역에 유의해 그 범위를 밝혀야 한다. 그런데 지금까지 일본 고대사 또는 한일관계사를 왜곡하려는 사람들은 이 야마토왜의 강역을 전혀 언급하지 않거나 모호하게 언급해 마치 일본열도 전체가 야마토왜의 강역이라는 인상마저 주려고 했다. 한편 강역 밖의 지역에는 어떤 정치 집단(소왕국)이 존재했는지에 대해서도 고분(古墳), 둔창(屯倉), 지명 등과 관련지어 고찰해야 할 것이다.

야마토왜의 강역과 관련해 중요한 또 하나의 시각은 당시 야마토왜의 해상수송 능력은 어느 정도였는지를 밝히는 것이다. 이 시각은 야마토왜의 성격, 즉 독립국가로서의 성격 구비 여부와 고대 한일관계의 진상 및 중일관계를 파악하는 데 매우 중요하다.

다음으로 우리는 야마토왜로 이주해온 이주민의 이주 형태에 유의해야 한다. 일본으로 간 이주자와 일본 원주민의 수, 그리고 그 문화수준의 차이를 비교하는 것도 중요하지만 그것 못지않게 이주민의 이주 형태 또한 중요하다. 그들이 개별적·산발적으로 이주했는가 아니면 대규모로 집단적으로 이주했는가 하는 것은 어떤 형태의 정치 조직 또는 국가 조직이 출현했는가와 관계가 있으며, 나아가 야마토왜라는 국가 조직의 주역이 누구인가 하는 것과 직결되기 때문이다. 그런 의미에서 우리는 오진(應神) 시대에 백제에서 대규모의 이주민이 야마토(大和) 지역으로 집단 이주한 사실을 매우 중시하는 것이다.

끝으로 『일본서기』의 분석 시각에 대해 알아보고자 한다. 알려져 있는 바와 같이 『일본서기』는 720년에 저술되었다. 하지만 그때의 것은 하나도 현존하지 않고, 현존하는 『일본서기』는 다음과 같은 특징을 지니고 있다.

① 전부 필사본이고 목판본, 금속활자본이 아니다.

② 현존하는 것은 40여 종에 이른다.

③ 현재 가장 오래된 것은 헤이안 시대에 필사된 것이고, 후기의 것은 16세기에 필사된 것이다.

④ 고본(古本)은 완전히 갖춰진 것은 하나도 없고 몇 행 내지 몇 권만 남아 있다.

⑤ 고본과 신본(新本) 사이에는 적지 않은 차이가 있다.

⑥ 필사본 사이에는 서로 다른 곳이 적지 않으므로 에도(江戶) 시대 이후 많은 교정 판본이 나왔다.

그런데 현존하는 『일본서기』는 어느 것이나 대체로 크게 모순된 두 가지 흐름의 기사가 있으므로 이 기사를 올바르게 판단하고 해석해야 할 것이다. 필자는 『일본서기』의 두 가지 흐름을 다음과 같이 비유하고자 한다. 즉, '넓은 토지에 심어져 있는 A라는 작물을 뽑아버리고 그 후 오랫동안 다른 여러 작물 B, C를 심어서 토지를 가득 채우고 있지만 토지 한구석에는 A라는 작물이 조금은 남아 있어서(뽑혀 말라버린 잎이나 줄기로 남아) B, C 이전의 A 작물의 상황을 알아내는 데는 그다지 어려움이 없다'고 비유하고자 한다. 일찍이 쓰다 소키치가 『일본서기』 기사 중 개정되어야 할 것이 개정되지 못하고 있다고 한탄한 것은 바로 이 A 작물에 관한 기사였던 것이다.

또한 『일본서기』뿐만 아니라 『만엽집』에도 한국식 한문이 남아 있다. 흔히 '만요가나(萬葉假名)', '나라 시대의 통신문자(通信文字)'로 불려온 이것은 한국말을 한자로 표현한 한국식 한자이다. 다시 말하면, 현존하는 일본 고대 문헌에는 편찬 당시 쓰인 한국식 한문뿐만 아니라 후세에 쓰인 일본식 발음의 한문도 존재한다. 그러니까 적어도 나라 시대까지는 야마토왜 사람들이 한국 의복을 입고 한국 음식인 김치를 먹었듯이 언어도 한국말을 사용하고 있었는데, 시대가 지나면서 의복도 달라지고 음식도 달라지듯이 그들이 사용하는 언어도 달라졌던 것이다. 『고사기』, 『일본서기』, 『만엽집』 등은 당연히 한국식 한문으로 쓰여 있어야 하는데도 그렇지 못한 것은 달라진 후세의 언어를 그러한 문헌 속에 삽입했기 때문이다. 이러한 용어 사용을 조직적·체계적으로 분석하면 그동안 감추어져 왔던 일본 고대사의 진실을 밝히는 또 하나의 요소가 될 것이다.

결국 고대 한일관계사 또는 일본 고대사의 진실을 파악하기 위해서는 문화가 아니라 인간 집단의 관점에서 보아야 한다는 것, 일본에 간 이주민과 일본 원주민을 구분해 고찰해야 한다는 것, 그리고 일본 고대사와 일본 고대국가사를 구별해 고찰해야 한다는 것 등 세 가지 기본적 시각이 필요함을 알 수 있다. 이러한 시각은 올바른 시각인 동시에 일본 고대사를 보는 기본 시각이 될 수 있다. 또한 이러한 시각을 견지함으로써 허위와 조작의 함정이 도사리고 있는 일본 고대사의 숲속에서 방향을 놓치지 않을 수 있다. 그러나 이러한 것보다 더욱 중요한 것은 일본 고대사의 진실을 과학적으로 파헤칠 의사와 의지가 있는가 하는 원초적인 태도이다.

2부

일본열도 내 한민족과
일본 원주민의 수 및 문화 수준

1장

고대 일본열도로 건너간 한민족과 일본 원주민의 수의 추정

1. 머리말

지금까지 100여 년 동안 일본 고대사 또는 고대 한일관계사는 문화의 측면인 문화의 수입이나 전파의 시각에서 고찰해왔다. 이러한 시각에서는 일본 고대사 또는 고대 한일관계사의 진실을 파악할 수 없다. 이러한 시각에서 얻어진 지금까지의 결론을 살펴보면 다음과 같다.

① 일본의 문화가 한반도에서 왔다고 하지만 그것은 한반도의 문화가 아니라 중국의 문화가 한반도를 경유한 데 불과하다.
② 일본은 대륙 문화(동아시아 문화)를 섭취해 고대국가를 건설했다.
③ 일본 고대 문화에는 중국(남북조 시대) 문화 또는 그리스 · 페르시아 · 중앙아시아 · 인도 문화의 영향이 적지 않다.
④ 일본 문화의 원류는 한반도 문화 또는 백제 문화이다.
⑤ 일본은 백제 문화를 직수입했다.

이상이 문화 수입의 시각에서 얻어진 고대 한일관계사의 결론이다. 문화의 시각에서 다룬 고찰에 반드시 등장하는 것은 이른바 소수의 '귀화인' 또는 '도래인'이다. 일본 원주민(일본인 학자들은 '원주민'이라는 용어는 사용하지 않는다)이 고대국가를 건설했는데 '한반도'나 '대륙'에서 기술을 가진 약간의 귀화인이 일본에 건너가서 일본 국가 발전에 기여했다는 것이 지금까지 일본 고대사학자들의 한결같은 주장이다.

일본 고대사 또는 고대 한일관계사의 진실을 파악하는 데 문화의 수입이나 전파의 시각만을 강조하는 것은 역사적 사실 파악을 저해할 뿐 아무런 도움이 안 된다. 고대 한일관계사를 규명하려는 마당에 문화의 시각을 끄집어내는 것 자체가 진실 파악을 가로막으려는 하나의 함정이다.

고대 한일관계사의 진실을 규명하려면 먼저 문화가 아닌 '인간'이나 '인간 집단'의 시각에서 접근해야 한다. 고대 일본에 거주한 인간 집단을 도외시하고는 일본 고대사나 고대 한일관계사의 진실에 한 발짝도 접근할 수 없다. 인간 집단의 시각에서 본다면 대체로 다음과 같은 점이 밝혀져야 할 것이다. ① 고대 일본에 건너간 아시아 대륙인 또는 한국인과 일본 원주민의 수가 규명되어야 하는데, 여기에는 우선 인구학적·인류학적 연구와 문헌적 연구가 필요하다. ② 일본 천황은 어느 나라에서 온 사람인가를 밝히는[1] 동시에 ③ 일본으로 건너간 민족과 일본 원주민의 문화 수준이 비교되어야 한다. 또 ④ 고대 일본을 개척한 민족과 ⑤ 일본 고대국가를 건설한 민족은 어느 민족인가를 밝히고,

---

1 이에 대해서는 이미 필자가 「일본 고대 천황 원적고(日本古代天皇原籍考): 원주민인가, 부여족인가, 또는 백제인인가」, 『한국학보』 51, 1988에서 고찰한 바 있다.

⑥ 일본 고대국가의 지배 엘리트는 어느 나라 사람인가를 밝혀야 한다. 적어도 위의 ①부터 ⑥까지의 여섯 가지 측면이 조사되어야만 고대 한일관계사 또는 일본 고대사의 진실의 일부가 밝혀질 것이다.

이 장은 위의 ①항에 대한 고찰이며, 특히 문헌적 연구가 될 것이다. 다행히도 일본의 도쿄대 인류학 교수인 하니하라 가즈로가 인구학적·인류학적 시각에서 일본에 건너간 초기 이주자와 일본 원주민의 수를 추정한 바 있으므로 필자는 이것을 참고·비판한 토대 위에서 이 장의 기본 자료가 된 『일본서기』와 『삼국사기』를 통해 고대 일본에 건너간 한민족과 일본 원주민의 수를 추정해보고자 한다. 말하자면 이 장은 「일본 고대 천황 원적고」에 이어 일본 고대사의 진실을 밝히는 두 번째 논고에 해당한다.

2. 일본열도에 건너간 이른바 대륙인과 일본 원주민의 수

여기서는 먼저 하니하라의 연구를 소개하고자 한다.[2] 그는 일본의 문화와 일본 민족의 체질적 특징이 매우 복합적이기 때문에 단일 종족 기원설은 받아들이기 어렵다고 전제하고, 여러 관점에서 연구가 진행되면서 일본의 문화와 체질적 특징에 대한 이주민(도래자)의 영향력을 무시할 수 없다는 사실이 명백해졌다고 말한다. 따라서 이주민 수의 추정 문제는 다른 분야의 연구에 기본 자료를 제공하기 때문에 특별히

---

2 Kazuro Hanihara, "Estimation of the Number of Early Migrants to Japan, A Simulative Study,"『人類誌』95(3), 1987.

중요하다는 것이다. 한편 대부분의 일본인 학자들은 이주 자체는 인정하지만 일본인(원주민)에 대한 이주민의 영향 정도에 대해서는 매우 상이하게 이해하고 있다고 본다. 그는 특히 일본으로 간 이주민의 수에 대해서는 이론이라기보다는 여러 가지 상이한 추측들이 제시되어 왔다고 주장한다. 예컨대 일부 인류학자들은 이주민의 수를 무시할 수 있다는 점을 강조하고, 다른 인류학자들은 상대적으로 큰 수를 주장하는가 하면, 일부 일본 고대사학자들 역시 이주민의 규모가 상당히 컸다는 점을 언급하면서도 이 문제에 관한 탐구를 과학적 기반 위에서 수행하지는 않았다고 비판한다.

이러한 문제의식 아래 하니하라는 초기 이주민 수의 추정에 대해 두 가지 모의시험법(simulation)을 통해 접근하고 있는데, 인구증가율에 기초하는 '인구증가 모델'과 두개골 형태의 장기적인 변화에 기초하는 '형태변화 모델'이 그것이다. 이러한 모의시험을 위한 기초 자료로는 여러 학자들에 의해 이미 출판된 보고서가 이용되었고, 연구 대상 기간은 금석병용기(金石倂用期)인 야요이 토기 시대 초기(서기전 약 300년)부터 초기 역사 시대(서기 약 700년)까지의 1,000년간으로 설정하고 있다.

먼저 인구증가 모델에 의해 이주민 수를 추정한 내용을 살펴보자. 고야마 슈조(小山修三), 오카자키 요이치(岡崎陽一) 등의 연구에 의하면 조몬 말기(서기전 300년)의 인구는 7만 5,800명, 원시 고훈(古墳) 시대 또는 초기 역사 시대(서기 700년)의 인구는 539만 9,800명으로 추정된다. 이러한 추정치를 사용해 1,000년 동안의 연평균 증가율을 계산하면 0.427퍼센트가 되는데,[3] 이것은 일본 이외의 다른 지역의 초기 농경민에 비해 월등하게 높은 것이다. 1978년의 콜린 맥에버디(Colin

McEvedy)와 리처드 존스(Richard Jones)의 연구 등을 종합해보면 초기 농경민의 경우 특수한 상황이 아니라면 인구증가율은 0.1퍼센트 정도이거나 그보다 낮은 것으로 추정되기 때문이다. 따라서 하니하라는 일본의 자연환경과 자원이 여타 지역과 상이할 수 있지만 이와 같이 높은 증가율은 자연 인구증가율로 보기는 어렵다고 하면서, 이것은 일본으로 대규모 인구가 유입되었기 때문일 것이라고 주장한다.

그렇다면 초기 역사 시대의 인구는 조몬 토기 시대 원주민의 후손들과 서기전 300년 이후 일본으로 이주한 이주민의 후손들로 구성된다고 가정할 수 있다. 즉, 7만 5,800명의 원주민이 자연 증가한 결과와 매년 일정 수가 이주했다고 가정할 때 이주민의 자연 증가 결과의 합이 최종 인구 539만 9,800명으로 나타난 것이다.[4] 이에 의해 하니하라는 연평균 증가율을 0.1퍼센트, 0.2퍼센트, 0.3퍼센트, 0.4퍼센트로 변화시킴으로써 각각의 경우에 해당하는 원주민과 이주민의 비율을 계산하고 있다(〈표 1〉 참고).

그 결과, 연평균 증가율을 세계 평균 증가율인 0.1퍼센트로 가정할 경우 연평균 이주민 수는 3,024명, 전체 1,000년간의 이주민 총수는 302만 4,156명이 된다. 이를 달리 표현하면 서기전 300년에 7만 5,800명의 조몬인(繩文人)이 살고 있었는데 이들이 연평균 0.1퍼센트로 자

---

3 일정 기간(t) 이후의 인구 규모(N)는 최초 인구를 N_0, 연평균 증가율을 r이라 할 때, $N=N_0e^{rt}$로 계산되므로, 연평균 증가율은 $r=i_n(N/N_0)/t$로 계산될 수 있다. 위의 경우에는 $N_0=75,80$, $N=5,399,800$, $t=1,000$이 각각 된 것이다.

4 일정 기간(t) 이후의 인구 규모(N_2)는 최초 인구를 N_{0t}, 연평균 증가율을 r, 연평균 이주민 수를 N_m이라고 할 때 $N_1=N_2c^t+N_m\sum_{m=1}^{t}e^{r(t-m)}$으로 계산된다. 이때 N_0, N_2, t 등이 주어지면 r의 변화에 따르는 N_m을 구할 수 있고, 따라서 원주민계(N_0c^{+t})와 이주민계($N_m\sum_{m=1}^{t}\varepsilon^{r(t-m)}$)의 비율도 구할 수 있게 된다.

〈표 1〉 700년의 인구 구성에 대한 모의시험

<table>
<tr><th colspan="2">인구 규모</th><th rowspan="2">연평균
인구증가율
(%)</th><th colspan="2">인구 구성</th><th colspan="2">이주 현황</th><th rowspan="2">조몬계와
이주계의
비율</th></tr>
<tr><th>최초</th><th>최종</th><th>조몬계</th><th>이주계</th><th>연평균
이주자 수</th><th>총 이주자
수</th></tr>
<tr><td rowspan="4">75,800</td><td rowspan="4">5,399,800</td><td>0.1</td><td>206,046
(3.8%)</td><td>5,193,754
(96.2%)</td><td>3,024</td><td>3,024,156</td><td>1:25.2</td></tr>
<tr><td>0.2</td><td>560,000
(10.4%)</td><td>4,839,800
(89.6%)</td><td>1,517</td><td>1,516,516</td><td>1:8.6</td></tr>
<tr><td>0.3</td><td>1,522,485
(28.2%)</td><td>3,877,315
(71.8%)</td><td>610</td><td>610,379</td><td>1:2.5</td></tr>
<tr><td>0.4</td><td>4,138,540
(76.6%)</td><td>1,261,260
(23.4%)</td><td>94</td><td>94,316</td><td>1:0.3</td></tr>
<tr><td rowspan="3">160,300</td><td rowspan="3">5,399,800</td><td>0.1</td><td>435,741
(8.1%)</td><td>4,964,059
(91.9%)</td><td>2,890</td><td>2,890,412</td><td>1:11.4</td></tr>
<tr><td>0.2</td><td>1,184,466
(21.9%)</td><td>4,215,334
(78.1%)</td><td>1,321</td><td>1,320,869</td><td>1:3.6</td></tr>
<tr><td>0.3</td><td>3,219,712
(59.6%)</td><td>2,180,088
(40.4%)</td><td>343</td><td>343,196</td><td>1:0.7</td></tr>
</table>

연 증가한 결과 700년에는 20만 6,046명이 되었고, 이 기간에 매년 3,024명씩 이주민이 옮겨와 이들이 자연 증가한 결과 700년에는 519만 3,754명(이 가운데 이주민은 302만 4,156명이고, 그들의 후손은 216만 9,598명이다)이 되었다는 것이다. 따라서 700년의 인구 구성은 원주민이 3.8퍼센트(20만 6,046명), 이주민이 96.2퍼센트(519만 3,754명)의 비율을 보이게 된다.[5] 같은 식으로 인구증가율이 0.2퍼센트인 경우의 인

5 하니하라 가즈로의 비율(proportion) 계산에는 약간의 착오가 있는 듯하다. 즉, 그가 계산한 조몬계와 이주계의 비는 각각 1:26, 1:9.6, 1:3.5, 1:1.3 등으로 되어 있으나 필자의 계산에 의하면 각각 1:25.2, 1:8.6, 1:2.5, 1:0.3 등으로 수정되어야 할 것으로 생각된다. 여기서 하니하라는 'proportion'이라는 표현을 쓰고 있으나 맥락상으로는 'ratio'를 나타내고자 한 것 같다. 따라서 필자는 1:9 등의 표현을 피하고 〈표 1〉로부터 백분율을 계산해 사용하고자 한다.

구 구성은 원주민계 10.4퍼센트(56만 명), 이주민계 89.6퍼센트(483만 9,800명)가 되고, 인구증가율이 0.3퍼센트인 경우에는 원주민계 28.2퍼센트(152만 2,485명), 이주민계 71.8퍼센트(387만 7,315명)가 되며, 인구증가율이 0.4퍼센트인 경우에는 원주민계 76.6퍼센트(413만 8,540명), 이주민계 23.4퍼센트(126만 1,260명)가 된다.

한편 이 모의시험의 최초 인구 추정치로서 고야마 슈조가 추정한 조몬 후기의 인구수 16만 300명을 사용한다면 700년의 인구 구성은 인구증가율을 0.1퍼센트로 가정할 경우 원주민계 8.1퍼센트(43만 5,741명), 이주민계 91.9퍼센트(496만 4,059명)가 되고, 인구증가율이 0.2퍼센트이면 원주민계 21.9퍼센트(118만 4,466명), 이주민계 78.1퍼센트(421만 5,334명)가 되며, 인구증가율이 0.3퍼센트이면 원주민계 59.6퍼센트(321만 9,712명), 이주민계 40.4퍼센트(218만 88명)가 된다.

하니하라는 이러한 모의시험 결과에 대해 '예상외로 큰 수치', '여전히 놀랄 만하다' 등으로 표현하고 있다. 그런데 그는 대부분의 인류학자와 고고학자들이 추정하고 있는 이주민의 숫자는 최초 인구 7만 5,800명, 인구증가율이 0.4퍼센트라는 가정하에 계산된 것과 같은데 이러한 인구증가율은 고찰 대상의 시대를 고려하면 받아들일 수 없다고 주장한다.

이제 형태변화 모델을 통해 이주민 수를 추정한 과정을 살펴보자. 이 모델은 야요이 시대부터 고훈 시대까지 두개골 형태의 장기적 변화에 기초하고 있다. 그리고 형태학적으로 혼혈아는 부모 인구집단의 중간 특성을 지니는 경향이 있다는 가정하에 모의시험을 하고 있다.

하니하라는 먼저 북큐슈형(北九州型) 야요이인(彌生人)이 가나세키 등이 주장하는 바와 같이 조몬 원주민과 이주민의 혼혈인이 아니라 이주민임을 주장하고 규슈(九州) 지방의 인구집단을 넷으로 구분한다. 즉, 조몬인의 직계후손인 야요이인(원주민), 야요이 시대의 이주민, 조몬계의 고훈인(古墳人), 이주계의 고훈인이 그것이다. 그런 다음 하니하라는 가나세키 외(1960), 나이토(1971), 이케다(1985), 조(1938), 스즈키(1981) 등이 보고한 일곱 개 인구집단의 7종의 두상 측정치를 사용해 이들 사이의 상관관계를 추출하고 있다. 그 결과, 이주민인 북큐슈형 야요이인(Doigahama)과 상관도가 높은 집단이 세 개, 원주민인 서북큐슈형(西北九州型) 야요이인(NW Kyushu)과 상관도가 높은 집단이 두 개로 각각 구분되었다.

이제 고훈 시대의 인구 구성을 추정하기 위해 하니하라는 이주민인 북큐슈형 야요이인, 원주민인 서북큐슈형 야요이인, 원주계인 남큐슈형(南九州型) 고훈인 등을 기준 인구집단으로 사용해 그 혼혈률을 변화시킴으로써 가상적인 집단의 측정치들을 추정했다.[6] 그는 혼혈률을 0.1부터 0.9까지 9단계로 변화시킴으로써 아홉 개의 가상적인 인구집단의 두상 추정치를 얻고, 이것을 실제 네 개 고훈인 집단의 두상 측정치들과 비교해 유사성을 찾아내고 유사성이 가장 큰 가상적 집단의 혼혈률을 채용해 고훈인의 인구 구성을 알아냈다. 이때 하니하라는 유사성을 알아보기 위해 두 가지 유사계수[Q형 상관계수와 마할라노비스

---

6 가설적인 고훈인 인구집단의 골상 추정치는 $x_2=m(ap_1+bp_2)$로 계산된다. 이때 a는 조몬형 야요이인(여기서는 서북큐슈형 야요이인)의 실제 측정치, b는 이주형 야요이인(여기서는 북큐슈형 야요이인)의 실제 측정치를 의미한다. m은 미시진화율(微視進化率)인데, 조몬계 고훈인(여기서는 남큐슈형 고훈인)의 실제 측정치를 조몬형 야요이인의 실제 측정치(즉, 위의 a값)로 나눈 값이다. 이때 p_1과 p_2는 각각의 혼혈률을 나타내며 $p_1+p_2=1$이다.

(Mahalanobis)의 일반적 거리 D2]를 사용하고 있다. 그 결과, 서부 일본, 주고쿠(中國), 긴키(近畿) 등의 세 고훈 인구집단은 이주계이며, 그 혼혈률이 1:9 내지 2:8에 가깝다고 추정하고 있다. 한편 원주계의 고훈인이라 생각되는 간토(關東) 인구집단의 경우에도 원주민 대 이주민의 혼혈률이 3:7로 나타나고 있다. 하니하라는 이와 같이 형태학적으로 서부 일본과는 매우 상이한 간토의 고훈 인구조차도 '예상외로 높은' 혼혈률을 보인다는 점이 '특별한 주의'를 끈다고 말하고 있다.

이상과 같은 두 가지 모델에 의한 모의시험에서 거의 동일한 결과를 얻은 하니하라는 고찰 대상 기간의 자연 인구증가율을 0.2퍼센트로 보고 고훈 시대와 초기 역사 시대의 조몬계 인구와 이주계인의 비율을 1:9 내지 2:8, 다시 말해 일본 전체 인구의 80~90퍼센트가 이주민인 것으로 결론지었다. 즉, 그는 야요이 시대와 초기 역사 시대 사이의 기간에 이주민이 수적으로 매우 많았기 때문에 그들이 조몬계의 원주인구집단(原住人口集團)에 문화적으로뿐만 아니라 체질적으로 막대한 영향을 주었다고 주장하는 것이다.

물론 하니하라의 연구는 그 자신이 지적했듯이 방법론적으로 정밀하지 못하다. 그는 인구증가나 형태학적 변화가 기후 변동, 식량자원, 질병, 사회 상황 등의 여러 요소를 포함하는 비단선적(非單線的) 모델이 아니라 단선적 모델에 의한 것이고 모의시험에 사용된 시초값(조몬 말기의 인구 규모)이 너무 적은 것 같다고 말하고 있다. 그리고 형태변화 모델에서 미시진화율의 계산에 사용한 기준 인구집단의 선정에도 문제가 있다고 고백한다.

그러나 하니하라 자신이 지적한 점 외에도 그의 연구에서는 다음과 같은 몇 가지 문제점이 더 발견된다. 첫째, 그는 인구증가 모델의 최초 인구(7만 5,800명과 16만 300명)를 모두 원주민으로 상정해 모의시험을 시도하고 있다. 하니하라 자신이 이 시기에 이미 이주민이 정착하고 있음을 주장하고 있으므로(즉, 북규슈형 야요이인을 이주민이라고 주장), 최초 인구 전부를 원주민으로 상정한 것은 명백히 잘못이다. 둘째, 방법론적으로 제한되기는 하겠지만 이주가 평균적으로 이루어졌다고 가정하고 있는데, 이는 집단적 이주가 짧은 기간 내에 이루어졌을 경우와는 매우 상이한 모의시험 결과에 이를 것이다. 셋째, 모의시험 결과를 표로 제시하는 데 그치고 그 함의를 충분히 논의하지 못하고 있다. 예컨대 인구증가 모델에 의한 모의시험 결과를 표로 제시하고 그에 대해 다음과 같이 설명한다. 최초 인구 7만 5,800명, 증가율 0.1퍼센트일 때 이주민 총수는 302만 4,156명으로 예상외로 큰 숫자이고, 증가율 0.3퍼센트일 때도 결과는 여전히 놀랄 만하며, 최초 인구를 16만 300명으로 가정할 경우에도 이주민의 숫자는 매우 큰 숫자이다. 이와 같은 간단한 설명만으로 그의 인구증가 모델에 의한 모의시험 결과가 충분히 설득력을 갖기는 어려울 것이다.

넷째, 결론부에서 하니하라는 대상 기간의 자연 인구증가율을 0.2퍼센트로 상정하고 있는데, 그 근거가 매우 희박하다. 그가 인용한 맥에버디와 존스(1978년)의 연구(〈표 1〉)에는 서기 1년부터 1000년까지의 연평균 증가율이 잉글랜드·웨일즈 지방의 0.107퍼센트를 제외하면 모두 0.1퍼센트 미만이며, 전 세계에서 이 기간의 증가율은 0.044퍼센트로 나타나고 있다. 그런데 하니하라는 맥에버디와 존스의 동일한 논고를 인용해 한국에서는 이 기간에 12.5배의 인구증가(증가율 0.25퍼센트)가 있었다고 하면서 자신의 연구 대상 기간의 일본의 인구증가율을 0.2퍼센트로 상정하고 있는 것이다. 이러한 태도는 같은 기간의 이주민

수를 축소해 추정하기 위한 것으로밖에 볼 수 없다. 오히려 세계 규모의 인구증가율(0.1퍼센트)을 받아들여 700년의 원주민과 이주민의 인구 구성을 1:25, 즉 3.8퍼센트 대 96.2퍼센트로 추정하는 것이 타당한 결론이 될 것이다. 당시 전 세계의 인구증가율이 0.1퍼센트 정도인데도 맥에버디 등의 논고에서 한국의 인구증가율이 유독 0.25퍼센트인데 유의하여(맥에버디의 연구는 재검토되어야 한다) 당시 일본에서의 인구증가율을 0.2퍼센트로 상정한 것은, 하니하라 자신이 일본에 온 이주민은 한국인이 아니라 한반도를 경유한 아시아 대륙인이라고 주장하고 있으면서도 결국 일본에 온 이주민은 한국인이라는 것을 스스로 인정하는 결과를 낳고 있다.

일본에 온 이주민의 숫자는 '무시할 수 있다', '상대적으로 큰 수이다', '이주민의 규모는 상당히 컸다'라고 하는 인류학자나 일본 고대사학자들의 주장은 이론이라기보다는 추측이며 과학적 기초 위에서 연구된 것이 아니라고 비판하면서 이주민과 일본 원주민의 비율은 9:1 내지 8:2라고 주장하는 하니하라 가즈로 교수의 견해는 일본 학계의 상황으로 볼 때 매우 획기적인 발언이자 공헌으로 보인다.

그러나 일본에 온 이주자가 '예상외로 훨씬 많다'라든가, 그 이주자가 한국인이 아니라 '한반도를 경유해 아시아 대륙(또는 동아시아 대륙)에서 왔다', 또는 이주민인 야요이인의 기원은 '동북아시아의 인구집단으로까지 거슬러 올라갈 수 있다'라는 주장은 종래의 문화 전파의 시각에서 추측에 의거해 일본 문화를 논한 일본 고대사학자들의 주장과 전혀 다를 게 없다. 이주자들이 동부 시베리아나 중국 동북부 거주민과 밀접한 골상학적 유사성을 지니고 있으므로 동북아시아 인구집단으로까지 거슬러 올라갈 수 있다면(그곳에서 이주했다면) 의당 그러한 지역 사람들이 남긴 고분, 부장품, 유물, 문화재가 그 이주 지역에 수없이 있어야 하고, 『일본서기』나 『고사기』 등과 같은 역사 기록에도 그들에 관한 기록이 수없이 많이 남아 있어야 한다. 그러나 현실은 그러한 지역 사람의 것은 거의 없고 거의 전부 백제인을 위시한 한국인의 것뿐이다. 설령 그러한 지역 사람이 남긴 것이 있다 하더라도 한국 사람이 남긴 것을 찾기가 훨씬 쉬울 정도로 희소한 것이다.

하니하라가 일본의 인류학자와 고대사학자들은 이론보다는 추측에 의거해 견해를 발표한다는 평을 했지만, 실은 그 자신이 그러한 평을 받을 만하다. 일본에 간 이주자 수와 일본 원주민 수의 추정은 비교적 과학적인 증거에 의해 행해졌지만 그 이주자가 누구인지에 대해서는 구체적인 과학적 증거 없이 추측과 편견에 의존하고 있기 때문이다. 일본 전체 인구의 80~90퍼센트가 이주계라고 밝히고 나서 이들 이주자가 10~20퍼센트의 원주민에게 문화적으로뿐만 아니라 체질적으로도 막대한 영향을 주었다고 결론을 맺는 것은 문제의 본질을 흐리는 태도이다. 뒤에 가서 언급하겠지만, 이주자들은 일본 원주민과는 비교가 되지 않을 정도로 고도의 선진 문화를 가지고 있었다. 가령 이주자와 원주민의 문화 수준이 동일하다 하더라도 양자의 인구 비율로 보면 일본열도의 주인공은 원주민이 아니라 수적으로 월등히 많은 이주자이고 소수의 원주민은 이주자에 동화되거나 소멸되었다고 보는 것이 상식인데, 하니하라는 동화되었거나 소멸된 일본 원주민을 일본열도의 주인공으로 삼은 것이다. 호주에 이주해 국가를 세운 영국인이 아니라 호주 원주민을 그 국가의 주인공으로 삼는 식의 이론이다. 이러한 하니하라의 주장은 그가 비판한 다른 일본인 인류학자나 고대사학자와 대동소이하다고밖에 볼 수 없다.

3. 『일본서기』로 본 일본 이주자의 국적

『일본서기』에는 일본으로 간 이주자에 대해 제법 상세하게 기록되어 있으므로 우리는 그 절대적 숫자는 알 수 없다 하더라도 상대적인 비율은 알 수 있다. 앞에서 살펴본 바와 같이 하니하라 가즈로는 증거에 의해 일본 원주민과 일본으로 간 이주자의 비율이 1:9라는 견해를 발표했지만 이주자의 국적은 단지 추측에 의해 한반도를 경유한 아시아 대륙인이라고 했는데, 이제 과연 그것이 사실인지 알아보고자 한다. 다시 말하면, 하니하라가 추측한 일본 이주자의 국적을 필자는 『일본서기』에 의거해 밝히고자 하는 것이다.

여기서 자료로 채택한 『일본서기』는 이와나미 서점(岩波書店)에서 출간된 상·하 두 권의 책이다. 이 책은 1734년의 모사본이 포함된 「우라베노 가네카타본(卜部兼方本) 신대기(神代記)」 두 권과 1540년에 정서(淨書)가 끝난 「우라베노 가네카타본」 28권을 저본(底本)으로 삼았다. 720년에 간행된 『일본서기』는 후세에 훈독뿐만 아니라 저본 자체에도 적지 않은 수정이 가해졌다. 『일본서기』에는 역사적 사실도 기록되어 있고 왜곡·조작된 부분[7]도 적지 않지만 일본 이주자의 국적별 비율만큼은 어느 정도 정확히 추정할 수 있다.

『일본서기』에서 일본에 간 일시 여행자, 체류자가 아닌 이주자에 관한 자료를 찾아 옮기면 다음과 같다.

---

7 『일본서기』의 왜곡, 조작된 부분은 거의 대부분 식별할 수 있다. 이 문제에 대해서는 5부 3장 「백제의 야마토왜와 '일본'으로의 변신 과정」 참조.

1. 崇神 11年. 是歲 異俗多歸 國內安寧.

스진(崇神) 11년, 이해에 다른 풍속의 사람들이 많이 귀화하고 국내가 안녕했다.

2. 崇神 12年 3月 11日(丁亥), 異俗重譯來 海外旣歸化.

스진 12년 3월 11일. 다른 풍속의 사람들도 여러 나라를 거쳐 찾아오고 해외까지도 이미 귀화했다.

3. 垂仁 2年 是歲(註) 意富加羅國王之子 名都怒我阿羅斯等. 亦名曰于斯岐阿利叱智干岐. 傳聞日本國有聖皇 以歸化之.

스이닌(垂仁) 2년 이해 주. 의부가라국(意富加羅國)의 왕자, 이름은 쓰누가 아라시토(都怒我阿羅斯等) 또는 우사키 아리시치간키(于斯岐阿利叱智干岐)라 한다. 일본국에 성황(聖皇)이 있다고 전해 듣고 귀화했다.

4. 垂仁 3年 3月. 新羅王子天日槍來歸焉.

스이닌 3년 3월, 신라의 왕자인 천일창(天日槍)이 내귀(來歸)했다.

5. 神功皇后 5年 3月. 乃詣新羅 次于蹈津 拔草羅城還之. 是時俘人等 今桑原·佐糜·高宮·忍海·凡四邑漢人等之始祖也.

진구(神功) 황후 5년 3월, 이에 신라에 가서 도비진(蹈鞴津)에 진을 치고 초라성(草羅城)을 공락(攻落)시키고 돌아왔다. 이때의 포로(俘人)들은 지금의 구와바라(桑原), 사비(佐糜), 다카미야(高宮), 오시누미(忍海) 등 4읍의 한인(漢人)의 시조이다.

6. 應神 7年 9月. 高麗人·百濟人·任那人·新羅人 竝來朝. 時命武內宿禰 領諸韓人等作池. 因以名池號韓人池.

오진 7년 9월, 고려인, 백제인, 임나인, 신라인이 함께 내조(來朝)했다. 그때 다케우치노 스쿠네(武內宿禰)에게 명해 여러 한인들을 인솔해 못[池]을 파게 했다. 그래서 못을 한인지(韓人池)라 이름했다.

7. 應神 14年 是歲. 弓月君自百濟來歸. 因以奏之曰 臣領己國之人夫百 縣而歸化 然因新羅人之拒 皆留加羅國[應神 16年 8月 於是木菟宿禰等進精兵 (……) 乃率弓月之人夫 與襲津彥共來焉].

오진 14년, 이해에 궁월군(弓月君)이 백제로부터 내귀했다. 상주(上奏)하여 "신이 우리나라 120현의 백성을 이끌고 귀화하려고 했습니다. 그러나 신라인이 방해해 모두 가라국(加羅國)에 체류하고 있습니다"라고 했다[오진 16년 8월, 이에 쓰쿠노 스쿠네(木菟宿禰) 등은 정병(精兵)으로 진격해 (……) 궁월(弓月)의 인부(人夫)를 이끌고 소쓰히코(襲津彥)와 함께 돌아왔다].

8. 應神 14年 2月. 百濟王貢縫衣工女. 曰眞毛津, 是今來目衣縫之始祖也.

오진 14년 2월, 백제 왕이 옷 짓는 여자를 바쳤다. 진모진(眞毛津)이라 한다. 이것이 오늘날의 구메의 의봉(衣縫, 기누누이)의 시조이다.

9. 應神 15年 8月 6日(丁卯). 百濟王遣阿直伎 貢良馬二匹. 即養於輕坂上廏. 因以阿直岐令掌飼. 故號其養馬之處 曰廏坂也.

오진 15년 8월 6일, 백제 왕이 아직기(阿直岐)를 파견해 좋은 말 두 필을 바쳤다. 가루(輕) 언덕 위의 마구간에서 기르게 하고 아직기에게 사육하게 했다. 그리고 그 말을 기른 장소를 우마야사카(廐坂)라 했다.

10. 應神 16年 2月, 王仁來之, 則太子菟道稚郎子師之. 習諸典籍於王仁. 莫不通達. 所謂王仁者 是書首等之始祖也.

오진 16년 2월, 왕인(王仁)이 왔다. 태자 우지노와키 이라쓰코(菟道稚郎子)는 그를 스승으로 모시고 여러 전적(典籍)을 배웠다. 왕인은 후미노오비토(書首) 등의 시조이다.

11. 應神 20年 9月. 倭漢直祖阿知使主 其子都加使主 竝率己之黨類十七縣而來歸焉.

오진 20년 9월, 야마토노 아야노아타이(倭漢直)의 조상 아치노오미(阿知使主)와 그 아들 쓰카노오미(都加使主)가 그들의 무리 17현(縣)을 데리고 왔다.

12. 應神 31年 8月. 新羅王聞之 讐然大驚 乃貢能匠者. 是猪名部等之始祖也.

오진 31년 8월, 신라 왕이 이 말을 듣고 크게 놀라서 뛰어난 장인(匠人)들을 바쳤는데, 이들이 이나베(猪名部) 등의 시조이다.

13. 應神 37年 2月. 遣阿知使主·都加使主於吳 令求縫工女. (……) 吳王 於是與工女兄媛·弟媛·吳織·穴織 四婦女.

오진 37년 2월, 아치노오미, 쓰카노오미를 오나라에 파견해 옷 짓는 여자를 구하게 했다. (……) 오나라 왕은 에히메(兄媛), 오토히메(弟媛), 구레하토리(嗚織), 아야하토리(穴織) 등의 네 여자를 주었다.

14. 應神 39年 2月. 百濟直支王 遣其妹新齊都媛以令仕. 爰新齊都媛 率七婦女而來歸焉.

오진 39년 2월, 백제의 직지왕(直支王)이 그 누이 신제도원(新齊都媛)을 보내 봉사하게 했다. 이때 신제도원은 일곱 명의 부녀를 이끌고 왔다.

15. 允恭 42年 1月 14日(戊子). 於是 新羅王 (……) 貢上調船八十艘及種種樂人八十.

인교(允恭) 42년 1월 14일, 신라 왕이 (……) 많은(80척) 조(調)를 실은 배와 많은(80명) 음악인을 바쳤다.

16. 雄略 2年 7月(註). 百濟莊飾慕尼夫人女 曰適稽女郞. 貢進於天皇.

유랴쿠(雄略) 2년 7월 주. 백제가 모니(慕尼) 부인의 딸 적계여랑(適稽女郞)을 치장해 천황에게 바쳤다.

17. 雄略 7年 是歲. 西漢才伎歡因知利在側. 乃進而奏曰 巧於奴者 多在韓國. 可召而使. 天皇詔群臣曰 然則宜以歡因知利 副弟君等 取道於百濟 并

下勅書 令獻巧者. (……) 將百済所獻手末才伎 在於大嶋. (……) 遂即安置於倭國吾礪廣津邑. (……) 天皇詔大伴大連室屋 命東漢直掬 以新漢陶部高貴·鞍部堅貴·畵部因斯羅我·錦部定安那錦·譯語卯安那等 遷居于上桃原·下桃原·眞神原三所(或本云吉備臣弟君 還自百濟 獻漢手人部·衣縫部·肉人部).

유랴쿠 7년, 이해에 서한재기(西漢才伎: 대륙계 기술자) 완인치리(歡因知利)가 옆에서 진언하기를 "우리보다 더 뛰어난 자가 가라노쿠니(韓國)에 많습니다. 불러서 부리는 것이 좋습니다"라고 했다. 천황이 신하들에게 말하기를 "완인치리를 제군(弟君) 등에 따르게 하여 백제로 보내 칙서를 내려 뛰어난 자를 헌상케 하라"라고 했다. (……) 백제가 바친 기술자들을 거느리고 큰 섬에 있었다. (……) 드디어 야마토노쿠니(倭國)의 아토(吾礪) 히로쓰노무라(廣津邑)에 안치(安置)했다. (……) 천황이 오토모노 오무라지 무로야(大伴大連室屋)에게 명하여 야마토노아야노 아타이쓰카(東漢直掬)로 하여금 이마키노아야노 스에쓰쿠리(陶部) 고귀(高貴), 구라쓰쿠리(鞍部) 견귀(堅貴), 에카키(畵部) 인사라아(因斯羅我), 니시고리지(錦部) 정안나금(定安那錦), 통역 묘안나(卯安那) 등을 가미쓰 모모하라(上桃原), 시모쓰 모모하라(下桃原), 마카미노하라(眞神原) 등 세 곳에 옮겼다[어떤 책에는 기비신(吉備臣) 제군(弟君)이 백제에서 돌아와 한수인부(漢手人部), 의봉부(衣縫部), 육인부(肉人部)를 바쳤다고 한다].

18. 雄略 11年 7月. 有從百濟國逃化來者. 自稱名曰貴信.

유랴쿠 11년 7월, 백제국에서 도망쳐 귀화한 자가 있었다. 스스로 귀신(貴信)이라 일컬었다.

19. 清寧 4年 8月 7日(癸丑). 是日 蝦夷·隼人竝内附.

세이네이(清寧) 4년 8월 7일, 에조(蝦夷), 하야토(隼人)가 아울러 복속했다.

20. 仁賢 6年 9月, 4日(壬子). 遣日鷹吉士 使高麗 召巧手者. (……) 是歲 日鷹

吉士還自高麗 獻工匠須流枳·奴流枳等. 今大倭國山邊郡額田邑熟皮高麗是其後也.

닌켄(仁賢) 6년 9월, 히타카노키시(日鷹吉士)를 고구려에 사신으로 보내 기술자들을 불렀는데, (……) 이해에 히타카노키시가 고구려에서 돌아와 기술자 수류지(須流枳), 노류지(奴流枳) 등을 바쳤다. 오늘의 야마토노쿠니 야마베(山邊)군 누카타노무라(額田邑)의 가와오시코마(熟皮高麗)가 그 후손이다.

21. 武烈 7年 4月. 百濟王遣斯我君進調. 別表曰 (……) 故謹遣斯我 奉事於朝. 遂有子曰法師君. 是倭君之先也.

부레쓰(武烈) 7년 4월, 백제 왕이 사아군(斯我君)을 보내 조공(朝貢)했다. 별도로 표를 올려 말하기를 "사아를 보내 조정에 봉사케 합니다"라고 했다. 그 후 자식이 있어 법사군(法師君)이라 했는데, 이 사람이 야마토노키미(倭君)의 선조이다.

22. 欽明 1年 2月. 百濟人己知部投化. 置倭國添上郡山村.

긴메이(欽明) 1년 2월, 백제인 기지부(己知部)가 귀화했다. 야마토노쿠니의 소후노카미(添上)군의 야마무라(山村)에 안치했다.

23. 欽明 1年 3月. 蝦夷·隼人竝率衆歸附.

긴메이 1년 3월, 에조, 하야토가 아울러 무리를 이끌고 귀부했다.

24. 欽明 1年 8月. 高麗·百濟·新羅·任那 竝遣使獻 竝脩貢職. 召集秦人·漢人等 諸蕃投化者 安置國郡 編貫戶籍. 秦人戶數總七千五十三戶. 以大藏掾爲秦伴造.

긴메이 1년 8월, 고구려, 백제, 신라, 임나가 함께 사신을 보내 공물을 바쳤다. 하다히토(秦人), 아야히토(漢人) 등 가까운 나라에서 귀화해 온 사람들을 모아 국(國)과 군(郡)에 안치해 호적을 만들었다. 하다히토의 호수는 총 7,053호, 오호쿠라노 마쓰리고토히토(大藏掾)를 하다노 도모노 미야쓰코(秦伴造)로 임명했다.

25. 欽明 4年 9月. 百濟聖明王 (……) 來獻扶南財物與奴二口.

긴메이 4년 9월, 백제의 성명왕(聖明王)이 (……) 부남(扶南: 캄보디아 지역의 옛 국가)의 재물과 노비 2구를 바쳤다.

26. 欽明 11年 4月 1日(庚辰). 因獻高麗奴六口. 別贈王人奴一口.

긴메이 11년 4월 1일, 고구려의 노비 6구를 바치고 별도로 사자에게 노비 1구를 주었다.

27. 欽明 11年 4月 16日(乙未). 百濟遣中部奈率皮久斤 · 下部施德灼干那等 獻狛虜十口.

긴메이 11년 4월 16일, 백제가 중부나솔(中部奈率) 피구근(皮久斤), 하부시덕(下部施德) 작간나(灼干那) 등을 보내 고구려의 포로 10구를 바쳤다.

28. 欽明 15年 12月. 百濟 (……) 奉 (……) 所獲城民 男二女五.

긴메이 15년 12월, 백제가 (……) 사로잡은 성[城: 함산성(函山城)]의 백성 남자 두 명, 여자 다섯 명을 바쳤다.

29. 欽明 23年 7月 1日(己巳). 新羅遣使献調賦. 其使人知新羅滅任那 (……) 遂留不歸本土. (……) 今河內國更荒那鸕鷀野邑新羅人之先也.

긴메이 23년 7월 1일, 신라가 사신을 보내 조부(調賦)를 바쳤다. 그 사신은 신라가 임나를 멸망시킨 것을 알고 (……) 드디어 머물러 본토에 돌아가지 않았다. (……) 오늘날 가와치노쿠니의 사라라(更荒)군 우노노사토(鸕鷀野邑)의 신라인의 선조이다.

30. 欽明 23年 11月. (新羅)使人 (……) 不歸本土. 例同百姓. 今攝津國三嶋郡埴廬新羅人之先祖也.

긴메이 23년 11월, (신라의) 사신이 (……) 본토에 돌아가지 않았다. 백성과 같이 취급했다. 지금의 세쓰노쿠니(攝津國)의 미시마(三嶋)군 하니로(埴廬)에 있는 신라인의 선조이다.

31. 欽明 26年 5月. 高麗人頭霧唎耶陛等投化於筑紫 置山背國. 今畝原·奈羅·山村高麗人之先祖也.

긴메이 26년 5월, 고구려인 두무리야폐(頭霧唎耶陛) 등이 쓰쿠시(筑紫)에 투화(投化)하므로 야마시로노쿠니(山城國)에 안치했다. 오늘날의 우네하라(畝原), 나라(奈羅), 야마무라의 고구려인의 선조이다.

32. 敏達 6年 11月 1日(庚午). 百濟國王 (……) 獻經論若干卷 并律師·禪師·比丘尼·呪禁師·造佛工·造寺工 六人. 遂安置於難波大別王寺.

비다쓰(敏達) 6년 11월 1일, 백제 국왕이 (……) 경론(經論) 약간과 율사(律師), 선사(禪師), 비구니(比丘尼), 주금사(呪禁師), 조불공(造佛工), 조사공(造寺工) 여섯 명을 바쳤다. 드디어 나니와(難波) 오와케오지(大別王寺)에 안치했다.

33. 敏達 13年 9月. 從百濟來鹿深臣 有彌勒石像一軀.

비다쓰 13년 9월, 백제에서 온 가후카노오미(鹿深臣)가 미륵 석상 한 구를 가지고 왔다. 사에키노 무라지(佐伯連)가 불상 한 구를 가지고 왔다.

34. 崇峻 1年 是歲. 百濟國 (……) 獻佛舍利. (……) 僧聆照律師·令威·惠衆·惠宿·道嚴·令開等 寺工太良未太·文賈古子 鑪盤博士將德白昧淳 瓦博士麻奈文奴·陽貴文·㥄貴文·昔麻帝彌 畫工白加.

스슌(崇峻) 1년, 백제국이 (……) 불사리(佛舍利)와 승려 영조율사(聆照律師), 영위(令威), 혜중(惠衆), 혜숙(惠宿), 도엄(道嚴), 영개(令開) 등과 사원 건축공인 태량미태(太良未太), 문고고자(文賈古子), 노반박사(鑪盤博士)인 장덕(將德) 백매순(白昧淳), 와박사(瓦博士)인 마나문노(麻奈文奴), 양귀문(陽貴文), 능귀문(㥄貴文), 석마제미(昔麻帝彌), 화공(畫工)인 백가

(白加) 등을 바쳤다.

35. 推古 3年 是歲. 百濟僧惠聰來之.

스이코(推古) 3년, 이해에 백제의 승려 혜총(惠聰)이 왔다.

36. 推古 10年 10月. 百濟僧觀勒來之.

스이코 10년 10월, 백제의 승려 관륵(觀勒)이 왔다.

37. 推古 10年 10月 15日(己丑). 高麗僧僧隆·雲聰 共來歸.

스이코 10년 10월 15일, 고구려의 승려 승륭(僧隆), 운총(雲聰)이 함께 귀화했다.

38. 推古 16年 是歲. 新羅人多化來.

스이코 16년. 이해에 신라인이 많이 귀화했다.

39. 推古 17年 4月 4日(庚子). 筑紫大宰奏上言 百濟僧道欣·惠彌為首 一十人 俗七十五人 泊于肥後國葦北津 (……) 五月丁卯朔壬午(16日), 德摩呂等復奏之. (……) 副百濟人等 送本國. 至于對馬 以道人等十一 皆請之欲留. 乃上表而留之. 因令住元興寺.

스이코 17년 4월 4일, 쓰쿠시 대재(大宰)가 상주하기를 "백제승 도흔(道欣)과 혜미(惠彌)를 우두머리로 하는 승려 열 명과 속인(俗人) 75명이 히노미치노 시리노쿠니(肥後國)의 아시키타(葦北) 나루에 정박하고 있습니다"라고 했다. (……) 5월 16일, 도코마로(德摩呂) 등이 다시 보고했다. (……) 백제인들을 본국으로 보냈는데 쓰시마(對馬島)에 이르러 수도자 열한 명이 모두 머물기를 원했다. 그래서 표(表)를 올리고 머물게 했는데, 간고지(元興寺)에 살게 했다.

40. 推古 18年 3月. 高麗王貢上僧曇徵·法定·曇徵知五經. 且能作彩色及紙墨并造碾磑 蓋造碾磑 始于是時歟.

스이코 18년 3월, 고구려 왕이 승려 담징(曇徵), 법정(法定)을 바쳤는데,

담징은 오경에 능통하고, 채색과 종이 및 묵(墨)을 잘 만들었으며, 아울러 맷돌을 만들었다. 아마도 맷돌을 만든 것은 이때가 처음일 것이다.

41. 推古 20年 是歲. 自百濟國有化來者. (……) 又百濟人味摩之歸化. (……) 則安置櫻井而集少年 令習伎樂儛.

스이코 20년, 백제에서 귀화자가 있었는데 (……) 또 백제인 미마지(味摩之)가 귀화했다. 사쿠라이(櫻井)에 살게 하고, 소년을 모아 기악(伎樂)의 춤을 배우게 했다.

42. 推古 24年 3月. 掖玖人三口歸化.

스이코 24년 3월, 액구인(掖玖人) 세 명이 귀화했다.

43. 推古 24年 5月. 夜勾人七口來之.

스이코 24년 5월, 야구인(夜勾人) 일곱 명이 왔다.

44. 推古 24年 7月. 掖玖人廿口來之. 先後并卅人. 皆安置於朴井.

스이코 24년 7월, 액구인 20명이 왔다. 전후 합해 30명인데 모두 에노이(朴井)에 살게 했다.

45. 推古 26年 8月 1日(癸酉). 高麗 (……) 貢獻俘虜貞公·普通二人.

스이코 26년 8월 1일, 고구려가 (……) 노획한 수(隋)나라의 포로 정공(貞公)과 보통(普通) 두 명을 바쳤다.

46. 推古 33年 1月 7日(戊寅). 高麗王貢僧惠灌.

스이코 33년 1월 7일, 고구려 왕이 승려 혜관(惠灌)을 보냈다.

47. 舒明 3年 3月 10日(庚子). 掖玖人歸化.

조메이(舒明) 3년 2월 10일. 액구인이 귀화했다.

48. 皇極 1年 9月 21日(癸酉). 越邊蝦夷 數千內附.

고쿄쿠(皇極) 1년 9월 21일, 고시(越) 지역 변경(邊境)의 에조 수천 명이 내부(內附)했다.

49. 齊明 1年 是歲. 蝦夷·隼人 率衆內屬·詣闕朝獻.

사이메이(齊明) 1년, 이해에 에조, 하야히토가 무리를 이끌고 와 복속하고 조공을 바쳤다.

50. 齊明 1年 是歲. 新羅 別以級飡彌武為質. 以十二人為才伎者, 彌武 遇疾而死.

사이메이 1년, 이해에 신라는 따로 급찬(級飡)인 미무(彌武)를 인질로 삼고 기술자 열두 명과 함께 보냈다. 미무는 병을 얻어 죽었다.

51. 齊明 5年 3月(註). 阿倍引田臣比羅夫 與肅愼戰而歸. 獻虜卌九人.

사이메이 5년 3월 주. 아베노 히케타노오미(阿倍引田臣) 히라부(比羅夫)가 숙신(肅愼)과 싸우고 돌아왔다. 포로 49명을 바쳤다.

52. 齊明 6年 10月. 百濟佐平鬼室福信 遣佐平貴智等 來獻唐俘一百餘人. 今美濃國不破·片縣 二郡唐人等也.

사이메이 6년 10월, 백제의 좌평(佐平) 귀실복신(鬼室福信)이 좌평 귀지(貴智) 등을 보내 당(唐)나라 포로 100여 명을 바쳤는데, 오늘의 미노노쿠니(美濃國)의 후하(不破) · 가타아가타(片縣) 2군의 당인(唐人)이다.

53. 齊明 7年 11月 7日(戊戌)(註). 百濟佐平福信所獻唐俘 一百六口 居于近江國墾田.

사이메이 7년 11월 7일 주. 백제의 좌평 복신(福信)이 바친 당나라 포로 106명을 오미노쿠니(近江國) 하리타(墾田)에 살게 했다.

54. 天智 4年 2月 是月. 仍以佐平福信之功 授鬼室集斯小錦下. 復以百濟百姓男女四百餘人 居于近江國神前郡(三月. 是月. 給神前郡百濟人田).

덴지(天智) 4년 2월, 이달에 좌평 복신의 공(功)으로 귀실집사(鬼室集斯)에게 소금하(小錦下)의 벼슬을 주었다. 또 백제의 남녀 백성 400여 명을 오미노쿠니의 가무사키(神前)군에 살게 했다(3월에 가무사키군의 백제인에게 밭을 지급했다).

55. 天智 5年 是冬. 以百濟男女二千餘人 居于東國. 凡不擇緇素 起癸亥年 至于三歲 竝賜官食.

덴지 5년, 이해 겨울 백제의 남녀 2,000여 명을 아즈마노쿠니(東國)에 살게 했다. 모두 승(僧), 속(俗)을 가리지 않고 3년간 관(官)에서 식품을 주었다.

56. 天智 8年 是歲. 又以佐平餘自信·佐平鬼室集斯等 男女七百餘人 遷居 近江國蒲生郡.

덴지 8년, 이해에 또 좌평 여자신(餘自信)과 좌평 귀실집사 등 남녀 700여 명을 오미노쿠니의 가모(蒲生)군으로 옮겼다.

57. 天武 4年 10月 16日(丙戌). 自筑紫貢唐人卅口. 則遣遠江國 而安置.

덴무(天武) 4년 10월 16일, 쓰쿠시로부터 당인 30명을 바쳤는데, 도토미노쿠니(遠江國)에 보내 살게 했다.

58. 天武 13年 5月 14日(甲子). 化來百濟僧尼及俗 男女并廿三人 皆安置于武藏國.

덴무 13년 5월 14일, 귀화한 백제의 승니(僧尼) 및 속인 남녀 모두 23명을 무사시노쿠니(武藏國)에 안치시켰다.

59. 天武 14年 9月 27日(庚午). 化來高麗人等 賜祿各有差.

덴무 14년 9월 27일, 귀화한 고구려인 등에게 녹(祿)을 주었는데, 각각 차이가 있었다.

60. 持統 稱制前紀(天武 朱鳥 元年) 閏 12月. 筑紫大宰 獻三國 高麗·百濟·新羅百姓男女 并僧尼六十二人.

지토(持統) 칭제전기[稱制前紀: 덴무 슈초(朱鳥) 원년] 윤 12월, 쓰쿠시 대재가 고구려, 백제, 신라의 남녀 백성과 승니 62명을 바쳤다.

61. 持統 1年 3月 15日(己卯). 以投化高麗五十六人 居于常陸國.

지토 1년 3월 15일, 투화한 고구려인 56명을 히타치노쿠니(常陸國)에 살게 했다.

62. 持統 1年 3月 22日(丙戌). 以投化新羅十四人 居于下毛野國.

지토 1년 3월 22일, 투화한 신라인 14명을 시모쓰케노쿠니(下毛野國)에 살게 했다.

63. 持統 1년 4月 10日(癸卯). 筑紫大宰獻投化新羅僧尼及百姓男女廿二人 居于武藏國.

지토 1년 4월 10일, 쓰쿠시 대재가 투화한 신라의 승니 및 남녀 백성 22명을 바쳤는데, 무사시노쿠니에 살게 했다.

64. 持統 3年 4月 8日(庚寅). 以投化新羅人 居于下毛野.

지토 3년 4월 8일, 투화한 신라인을 시모쓰케노(下毛野)에 살게 했다.

65. 持統 4年 2月 11日(戊午). 新羅沙門詮吉·級湌北助知等五十人歸化.

지토 4년 2월 11일, 신라의 사문(沙門) 전길(詮吉)과 급찬 북조지(北助知) 등 50명이 귀화했다.

66. 持統 4年 2月 25日(壬申). 以歸化新羅韓奈末許滿等十二人 居于武藏國.

지토 4년 2월 25일, 귀화한 신라의 한나말(韓奈末) 허만(許滿) 등 열두 명을 무사시노쿠니에 살게 했다.

67. 持統 4年 5月 10日(乙酉). 百濟男女廿一人歸化.

지토 4년 5월 10일, 백제의 남녀 21명이 귀화했다.

68. 持統 4年 8月 11日(乙卯). 以歸化新羅人等 居于下毛野國.

지토 4년 8월 11일, 귀화한 신라인 등을 시모쓰케노쿠니에 살게 했다.

이상의 자료에 의해 다음과 같은 사실을 알 수 있다.

(1) 『일본서기』에 수록되어 있는 일본 초기 이주자에 관한 사례는 총 67개나 된다. 위의 자료 24는 긴메이 천황 원년(540) 당시 이주자의 합계를 나타내는 것이므로 이주자의 사례에서는 제외할 수 있다.

또한 다음 사료들도 위 이주자 사례에서는 제외했다.

A. 스이닌 2년, 이해에 임나인 소나카시치(蘇那曷叱智)가 청하기를 "나라에 돌아가고 싶습니다"라고 했다. 아마 선황(先皇)의 세(世)에 내조했다가 아직 돌아가지 않았던 듯하다.

B. 게이타이(繼體) 7년 6월, 백제가 (……) 오경박사 단양이(段楊爾)를 바쳤다.

C. 스이코 3년 5월 10일, 고구려의 승려 혜자(惠慈)가 귀화했다.

D1. 고토쿠(孝德) 하쿠치 5년 4월, 도화라노쿠니(吐火羅國)의 남자 두 명, 여자 두 명, 사에(舍衛)의 여자 한 명이 폭풍을 만나 히무카(日向)에 왔다.

D2. 사이메이 3년 7월 3일, 도화라노쿠니의 남자 두 명과 여자 네 명이 표류해 쓰쿠시에 왔다.

D3. 사이메이 5년 3월 10일, 도화라인이 아내 사에 부인과 함께 왔다.

E. 덴지 2년 2월, 이달에 좌평 복신이 당나라의 포로 속수언(續守言) 등을 바쳤다.

이 가운데 A는 소나카시치가 임나로 돌아갔는지 명확하지 않기 때문에, B는 게이타이 10년 9월에 그의 역할을 후임자인 한고안무(漢高安茂)에게 인계하고 귀국했기 때문에 이주 사례에서 제외했다. 또한 C의 경우는 혜자가 스이코 23년 11월 15일에 고구려로 귀국했기 때문에, 또 D_1, D_2, D_3은 사이메이 6년 7월에 서해로(西海路)로 돌아갔기 때문에 제외했다. 한편 E는 자료 53에 포함되어 있기 때문에 제외했다. 위 A~E의 기사 가운데 한국이 관련되지 않은 것은 D뿐이다. 따라서 만일 A~E의 자료를 우리 연구 대상 자료 속에 삽입했다면 한국인의 수는 더욱 증가했을 것이다. 즉, 위의 A~E 기사를 제외한 것이 한민족 이외 민족의 이주자를 상대적으로 감소시키지는 않을 것이다.

(2) 위의 자료 24는 일본 원주민 총수의 통계가 아니라 일본에 거주하고 있는 일본 이주자인 진인(秦人)의 통계이다. 진인의 특성에 대해서는 뒤에서 언급하기로 하고 여기서는 『일본서기』에서 일본 원주민이 아닌 이주자의 수에 대해서만 기록한 점에 주목하고자 한다. 이 기록 하나만을 따져보더라도 당시 일본의 주인공은 일본 원주민이 아니라 이주자임을 알 수 있다. 『일본서기』에서는 감추려 하고 있지만 감춰지지 않고 적지 않게 노출되어 있는 기록들이 있는데, 이 이주자에 관한 기록도 그중 하나이다.

(3) 『일본서기』에는 일본 이주자의 이주 이유가 기록되어 있는데, 이주 이유를 밝힌 64개 사례를 정리하면 〈표 2〉와 같다.

표의 범주 A, B, C는 그 사례는 얼마 되지 않지만, 어느 정도 사실에 가까운 이주 이유라 할 것이다. 특히 범주 B는 백제 왕이 일본을 경영하기 위해 일정 기간 야마토왜로 파견한 것인데, 사실에 입각한 기사라 할 수 있다. 그러나 범주 G는 일본 천황이 명령해 백제왕으로 하여금 헌상하게 했다는 것인데, 이 범주 G와 E(귀화류), F(공물로 바친 경우)는 사실을 왜곡한 기술이라 할 수 있을 것이다. 사실을 왜곡한 표현은 신(臣), 조(詔), 조서(詔書), 칙서(勅書), 진(奏), 상표(上表), 청정(請政), 사물(賜物), 사록(賜祿), 붕(崩), 몽(夢) 등등 많은데,[8] 이 기술도 그

〈표 2〉 『일본서기』에 나타난 일본 이주자의 이주 이유

구분	표현	해당 사료 번호	사례 수	계
A	來朝 來之 來	6 10, 35, 36, 43, 44 33	1 5 1	7
B	遣	9, 21	2	2
C	不歸本土 欲留	29, 30 39	2 1	3
D	俘人 爲質	5 50	1 1	2
E	歸 歸化 來歸 來歸, 歸化 遣, 來歸 投化 歸附 化來 逃化來 內附, 內屬 化來, 歸化	1 2, 3, 42, 47, 65, 66, 67, 68 4, 11, 37 7 14 22, 31, 61, 62, 63, 64 23 38, 58, 59 18 19, 48, 49 41	1 8 3 1 1 6 1 3 1 3 1	29
F	奉 貢 貢上 貢進 獻 來獻 遣, 獻 獻, 贈 獻俘虜 獻唐俘	28 8, 12, 46, 57 15, 40 16 32, 34, 60 25 27 26 45, 51 52, 53	1 4 2 1 3 1 1 1 2 2	18
G	令求 召, 獻 令獻, 貢, 所獻	13 20 17	1 1 1	3

가운데 한 종류인 것이다.

고도의 문화를 가진 한국인이 의복도 문자도 없는 원주민이 사는 일본에 '귀화', '투화'하거나, 또는 한국의 왕이 스스로 일본의 '신하'라 칭하거나 '공상(貢上)', '헌상(獻上)'했다는 등의 기록은 전적으로 역사적 사실을 왜곡한 것이다. 영국의 앵글로색슨족이 신천지인 북미 대륙이나 호주에서 국가를 건설했는데 그들이 미국의 인디언이나 호주의 원주민에 '귀화'했다거나 '조공'했다고 주장하는 것과 똑같은 논리이다. 고야마 슈조는 조몬 시대의 인구 규모는 초기부터 중기까지는 증가했고 중기부터 말기까지는 감소했다고 주장하며, 조몬 말기의 전 일본 인구 규모를 7만 6,800명, 그보다 앞선 시기인 조몬 후기의 인구를 16만 300명으로 추정하고 있다. 그런데 고야마에 의하면 이러한 조몬 후기부터 말기 사이의 인구 감소 이유는 6,000년 전부터 점차 한랭기후로 변화하면서 초래된 식량 결핍과 조몬 후기 이후 일본으로 간 이주자들이 퍼뜨린 전염병 때문이라고 한다. 그리고 그는 이와 같은 경우는 아메리칸 인디언과 오스트레일리아 원주민의 경우와 동일하다고 주장하고 있다.[9] 고야마 슈조가 일본 원주민과 이주자의 관계를 아메리칸 인디언과 영국인의 관계나 호주 원주민과 영국인의 관계와 동일하다고 본 것은 일본의 학계로서는 용기 있고 올바른 견해이다. 그러나 이 관계를 인구의 증감 국면에만 한정시켜서는 안 된다.

이 관계는 사회생활이나 국가의 형성, 유지 등 모든 영역에 적용되어야 한다. 그래야만 올바른 역사의 이해에 도달할 수 있다. 이렇게 볼

8 이처럼 역사를 왜곡한 것에 대한 고찰은 주 7을 참조할 것.

9 小山修三, 『縄文時代』, 東京: 中央公論社, 1984; 埴原和郎, 앞의 논문, 1987.

때, 한국에서 일본으로의 이주를 귀화, 투화 또는 조공이라 하는 것은 사실을 철저하게 왜곡한 것이다. 『일본서기』 자체가 아무리 진실을 은폐하려고 해도 군데군데 역사적인 사실이 노출되어 있으므로 우리는 이것에 의해 올바른 역사의 복원이 가능하다고 보는 것이다.

4. 한국 이외 지역에서 야마토왜로 건너간 이주민의 수

앞 장에서는 『일본서기』에 나타난 일본 이주자 관련 기사를 살펴보았다. 여기서는 이 기사를 연대순, 국적별로 표시하고자 한다. 이주자를 연대순, 국적별로 표시해야만 국적을 위시한 제반 특성이 뚜렷해질 것이다. 일본 이주자를 연대순, 국적별로 표시하면 〈표 3〉과 같다.

(1) 먼저 편의상 중국으로부터의 이주 현황을 알아보자. 〈표 3〉과 앞의 자료에 의해 다음과 같은 사실을 알 수 있다.

① 중국에서 일본으로 이주자를 보낸 왕국은 수·당·오 삼국뿐이며, 그것도 수나라와 오나라에서 각각 1회, 당나라에서 3회, 도합 5회에 지나지 않는다. 그러나 곧 언급하겠지만 오나라 출신 이주자에 관한 기록은 허위임이 거의 틀림이 없다.

② 이러한 이주자는 자의에 의한 것이 아니라 하나의 예외도 없이 모두 이국(異國)인 한국의 포로 신세로 타의에 의해 일본에 왔다.

③ 일본으로 이주한 수나라 사람 두 명은 고구려와 수의 싸움에서 고구려에 포로로 잡힌 사람들이다(자료 45).

④ 3회에 걸쳐 각각 100여 명, 106명, 30명씩 일본에 강제 입국된 당나라 사람 가운데 2회(자료 52, 53)는 백제에 잡힌 포로들이다. 이 기

〈표 3〉 연대순 · 국적별 일본 이주자(『일본서기』)

자료 번호	연대	이속(異俗)	한국							일본열도			중국	
			의부가야(意富加羅)	신라	고구려	고려인, 백제인, 임나인, 신라인	백제	아치노오미와 무리	하다히토	에조, 하야토	야구인(액구인)	숙신	오	수, 당
1	스진 11	많음												
2	스진 12	重												
3	스이닌 2		왕자											
4	스이닌 3			왕자(천일창)										
5	진구 5			포로										
6	오진 7(276 → 396)					여러 한인(4개국)								
7	오진 14(283→403)						120현인(궁월군)							

8	오진 14 (283→403)						공녀							
9	오진 15 (284→404)						아직기							
10	오진 16 (285→405)						왕인							
11	오진 20 (289→409)							17 현인						
12	오진 31 (300→420)			숙련 기술자										
13	오진 37 (306→426)												4 공녀	
14	오진 39 (308→428)						왕의 누이와 7부녀							
15	인교 42(453)			80 음악인										
16	유랴쿠 2(458)						여 1 (적계여랑)							

17	유랴쿠 7(463)						손끝기술자, 도부, 안부, 화부, 금부, 통역(수인부, 의봉부, 육인부)							
18	유랴쿠 11(467)						도망자							
19	세이네이 4(483)									에조, 하야토				
20	닌켄 6(493)				기술자									
21	부레쓰 7(505)						법사군							
22	긴메이 1(540)						기지부							
23	긴메이 1(540)									에조, 하야토와 그 무리				
24	긴메이 1(540)								7,053호					
25	긴메이 4(543)						노비 2구							

26	긴메이 11(550)				노비 7구									
27	긴메이 11(550)				백제 포로 10구 (백제가 잡음)									
28	긴메이 15(554)			성의 백성 (백제가 잡음)										
29	긴메이 23(562)			사인										
30	긴메이 23(562)			사인										
31	긴메이 26(565)				고구려인 등									
32	비다쓰 6(577)						6인(율사, 선사, 비구니, 주금사, 조불공, 조사공)							
33	비다쓰 13(584)						1명(가후카노 오미)							

34	스슌 1(588)						승려 1, 영조율사 5, 사공 2, 노반박사 1, 와박사 4, 화공 1							
35	스이코 3(595)						승려(혜총)							
36	스이코 10(602)						승려(관륵)							
37	스이코 10(602)				승려 (승륭, 운총)									
38	스이코 16(608)			많은 신라인										
39	스이코 17(609)						11명							
40	스이코 18(610)				승려 (담징, 법정)									
41	스이코 20(612)						백제인 (미마지)							
42	스이코 24(616)										3명			

43	스이코 24(616)										7명			
44	스이코 24(616)										20명			
45	스이코 26(618)													수나라 포로 2명 (고구려가 잡음)
46	스이코 33(625)				승려 (혜관)									
47	조메이 3(631)										액구인			
48	고쿄쿠 1(640)									에조 수천				
49	사이메이 1(655)									에조, 하야토				
50	사이메이 1(655)			급찬 미무 외 12명										
51	사이메이 5(659)											포로 49명		

52	사이메이 6(660)													당나라 포로 100여 명(백제가 잡음)
53	사이메이 7(661)													당나라 포로 106명 (백제가 잡음)
54	덴지 4(665)						400여 명							
55	덴지 5(666)						2,000여 명							
56	덴지 8(669)						700여 명							
57	덴무 4(676)													당인 30명
58	덴무 13(685)						23명 (승니, 속인)							
59	덴무 14(686)					고구려인 등								

60	지토 칭제전기 (687)					고구려, 백제, 신라 62명								
61	지토 1(687)					고구려 56명								
62	지토 1(687)				14명									
63	지토 1(687)				22명 (승니, 백성)									
64	지토 3(689)				신라인									
65	지토 4(690)				50명									
66	지토 4(690)				12명									
67	지토 4(690)							21명						
68	지토 4(690)				신라인									

*비고: 오진 조의 기년 가운데 앞의 것은 소급 · 조작된 본래 기년이고, 뒤의 것은 수정 · 개정된 기년이다.

록에서 우리는 다음과 같은 사실을 알 수 있다. 첫째, 나당연합군이 백제를 멸망시켰다고 하더라도 상당한 수의 당나라 병사가 백제군의 포로가 되었으며, 이들 중 상당수가 일본으로 보내졌다. 둘째, 당나라 포로가 백제에 의해 일본에 보내졌다는 사실은 다른 여러 사실(일본 천황의 국적, 일본 원주민과 한국에서 일본으로 간 한국 이주민 수의 비교, 또 그들 양자의 현격한 문화 수준 차이, 일본 고대국가 건설의 주역과 지배 엘리트의 국적 등)을 고려할 때 일본은 백제가 개척한 나라임을 알려주는 것이다.

⑤ 자료 57의 당나라 사람 30명도 대체로 포로와 같은 신분으로 보아도 무방할 것이다.

⑥ 중국에서 일본으로 간 이주는 몇 회 되지 않으며, 타의에 의한 것이고, 그 숫자도 뒤에 살펴볼 한국에서 건너간 이주민에 비하면 문제가 되지 않을 정도로 적으며, 또한 연대도 7세기 이후의 일이다. 7세기 초 이전에 중국에서 건너간 이주자는 타의에 의한 것이라 하더라도 거의 없었다고 할 수 있다. 뒤에서 언급되겠지만 『신찬성씨록』에서 수많은 한국인을 중국인의 자손, 그것도 황제나 왕족의 후손으로 기술하는 것이나, 일본 학계가 이른바 '귀화인', '도래인'에 중국인이 적지 않게 포함되어 있다고 주장하는 것, 또는 하니하라가 아시아 대륙에서 한반도를 경유해 일본에 이주한 사람이 일본 원주민의 약 4~9배나 된다고 주장하는 것은 모두 근거 없는 것임을 알 수 있다.

⑦ 중국인의 일본 이주 관계는 이것으로 끝내고 지금부터는 일시적인 방문에 대해 알아보자. 『일본서기』에 실려 있는 중국인의 일본 방문 기록은 다음과 같다.

A. 제휴(梯携) 등:

『위지(魏志)』의 인용 속에 왜(倭) 방문 기록이 있음(진구 10년 주).

B. 배세청(裵世淸) 등:

스이코 16년 4월, 대당(大唐)의 사신 배세청과 그 아래 열두 명이 쓰쿠시에 이르다.

스이코 16년 9월 11일, 당객(唐客) 배세청이 일을 마치고 돌아가다.

C 고표인(高表仁) 등:

조메이 4년 8월, 대당이 고표인을 파견해 쓰시마(對馬)에 유숙시키다.

조메이 4년 10월 4일, 당나라의 사신 고표인 등이 나니와노쓰(難波津)에 숙박하다.

조메이 5년 1월 26일, 대당의 객(客) 고표인 등이 귀국하다.

D. 속수언 등:

덴지 2년 2월, 좌평 복신이 당나라 포로인 속수언 등을 데리고 오다.

지토 6년 12월 14일, 음박사(音博士) 속수언, 살홍각(薩弘恪)에게 밭을 내리다.

E. 곽무종(郭務悰) 등:

덴지 3년 5월 17일, 백제의 진장(鎭將) 유인원(劉仁願)이 조산대부(朝散大夫) 곽무종 등을 파견하다.

지토 6년 윤 5월 15일, 대당의 대사 곽무종이 덴지 천황을 위해 만든 아미타 불상을 경(京)으로 보내라고 하다.

F. 유덕고(劉德高) 등:

덴지 4년 9월 23일, 당나라가 조산대부 흔주사마(沂州司馬) 상주국(上柱國) 유덕고 등을 파견하다.

덴지 4년 12월, 유덕고 등이 일을 마치고 돌아가다.

G. 이수진(李守眞) 등:

덴지 10년 1월 13일, 백제 진장 유인원이 이수진 등을 파견하다.

덴지 10년 7월 11일, 당인 이수진 등과 백제의 사신 등이 함께 일을 마치고 돌아가다.

H. 살홍각:

지토 3년 6월 19일, 대당의 속수언, 살홍각 등에게 벼를 내리다.

지토 6년 12월 14일, 음박사 속수언, 살홍각에게 밭을 내리다.

위와 같은 여덟 가지 사례의 중국인의 일본 방문 기사는 대체로 다음과 같이 구분할 수 있다. 즉, 중국으로 귀국한 것이 네 가지 사례(B, C, F, G), 일본에 계속 거주했을 가능성이 보이는 것이 세 가지 사례(D, E, H), 미심쩍은 것이 한 가지 사례(A)이다. 중국인의 일본 방문 목적은 백제에 잡힌 포로를 데리고 오는 한 가지 사례(D)를 제외하면 대체로 중국의 사절이다. 그리고 그중 두 가지 사례(E, G)는 백제 지역에서 파견되었다. 이와 같이 중국인이 일본을 방문한 기록을 보아도 일본에 이주한 중국인은 전체 이주자에 비하면 매우 적다는 것을 알 수 있다.

⑧ 자료 13에 의하면 오진 37년에 한국인 아치노오미와 쓰카노오미를 오(吳)에 파견해 4인의 공녀(工女)를 데리고 온 것으로 되어 있는데, 이 기사는 조작으로밖에 볼 수 없다. 첫째, 오나라는 서기 222년에서 280년에 걸쳐 존재한 나라이며, 오진 37년은 서기 426년에 해당되기 때문이다. 조작된 본래의 기년에 따르더라도 오진 37년은 서기 306년이다. 둘째, 자료 13과 거의 똑같은 기사가 오진 41년 2월, 유랴쿠 14년 정월과 14년 3월에도 나와 있는데, 이것은 이 기사가 조작되었을 가능성이 크다는 것을 나타낸다. 그렇지 않고서는 같은 기사가 연도를

달리해 세 번이나 나올 수 없을 것이다. 그 기사 내용을 보면 다음과 같다.

- 오진 37년 2월, 아치노오미, 쓰카노오미를 오나라에 파견해 봉공녀(縫工女)를 구하게 했다. 오나라 왕은 공녀인 에히메, 오토히메, 구레하토리, 아야하토리의 네 부녀를 주었다.
- 오진 41년 2월, 아치노오미 등이 오나라에서 쓰쿠시로 왔다. 그때 무나카타노 오카미(胸形大神)라는 귀신이 공녀 등을 원한다고 하여 에히메를 그 오카미(大神)에게 바쳤다. (……) 세 부녀를 거느리고 쓰노쿠니(津國)에 이르렀다. (……) 오사자키노 미코토(大鷦鷯尊)에게 바쳤는데, 이 여인들의 자손이 구레노 기누누이(吳衣縫), 가야노 기누누이(蚊屋衣縫)이다.
- 유랴쿠 14년 1월 13일, 무사노 스구리아오(身狹村主靑) 등이 오나라의 사신과 함께 오나라가 바친 손끝 기술자인 아야하토리, 구레하토리 및 옷 짓는 에히메, 오토히메를 거느리고 스미노에노쓰(住吉津)에 숙박했다.
- 유랴쿠 14년 3월, 신연(臣連)에게 명해 오나라 사신을 맞이했다. 그 오나라 사람을 히노쿠마노(檜隈野)에 살게 했다. 그래서 구레하라(吳原)라고 부른다. 옷 짓는 에히메를 오호미와노 가미(大三輪神)를 받들게 하고 바쳤다. 오토히메를 아야노 기누누이베(漢衣縫部)로 삼았다. 아야하토리, 구레하토리의 옷 짓는 여공들은 아스카노 기누누이베(飛鳥衣縫部), 이세노 기누누이베(伊勢衣縫部)의 조상이다.

설령 오진 37년 2월 조의 오나라 여공 네 명이 일본에 왔다는 기사가 사실이라 하더라도 그들이 여자인 동시에 직공(織工)이고 네 명에 불과하기 때문에 일본 내의 중국인의 인구를 증가시키는 역할은 하지 못했을 것이다.

(2) 이제 일본열도 내에서의 이주 상황은 어떠한지 알아보자. 일본열도나 주위 섬 주민들의 이주 상황에 대해 『일본서기』가 기록한 것은 주목할 만하다. 그 내용을 보면 에조·하야토, 야구인, 숙신인이 각각 4회, 4회, 1회 이주했다고 한다.

① 에조·하야토의 이주는 세이네이 4년 8월(자료 19), 긴메이 1년 3월(자료 23), 고쿄쿠 1년 9월(자료 48), 사이메이 1년(자료 49)에 이루어졌는데, 그중 고쿄쿠 1년(642)의 이주민 규모가 제일 커서 수천 명에 달했다고 한다. 사이메이 4년 4월 조나 5년 3월 조의 기사로 보아 에조가 현재의 末大田[아기타(齶田)], 능대[能大: 순대(淳代)], 미치노쿠고시[陸娯越: 고시노미치노쿠시(越前)·가가(加賀) 지방]의 에조임을 알 수 있다. 고쿄쿠 1년과 사이메이 1년(655)에 에조인이 복속 또는 이주했다 하더라도 사이메이 5년(659) 3월에 에조노쿠니(蝦夷國)를 쳤다는 기사가 있는 것으로 보아 7세기 중엽까지도 야마토 정권의 영역은 기나이 지역 정도이고, 이 지역을 벗어났다고 하더라도 크게 벗어나지 못했음을 알 수 있다.

② 야구인은 현재의 야쿠시마[屋久島: 가고시마(鹿兒島)현 구마게(熊毛)군] 사람으로 약 4회에 걸쳐 모두 30여 명이 이주한 것으로 보인다.

③ 숙신과 싸워서 포로 49명을 얻었다는 자료 51의 기사는 미심쩍으나, 이것을 인정한다 하더라도 숙신의 위치에 대해서는 여러 가지 설이 있다.[10] 그러나 긴메이 5년 12월이나 사이메이 6년 3월의 기사로 보아 일본열도 내에 있었음은 거의 틀림없다고 하겠다. 여하튼 일본열

도 내에서 자의든 포로의 몸이든 간에 기나이로 이주한 것을 알 수 있다. 이들의 원적이 어디인지는 앞으로 풀어야 할 과제이지만, 상당수는 한국인일 것으로 생각된다.

5. 야마토왜로 건너간 한민족의 수

끝으로 한국(백제, 신라, 고구려 등)에서 일본으로 이주한 이주자의 상황을 알아보자. 『일본서기』의 일본 이주자 기록 가운데 백제로부터의 대규모 집단 이주와 관련한 오진 14년 및 16년의 기사(자료 7)와 오진 20년의 기사(자료 11), 긴메이 1년의 기사(자료 24) 등은 일본 이주자의 본래 국적과 그 수를 아는 데 중요할 뿐만 아니라 일본 고대국가 형성과 관련한 매우 중요한 자료이다. 그러나 『일본서기』 바로 다음의 관찬(官撰) 사서인 『속일본기(續日本紀)』부터 오늘날 일본 고대사학자의 주장에 이르기까지 거의 모두가 『일본서기』 기사를 왜곡 해석하고 있다. 이에 대해 하나씩 차례로 알아보고자 한다.

(1) 오진 14년과 16년의 기사(자료 7)는 약간 윤색되기는 했으나 골자는 이러하다. 즉, 오진 14년(403) 백제의 궁월군이 120현의 백성을 이끌고 일본으로 이주하려 했으나 신라인이 3년여 동안 방해해 궁월군은 오진 14년에 이주하고 그가 거느린 120현의 백성은 가라국에 지체하다가 오진 16년(405) 8월에 일본으로 왔다는 내용이다. 여기서 『일본서기』 이후에 나온 역사적 기록이나 해설이 『일본서기』보다 더 역사

---

10 坂本太郎 外 3人 校注, 『日本書紀』 下, 東京: 岩波書店, 1965, p. 91, 註 31.

적 사실을 왜곡한 것에 주목하고자 한다. 그러한 기록은 수없이 많지만 여기서는 그 대표적인 예로서 『신찬성씨록』, 『삼대실록(三代實錄)』, 쓰다 소키치, 히라노 구니오(平野邦雄), 『일본서기』(이와나미 서점판) 등의 견해를 알아보고자 한다. 이러한 역사적 사실의 왜곡 실상을 알아본 다음 필자의 견해를 밝힐 것이다.

① 『신찬성씨록』 「좌경제번(左京諸蕃) 상」 대진공숙네(大秦公宿禰) 조에서는 백제의 궁월왕(弓月王)을 중국 진시황(秦始皇)의 후손, 즉 진시황의 3세손인 효무왕자[孝武王子, 공만왕(功滿王)]의 아들로 기록하고 있다. 이것을 그림으로 나타내면 다음과 같다.

진시황 — □ — □ — 효무왕(孝武王) — 공만왕 — 융통왕(融通王, 궁월군)

② 「산성국제번(山城國諸蕃)」 진기촌(秦忌寸) 조에서는 「좌경제번 상」보다는 좀 더 추상적으로 궁월왕을 단지 진시황의 후예라고만 기록하고 있다.[11]

③ 『삼대실록』의 덴교(天慶) 7년 12월 조에서는 궁월군을 진시황제의 후예라고 하여,[12] 백제에서 도래·이주했다고는 기술하고 있지 않다.

④ 한편 일본 최고의 고대사학자로 인정받는 쓰다 소키치는 다음과 같이 여러 가지 표현을 사용해 이 기사가 사실이 아니라고 주장한다. 그는 백제에서 120현의 백성과 17현의 백성이 야마토로 집단 이주한

11 『新撰姓氏錄』 左京諸蕃上 大秦公宿禰 條, 山城國諸蕃 秦忌寸 條.

12 『三代實錄』 天慶 7年 12月 條.

기사를 따로따로 비판하지 않고 한꺼번에 다음과 같이 비판한다.[13]

ⓐ 진씨(秦氏)와 한씨(漢氏)가 각각 120현의 백성과 17현의 백성을 거느리고 일본에 '내귀'했다는 『일본서기』의 기사는 진씨 및 한씨의 계보 작성자가 조작한 것이다.
ⓑ 위 진씨, 한씨는 중국계 사람들이라는 것을 나타내기 위해 후세에 붙인 것에 불과하다.
ⓒ 오진 시기 진씨, 한씨의 내조 기사는 근거가 없다.
ⓓ 『일본서기』의 120현민, 17현민이라는 문자는 가문의 세력을 보이기 위해 조작한 것이며, 역사적 사실이 아니다.
ⓔ 오진 14년 궁월군이 120현민을 거느리고 백제에서 일본으로 왔다는 기사나 20년 17현민이 일본으로 왔다는 기사는 조작된 것이다.
ⓕ 아야노아타이(漢直)의 조상 아치노오미가 17현의 무리를 거느리고 '귀화'한 것이나 진조(秦造)의 조상 궁월군이 120현의 백성을 거느리고 일본으로 왔다는 것은 사실이 아니라 한씨와 진씨의 가보에서 나온 이야기이며, 그 부민(部民)이 본래부터 많았다는 것을 나타내기 위해 조작한 것이다.
ⓖ 궁월군이나 아치노오미가 다수의 백성을 거느리고 일본으로 왔다는 기사는 일본을 흠모해 귀화했다는 것을 나타내기 위해 『일본서기』의 편찬자가 조작한 것이다.
ⓗ '귀화인'이 다수의 민중을 거느리고 일본으로 왔다는 것은 백제의 형세로 보나 일본의 그 후 상태로 보나 있을 수 없다.

---

13 최재석, 「쓰다 소키치의 일본 고대사론 비판」, 『민족문화연구』 23, 고려대학교 민족문화연구소, 1990.

ⓘ 『속일본기』 호키(寶龜) 3년(772) 4월 조의 기사인 '조서를 내려 다카이치군 히노쿠마무라(檜前村)에 살게 했다. 대개 다카이치군 안에는 히노쿠마노 이미키(檜前忌寸)와 17현의 인부들이 땅 가득히 거주했으며, 타성(他姓: 다른 나라)의 사람들은 열에 하나둘이었다'는 망언도 이만저만한 것이 아니다.

ⓙ 야마토국 다카이치(高市)군 같은 야마토 조정의 정치 중심에 가까운 토지 주민의 대부분이 귀화인에 의해 점거된 상태일 리 없다.

백제 백성 다수(120현민과 17현민)가 집단적으로 야마토에 이주한 기사에 대한 쓰다 소키치의 위와 같은 주장을 정리하면 다음과 같다.

- 진씨 · 한씨 계보 작성자가 조작한 것이다.
- 중국계 사람들이라는 것을 나타내기 위해 조작했다.
- 가문의 세력을 나타내기 위해 조작했다.
- 부민이 일본에 오기 전에도 그 수가 많았다는 것을 보여주기 위해 조작했다.
- 일본을 흠모하는 사상을 나타내기 위해 『일본서기』 편찬자가 조작했다.
- 일본의 『육국사』의 하나인 『속일본기』도 그가 이미 설정해놓은 사관이나 저의에 어긋나면 가차 없이 망언 · 거짓의 역사서로 몰아붙인다.

쓰다 소키치의 위와 같은 얼토당토않은 평은 관련 증거도 없으며 일관성도 없다. 그는 백제에서 일본으로 집단 이주했다는 기사에 대해 역사적 사실이 아니라 조작된 것이라는 평을 내놓고도 마음이 놓이지 않았는지 조작 기사이되 그것은 일본에 있는 여러 씨족 가운데 두 씨족(진·한)에 관한 기사라고 주장한다. 그리고 진과 한이 백제인이 아니라 중국인이라는 인상을 주려고 노력할 뿐만 아니라 그들이 야마토왜의 지배층이 아니라 하층인 부민이었다고 주장한다. 이렇게 쓰다 소키치는 자기가 내놓은 평의 합리성을 얻기 위해 이중 삼중의 방어선을 치고 있음을 알 수 있다.

그가 어떤 때는 씨족 가보 작성자의 조작에 의한 것이라 하고 또 어떤 때는 『일본서기』 편찬자의 조작에 의한 것이라 주장하는 것도 그 때문이다. 그러나 이러한 것보다도 위의 ⓘ에서 그의 주장의 허위성이 완전히 노출된다. 알려져 있는 바와 같이 『육국사』의 하나이고 『일본서기』 다음에 편찬된 『속일본기』에는 위에 제시한 바와 같이 백제인 아치노오미가 거느리고 온 17현민이 야마토왜의 정치 중심지인 야마토국 다카이치군[이마키(今來)군] 땅에 가득 거주해 백제인이 아닌 사람은 열에 한둘이었다는 기사가 보이는데, 쓰다 소키치는 이 기사마저 '망언'이라고 매도하고, 백제인이 야마토왜의 중심지에 그렇게 많이 거주할 수 없다는 이유만을 제시하고 있다. 이러한 이유가 성립될 수 없음을 여기서 구태여 장황하게 언급할 필요는 없을 것이다. 오진 시대에 백제인이 야마토에 대규모로 집단 이주한 사실은 위의 『속일본기』의 기사로도 충분히 입증할 수 있다.

⑤ 대표적인 일본 고대사학자의 한 사람인 히라노 구니오는 백제에서 120현의 백성이 왔다는 자료 7과 진인의 호수가 7,053호라는 자료 24는 믿을 수 없으며, 이 사람들은 하나의 씨족인 진씨로, 백제인이 아니라 신라의 전신인 진한(辰韓) 사람이라고 주장하여 사실을 왜곡·설명하고 있다. 즉, 히라노는 궁월군은 진씨의 조상이며 백제의 120현민

은 '진씨의 120현 백성'이라 표현하고, 자료 7의 『일본서기』의 백제라는 용어는 ⓐ 6세기 백제 문화의 우월성, ⓑ 『일본서기』 편찬 시 신라와의 정치적 관계 악화, ⓒ 진·한 양씨의 대항 관계 등 때문에 붙은 것에 불과해 역사적 사실이 아닌 조작이며, 진씨는 백제인이 아닌 진한의 유민이라고 주장한다.[14] 『일본서기』에 명백히 기록되어 있는 백제인이라는 것을 불신하고 백제가 아닌 다른 나라, 그것도 신라가 아니라 신라의 전신인 진한이라고 고집한다. 또 백제인의 집단적 대이동을 일본에 있는 무수한 씨족 가운데 한 씨족의 이동으로만 간주하고 그 통솔자를 그 씨족의 조상이라고 주장한다. 그런데 『일본서기』에 명기되어 있는 백제인이라는 것을 불신하고 진씨라 하는 것은 궁월군을 백제인이 아니라 진시황의 자손이라고 허위 기술한 『신찬성씨록』의 기록에 의거했기 때문이며, 궁월군이 거느린 120현민을 진한의 유민이라 한 것은 진(辰)과 진(秦)이 동음이고 또 진한(辰韓)과 진한(秦韓)이 동일 국가를 지칭한 데 유의해 견강부회한 것이다.

일본에서 『일본서기』를 해설한 책 가운데 가장 보편적으로 읽히고 있는 이와나미 서점판 『일본서기』의 해설 내용을 알아보자. 백제의 120현민에 대해 "이와 같이 많은 인민(백성)을 거느리고 왔다는 것은 다수의 부민[진부(秦部)]을 두고 있던 후세의 상태로부터의 조작"이라 하고 있다.[15] 또 자료 7의 기록 전체에 대해서는 "귀화계의 웅족(雄族)인 진씨 조상의 도래 전승(傳承)"이라 하고, 궁월군은 본 조에 진씨의 조상이라는 기술은 없지만 후에 진나라 제실(帝室)의 후예가 되었다고

---

14 平野邦雄, 「秦氏の研究(1·2)」, 『史學雜誌』 70卷 3~4號, 1961.
15 坂本太郎 外 3人 校注, 『日本書紀』 上, 東京: 岩波書店, 1967, p. 370, 註 12.

주장하고 있다.[16]

이상 다섯 가지 주장을 살펴보았는데, 하나같이 역사적 사실을 왜곡해 주장하거나 해설하고 있다. 이들 견해를 종합하면 다음과 같다. 첫째, 궁월왕은 중국인 진시황의 자손이다. 둘째, 조작 기사이다. 셋째, 일본 내의 한 씨족인 진씨 조상의 전승 기사이다. 넷째, 신라의 전신인 진한의 유민이 일본에 왔다. 다섯째, 후세의 상태로부터 소급해 기사화했다. 다시 말하지만 어느 것 하나 『일본서기』의 기사를 그대로 받아들인 것이 없다.

필자는 『일본서기』에 있는 자료 7의 내용(윤색, 왜곡 부분은 제외)은 엄연한 역사적 사실이며, 그것은 『삼국사기』 「백제본기」의 기사, 특히 아신왕(阿莘王) 8년(399) 8월 조의 기사와 대조해볼 때 더욱 분명해진다고 생각한다. 한 가지 덧붙일 것은 자료의 내용 가운데 '인부(人夫) 120현'의 '인부'는 인민 또는 백성이라는 뜻이며, 오늘날의 '인부'의 뜻으로 해석해서는 안 된다는 점이다.

그러면 이제 『삼국사기』와 『일본서기』를 통해 『일본서기』의 자료 7의 기사가 역사적 사실임을 알아보자.

백제는 다음 사료에 나타나 있는 바와 같이 고이왕(古爾王) 50년(283)에 전쟁을 벌인 뒤 근초고왕(近肖古王) 23년(368)까지 80여 년 동안 전쟁이 없는 평화로운 왕국이었다. 그러나 근초고왕 24년(369)부터 아신왕 7년(398)에 이르기까지 약 30년 동안에는 고구려를 상대로 총 17회에 걸쳐 전쟁을 치렀는데, 특히 390년대에 이르러 더욱 격심했다. 이 30년 사이에 백제는 고구려로부터 8회의 공략을 받았으며, 고

16 위의 책, p. 370, 註 11.

구려에 대해 9회(그중 2회는 천재지변으로 중단됨)의 반격을 했다. 따라서 백제의 국토는 점점 침식당했고, 백성들은 전쟁의 고역을 더 이상 감당하기 힘겨운 상태가 되었다.

『삼국사기』는 백제와 인접 국가, 특히 고구려와의 관계를 다음과 같이 기록하고 있다.

① 고이왕 50년(283) 9월, 군사를 보내 신라의 변경을 침공했다(「백제본기」 2).

② 근초고왕 24년(369) 9월, 고구려왕 사유(斯由, 고국원왕)가 보병과 기병 2만 명을 거느리고 치양(雉壤)에 침입해 군사를 나누어 민가를 침탈하므로 왕은 태자를 파견했다(「백제본기」 2).

③ 근초고왕 26년(371), 고구려가 군사를 일으켜 침입했다. (……) 겨울에 왕은 태자와 더불어 정병 3만 명을 거느리고 고구려에 침입해 평양성을 공격하니 고구려 왕 사유는 이를 막아 역전(力戰)하다가 화살에 맞아 전사했다. 이때 왕은 군사를 이끌고 돌아왔다. 서울을 한산(漢山)으로 옮겼다(「백제본기」).

④ 근초고왕 30년(375) 7월, 고구려가 북변(北邊)의 수곡성(水谷城)을 침입해 이를 함락시키므로 왕은 군사를 파견해 막았으나 이기지 못했다(「백제본기」 2).

⑤ 근구수왕(近仇首王) 2년(376) 11월, 고구려가 북변을 침입했다(「백제본기」 2).

⑥ 근구수왕 3년(377) 10월, 왕이 군사 3만 명을 거느리고 고구려의 평양성을 침공했다. 11월에는 고구려가 침입했다(「백제본기」 2).

⑦ 진사왕(辰斯王) 2년(386) 8월, 고구려가 침입했다(「백제본기」 3).

⑧ 진사왕 3년(387) 9월, 말갈과 싸웠으나 이기지 못했다(「백제본기」 3).

⑨ 진사왕 5년(389) 9월, 왕은 군사를 파견해 고구려의 남변(南邊)을 침략했다(「백제본기」 3).

⑩ 진사왕 6년(390) 9월, 왕은 달솔(達率) 진가모(眞嘉謨)에게 명해 고구려를 정벌해 도곤성(都坤城)을 함락시키고 200명을 노획했다(「백제본기」 3).

⑪ 진사왕 7년(391) 4월, 말갈이 북변의 적현성(赤峴城)을 공략해 함락시켰다(「백제본기」 3).

⑫ 진사왕 8년(392) 7월, 고구려왕 담덕(談德, 광개토왕)이 군사 4만 명을 거느리고 북으로 침입해 석현(石峴) 등 10여 성을 함락시켰다. (……) 한수(漢水) 북쪽의 많은 부락이 함락되었다. 10월, 고구려가 관미성(關彌城)을 공략해 함락시켰다(「백제본기」 3).

⑬ 아신왕 2년(393) 8월, 군사 1만 명을 거느리고 고구려 남변을 쳤으나 (……) 고구려 사람들이 성(관미성)을 굳게 지키므로 양도(糧道)를 잇지 못해 군사를 이끌고 돌아왔다(「백제본기」 3).

⑭ 아신왕 3년(394) 7월, 고구려와 수곡성에서 싸웠으나 패했다(「백제본기」 3).

⑮ 아신왕 4년(395) 8월, 왕이 좌장(左將) 진무(眞武) 등에 명해 고구려를 쳤으나 (……) 아군은 대패해 8천 명의 사망자를 냈다. 11월, 왕은 전역(戰役)의 패함을 보복하고자 친히 군사 7천 명을 거느리고 한수를 건너 청목령(青木嶺)으로 진격했으나 때마침 큰 눈이 내려 군사가 동사하므로 회군했다(「백제본기」 3).

⑯ 아신왕 7년(398) 8월, 왕은 장차 고구려를 치려고 군사를 거느리고 한산북책(漢山北柵)에 이르렀으나, 그날 밤 큰 별이 진중에 떨어져 소리가 나자 중지했다(「백제본기」 3).

위의 백제-고구려 전쟁에 대한 이해를 돕기 위해 이를 그림으로 나타내면 〈그림 1〉과 같다. 〈그림 1〉에 잘 나타나 있는 바와 같이 30년 동안 17회나 되는 고구려와의 치열한 전쟁, 그것도 거의 패퇴만 되풀이한 상황에서 백제의 국민들은 가능하다면 이웃 나라에라도 피난이나 도망을 가야 했다. 이러한 사정을 여실히 나타내는 사료가 바로 『삼국사기』「백제본기」 아신왕 8년(399) 8월의 다음과 같은 기사이다.

> 왕이 고구려를 치고자 군마(軍馬)를 징집하니 백성들이 병역(兵役)을 싫어해 신라로 달아나므로 호구(戶口)가 많이 감소했다.

위의 기록에 나타난 바와 같이 30년간 적어도 17회에 걸친 고구려와의 싸움에 대비한 고된 군역을 견디다 못해 백제의 호구가 감소할 정도로 많은 국민이 신라로 도망갔다는 것을 알 수 있다. 신라로 도망간 수많은 백제인이 신라를 경유해 다시 일본으로 이주한 사실은 우리가 이미 본 『일본서기』의 기록(자료 7)에 의해서도 알 수 있다. 즉, 399년에 신라로 도망간 대규모의 백제인은 (신라의 방해를 받았는지는 확실치 않지만) 403년(오진 14)과 405년(오진 16)에야 일본에 도착할 수 있었다. 399년에 백제를 떠난 백제인 이주 집단이 그로부터 4~6년 후인 403년과 405년에야 일본(기나이)에 도착한 것은 『일본서기』의 기사대로 신라인의 방해를 받았을 가능성도 없지는 않지만, 이주 집단의 규모가 워낙 컸기 때문인 것으로 생각된다. 120현이라는 표현은 숫자 그대로 120개 현이라기보다는 전국적 규모의 인구라는 뜻으로 보는 것이 타당할 것 같다. 백제의 인구가 많이 감소할 정도의 호구라는 기사에서도 그것을 알 수 있다. 『일본서기』에 백제인이 403년과 405년에

〈그림 1〉 백제와 고구려의 싸움(『삼국사기』)

연도	고구려	백제	신라 또는 말갈
300		A(283) →	: 신라 공략
350			
	B(369) →		
	C_1(371) ⇄	C_2(371) 한산으로 천도	
	D(375) →		
	E(376) ⇄	F_1(377)	
	F_2(377) →		
	G(386) →	←	H(387): 말갈과 싸움
	←	I(389)	
	←	J(390) ←	K(391): 말갈의 침입
	L_1(392) →	: 10여 성 함락	
	L_2(392) →	: 관미성 함락	
	←	M(393): 실지(失地) 회복 실패	
	←	N(394): 패	
	←	O_1(395): 대패	
	←……	O_2(395): 반격 미수(未遂)	
	←……	P(398): 미수	
400		• (399) 민고어역(民苦於役) 다분신라(多奔新羅)	
450			
500		• (475) 웅진으로 도읍을 옮김	

*비고: → 또는 ← = 실제 공략 방향
←… = 미수에 그친 공략 방향

일본에 왔다고 기록되어 있지만, 그것은 백제인 이주 집단이 일본에 처음 상륙한 해가 403년이고 마지막으로 상륙한 해가 405년이라는 뜻으로 보아야 할 것이다. 이 밖에 오진 시대에 백제인이 여러 차례 일본에 이주한 것으로 되어 있는 『일본서기』의 기록(자료 8~10)은 거의 전부 403년에서 405년 사이에 일본에 간 백제의 대규모 이주 집단에 관한 기록으로 보는 것이 타당할 것이다. 가령 403년 2월에 백제의 봉의

공녀(縫衣工女)가 일본에 갔는데(『일본서기』는 백제왕이 공녀를 바쳤다고 기록하고 있다), 이것이 일본에서 의봉의 시조라고 말하고 있다. 그런데 120현 백성 중에 봉의를 하는 여자가 없다고는 생각되지 않으므로 이 공녀가 그 대규모 이주 집단과 별도로 간 것이 아니라 그 집단의 일원으로 갔다고 보는 것이 타당하다. 따라서 자료 7의 백제인이 대규모로 일본에 도착했다는 기록과는 별도로 백제왕이 백제 공녀를 일본 천황에게 바쳤다는 기록은 왜곡, 조작임을 알 수 있다. 그러므로 404년(오진 15)의 아직기(자료 9), 405년(오진 16)의 왕인(자료 10)의 기사에 나타나는 백제인도 모두 그러한 대규모 이주 집단의 일원으로 간 것으로 보아야 할 것이다.

이렇게 볼 때 오진 자신도 일본 원주민이 아니라 백제인으로 보아야 논리가 통한다고 볼 수 있다. 의복도 없고 문자도 없는 신천지 일본에 이러한 선진 문화를 가진 백제의 대규모 민족 집단이 이주했다는 사실은 바로 백제가 일본을 개척하고, 나아가 고대국가를 건설했다는 것을 시사하는 것이다. 의복도 문자도 가지지 않은 일본 원주민이 거주하고 있었지만 이러한 문화 수준으로는 도저히 고대국가를 건설할 수 없고, 또 그들의 지배자가 있었다고 하더라도 추장(酋長) 이상이 될 수 없기 때문이다. 다시 말하면, 이미 일본 천황의 원적이 백제라는 것을 지적했듯이,[17] 문자도 의복도 없는 원주민 세계에 문자와 각종 기술, 말[馬] 등 고도의 선진 문화를 가진 백제의 대규모 이주 집단[18]이 상륙했다면

17 최재석, 앞의 논문, 주 1 참조.

18 일본 원주민의 문화 수준에 대해서는 최재석, 「일본 원주민의 문화 수준과 고대 일본의 개척자」, 『동양사학연구』 30, 1989 참조.

당연히 이 집단에서 통치자인 왜왕 또는 천황이 나올 수밖에 없고, 따라서 오진도 백제 이주 집단에서 나온 천황이며 동시에 일본 최초의 천황일 수밖에 없는 것이다. 문화 수준이 극히 낮은 신천지에 고도의 선진 문화를 가진 민족이 집단으로 이주하게 되면 정치적으로 어떻게 될 것인가 하는 것은 호주나 미국의 예를 들지 않더라도 쉽사리 짐작할 수 있다. 일본인들이 종래 『일본서기』에 명기되어 있는 백제인의 집단 이주를 한결같이 전설, 조작 등으로 몰아붙이거나 일본 원주민이나 그 문화 수준에 대해 일언반구도 없는 것은 이 엄청난 역사적 사실을 은폐하기 위해서였던 것으로 볼 수 있다.

(2) 오진 20년 9월 조 기사(자료 11)는 야마토노아야노 아타이의 조상인 아치노오미가 그 아들 쓰카노오미 및 17현의 무리를 거느리고 내귀했다는 내용이 담긴 기사이다. 자료 7과는 달리 아치노오미 부자나 17현의 무리의 국적에 대해서는 언급이 없다. 먼저 이 기사에 대한 종래의 대표적 견해인 『속일본기』, 『신찬성씨록』, 『사카노우에 계보(坂上系譜)』, 세키 아키라(關晃), 히라노 구니오, 이와나미 서점판 『일본서기』에 대해 알아보고자 한다.

① 『속일본기』는 아치노오미, 즉 아지왕(阿知王)은 후한(後漢) 영제(靈帝, 168~189)의 증손으로, 그가 대방군(帶方郡)을 나와 일본으로 왔다고 기록하고 있으나,[19] 오진 20년은 409년이므로 연대적으로도 『속일본기』의 기록은 허위임을 알 수 있다. 『일본서기』 바로 다음에 나온 관찬 역사 기록인 『속일본기』도 적지 않은 부분, 특히 한국 관계 부분은 『일본서기』처럼 사실과 다른 기술을 했음을 알 수 있다.

---

19 『續日本紀』 延曆 4年 6月 條.

② 『신찬성씨록』은 아지왕이 오진 시대에 본국의 난을 피해 어머니, 처자, 외삼촌, 7성(姓)의 한인(漢人) 등을 거느리고 귀화했다고 기록해[20] 『일본서기』와는 달리 '한인'이라는 표현을 쓰고 있는데, 한인이라 하면 우선 중국인을 지칭하는 것이므로 역시 중국인이라는 것을 암시하는 것으로 생각된다.

③ 『속일본기』가 아지왕을 후한 영제의 증손이라 한 데 반해 『사카노우에 계보』는 아지왕을 한나라 고조(高祖; 서기전 247~서기전 195)의 증손이라고 기술하고 있다.[21]

> 한 고조 황제(皇帝) → 석추왕(石秋王) → 강왕(康王) → 아지왕 → 쓰카노오미 → 산목직(山木直), 지노직(志努直), 이파기직(爾波伎直)

이것은 연대적으로 도저히 있을 수 없는 허위의 주장임을 알 수 있다.

④ 세키 아키라는 오진 20년 9월 조의 기사(자료 11)를 하나의 씨족 시조에 관한 기사로 보았지만, 야마토노아야씨(東漢氏)에 관한 기사는 유랴쿠 7년 이해(是歲) 조의 야마토노아야노 아타이쓰카의 기사부터 사실(史實)로 인정하고 그 이전의 것은 사실로 인정하지 않으며, 쓰다 소키치의 견해를 받아들여 『일본서기』에 명백히 기록되어 있음에도 불구하고 이주민의 집단 이주를 인정하지 않고, 따라서 이들이 일본에 온 것은 크나큰 생활집단 그대로의 이주가 아니라고 주장한다. 또 통솔자인 아치노오미 부자가 거느리고 온 17현의 백성에 대해 언급하지

---

20 『新撰姓氏錄』第23卷 阿知王 條.

21 坂本太郎 外 3人 校注, 『日本書紀』 上, 東京: 岩波書店, 1967, p. 625.

않고 단지 야마토노아야노 아타이(東漢直)에 초점을 두어 언급하고 있다. 또 그는 야마토노아야씨는 주로 피지배층이 되었다고 주장하는 동시에 야마토노아야씨는 처음부터 중국인이라고 칭하였다고 주장하는데, 그의 주장의 골자는 다음과 같다.[22]

첫째, 귀화인의 이주는 집단 이주가 아니며, 따라서 크나큰 생활집단 그대로의 이주가 아니다. 둘째, 도래 후 오랫동안 일본에 거주한 도래인은 일본의 국속(國俗)에 동화된다. 셋째, 씨(氏)의 구조는 자연적 결합은 아니지만 극히 가부장제적이고, 몇 개의 씨가 모여 족장제적 조직을 형성하고 관념적·의제적인 동족적 계보 관계를 가지며, 이것이 모여서 전체적으로 아치노오미를 조상으로 하는 하나의 계보로 맺어진다. 넷째, 야마토노아야씨는 처음부터 중국인이라 칭했다. 다섯째, 야마토노아야씨의 지배가 혈연 관념에 의한 것이 아닌 점이야말로 일본 재래의 씨와는 다르다는 것을 보여주는 가장 중요한 점이다. 여섯째, 야마토노아야씨는 진씨(秦氏)와 함께 제번(諸蕃) 중 최대의 세력을 가졌다.

⑤ 히라노 구니오는 아치노오미와 그 아들 가쓰노오미는 17현의 무리를 거느리고 귀화해 야마토노아야씨의 조상이 되었다고 하고, 『속일본기』에 '대방(帶方, 백제)'으로부터의 도래민이라 하고 있기 때문에 한씨(漢氏, 倭漢氏)는 '대방(백제)의 유민'이라 주장한다.[23] 그는 이들에게 백제로부터의 '도래민'이라는 표현을 쓰지 않고 '대방(백제)의 유민'이라는 표현을 사용해 백제인이라기보다는 은연중에 멸망한 중국 영토

22 關晃, 「倭漢氏の研究」, 『史學雜誌』 62-9, 1953.
23 히라노 구니오, 앞의 논문.

인 대방의 백성이라는 것을 나타내려고 하고 있다. 세키 아키라와 마찬가지로 한인(漢人)과 한씨(漢氏)를 같은 말로 해석하고 있다.

⑥ 이와나미 서점판 『일본서기』의 해설의 요점을 정리하면 다음과 같다.[24]

> 첫째, 진씨(秦氏)와 함께 귀화계의 웅족인 야마토노아야노 아타이(倭漢. 東漢)씨의 조상 전래의 전승(전설)이며 왜한씨(倭漢氏)는 중국계이다.
>
> 둘째, 아치노오미는 유랴쿠 전후의 사람인 것 같지만, 야마토노아야씨 발전의 기초를 다진 인물이기 때문에 그 이름이 도래 전승에 삽입되었다.
>
> 셋째, 이렇게 많은 사람들을 거느리고 온 것은 다수의 귀화계 소씨[小氏. 한인(漢人) · 촌주(村主)]와 부민[한부(漢部)]을 수용하게 된 6세기 이후 상태의 반영이다.
>
> 넷째, 왜한씨는 6세기에 이미 서(書, 文), 판상(坂上), 민(民), 장(長) 등의 많은 씨로 분열했으며, 덴무 11년 5월에 연(連), 14년 6월에 기촌(忌寸)으로 일괄적으로 성을 바꾸었는데, 그 뒤로는 왜한이라는 총칭은 거의 사용되지 않는다.
>
> 다섯째, 아치노오미 도래의 전설은 (……) 왜한씨의 번영 상태가 과거에 투영되어 (……) 현저하게 전설화해 8세기 후반에 들어서 왜한계(倭漢系) 제씨(諸氏) 가운데서 마치 종계(宗系)와 같은 지위를 차지했다.

위에 잘 나타나 있는 바와 같이 이와나미 서점판 『일본서기』는 기사를 왜곡 해석하거나 거짓 주장을 하고 있는데, 그 정도가 유달리 심하

---

24 坂本太郎 外 3人 校注, 『日本書紀』 上, 東京: 岩波書店, 1967, p. 374, 625.

다는 것을 알 수 있다. 즉, 오진 20년 9월 조의 기사는 첫째, 사실 아닌 전설 또는 전승이며, 둘째, 한국인이 아니라 중국 사람에 관한 것이며, 셋째, 당시의 것이 아니라 6세기 이후의 것의 반영이며, 넷째, 한 왕국 백성의 집단 이주에 관한 것이 아니라 한 씨족에 관한 기사라고 우겨 댄다. 여기서 이해를 돕기 위해 위의 ①부터 ⑥까지의 주장을 종합하면 다음과 같다.

첫째, 중국인 후한 영제의 증손에 관한 기록이다.

둘째, 중국인 한(漢) 고조의 증손에 관한 기록이다.

셋째, 왜한씨는 중국계이다.

넷째, 왜한씨는 대방의 유민이다.

다섯째, 사실이 아니며 '전승, 전설'이다.

여섯째, 집단적인 이주에 관한 기사가 아니라 한 씨족의 역사에 관한 기록이다. 자료 7은 진씨(秦氏)의 기록으로, 자료 11은 한씨(漢氏, 왜한씨)에 관한 기록으로 보아야 한다. 진씨와 한씨는 일본에 '귀화'한 양대 씨족이다.

일곱째, 6세기 이후의 상태를 소급 · 반영한 기사이다.

여덟째, 후세의 왜한씨의 번영 상태를 과거에 투영한 것이다.

아홉째, 전승 기사이다.

열째, 진인과 진씨는 동일한 것이며, 한인과 한씨는 동일한 것이다.

이상이 자료 11에 대한 지금까지의 해석의 골자이다. 어느 것 하나 증거 있는 주장이 아니다. 한국인(백제인)의 집단적 이주라는 『일본서기』의 기사 그대로 충실하게 해석한 것은 하나도 안 보인다. 이주민의 원적이 한국인이 아니고 또 그 이주가 집단적인 것이 아님을 주장하기 위해 그 방어 장치로 4중, 5중의 왜곡 설명을 가하고 있음을 알 수 있다. 또한 이와 같이 역사적 사실에 대해 '전승'이니 '후세의 것의 투영'이니 하면서도 한편으로는 엄연한 조작 기사라도 때에 따라서는 '역사적 사실의 전설화'라는 표현을 사용함으로써 역사적 사실의 규명을 방해하거나 은폐하고 있음을 우리는 종종 목도한다.

〈표 3〉에 의해서도 알 수 있는 바와 같이 중국으로부터의 일본 이주는 그 예가 몇 가지 안 될 뿐만 아니라 그 이주민도 거의 전부 한국인에게 잡힌 포로임을 상기할 때, 자료 11의 이주민은 『일본서기』가 명시하듯이 개별 이주가 아니라 집단 이주(17현)이며, 그 원적이 백제, 고구려, 신라 삼국 가운데 어디인지는 명시되어 있지 않으나 백제인임이 틀림없다고 하겠다.

한편 아치노오미의 자손이 야마토노아야노 아타이라 하더라도 그가 거느리고 온 17현의 백성이 모두 그 '씨족', 즉 '왜한씨'가 될 수 없을 뿐만 아니라 숫자상으로도 그렇게 될 수 없다. 또 왜한씨만이 아치노오미의 자손이라는 것도 아무 근거가 없다. 요컨대 그들 부자가 거느리고 온 백성 모두 왜한씨가 되었다고 하는 주장은 역사를 올바르게 분석하는 시각이라고 할 수 없는 것이다. 오진 14~16년에 일본에 이주한 백제의 120현 백성과 오진 20년에 이주한 백제의 17현 백성이 각각 한국에서 온 진씨, 왜한씨라는 두 웅대한 씨족(2대 웅족)이라 주장하는 것은 일본의 많은 씨족, 많은 인구 가운데 한국에서 온 씨족 또는 인구는 얼마 되지 않는다는 것을 암시한다. 또한 문자도 의복도 없는 신천지에 고도의 선진 문화를 가진 백제민이 대규모(120현민, 17현민)로 집단 이주하게 되면 미국이나 호주에서 일어났던 것과 같은 정치적 현상이 일어나게 되는데, 이러한 정치 현상을 깨닫지 못하게 하기 위해 그러한 주장을 하는 것이다.

덴무 시대 사람인 왜한씨의 선조 아치노오미 부자가 17현의 백성을 거느리고 일본에 이주한 기사에 대해 우리는 다음과 같은 근거로 이 아치노오미, 그리고 17현의 백성은 백제인이라고 본다.

첫째, 『일본서기』는 궁월군이 통솔한 백제민의 대규모 집단 이주를 오진 14~16년과 오진 20년의 2회로 나누어 기술했을 가능성도 있다. 14년의 이주를 그해로 끝내지 않고 14년과 16년 두 번으로 나누어 이주한 것처럼 기록한 것으로 보아 그 가능성은 충분하다고 본다.

둘째, 아치노오미보다 5년 전인 오진 15년에 일본에 처음 말을 가지고 온 백제인의 이름이 아직기인데, 『고사기』에는 아치노키시[阿知吉師(吉士)]로 되어 있어 아치노오미의 아치(阿知)와 동일하다. 아치라는 호칭(성명인지 성인지 이름인지는 불명하다)이 동일하니 백제인의 호칭임을 알 수 있다. 아직기와 아치노오미가 동시대 사람이니 우연하게 동일하다고는 볼 수 없을 것이다.

셋째, 신라와 고구려로부터도 소규모 집단 이주는 있을 수 있으나, 이 두 왕국에서는 이러한 대규모 집단 이주가 일어날 이유가 없다. 신라와 고구려가 국토를 점점 넓혀간 데 비해 백제는 그 영역이 남쪽으로 축소되어 마침내 475년에 왕도를 웅진으로 천도할 수밖에 없는 상황이었다. 120현의 백성이 이주할 때 미처 함께 가지 못한 백제의 백성이 몇 년 후인 오진 20년에 이주한 것으로 보는 것이 합리적인 해석일 것이다.

넷째, 백제인의 성명에는 '한(漢)'자가 삽입되는 사례가 있으므로(예컨대 게이타이 10년 9월 일본에 파견된 오경박사의 성명이 한고안무이다) 왜한(倭漢), 한(漢), 동한(東漢), 서한(西漢) 등의 성을 가진 사람은 백제로부터의 이주민일 것이다. 또 당시 백제에서 이주해 생활한 장소의 이름을 만들 때 '신한(新漢)'을 붙여 이마키노아야 쓰키모토(新漢擬本)라 하기도 했다(유랴쿠 즉위전기).

다섯째, 왜한씨(동한씨)는 나라 분지 남부를 중심으로 넓게 발전했는데,[25] 이 지역은 백제의 봉의공녀와 아직기, 120현 백성이 이주해 생활한 지역이다.

여섯째, 조메이 천황은 백제천(百濟川, 구다라가와)에 궁의 위치를 정하고 서쪽 백성은 왕궁을 짓게 하고 동쪽 백성은 사찰을 짓게 했으며, 백제궁(百濟宮, 구다라노미야)이라 명명한 궁에서 세상을 떠났고 시신을 안치한 곳까지 백제대빈(百濟大殯, 구다라오오모가리)이라 했는데, 그러한 조메이 천황의 명에 의해 지은 큰 절인 백제대사(百濟大寺, 구다라다이지)의 건립자가 후미노아타이 아가타(書直縣), 즉 야마토노아야씨의 일족이었다. 이때 왕궁을 지은 서쪽 백성이 가와치(河內)에 사는 백제 이주민, 즉 가와치아야(西漢, 河內漢)이며 사찰(백제대사)을 지은 동쪽 백성이 야마토에 사는 백제 이주민, 즉 야마토아야(東漢, 大和漢)일 것이다. 아스카데라(飛鳥寺) 등의 사찰은 거의 전부 백제인이 세웠으므로 백제사를 세운 후미노아타이 아가타를 야마토노아야씨의 일족으로 볼 때 백제인임은 자명해질 것이다.

일곱째, 아치노오미(아지왕)가 이마키군(후에 다카이치군으로 개명)을 세웠는데[『사카노우에 계보』 성씨록(姓氏錄) 일문(逸文)] 이 이마키군은 오진 14년의 백제 봉의공녀, 오진 15년의 아직기, 그리고 오진 16년의 백제 120현 백성이 정착한 바로 그 지역이다.

---

25 坂本太郎 外 3人 校注, 『日本書紀』 上, 東京: 岩波書店, 1967, p. 374.

여덟째, 야마토노쿠니(大和國) 다카이치군 일대는 17현 백성으로 땅을 가득 메우고 있었는데, 이곳에는 원적이 백제인 역대 천황의 왕궁이 집중되어 있다.

아홉째, 스슌 원년(588)에 한 무리의 백제인이 건너와서 세운 사찰인 아스카데라[간고지, 호코지(法興寺)]를 비롯해 700년까지 세운 사찰은 거의 전부 이 지역에 존재한다. 다카이치군 일대를 가득 메운 17현의 백성이 백제에서 온 이주민과 그들의 자손이 아니고서는 이러한 현상은 일어날 수 없다.

(3) 『일본서기』 긴메이 1년 8월 조에는 진인 호수(戶數)의 총계(7,053호)가 나와 있는데, 이것은 당시까지 일본으로 이주한 진인의 호수로 생각된다. 먼저 이에 대해 지금까지의 대표적 견해인 히라노 구니오와 이와나미 서점판 『일본서기』의 견해를 알아보자.

히라노 구니오는 긴메이 1년 8월의 진인 호수 총 7,053호는 믿을 수 없으며, 이미 언급한 바와 같이 백제에서 일본으로 이주한 백제의 120현민(자료 7)과 마찬가지로 씨족의 하나인 진씨(秦氏)의 호수라고 주장한다.[26]

이와나미 서점판 『일본서기』는 ① 진인은 조선으로부터의 귀화인으로 중국계라 칭하며 진씨의 지배하에 있었고, 한인은 조선으로부터의 귀화인으로 중국계라 칭하며 한씨의 지배하에 있었고 그 다수가 촌주(村主)의 성을 가졌으며, ② 진인은 한인과 마찬가지로 하류의 소호족층(小豪族層)이며 지방에 넓게 분포해 중앙의 진씨의 관장 아래 견직물의 공상(貢上)을 직(職)으로 했다. 또 ③ 한씨는 야마토노아야씨의

26 히라노 구니오, 앞의 논문.

시조 아치노오미(오진 20년 9월 조)가 거느리고 도래한 것으로 말하고 있으나, 실은 한씨보다 후에 계속해 도래했으며, 많은 수가 금릉(錦綾), 무구(武具), 혁구(革具) 등의 수공업 생산을 직업으로 했다.[27]

여기서도 '믿을 수 없는' 기사, 한 씨족과 관련한 기사에 대한 견해를 보게 되지만, 진인을 '조선에서 귀화한 중국 사람'이라고 표현한 데는 쓴웃음마저 짓게 된다. 이 표현은 우리가 이미 본 '한반도를 경유해 아시아 대륙에서 이주한 사람'이라는 표현과 유사하면서도 그보다 더욱 교묘하게 사실을 은폐하려는 의도가 숨어 있는 표현이라 할 수 있다. 그러나 조금만 생각하면 그 의도가 노출되어 있는 표현임을 곧 알 수 있을 것이다. 사실의 해설 기사가 아니라 오히려 그 사실의 확증을 현혹시켜 그것을 은폐하려는 의도였음을 알게 되는 것이다.

또 진인, 진민(秦民)과 진씨가 동일한 존재인지 아닌지 또는 한인과 한씨가 동일한 존재인지 아닌지는 아직은 불명확하다. 『일본서기』에 의하면 진인(긴메이 1년 8월)과 진민(유랴쿠 15년, 16년 7월)은 동의어이지만 진씨와는 동의어가 아니며, 또 이미 언급한 바와 같이 자료 7은 진씨와 아무런 관련이 없는 기사이다. 설령 진인(진민)과 진씨가 동의어이고 자료 7이 진씨와 관련된 기사라고 하더라도 상위 개념인 진인(진민)이 하위 개념인 진씨의 지배하에 있었다고 주장하는 것은 사실 규명을 더욱 가로막고 있다.

『일본서기』에서 성이나 직업 앞에 한(漢)이 붙는 것[한(漢), 왜한(委漢), 동한(東漢), 서한(西漢), 한부(漢部), 한수인부, 한인(漢人), 신한인(新漢人) 등]은 모두 한국인(거의 전부 백제인)이고 중국 사람은 하나도 없

---

27 坂本太郎 外 3人 校注, 『日本書紀』 下, 東京: 岩波書店, 1967, p. 65, 553.

다.[28] 또 '漢人'은 진구 5년 3월 조에는 신라인,[29] '漢手人部'는 유랴쿠 7년 주에는 백제인[30]으로 기술되어 있다. 한인(漢人)과 당인이 같지 않은 것은 지토 8년 1월 17일 조에, 그리고 진인과 한인이 같지 않은 것은 긴메이 1년 8월 조에 나타나 있다. 용어를 혼란스럽게 사용하고 있으나, 긴메이 원년 8월에 나오는 '漢人'은 『신찬성씨록』의 일문, 좌경 제번상, 산성국제번 등의 기사로 보아서 오진 20년 아치노오미·쓰카노오미 부자가 거느리고 이주한 백제인을 가리키고, '秦人'은 오진 14~16년에 궁월군이 거느리고 집단 이주한 백제인임이 틀림없다. 이렇게 볼 때 긴메이 원년 8월 조의 진인 호수 총 7,053호라는 것은 궁월군이 거느리고 온 백제의 이주민과 그들의 자손일 것이다.[31]

(4) 우리는 앞에서 일본에 이주한 사람들 가운데 중국인은 무시해도 좋을 정도로 소수이고 나머지 대다수가 한국인임을 알게 되었으며, 그 중에서도 백제인이 월등히 많으며 오진 14(403)~16년(405), 20년(409)에 백제로부터 민족적 대이동이 이루어졌음을 알게 되었다. 이러한 한국인의 일본 이주는 그 후 계속 소규모로 이루어졌으나 나당연합군의

---

28 이미 살펴본 바와 같이 조작 가능성이 높은 오(吳)나라의 4공녀 기사(오진 37년 2월, 유랴쿠 14년 1월, 14년 3월 조)에는 첫 번째 기사에는 없던 명칭(漢織, 漢衣縫部)이 두 번째, 세 번째 기사에 나타나고 있다.

오진 37년 2월	兄媛	弟媛	吳織	穴織	•	•
유랴쿠 14년 1월	兄媛	弟媛	吳織	•	漢織	•
유랴쿠 14년 3월	兄媛	弟媛	吳織	•	漢織	漢衣縫部

29 (……) 而捉新羅使者三人 納檻中 以火焚而殺, 乃詣新羅 次于蹈鞴津 拔草羅城還之, 是時俘人等 今桑原·佐糜·高宮·忍海 凡四邑漢人等之始祖也(神功 5年 3月).

30 或本云 吉備臣弟君 還自百濟 獻漢手人部·衣縫部·肉人部(雄略 7年 是歲 註).

31 최재석, 「『신찬성씨록』 비판」, 『대구사학』 38, 1989 참조.

침공에 의한 백제 패망 직후에 다시 활발해져서 백제인이 665년(엄밀하게는 663년)부터 669년 사이에 3회에 걸쳐 각각 400여 명, 2,000여 명, 700여 명씩 총 3,100여 명이나 일본으로 이주한 것을 〈표 3〉에서 알 수 있다.

이렇게 볼 때 한국인의 일본으로의 민족적 대이동은 403~405년과 409년, 그리고 665~669년, 크게 세 번 이루어졌음을 알 수 있다. 그리고 첫 번째 이동과 두 번째 이동이 일본 고대국가 건설의 모태가 되었다면 665~669년의 이동은 백제인에 의해 이미 건설되어 있던 일본 고대국가의 발전을 더욱 촉진한 것으로 보인다. 왜냐하면 백제 패망으로 일본으로 건너간 665~669년의 백제인은 백제의 일반 백성이라기보다는 각 분야의 지배층이었으며, 이들에게는 백제 시절에 누렸던 관직에 걸맞은 관직이 주어져[32] 각각의 분야에서 그 역량을 발휘할 수 있었기 때문이다.

(5) 그러면 다음으로 일본 이주에서 나타난 백제·신라·고구려 간의 차이는 어떠했는지를 알아보자.

우선 이주민 수의 시각에서 보면, 17현민이 이주했다는 자료 11이 백제인의 이주 기사가 아니라 하더라도, 백제의 호수가 두드러지게 감소할 정도로 많은 호구, 즉 120현의 백성이 이주했다는 자료 7이나 백제 패망 후에 3,100명 이상의 백제 지배층이 이주했다는 자료 54~56을 통해 일본으로 간 이주민을 살펴보면 백제인이 신라인이나 고구려인에 비해 단연코 많았다는 것을 알 수 있다. 또 고구려인과 신라인의 일본 이주는 불규칙하게 가끔씩 이루어진 데 비해 백제인의 이주는 파

---

32 최재석, 「일본 고대국가 연구: 백제와 야마토왜의 관계」, 『한국학보』 55, 1989.

도처럼 계속해 이루어졌음을 역시 〈표 3〉에 의해 알 수 있다.

또 삼국의 이주민의 신분이나 직업을 살펴보면 백제는 왕자부터 노비까지 모든 신분 또는 직업의 사람이 이주한 데 비해 신라나 고구려는 몇몇 직업에 한정되어 있음을 알 수 있다(〈표 4〉 참조). 이러한 시각에서도 일본 고대국가(야마토왜) 건설의 주역은 신라나 고구려가 아니라 백제임을 알 수 있을 것이다.

백제가 나당연합군과 싸울 때 잡은 당나라의 포로를 일본에 두 번이나 데리고 간 사실은 이미 지적했지만, 백제는 이 밖에도 550년에 고구려와의 전투에서 잡은 고구려 포로 열 명(자료 27)과 신라와의 전투에서 잡은 신라 포로 일곱 명(자료 28)을 일본에 데리고 가서 일본 개척에 그 노동력을 사용했음을 알 수 있다.

6. 맺는말

일본의 인류학자 하니하라 가즈로는 고대 일본의 원주민과 일본에 정착한 이주자의 비율은 약 1:9 내지 2:8이며, 그 이주민은 한국인이 아니라 '한반도를 경유한 아시아 대륙인'이라는 논고를 발표했다. 그러나 필자가 『일본서기』와 『삼국사기』를 분석해보니 일본으로 간 이주민은 한반도를 경유한 아시아 대륙인이 아니라 거의 전부 한국인이라는 것이 판명되었다. 그리고 그들이 페르시아, 인도, 중앙아시아, 동북아시아, 유라시아, 부여 사람이라는 근거는 그 어디에도 없다. 하니하라가 말하는 '아시아 대륙으로부터의 이주민'은 거의 전부 한국인인 것이다. 중국인이 약간 있기는 하지만 그 이주 횟수나 인원 또는 신분에서 거

〈표 4〉 야마토왜로 건너간 삼국 이주민의 직업

	백제	신라	고구려
왕자	○	○(?)	○
왕의 누이	○		
장인(能匠者)		○	
손끝 기술자	○		○
도부(陶部)	○		
안부(鞍部)	○		
화부(畵部, 화공)	○		○
금부(錦部)	○		
통역	○		
공녀	○		
악인		○	
율사	○		
선사	○		
고승	○	○	○
비구니	○		
주금사	○		
조불공	○		
조사공	○		
승려	○		
노반박사	○		
영조율사	○		
와박사	○		
노비	○		○

의 무시해도 좋을 정도임을 알게 되었다.

이러한 상황은 다음과 같은 사정에 의해서도 뒷받침된다고 하겠다. 첫째, 중국에 있는 중국인은 미개척지인 일본에 모험을 무릅쓰고 대해를 건너가면서까지 이주해야 할 이유가 희박하며, 둘째 한국과 일본열도는 날씨가 좋은 날이면 서로 바라볼 수 있을 정도로 근거리에 있어 원시적인 작은 배로도 오갈 수 있는 데 비해 중국과는 대해를 사이에 두고 있어 항해가 용이하지 않다. 셋째, 당시 신라의 조선술이 발달해 일본의 신라 유학생과 당나라 유학생은 물론이고 일본으로 가는 고구려의 사절까지도 도맡아 수송했으니,[33] 시베리아나 중국 동북 지방의 주민이 설령 일본 이주를 꿈꾼다 해도 고구려의 북쪽에 있는 그들은 고구려나 신라의 협력 없이는 일본에 쉽게 갈 수 없다. 하물며 일본 원주민의 아홉 배나 되는 인구의 이동은 있을 수 없다. 넷째, 나라 시대까지도 일본인들은 거의 모두 한복을 입고 있었고, 다섯째, 그들이 먹는 음식도 김치 등 한국 음식이었으며, 여섯째, 일본 사적(『고사기』, 『일본서기』, 『만엽집』)의 조작되지 않은 부분에 지금도 남아 있는 바와 같이 그들은 한국어 또는 한국식 한자를 사용하고 있었다. 일곱째, 일본열도 전역을 한국(백제, 가라, 신라, 고려)의 지명, 국명이 뒤덮고 있다.

이주자의 국적을 다시 분석해보면 삼국 중에서도 고구려나 신라보다 백제인이 월등히 많았으며, 그 백제인은 403~405년과 409년, 백제 패망 후인 665~669년에 일본으로 대거 이동했음을 알 수 있다. 특히 403~405년에 이루어진 백제인의 민족적 대이동은 『일본서기』와 『삼국사기』의 두 기록에 의해 뒷받침되었으며, 이 시대는 일본 원주민이

---

33 이 책 5부 1장 및 2장 참조.

아직 의복도 문자도 없는 시기였다. 이러한 상황은 앞에서 살펴본 일본 천황이 백제 사람이라는 사실과 뒤의 2부 2장과 5부 1장에서 입증될 것이다. 670년까지 야마토왜의 사람들은 생물학적·객관적으로는 물론이고 정치적·주관적으로도 한국인(백제인)이라는 것을 시인하고 이것을 과시했는데(5부 3장 참조), 670년 이후부터는 주관적·정치적 이민족으로 의식하게 되었다. 이민족, 이국가의 강조, 이것이 『일본서기』의 편찬 동기였던 것이다. 『일본서기』는 그 속에 역사적 사실이 숨겨져 있다고 하더라도 그 책의 전체적 흐름은 후자, 즉 주관적·정치적인 시각에서 편찬된 역사서였던 것이다.

이러한 『일본서기』부터 『속일본기』, 『삼대실록』, 『신찬성씨록』 등을 거쳐 오늘날의 일본 고대사학자의 저술에 이르기까지 1,300년 가까이 한결같이 일본 고대사의 진실을 은폐하고 있는 것은 바로 주관적·정치적 시각에 사로잡혀 있기 때문이다.

발해와 가야를 제외하면 한국사는 고구려, 신라, 백제, 왜(야마토왜)의 4국(왜의 건국 이전은 3국)에서 통일신라, 일본의 2국으로 변천했으며, 그 후로는 계속 2국, 즉 고려, 일본과 조선, 일본의 2국으로 유지되었다. 왜는 백제에 의해 건국되었다 하더라도 4국시대까지는 주관적으로나 객관적으로나 백제, 고구려, 신라와 똑같이 한민족으로 인식되었던 것으로 보인다. 그런데 대체로 통일신라, 일본의 2국시대부터 일본인에 의한 역사의 주관적·정치적 시각이 더욱 강조되고, 따라서 역사의 은폐도 더욱 강화되었던 것으로 생각된다. 그 일례가 『일본서기』의 편찬인 것이다. 일본인이 생물학적으로나 객관적으로 한국인인데도 그들을 일본 원주민 또는 아시아 대륙에서 온 사람이라고 주장하는 것은 바로 그러한 시각으로 보았기 때문일 것이다.

일본열도 전체의 차원에서 보면 700년 당시 열도 인구의 적어도 80~90퍼센트는 한민족(백제인, 신라인, 고구려인, 가야인)이었으며, 특히 야마토 지역(다카이치군)에서는 인구의 80~90퍼센트가 백제인이었던 것이다(『속일본기』 호키 3년 4월 20일).

2장

일본 원주민의 문화 수준과 고대 일본의 개척자

1. 머리말

우리는 이미 고대 일본의 천황이 어느 나라 국적을 가진 사람이었는지,[34] 또 700년 당시 일본 원주민의 수와 일본으로 건너간 한민족의 수 및 그 비율을 살펴보았다.[35] 그러나 일본 고대사의 진실, 특히 일본 고대국가의 진실을 밝히려면 이것만으로는 불충분하다. 당시 일본 원주민의 문화 수준과 고대 일본(야마토 지역)을 개척한 사람들은 어느 나라 사람인가를 밝히는 작업도 긴요할 것이다. 따라서 지금부터는 주로 『일본서기』를 기본 자료로 삼아 고대 일본 원주민의 문화 수준과 고대 일본 개척자의 원적 및 개척 상황을 알아보고자 한다.

34 최재석, 「일본 고대 천황 원적고」, 『한국학보』 51, 1988.

35 최재석, 「고대 일본으로 건너간 한민족과 일본 원주민의 수의 추정」, 『동방학지』 63, 1989.

2. 일본 원주민의 문화 수준

『일본서기』는 일본 고대사의 진실을 감추기 위한 허위와 조작의 기록으로 점철되어 있지만, 한국에서 건너간 이주민의 일본 개척과 일본 국가 건설에 관한 기록임이 틀림없다. 또 더욱 주의 깊게 살펴보면 일본 원주민에 관해서도 상당 부분을 알 수 있는 기록이기도 하다. 그래서 여기서는 한국에서 이주민이 일본으로 갔을 당시의 일본 원주민의 문화 수준에 대해 알아보고자 한다.

(1) 의복 제작

> **〈사료 1〉** 오진 14년(403) 2월에 백제왕이 봉의공녀를 바쳤다.[36] 진모진이라 부른다. 이 여자가 오늘날의 구메[來目: 야마토노쿠니 다카이치군 구메향(久米鄕), 나라현 가시하라(橿原)시 구메초(久米町) 부근]의 의봉의 시조이다.[37]

우리는 위의 사료에서 당시 일본 원주민들은 바늘과 실이 없었으며, 따라서 바늘과 실로 만든 의복이 없었음을 알 수 있다. 다시 말하면, 설령 천(布)으로 만든 의복이 있었다고 하더라도 천을 몸에 둘러 입었

---

36 공(貢), 즉 바쳤다는 용어는 왜곡·조작된 것이다. 헌(獻), 조헌(朝獻), 조공, 입공(入貢), 공헌(貢獻) 또는 신(臣), 조(詔), 칙서(勅書), 주(奏), 상주(上奏), 청정(請政) 등의 용어도 조작된 것이다. 이에 대해서는 5부 3장 「백제의 야마토왜와 '일본'으로의 변신 과정」 참조.

37 應神十四年二月 百濟王貢縫衣工女 曰眞毛津 是今來目衣縫之始祖也.

을 것으로 생각한다. 그러나 이 천이 한국이나 중국에서 왔다고 한다면 실이나 바늘도 함께 올 수밖에 없으므로 결국 당시 일본은 천도 없었을 가능성이 많다. 그렇게 볼 때 당시 일본 원주민의 옷은 천이 아닌 옷, 이를테면 인도네시아나 뉴기니 등의 원주민의 옷과 유사했을 가능성이 매우 크다고 하겠다.[38]

(2) 문자와 종이, 묵

> **〈사료 2〉** 오진 16년(405) 2월, 왕인이 왔다. 태자 우지노와키 이라쓰코는 그를 스승으로 모시고 여러 전적(典籍)을 배웠다. 왕인은 모든 것에 통달해 있었다. 즉, 그는 글을 읽고 문서를 만드는 사람의 시조가 되었다.[39]

위의 〈사료 2〉에 보이는 왕인의 일본 이주도 백제 봉녀(縫女) 진모진처럼 일본으로 집단 이주한 백제 120현의 일원으로 생각된다. 그러나 『일본서기』가 왕인의 일본 이주를 서기 405년(오진 16)으로 기술하고 있기 때문에 편의상 그대로 따르기로 한다.

〈사료 2〉에 의하면 405년 이전의 일본 원주민에게는 문자도 없었다. 문자가 없었으니 책자도 있을 수 없다. 결국, 오진 14~16년(403~405),

---

38 그럴 경우 당연히 실로 꿰맨 군복도 있을 수 없다. 종래의 대부분의 일본 고대사학자가 주장하는 '신라 정벌'과 '임나 지배'는 결국 옷을 입지 않은 반나체의 일본 원주민이 실과 천으로 만든 의복과 군복을 입은 신라와 임나를 정복한 셈이 된다. 이러한 측면에서도 신라 정벌과 임나 지배에 관한 기사는 허위임이 입증된다.

39 應神 16年 2月 王仁來之 則太子菟道稚郎子師之 習諸典籍於王仁 莫不通達 所謂王仁者 是書首等之始朝也.

즉 5세기 초 이전에는 일본 원주민에게 실로 꿰맨 의복도 문자도 없었으며, 종이와 먹과 물감도 7세기 초(610) 이전까지는 없었음을 알 수 있다. 이것은 다음의 〈사료 3〉에서 명백하게 드러난다.

〈사료 3〉 스이코 18년(610) 3월에 고려왕이 승려 담징, 법정 등을 바쳤다. 담징은 오경을 잘 알고 있었고, 물감, 종이, 먹 등을 잘 만들었으며, 수력(水力)을 이용하는 맷돌도 만들었다. 수력을 이용해 맷돌을 만든 것은 이때가 처음이다.[40]

〈사료 3〉을 보면 610년 이전까지 일본 땅에는 물감도 종이도 먹도 없었고, 수력을 이용하는 맷돌도 없었음을 알 수 있다. 오진 16년(405)에 일본에 온 백제인 왕인이 일본 태자에게 전적을 가르쳤다고 하더라도 종이와 먹과 물감은 610년에 이르러서야 처음 만들어진 것으로 생각된다.

(3) 저수지, 수로와 제방

저수지, 수로, 제방은 농사를 짓는 데 없어서는 안 되는 시설물이다.

〈사료 4〉 오진 7년(396) 9월에 고려인, 백제인, 임나인, 신라인이 함께 내조했다. 그때 다케우치노 스쿠네에게 명하여 여러 한인 등을 인솔해 못

---

40 推古 18年 3月 高麗王貢上僧侶曇徵·法定 曇徵知五經 且能作彩色及紙墨, 幷造碾磑 蓋造碾磑 始于是時歟.

[池]을 파게 했다. 그래서 못을 한인지라고 이름했다.[41]

이 밖에 오진·닌토쿠기에는 저수지, 수로, 제방의 조성에 관한 기록이 적지 않게 나타나 있다. 『일본서기』는 그것들을 만든 사람들의 국적을 밝히지 않고 있으나, 백제에서 대규모로 야마토 지방에 집단 이주한 사람들이 이주 후 착수한 제일 중요하고도 크나큰 사업이었음은 틀림없을 것이다. 일본 원주민은 이러한 사업을 할 수 없는 것이다.

(4) 조선술

〈사료 5〉 오진 31년(420) 8월에 실화(失火)가 배에 미쳐 많은 배가 불에 타버렸으므로 신라인을 책망했는데, 신라왕은 이 말을 듣고 크게 놀라 뛰어난 기술자를 바쳤다. 이 사람이 목공(木工)의 시조이다.[42]

즉, 신라인이 와서 배를 만든 420년 이전에는 일본에는 배가 없었거나, 배가 있었더라도 조선술이나 조선공(목공)은 없었음을 알 수 있다. 따라서 『일본서기』의 이 시대 이전 기록 가운데 배에 관한 기록은 모두 허위이거나, 타국의 배이거나, 초보적 기술의 소형 배에 관한 것임을 알 수 있다. 또 지토 4년(690)까지 일본 유학생의 신라·당나라 파견과 귀국, 그리고 일본 사절의 고구려나 당나라 수송이 신라에 부탁

---

41 應神 7年 9月 高麗人·百濟人·任那人·新羅人 並來朝 時命武內宿禰 領諸韓人等作池 因以名池號韓人也.

42 應神 31年 8月 卽引之及于聚船 而多船見焚 由是 責新羅人 新羅王聞之 讋然大驚 乃貢能匠者 是猪名部等之始祖也.

해 행해졌던 것을 상기할 때 이른바 '한반도 출병' 또는 '신라 정벌'이나 '임나 경영'은 전적으로 허위, 조작임을 알 수 있다. 배도 없이, 그리고 타국(신라)의 보호와 호의에 의해서만 외국에 왕래할 수 있었던 처지의 야마토가 타국을 정벌하거나 경영한다는 것은 도저히 있을 수 없는 일이기 때문이다.

(5) 말 사육

404년 백제인이 말을 가지고 올 때까지 일본 원주민에게는 말이 없었다. 『일본서기』에는 오진 15년(404) 8월에 백제인이 말을 일본에 가져와서 사육한 것으로 되어 있다. 즉, 백제인 아직기가 백제의 집단 이주민과는 별개로 단독으로 말을 일본으로 가져온 것으로 『일본서기』는 기술하고 있지만, 아직기도 백제의 옷 짓는 공녀와 함께 역시 백제의 집단 이주민의 일원으로 말 두 마리를 가져왔다고 보는 것이 그때의 긴박한 백제의 국내외 정세[43]를 볼 때 당연한 귀결일 것이다.

> **〈사료 6〉** 오진 15년(404) 8월에 백제왕이 아직기를 파견해 좋은 말 두 필을 바쳤는데, 그 말을 야마토의 가루(輕), 즉 야마토노쿠니 다카이치군 구메향[來目鄕: 나라현 가시하라시 오가루초(大輕町) 부근]의 사카노우에 우마야(坂上廐)에서 기르게 했다. 아직기로 하여금 관장하고 기르게 했으므로 그 말을 기르는 곳을 우마야사카라고 부른다.[44]

---

43 최재석, 「고대 일본으로 건너간 한민족과 일본 원주민의 수의 추정」, 『동방학지』 63, 1989.

44 應神 15年 8月 百濟王遣阿直伎 貢良馬二匹 卽養於輕坂上廐 因以阿直伎令掌飼 故號其養馬之處 曰廐坂也.

〈사료 6〉에 나타나 있는 바와 같이 404년경 백제에서 백제인이 말을 가지고 갈 때까지는 일본 원주민에게는 말이 없었다.

우리는 위에서 의복 제작, 문자·종이·먹의 유무, 저수지, 조선술, 말의 유무 등 다섯 가지 측면에서 일본 원주민의 문화 수준을 알아보았다. 이러한 다섯 가지 측면만 보아도 일본 원주민의 생활 수준 또는 문화 수준이 매우 원시적인 상태였음을 알 수 있다. 그 밖의 측면은 언급하지 않아도 이와 유사한 수준이었을 것임을 우리는 알 수 있다.

앞에서 살펴본 일본 원주민의 수와 그 문화 수준을 상기할 때 일본 원주민에게는 도저히 일본열도를 개척하거나 추장제가 아닌 국가 형태의 고대국가를 건설할 수 있는 능력이 없었음을 알 수 있다. 다음으로는 고대 일본을 누가, 즉 어느 나라 이주민이 개척했는가를 알아보고자 한다.

3. 야마토 지역의 개척자

사회의 모든 분야가 정치, 즉 고대국가의 건설과 관련이 있지만, 여기서는 그 일과는 비교적 직접적으로 관련이 적은 분야에 대해서만 살펴보고자 한다. 따라서 편의상 다음 열 가지 분야에서의 개척자와 개척 사항만을 알아보고자 한다.[45]

그리고 일본 원주민의 수와 그 문화 수준이 한국에서 간 이주민의 그것과 너무나 큰 차이가 있기 때문에 여기서는 고대 일본의 개척이

45 일본 고대국가 건설에 관해서는 5부 1~2장 참조.

결국 일본 원주민 사회를 개척하는 것이 아니라, 한국인이 선진 지식과 기술을 일본 땅에 언제 어떻게 전달, 보급했는가에 귀착될 수밖에 없다는 것을 미리 말해두고자 한다. 이것은 영국인이 호주 원주민이 사는 호주에 가서 개척하는 것과 유사한 것이다.

(1) 의복과 직물의 제조

호주 개척과 북미 대륙 개척에 비유되는 일본 개척이 본격적으로 시작된 것은 5세기 초, 더욱 정확히 말하면 연이은 고구려와의 전쟁에 시달린 백제의 수많은 백성이 전쟁의 고역을 피해 403~405년에 야마토에 집단 이주·정착하면서부터다.[46] 실과 바늘로 꿰맨 의복이 없으며 천도 없을 가능성이 큰 일본(야마토)에 그러한 기술을 처음 지니고 간 사람이 백제로부터 이주한 백제의 여자였다는 것은 이미 앞의 〈사료 1〉에서 보았다. 즉, 서기 5세기 초에 이르러서야 일본열도에는 백제로부터 이주한 백제 여인에 의해 바늘과 실로 꿰맨 의복이 존재하게 된 것이다. 의복의 재료인 천도 이주할 때 가져갔을 것으로 생각된다.

그런데 여기서 우리는 백제에서 건너간 옷 짓는 여자가 구메(來目), 즉 야마토노쿠니(나라현 일대)의 의봉의 시조라는 점에 주목한다. 야마토는 기나이 야마토(畿內倭), 즉 야마토왜가 건설된 지역이다. 이 백제의 옷 짓는 여자 진모진이 일본으로 건너간 해와 고구려를 상대로 벌인 격심하고도 연이은 전쟁의 고역을 피해 백제의 호수가 감소할 정도

46 최재석, 「고대 일본으로 건너간 한민족과 일본 원주민의 수의 추정」, 『동방학지』 63, 1989.

로 많은 백성(120현의 백제 백성)이 일본으로 건너간 해[47]가 일치하므로, 『일본서기』에는 그 백제의 옷 짓는 여자가 따로 단독으로 일본에 건너간 것으로 되어 있지만 실상은 피난을 간 120현의 백제 백성의 한 사람으로 일본에 갔을 것이다. 이렇게 볼 때 120현의 백제 백성의 일본 거주지는 『일본서기』에 나타나 있지 않지만, 백제의 옷 짓는 여자의 거주지가 야마토이므로 120현의 백제 백성의 집단 이주지 역시 야마토임이 틀림없을 것이다. 따라서 이미 살펴본 일본 고대 천황의 원적이나, 한국에서 일본으로 건너간 한민족과 일본 원주민의 수의 비교, 그리고 앞에서 언급한 일본 원주민의 문화 수준의 측면에서 볼 때 오진 시기에 건너간 120현의 백제 백성이 백제의 옷 짓는 여자가 건너간 야마토라는 땅에서 기나이 야마토를 건설한 것은 거의 분명해 보인다.

백제의 옷 짓는 여자가 거주했던 야마토는 그때까지 일본 원주민이 거주하지 않았거나 또는 설령 거주하고 있었다 하더라도 바늘과 실로 지은 의복을 걸치지 않은 낮은 수준의 원주민이 극히 소수 거주했을 것이다. 그러나 하니하라에 의하면 이 지역 고분에서 확인된 두개골이 거의 전부 이주자의 것과 동일하다고 했으니,[48] 이 지역에는 일본 원주민이 거의 살고 있지 않았던 것으로 생각된다.

그런데 백제 여인에 의해 실과 바늘로 의복이 지어졌다고 하더라도 이 의복은 아마도 서민의 옷과 같은 낮은 수준의 의복이었을 것이다.

---

47 백제 120현민의 일본 이주에 대해서는 최재석, 위의 논문 참조.

48 Kazuro Hanihara, "Estimation of the Number of Early Migrants to Japan: A Simulative Study," 『人類誌』 95(3), 1987.

실과 바늘로 의복을 짓는 백제 여인이 일본에 이주한 뒤 약 반세기 후인 유랴쿠 7년(463)에 백제로부터 다시 니시고리지 정안나금,[49] 즉 비단을 짜는 기술자가 일본으로 왔다는 『일본서기』의 기록으로 미루어 볼 때[50] 이때부터 일본에 고급 직물이 출현한 것으로 생각된다. 결국 의복과 직물은 백제인에 의해 개척된 것이다. 또 역시 같은 해에 백제에서 옷 짓는 사람이 일본으로 왔다는 기록이 있다.[51]

(2) 문서 해독력과 문구 · 물감 제조

우리는 또 앞의 〈사료 2〉에 의해 5세기 이전까지는 일본열도에 문자를 해독하는 사람이 없었으며, 5세기 초에 이르러서야 비로소 문자를 해독하는 백제인이 일본으로 이주한 것을 알게 되었다. 따라서 일본에서의 문자 해독은 전적으로 백제인에 의해서 시작된 것임을 알 수 있다.

그러나 종이와 먹과 물감의 제작은 그로부터 약 200년 후인 7세기 초(610)에 이르러서야 고구려의 고승(高僧)에 의해 처음 이루어졌음을 〈사료 3〉에 의해 알 수 있다. 따라서 610년 이전까지 일본에 종이와 먹과 물감이 있었다고 한다면 그것은 본국인 한국으로부터 가져온 것으로 추측된다. 문자 해독은 백제인에 의해 시작되었지만 그 문자를 쓰는 데 사용되는 종이와 먹은 고구려인에 의해 시작되었다는 사실은 꽤 흥미롭다.

---

49 게이타이 10년 9월에 백제에서 일본에 파견된 오경박사의 이름이 한고안무로 되어 있는 데서도 이름에 한(漢)이나 신한(新漢) 등이 있는 사람은 백제인임을 알 수 있다.

50 『日本書紀』 雄略 7年 是歲 條.

51 『日本書紀』 雄略 7年 註.

5세기 초에 백제인(왕인)에 의해 문자가 전해지고 그 후 게이타이 천황(7년 6월, 10년 9월)과 조메이 천황(15년 2월) 때에 백제로부터 오경박사가 일본에 파견되었지만 6세기 말(572)까지는 편지를 잘 읽을 수 있는 사람이 조정에도 없었다는 것은 당시 일본의 학문 수준을 말해주는 것이라 할 수 있다. 즉, 비다쓰 원년(572) 5월에 고구려에서 국서가 왔는데 아무리 그 국서(國書)가 까마귀의 털로 쓰였다고 하더라도 해독할 수 있는 사람을 사흘 동안이나 찾지 못하는 실정[52]이었던 것이다. 지토 5년(691)에 이르러서도 사람에게 글을 읽고 쓰는 법을 가르치는 직업을 가진 사람인 서박사(書博士)는 백제 패망 후 대규모로 이주한 백제의 지배층에서 임명하는 상황이었던 것이다.[53]

(3) 말 사육과 마구 제작

우리는 〈사료 6〉에 의해 백제인이 일본에 말을 가지고 이주할 때까지 일본 원주민에게 말이 없었음을 알게 되었다. 그런데 우리는 〈사료 1〉과 〈사료 6〉에 의해 다음과 같은 사실을 짐작하게 된다.

① 실과 바늘로 옷을 짓는 여공(진모진)과 말을 기르는 법을 아는 사람(아직기)은 같은 해에 함께 백제에서 일본으로 갔다. 『일본서기』에서는 일본으로의 이주 연도가 1년 정도 차이가 나지만, 백제 120현의 백성이 일본에 집단으로 이주한 해가 오진 14년(403)에서 오진 16년(405) 사이인 것을 보면 모두가 그 집단 이주의 일원으로 보인다.

② 그 여공과 말을 기르는 사람이 다 같이 야마토의 국가 건설지인

52 『日本書紀』 敏達 元年 5月 條.

53 『日本書紀』 持統 5年 9月 條.

야마토노쿠니 다카이치군에 이주해 생활한 것으로 보아 그 지역은 그 여공과 말 기르는 사람의 정착지일 뿐만 아니라 백제에서 집단으로 이주한 120현민의 정착지이기도 하다.

③ 그들의 정착지를 『고사기』는 왕궁 지명인 가루노사카이오카노미야(輕之境岡宮)로 기술하고 있고,[54] 『일본서기』 고겐(孝元) 4년 조는 가루(輕) 땅으로 천도해 이것을 사사히하라노미야(境原宮)로 불렀으며, 조메이 12년 4월 조는 우마야사카노미야(廐坂宮)로 부르고 천황이 여기에 거주했다고 기록하고 있으니, 백제인이 대규모로 집단 이주한 야마토 지역은 일본 역사상 왕도의 지역이었음을 알 수 있다.

④ 문자도 종이도 저수지도 배도 말도 없는 원주민(그것도 이주민보다 훨씬 적은 수)만이 사는 지역인 야마토에 고도의 선진 문화를 가진 백제의 백성이 대규모로 집단 이주했으니[55] 이들이 일본에 처음으로 고대국가를 건설한 것은 의심의 여지가 없다. 원주민이 거주하는 북미와 호주에 각각 영국인이 집단적으로 이주한 결과 나타난 정치적·사회적 현상과 동일한 현상이 일본의 야마토에 나타난 것이다.

『일본서기』에 말[馬]과 의복을 가진 백제의 백성이 오진 시대에 대규모로 일본에 집단 이주했다고 명기하고 있는데도 '유라시아의 기마민족'이 일본을 정복했다는 종래의 일부 일본 고대사학자의 주장은 일견 획기적인 것처럼 보이지만 역사적 사실을 더욱 교묘하게 은폐·오도하는 견해임이 드러난다.

---

54 坂本太郎 外 3人 校注, 『日本書紀』 上, 東京: 岩波書店, 1967, p. 224, pp. 370~371.

55 최재석, 「고대 일본으로 건너간 한민족과 일본 원주민의 수의 추정」, 『동방학지』 63, 1989.

의복을 만드는 백제 여인이 일본에 도착하고 약 60년 후에야 고급 직물을 만드는 백제 남자가 일본에 온 것처럼 말을 가진 백제인이 일본에 도착하고 약 60년 후인 유랴쿠 7년(463)에야 마구를 제작하는 기술자가 일본에 온 것이 『일본서기』에 기록되어 있다.[56] 말이 백제로부터 일본에 들어왔다고 하더라도 이 마구 제작자가 백제에서 일본으로 이주할 때까지 약 60년 동안은 일본에서는 마구를 제작할 수 없었음을 알 수 있다. 결국, 말과 마구도 의복과 고급 직물의 경우처럼 백제인에 의해 개발된 것이다.

(4) 건축, 토목과 해상수송

우리는 이미 〈사료 5〉에 의해 숙련 기술자가 처음으로 배를 건조했음을 알게 되었는데, 이 숙련 기술자는 글자 그대로 '뛰어난 공장(工匠)'이므로 선박 건조 이외의 토목 기술도 지닌 기술자였을 것으로 생각된다. 이 밖에 『일본서기』에는 한국에서 온 공장, 사공(寺工), 와박사, 대장(大匠), 공인(工人) 등이 신천지 일본의 건축, 토목의 토대를 구축한 것으로 기록되어 있다.

『일본서기』는 닌켄 6년(493)에 히타카노키시를 고구려에 파견해 기술자 수류지, 노류지 등을 데리고 왔다고 전하고 있다.[57] 또한 스슌 원년(588)년에는 백제로부터 사공과 와박사가 일본에 왔다고 기록하고 있다. 이들은 다른 기술자인 노반박사, 화공 등과 함께 와서 호코지(아

---

56 『日本書紀』 雄略 7年 是歲 條.

57 仁賢 6年 9月 遣日鷹吉士 使高麗 召巧手者 (……) 是歲 日鷹吉士 還自高麗 獻工匠須流枳·奴流枳等 今大倭國山邊郡額田邑熟皮高麗 是其後也.

스카데라)를 건립했던 것이다.[58]

조메이 11년(639)에는 백제에서 이주한 후미노아타이 아가타(야마토노아야씨의 일족)가 건축기사의 우두머리라 할 수 있는 대장이 되어 조메이 천황이 거처할 왕궁과 국사(國寺)인 '백제대사'를 건립했으며,[59] 조메이 천황은 '백제천'이라 명명한 강 인근에 왕의 거처와 큰 절을 세우게 하고 그 궁을 '백제궁'이라 명명했다. 조메이 천황은 또 자신이 죽은 후에 시신을 안치할 곳을 '백제대빈'이라 이름했다.[60] 이렇게 볼 때 궁궐과 사찰은 거의 전부 백제에서 이주해 온 사람에 의해 건립되었음을 알 수 있다.

다이카 3년(647)에도 기술자 야마토노아야노 아라타이노 히라부[荒田井比羅夫: 야마토노아야노 아타이 히라부(比羅夫)]가 밭에 물을 대는 도랑을 팠다는 기사가 『일본서기』에 나와 있는데,[61] 이 야마토노아야노 아타이 히라부도 백제에서 이주해 온 사람이다.

이렇게 궁궐이건 사찰이건 또는 토목공사건 간에 당시의 건축·토목공사는 모두 한국인, 특히 백제로부터 이주해 온 사람에 의해 개척되고 개발되었음을 알 수 있다. 사찰에 대해서는 따로 언급하기로 하고 여기서는 항해술에 대해 언급하고자 한다.

---

58 崇峻 元年 是歲 (……) 獻佛舍利 會聆照律師·令威·惠衆·惠宿·道嚴·今開等 寺工太良未太·文賈古子 鑪盤博士將德白昧淳 瓦博士麻奈文奴·陽貴文·㥄貴文·昔麻帝彌 畫工白加 (……) 始作法興寺 此地名 飛鳥眞神原 亦名飛鳥苫田.

59 舒明 11年 秋7月 詔日 今年 造作大宮及大寺 則以百濟川側爲宮處 是以西民造宮東民作寺 便以書直懸為大匠.

60 3부 1장 「일본 고대 천황의 원적」 참조.

61 孝德 大化 3年 是歲 (……) 工人大山位倭漢直荒田井比羅夫 誤穿溝瀆 控引難波 (……) 天皇詔曰 妄聽比羅夫所詐 而空穿瀆 朕之過也.

오진 31년(420)에 배를 건조할 수 있는 사람이 처음으로 신라에서 일본으로 이주했다고 하더라도 큰 바다를 건너는 해상수송은 여전히 한국인(신라인)의 도움으로 가능했던 것을 알 수 있는데, 이것은 매우 놀라운 사실이다.

신라가 일본의 견당사의 해상수송 요청을 거절한 적도 있지만 신라 유학 학문승이나 당나라 유학 학문승이 귀국할 때나 견당사가 귀국할 때는 신라가 도와주었으니 당시 일본의 해상수송은 신라에 의존했음을 알 수 있다. 해상수송 능력이 부족했던 일본으로서는 그것을 신라에 전적으로 의지할 수밖에 없었던 것이다. 이러한 신라의 해상수송의 협조는 비단 일본과 당나라로 가는 수송뿐만 아니라 일본 내의 수송, 즉 규슈(쓰쿠시)와 기나이(나니와) 간의 해상수송에도 필요했다.[62] 여기서 일본의 대(對)신라·당 해상수송을 신라가 도와준 사례를 들면 〈표 5〉와 같다.

〈표 5〉 일본이 신라 배에 편승한 사례(『일본서기』)

<table>
<tr><td>스이코</td><td>31년(623) 7월</td><td>신라 유학 학문승 귀국</td></tr>
<tr><td rowspan="3">조메이</td><td>4년(632) 8월</td><td>당나라 유학 학문승 귀국</td></tr>
<tr><td>11년(639) 9월</td><td>당나라 유학 학문승 귀국</td></tr>
<tr><td>12년(640) 10월</td><td>당나라 유학 학문승 귀국</td></tr>
<tr><td rowspan="2">고토쿠</td><td>하쿠치 5년(654) 2월</td><td>당나라 유학 학문승 귀국</td></tr>
<tr><td>하쿠치 5년(654) 7월</td><td>견당사 귀국</td></tr>
<tr><td rowspan="2">사이메이</td><td>3년(657)</td><td>견당사 해상수송의</td></tr>
<tr><td>4년(658) 7월</td><td>당나라 유학 학문승 수송</td></tr>
</table>

덴무	2년(674) 8월	고구려의 견일 사절 수송
	5년(677) 11월	고구려의 견일 사절 수송
	8년(680) 2월	고구려의 견일 사절 수송
	9년(681) 5월	고구려의 견일 사절 수송
	11년(683) 6월	고구려의 견일 사절 수송
	13년(685) 12월	당나라 유학생 귀국
지토	원년(687) 9월	신라 유학 학문승 귀국
	3년(689) 4월	신라 유학 학문승 귀국
	4년(690) 9월	당나라 유학 학문승 귀국

*비고: 674~683년의 기사는 고구려 패망 후이므로 조작 기사이다.

(5) 공예와 도기 제작

당시의 공예는 대체로 불교와 관련된 것이었음은 널리 알려진 사실이다. 유랴쿠 7년(463)에 화공이 백제로부터 와서 불교 회화를 개척했고,[63] 비다쓰 6년(577)에는 조불공이 역시 백제로부터 와서 불상을 제작했으며,[64] 스슌 원년(588)에는 화공과 불탑 정상부의 주조 기술자인 노반박사가 백제로부터 일본에 파견되어 그 기술을 개척했다.[65]

또 뛰어난 기술로 천황과 그 주위의 기술자들로부터 찬탄을 받은 조불공이자 조사공인 구라쓰쿠리노 도리[鞍作鳥: 호류지(法隆寺) 금당 석가상명(釋迦像銘)에는 '司馬鞍首止利佛師'라 되어 있다]는 백제로부터 이주

---

62 일본의 해상수송 능력에 대해서는 5부 1~2장 참조.

63 『日本書紀』 雄略 7年 條.

64 『日本書紀』 敏達 6年 11月 條.

65 『日本書紀』 崇峻 元年 條.

해 야마토왜의 실권자인 소가노 우마코(蘇我馬子)를 도와 불교 보급에 공이 큰 구라쓰쿠리(鞍部) 촌주 시바 다쓰토(司馬達等)의 손자로, 그는 605년과 606년에 불상을 만들어 호류지와 간고지(아스카데라)에 안치했으며, 곤고지(金剛寺)를 건립하기도 했다.[66]

고토쿠 하쿠치 원년(650)에는 백제 이주민의 자손인 한산구직대구(漢山口直大口)[67]가 천불상(千佛像)을 조각했으며,[68] 이보다 3년 후인 하쿠치 4년(653) 6월에는 고구려의 화공 박수부자마려(狛堅部子麻呂)와 백제의 화공 등이 많은 보살상을 만들어 가와라데라(川原寺)에 안치했다.[69]

뒤의 '절과 불교'에서 다시 언급하겠지만, 지토 천황 시대까지 백제는 불상, 불경, 사리 등을 일본에 계속해서 제공했으며, 조불공이 백제에서 일본으로 건너가 그곳에서 불상을 만든 것은 그 기술은 차치하더라도 획기적인 일이라 할 수 있을 것이다.

유랴쿠 천황 시대에 활약한 공예 기술자인 완인치리도 백제에서 이주해 가와치에 거주한 백제인이며, 유랴쿠 7년(463)에 그의 진언에 따라 백제에 사람을 보내 초청한 사람도 손끝으로 행하는 여러 기술을 가진 기술자였다. 그리고 닌켄 6년(493)에는 고구려의 기술자를 초청

---

66 『日本書紀』 推古 13年 4月, 同 14年 4月, 同 14年 5月 條.

67 호류지 금당(金堂) 광목천(廣目天)의 광배각명(光背刻銘)에는 '山口大口費'라 되어 있어 『일본서기』의 '漢山口直大口'와 다르다. 『日本書紀』 下, 岩波書店, p. 72, p. 547에서는 費와 直이 동일하다고 하지만, 그렇다고 하더라도 費와 直의 위치가 다르고 또 『일본서기』에는 광배각명에는 없는 한자를 관(冠)하고 있으므로 『일본서기』의 가필 또는 착오로 보인다.

68 『日本書紀』 孝德 白雉 元年 條.

69 『日本書紀』 孝德 白雉 4年 6月 條.

하고[70] 다이카 5년(649)에는 신라의 기술자 열 명이 일본으로 이주한 기록이 있다.[71]

유랴쿠 7년(463) 다른 전문인, 이를테면 마구 제작인, 화공, 직물 제작자 등과 함께 백제에서 일본으로 간 도기 제작자(고귀)도 일본에서 도기[스에키(須惠器)] 제작을 개척했음이 분명하다고 할 것이다.[72]

(6) 의약

의약 부문도 주로 백제인에 의해 개척되었으며, 그 이전 일본 원주민 사이에서는 의약이 존재하지 않았던 것으로 짐작된다.

긴메이 14년(553) 6월에 천황은 역점서(易占書), 역본(曆本)과 함께 여러 가지 약물을 백제에 부탁해 가져오게 했으며,[73] 긴메이 15년(554) 2월에는 의박사(醫博士) 한 명[나솔(奈率) 왕유릉타(王有㥄陀)]과 채약사 두 명[시덕(施德) 반량풍(潘量豊), 고덕(固德) 정유타(丁有陀)]이 백제 왕국의 일본 파견 근무 규정에 따라 선임 일본 근무 당번자와 교대하기 위해 일본에 간 것이 기록되어 있다.[74] 이때 오경박사, 승려, 역박사(易博士), 역박사(曆博士) 등도 함께 교대했는데, 백제에서 시행한 일본 근무 교대제도의 존재는 백제와 일본(야마토왜)의 관계를 파악하는 데 매우 중요한 하나의 기준이 될 것이다. 백제가 신천지 일본을 개척할 때 단지 사람을 이주시켜 개척하는 것만이 아니라 이와 같이 관련 전문인

---

70 仁賢 6年 9月 遣日鷹吉士 使高麗召巧手者.

71 『日本書紀』孝德 大化 5年 註.

72 『日本書紀』雄略 7年 是歲 條.

73 『日本書紀』欽明 14年 6月 條.

74 『日本書紀』欽明 15年 2月 條.

을 일정 기간 교대제로 파견해 개척하는 두 가지 방법을 사용했음을 우리는 알게 되는 것이다.

백제로부터 역점서나 약물을 가지고 와서 사용하기도 하고, 의박사와 채약사를 백제에서 교대로 일본에 파견해 환자를 치료하게 하는 일도 있었으며, 일본에 거주하는 백제의 승려를 일본 농촌에 보내 거기서 약을 구하기도 했다.[75] 이와 같이 다른 분야에서와 마찬가지로 사람의 병을 고치는 일에서도 일본은 전적으로 백제인의 도움에 의지했다. 이미 이전에 일본으로 이주한 한국인을 통해 의약 문제를 해결할 법도 한데 지금 본 것처럼 거의 백제 본국 사람 또는 일본에 건너간 백제인에 의해 이를 해결했던 것이다.

이러한 의약 문제는 천황의 병을 치료하는 데도 같은 경향을 보였다. 즉, 인교 천황은 자기 병을 고치려고 멀리 신라의 의사를 초청해 병을 치료하게 하고 병이 완치된 뒤에는 큰 상을 주고 다시 신라로 돌려보냈으며,[76] 그 후 고토쿠 천황부터는 다음과 같이 백제와 고구려의 의사를 초청해 시의를 시키고 천황의 병을 고치게 했다.

- 孝德 白雉 元年 2月 15日 高麗侍醫毛治
- 天武 朱鳥 元年 4月 8日 侍醫桑原村主訶都
- 天武 朱鳥 元年 5月 9日 侍醫百濟人億仁

75 『日本書紀』 天武 14年 10月 8日 條; 『日本書紀』 天武 14年 11月 24日 條.

76 允恭 3年 春正月 遣使求良醫於新羅 秋 8月 醫至自新羅 則合治天皇病 未經幾時 病已差也 天皇歡之 厚賞醫以歸于國.

위에서 덴무 슈초 원년 4월 8일 당시 시의인 구와하라노 스구리카쓰(桑原村主訶都)를 『신찬성씨록』은 한나라의 고조 7세손인 만덕사주(萬德使主)의 자손이라고 기록하고 있지만,[77] 『일본서기』에 기록된 일본으로의 이주민을 연대순과 국적별로 분석한 결과에 비추어 볼 때[78] 중국의 한고조 7세손의 자손이라는 것은 증거가 없음을 알 수 있다. 우리는 여기서 『일본서기』에 엄연히 백제인이라고 기록된 궁월군(오진 14년 조)을 『신찬성씨록』이 중국 진시황의 자손이라고 허위 기록한 일[79]을 상기하게 된다. 구와하라노 스구리카쓰가 고구려인인지 백제인인지는 알 수 없으나 한국에서 이주해 촌주가 된 사람임에는 틀림없을 것이다.

(7) 회화, 음악, 무용

회화, 음악, 무용도 일본의 원주민 또는 일본에 이주한 한국인이나 그 자손이 시작한 것이 아니라 한반도에 있는 한국인이 일본으로 가서 시작한 것이다.[80] 먼저 회화부터 살펴보자.

『일본서기』 유랴쿠 7년(463)에는 백제로부터 건너가서 그림을 그리

---

77 『新撰姓氏錄』, 左京諸蕃 桑原村主 참조.

78 최재석, 「고대 일본으로 건너간 한민족과 일본 원주민의 수의 추정」, 『동방학지』 63, 1989.

79 최재석, 위의 논문 참조.

80 회화, 음악에 대해서는 1988년 11월에 국사편찬위원회 주최로 '한국 상대 문화의 일본 전파'라는 주제 아래에서 회화는 안휘준, 음악은 송방송에 의해 각각 「삼국시대 회화의 일본 전파」, 「한국 고대 음악의 일본 전파」라는 제목으로 발표된 바 있으므로 여기서는 간단하게 언급하고자 한다. 그러나 필자의 시각은 그들과 다르다는 것만 언급해두고자 한다.

는 화가의 집단인 '에카키(畵部)'[81] 소속의 백제인 인사라아, 도기를 만드는 스에쓰쿠리 소속의 고귀, 마구를 만드는 구라쓰쿠리 소속의 견귀, 고급 직물을 만드는 니시고리지의 정안나금, 그리고 통역 등에 종사하는 사람들을 함께 가와치노쿠니 이시카와(石川)군이나 야마토노쿠니 다카이치군 내의 3개 처에 이주시킨 기록이 있으므로 이미 5세기부터 백제의 화가가 일본에 가서 그림을 그렸음을 알 수 있다. 그로부터 100여 년이 지난 스슌 원년(588)에 화공 백가가 역시 승려, 사공, 노반박사, 와박사와 함께 일본으로 가서 이들이 힘을 합쳐 저 유명한 호코지(아스카지)를 지었던 것이다.[82]

한편 고구려로부터는 스이코 18년(610)에 오경에 능통한 승려 담징이 일본에 건너가서 종이와 먹과 물감을 일본에서는 처음으로 제작했다고 하니(〈사료 3〉) 담징도 그림을 그렸음이 틀림없을 것이다. 이 밖에도 사이메이 5년(659)에는 고구려의 화사(畵師)가 일본에 체류한 기록이 있으니[83] 역시 일본에서 활동했을 것이다.

음악에서도 일본 원주민이나 일본으로 이주한 한국인이 아니라 백제인이 일본으로 건너가서 음악 생활을 했다. 인교 42년(453)에 많은 악인이 일본으로 건너갔다고 기록되어 있으며,[84] 긴메이 15년

---

81 '에카키'는 일본에서 조직된 화가 집단으로 볼 수도 있지만(물론 그 구성원은 전부 한국에서 간 이주민이다) 수인(手人)의 집단인 한수인부, 옷 짓는 집단인 의봉부가 백제로부터 갔다는 기사가 있으므로(유랴큐 7년 이해 주) 처음부터 백제의 화가 집단이 일본으로 이주했다고 보는 것이 더 타당한 견해일 것이다.

82 『日本書紀』 崇峻 元年 是歲 條.

83 齊明 5年 是歲 (……) 高麗畵師子麻呂 設同性賓於私家日 借官羆皮七十枚 而爲賓席.

84 允恭 42年 春正月 新羅王 (……) 貢上調船八十艘 及種種樂人八十.

(554) 2월에는 악인 네 명[시덕 삼근(三斤), 계덕(季德) 기마차(己麻次), 계덕 진노(進奴), 대덕(對德) 진타(進陀)]이 이미 언급한 바와 같이 벼슬아치, 오경박사, 승려, 역박사(易博士), 역박사(曆博士), 의박사, 채약사와 함께 백제의 왕명에 의해 일본으로 파견되어 그곳에서 활동했다.[85] 일본에서의 음악은 이때부터 궤도에 올라섰다고 할 수 있을 것이다. 네 명의 악인을 일본에 파견해 근무하게 했다는 것은 그 전까지의 악인이 그다지 신통치 않았다는 것을 뜻하기 때문이다. 이 네 명의 악인이 일본 음악의 토대를 구축했다고 해도 과언이 아닐 것이다.

덴무 12년(684)에는 고구려, 백제, 신라 삼국의 음악이 궁중에서 연주되었으며,[86] 지토 7년(693)과 8년(694)에는 백제인이 춤노래를 연주하기도 했다.[87]

백제인들은 일본에 가서 그곳의 소년들을 모아 놓고 무용도 가르쳤다. 스이코 20년(612)에는 백제인 미마지가 일본에 건너가 사쿠라이에 거주하면서 그곳 소년들을 모아 놓고서 기악춤을 가르쳤는데, 두 제자가 미마지로부터 그것을 배워서 후대에 전승했던 것이다.[88] 다시 말하면, 백제인 미마지가 일본에서의 기악춤의 시조가 된 것이다. 기악춤을 가르쳤다면 의당 기악도 가르쳤을 것이다. 덴무 슈초 원년(686) 4월에 신라로부터 온 손님을 접대하기 위해 야마토의 아스카노가와(飛鳥川)

85 『日本書紀』 欽明 15年 2月 條.

86 『日本書紀』 天武 12年 正月 18日 條.

87 『日本書紀』 持統 7年 正月, 8年 正月 條.

88 推古 20年 是歲 自百濟國有化來者 (……) 又百濟人味摩之歸化 (……) 則安置櫻井而集少年 令習伎樂儛 於是 眞野首弟子·新漢濟文 二人習之傳其儛 此今大市首辟田首等祖也.

근처에 있는 가와라데라의 기악(춤꾼, 악인, 음악, 의상 등)을 멀리 규슈의 쓰쿠시까지 운반했다는 기록[89]으로 보아 한국에서 온 손님의 접대 등 귀빈 접대 때 활용된 듯하다.

(8) 역법과 오경

연, 월, 일, 시를 계산할 줄 아는 역박사(曆博士)나 음양도를 아는 역박사(易博士), 또는 『역경』, 『서경』, 『시경』, 『춘추』, 『예기』 등 이른바 오경에 통달한 오경박사도 야마토왜는 전적으로 백제에 의존하고 있었다. 물론 연, 월, 일, 시를 계산하는 달력도 일본에는 없었으므로 백제에서 구해서 사용했다.[90]

역박사(曆博士)나 역박사(易博士), 오경박사는 일본으로 이주한 한국인 중에도 없었으므로 일본은 전적으로 백제 왕국으로부터 파견되어 온 전문인에 의해 겨우 연력, 월력, 일력이나 음양도 또는 오경에 관한 지식을 얻을 수 있을 정도였던 것이다. 그 역박사(曆博士)나 역박사(易博士)는 위에서 살펴본 의박사나 채약사처럼 일정 기간 일본에 파견되어 근무하다가 후임자가 파견되면 그와 교대하고 본국인 백제로 귀국하는 것으로 되어 있었다.[91] 다시 말하면, 백제국에 의한 이들의 파견 근무라는 제도가 없었더라면 일본에서는 오경은커녕 연력이나 월력,

---

89 『日本書紀』 天武 朱鳥 元年 4月 13日 條.

90 『日本書紀』 欽明 14年 6月.

91 欽明 8年 百濟遣 (……) 仍貢下部東城子言 代德率汶休麻那; 欽明 15年 2月 百濟遣 (……) 仍貢下部東城子莫古 代前奈率東城子言 五經博士王柳貴 代固德馬丁安僧侶曇徵等九人 代僧侶道深等七人 別奉勅 貢易博士施德王道良·曆博士固德王保孫·醫博士奈率王有㥄陀·採藥師施德潘量豊·固德丁有陀·樂人施德三斤·季德己麻次·季德進奴·對德進陀 皆依請代之.

일력도 전혀 알 수 없는 실정이었던 것이다. 이는 일본 고대국가의 수준 또는 성격을 나타내는 한 측면이라 할 수 있다.

백제의 벼슬아치인 하부(下部)의 동성자언(東城子言)이 긴메이 8년(547) 4월에 이미 일본에 파견된 덕솔(德率) 문휴마나(汶休麻那)와 교대해 근무하다가 긴메이 15년(554) 2월에 새로 파견된 덕솔 동성자막고(東城子莫古)와 교대하고 백제로 귀국했으니[92] 이들은 일본에서 7년간 근무하고 교체되었음을 알 수 있으며, 오경박사는 게이타이 7년(513) 6월에 일본에 파견되었다가 게이타이 10년(516) 9월에 새로 파견된 오경박사와 교대하고 백제로 귀국했으니[93] 3년간의 파견 근무였음을 알 수 있다.

그런데 이 오경박사는 국왕의 자문에 응하는 동시에 야마토왜 경영이라는 역할을 담당하는 직책을 맡았다. 즉, 실질적인 국가 행정의 담당자였다. 이러한 중책을 맡을 만한 사람이 일본 현지에는 없어서 전적으로 백제에 의존하고 있었던 것이 당시 일본 고대국가의 실정이었던 것이다. 지금까지 보아온 바와 같이 당시 일본의 고대국가는 벼슬아치뿐만 아니라 거의 모든 분야의 전문인, 다시 말하면 승려, 역박사(易博士), 역박사(曆博士), 의박사, 채약사, 악인 등이 없었으므로 백제가 이들을 일정 기간 파견해 야마토왜를 경영했던 것이다. 우리는 여기서 일본 고대국가(기나이 야마토)를 구성한 백성이 일본 원주민이 아니라 거의 전부 백제에서 이주해 간 사람들이고,[94] 국가 경영에 필요한

---

92 위의 주 참조.

93 繼體 7年 6月 百濟 (……) 貢五經博士段楊爾; 繼體 10年 9月 百濟 (……) 別貢五經博士 漢高安茂 請代博士段楊爾 依請代之.

94 천황의 원적과 한국으로부터의 이주민의 수 및 일본 원주민의 수에 대해서는 각각

〈표 6〉 백제의 일본 현지 경영에 대한 왜곡 해석(스에마쓰 야스카즈 외)

해설자	왜곡 해석	이유
스에마쓰 야스카즈	백제의 문화 지도자 수입	임나에서의 일본 권익과 교환
사카모토 다로 외 3인	오경박사의 공상(貢上)	백제의 영토 확장의 대가
히라노 구니오	백제 관인이 중국인 공상	구원군 파견의 대가

전문 고급 인력은 현지인 일본에서는 구할 수 없고, 거의 전부를 본국 백제로부터의 파견에 의지해야 했음을 알 수 있다. 병을 고치는 의박사나 약박사는 없어도 무방하다고 하더라도, 과거와 현재의 연력이나 월력을 아는 박사나 백성을 다스리는 데 필수적인 벼슬아치나 오경박사도 없었던 것이 6세기 일본 고대국가의 현실이었던 것이다. 그런데도 일본 학계는 이 엄연한 사실을 은폐하려고 백제에 의한 일본 경영 사실을 〈표 6〉과 같이 왜곡 해석하고 있다.[95] 우리는 이를 통해 일본 학계가 여러 가지 황당무계한 주장을 내세우고 있음을 알 수 있다.[96]

(9) 절과 불교

이제 일본에서의 절 또는 불교가 누구에 의해 어떻게 시작되고 경영되었는가를 알아보고자 한다. 여기서는 첫째, 일본 원주민이 한반도의 한국에서 불교를 수입해 갔는가, 둘째, 한반도의 한국이 일본 원주민에게 불교를 전해 주었는가, 셋째, 일본으로 이주해 간 한국인이나 그 자

최재석, 「일본 고대 천황 원적고」, 『한국학보』 51, 1988; 최재석, 「고대 일본으로 건너간 한민족과 일본 원주민의 수의 추정」, 『동방학지』 63, 1989 참조.

95 末松保和, 『任那興亡史』, 1956, p. 270; 『日本書紀』 下, 岩波書店, p. 28.

96 히라노 구니오의 주장에 대해서는 졸저 『일본 고대사 연구 비판』에서 상세히 논한다.

손이 한국으로부터 일본에 불교를 전수했는가, 넷째, 한반도의 한국(백제)이 한국에서 일본으로 건너간 이주민을 위해 불교를 전해 주었는가에 초점을 맞추어 알아보고자 한다. 결론부터 먼저 말하면 지금까지 살펴본 일본 사회에서의 다른 개척의 경우처럼 절 또는 불교에서도 넷째 유형의 개척이 대종을 이루었다. 그러면 일본에서의 불교의 시작과 관리에 대해서 알아보자.

① 백제는 종교적인 배경이 전혀 없는 일본에 불교를 보급하는 데 필요한 것은 사람이든 불상이든 간에 일체의 것을 보냈다. 즉, 백제는 ⓐ 고승을 위시한 일반 승려와 비구니 등의 승려, ⓑ 특별한 역할을 하는 율사, 영조율사, 선사, 주금사 등의 승려, ⓒ 절을 지을 수 있는 조사공, ⓓ 기와를 만드는 와박사, ⓔ 조불(造佛)과 불교공예를 하는 조불공, 노반박사, 화공, ⓕ 예불(禮佛)에 불가결한 불경, 불상, 불사리, 그리고 ⓖ 불교 의식을 행하는 데 필요한 도구인 번개(幡蓋), 금탑, 대관정번(大觀頂幡), 소번(小幡) 등 일체를 보내주었다. 이러한 사정은 〈표 7〉에 잘 나타나 있다.

② 이와 같은 일본에서의 사찰 건립과 불교 보급을 위한 백제의 노력은 6세기 중엽부터 필자가 연구 대상으로 한 700년까지 지속되었다.

③ 이미 언급한 바와 같이[97] 당시의 대표적인 국가적 대찰인 백제대사는 백제로부터 이주한 후미노아타이 아가타가 최고기술자가 되어 지었고, 호코지(아스카데라)는 스슌 원년(588)에 백제 왕국에서 대규모로 파견된 사공, 노반박사, 와박사, 화공에 의해 건축되었으며,[98] 다음

---

97 앞의 '건축, 토목과 해상수송' 참조.
98 『日本書紀』 崇峻 元年 是歲 條.

〈표 7〉 연도별로 본 한국 불교의 일본 상륙(『일본서기』)

연대 \ 일본에 상륙한 한국 불교 관련 사물의 종류	승려	비구니	율사	선사	주금사	조사공	와박사	조불공	노반 박사	화공	불경	불사리	불상	번개	금탑	대관 정번	소번
긴메이 13년(552) 10월											○경론		○석가불 금동상	○			
비다쓰 6년(577) 11월		○	○	○	○	○		○	○		○						
비다쓰 8년(579) 10월													○신라				
비다쓰 13년(584) 9월													○미륵 석상				
스슌 원년(588)	영위(令威) 등 5명		○영조 율사			○사공	○		○	○		○					
스이코 3년(595)	혜총																
스이코 3년(595) 5월	혜자 (고구려)																

스이코 10년(602) 10월	관륵, 승륭, 운총 (고구려)																
스이코 10년(602) 윤 10월																	
스이코 18년(610) 3월	담징, 법정 (고구려)																
스이코 24년(616) 7월													○신라				
스이코 31년(623) 7월													○신라, ○임나		○	○	○
스이코 33년(625) 정월	혜관 (고구려)																
덴무 13년(685) 5월	승려	여승															
지토 칭제전기(686)	승려	여승															
지토 원년(687) 4월	승려	여승											○신라				
지토 2년(688) 2월													○신라				
지토 3년(689) 4월													○신라				
지토 4년(690) 2월	사문(沙門)												○신라				

*비고: 국명 표시가 없는 것은 백제임.

의 사료에 나타나 있는 바와 같이 595년(스이코 3)에 고구려와 백제에서 온 두 고승(혜자, 혜총)이 이 호코지에 입주해 일본의 왕자를 가르치고 나아가 일본 불교의 기둥이 되었던 것이다.

- 스이코 3년(595) 5월, 고구려의 승려 혜자가 일본에 왔으며, 왕자가 그를 스승으로 하였다. 이해 백제의 승려 혜총이 왔다. 이 두 승려는 불교를 넓히고 함께 삼보(三寶: 불교)의 기둥이 되었다.
- 스이코 4년(596) 11월, 이날 혜자, 혜총 두 승려가 처음으로 호코지에 들어왔다.

④ 백제에서 가져온 불상, 불사리, 불경 등이 일본으로 건너온 백제인이 지은 절에 안치되었고, 백제에서 온 승려가 불교의식을 행했다. 일본 원주민은 거의 없고 거의 백제인만이 집단적으로 거주하는 야마토 지방에[99] 그 후 다시 백제인이 들어와서 지은 절에 백제에서 가져온 불사리를 안치해 놓고 백제에서 온 승려가 백제의 옷을 입은 채 예불과 불교의식을 행한다면 이것은 일본의 불교가 아니라 백제의 불교로 보아야 할 것이다. 이것은 각각 그 원주민이 사는 호주나 북미 대륙에 영국인이 건너가서 교회를 짓는 것과 동일한 의미를 갖는다. 양자 간에 차이가 있다면 호주와 미국은 이주민과 교회가 같이 건너간 데 비해 일본의 경우는 미리 수많은 백제인이 가 있는 땅(야마토)에 나중에 백제인이 가서 절을 세웠다는 점이다. 오진 14~16년(403~405)에

99 최재석, 「고대 일본으로 건너간 한민족과 일본 원주민의 수의 추정」, 『동방학지』 63, 1989.

백제의 백성이 일본에 대규모로 집단 이주[100]했는데, 이때는 중국에서 백제에 들어온 불교가 아직 백제의 일반 백성에게까지는 보급되지 않은 시기였기 때문에[101] 그 시기의 이주민은 불교를 가지고 가지 못했던 것이다.

⑤ 백제는 한반도에 있으면서 야마토왜의 불교를 경영, 관리하고 있었다. 즉, 백제는 야마토왜를 경영하는 다른 전문인인 벼슬아치, 오경박사, 역박사(易博士), 역박사(曆博士) 등과 함께 각각 일곱 명 또는 아홉 명의 승려를 7년 동안 야마토왜에 파견해 일본의 불교를 지도·관리하게 하고 귀국시키는 제도를 두고 있었다. 『일본서기』에는 긴메이 15년(554)에 파견한 것이 마지막으로 되어 있으나,[102] 파견 관리제도는 백제 패망 때까지 존속된 것으로 생각된다.

⑥ 이렇게 해서 스이코 32년(624)에는 일본(기나이 야마토)에 사찰이 46개로 늘어났고, 승려 816명, 비구니 569명, 합계 1,385명으로 늘어났던 것이다.[103] 물론 이들은 모두 백제인이었다.

(10) 기타

앞에서 이미 일본 사회에서의 '개척'이란 한국에서 어떤 기술인이나 지식인이 언제 일본에 이주·파견되었는가에 귀착된다고 말한 바 있다.

---

100 위의 논문 참조.

101 백제에 불교가 들어온 해는 384년이고 처음으로 절이 지어진 해는 침류왕(枕流王) 2년(385)이다. 또 백제에서 일본으로 불법이 전해진 대략의 시기에 대해서는 『일본서기』 스이코 32년 4월 조에도 언급되어 있다.

102 『日本書紀』 欽明 15年 2月 條.

103 『日本書紀』 推古 32年 9月 3日 條.

여기서는 앞에서 언급하지 못한 몇 가지 분야에 대해 언급하고자 한다.

① 생선 조리인 또는 식육 조리인은 유랴쿠 7년(463)에 집단으로 이주했고,[104] 양봉(養蜂)은 고쿄쿠 2년(643)에 역시 백제인[태자 여풍(餘豊)]에 의해 처음으로 행해졌다.[105]

② 기우제는 덴무 12년(684)에 백제 승려에 의해 행해졌으며,[106] 자석을 이용해 항상 남쪽을 가리키는 수레인 지남거(指南車)는 덴지 5년(666)에 백제의 승려에 의해 만들어졌다.[107]

③ 일본에 이주한 한국인이라 하더라도 오진 37년(426)에는 오(吳)나라의 지리를 모르고 있었으며, 그것에 관한 지식은 직접 고구려인에게 물어야 했다.[108]

4. 맺는말

우리는 앞에서 일본 고대 천황은 백제인이며, 한국에서 건너간 한국 이주민 수에 비하면 일본 원주민의 수는 문제가 되지 않을 정도로 소수임을 알게 되었으며, 이 장에서는 이러한 바탕 위에서 일본 원주민의 문화 수준과 고대 일본 개척자의 원적 및 그 개척 연대를 알아보았다.

---

104 『日本書紀』 雄略 7年 是歲 註.

105 『日本書紀』 皇極 2年 是歲 條.

106 天武 12年 7月 是月始至八月 旱之 百濟僧侶道藏 雩之得雨; 持統 2年 7月 大雩旱也 丙子 命百濟沙門道藏請雨 不崇朝 遍雨天下.

107 天智 5年 是冬 (……) 倭漢沙門智由 獻指南車; 齊明 4年 是歲 (……) 沙門智踰造指南車.

108 『日本書紀』 應神 3年 春 2月 條.

그 결과, 일본 원주민은 호주나 미국의 원주민과 거의 같은 수준의 문화밖에 가지지 못했으며, 5세기 초 고도의 선진 문화를 가진 대규모의 백제인이 야마토에 집단적으로 이주하기 시작하면서부터 일본의 개척이 시작되었음을 알게 되었다.

일본 개척은 이들과 그 자손에 의해서만 행해진 것이 아니라, 오히려 이들보다도 그 후의 백제, 신라, 고구려의 삼국, 특히 백제 조정과 백제로부터의 연이은 개척민에 의해 행해진 것이 많았다. 개인 단위의 고급 전문 기술자의 이주도 이루어졌지만 같은 기술자 집단이나 조직이 모조리 일본에 이주해 개척하는 경우도 있었으며, 6세기부터는 백제 조정의 지시에 의해 3년 또는 7년간 일본에 파견되어 그곳을 관리하다가 후임자에게 그 임무를 인계하고 백제로 귀국하는 식의 개척도 이루어졌다.

일본에 이주한 한국인이나 그 자손에 의해 개척된 것보다는 5세기에서 6세기를 거쳐 7세기에 이르기까지 계속해서 한국, 특히 백제에 의해 파견된 백제 국적의 사람에 의해 고대 일본이 개척된 경우가 더 많았다는 것은[이것은 벼슬아치, 오경박사, 승려, 역박사(易博士), 역박사(曆博士), 의박사, 채약사, 악인 등이 일정 기간 일본에 파견 근무하는 제도에 전형적으로 나타나 있지만] 바로 고대 일본(야마토왜)은 야마토왜 자체가 개척한 것이 아니라 본국인 백제가 개척했다는 것을 나타내는 것이다. 이것은 뒤의 일본 고대국가 관련 서술(5부 1장)에 의해 더욱 뚜렷해질 것이다.

한국인에 의한 일본 개척은 종교, 기술, 정치 등 모든 분야에서의 개척이었지 몇몇 분야에 한정된 개척이 아니었다. 이것은 일본 원주민의 수와 문화 수준의 관점에서 보더라도 당연한 것이다. 그러나 종래 일본 학계나 교과서 등은 일본 원주민에 대해서는 침묵을 지킨 채 이주민(그들은 이주민이라 하지 않고 '귀화인', '도래인'이라 한다)은 소수에 지나지 않고 피지배계급이 되었으며 그들이 종사한 분야는 몇몇 분야에 한정된다고 기술해왔다.[109] 이것은 전적으로 역사를 왜곡한 것이다.

다시 말하면, 고대 일본의 개척은 주로 백제에서 집단 이주한 이주민에 의해 시작되었으며, 그 후 백제 조정의 한결같은 의지와 지시에 의해 그 개척이 인간 생활의 모든 분야에 걸쳐 지속적으로 이루어졌던 것이다.

여기서 유의해야 할 것이 야마토왜에서의 고구려인, 신라인의 출신 배경이다. 이들이 모두 한반도의 고구려, 신라에서 온 것이 아니라 일본열도 내에 있는 '고려', '신라'의 지명이 붙은 소왕국 출신일 수도 있다는 점이다. 따라서 야마토왜를 포함해 왕국끼리의 교류도 이루어졌지만 서로 간에 싸움을 벌이기도 했던 것으로 생각된다.

---

109 이를테면 어떤 이는 이주민이 기록 문서 작성과 재정에만 종사했다고 기술하고, 또 어떤 이는 이주민이 견직물을 바치는 일반 농민과 비단, 무구, 혁구를 제작하는 수공업자가 되었다고 주장하고, 또 어떤 이는 불교, 기술에만 종사했다고 기술하고 있다. 거의 모든 논문이나 저서가 그러한 주장을 하기 때문에 주장자의 이름과 문헌을 생략하기로 했다.

3부

일본 고대 천황과 지배층의 원적

1장
일본 고대 천황의 원적

1. 머리말

1945년까지만 하더라도 일본 천황은 하늘에서 내려온 이른바 '천손'이기 때문에 이에 대해서는 의문을 품는 것조차도 절대 금기시되었다. 그러나 이 금기는 일본의 패전과 더불어 어느 정도 완화, 약화되었다. 그래서 일본 고대국가의 형성 시기에 관한 견해가 발표되는 것과 때를 같이해 일본 천황의 출신 배경에 대해서도 어느 정도 논의할 수 있게 되었다. 그러나 천황은 천손이라는 견해에 대한 금기는 걷혔다 하더라도 아직까지 천황의 출신 배경에 대해서는 언급하지 않는 것이 일반적인 경향인 듯하다. 천황이 천손이라는 견해를 제외하면 종전 후에 나타난 견해는 다양하지만 크게 다음의 세 가지 견해로 대별할 수 있다. 첫째, 천황은 대륙, 아시아 대륙에서 왔다. 둘째, 천황은 유라시아의 기마민족에서 유래한다. 셋째, 부여족, 즉 만주 지방의 부여족이 남하해서 백제를 세우고 곧 일본으로 건너와 천황이 되었다. 그러나 이러한 세 가지의 주장은 뒤에서 자세히 다루겠지만 결국 대동소이한 견해이다.

일본 천황의 출신 배경을 따지는 올바른 시각은 일본 천황이 일본 원주민 사이에서 나왔는가 아니면 일본 이외의 나라에서 들어온 사람인가를 분간하고, 천황이 일본 이외의 나라에서 들어왔다면 막연하게 대륙, 유라시아 등이라고 할 것이 아니라 그 광대한 지역 가운데 구체적으로 어느 나라 사람인가를 따지는 방식이어야 할 것이다. 또 부여족이라는 주장의 사실 여부도 따져보아야 할 것이다.

일본 천황이 어느 나라 사람인가에 대해서는 여러 가지 시각이나 자료에 의해서도 살펴볼 수 있겠지만, 여기서는 주로 『일본서기』, 『고사기』, 『신찬성씨록』을 통해 일본 고대 천황이 일본 원주민인지 백제인인지, 그 밖의 나라 사람인지를 알아보고자 한다. 특히 여기서 지적하고 싶은 것은 우리의 주 자료가 된 『일본서기』가 역사적 기록이 아니라 역사소설이라는 점이다. 다시 말하면, 『일본서기』는 고대 한국, 특히 신라를 적대하거나 증오한 문학 작품이다. 『일본서기』는 하늘에서 내려온 천황과 그 자손의 러브스토리와 가요와 동요를 담고 있고, 18대에 걸친 천황 중 100세를 넘어 168세까지 존명(存命)한 천황이 열두 명이나 되도록 그런 픽션물이다.[1] 그러나 이 『일본서기』가 소설, 문학 작품이라 하더라도 잘 살펴보면 픽션뿐만 아니라 역사적 사실도 꽤 기록되어 있음을 알 수 있다. 우리는 바로 이 투영된 역사적 사실에서 일본 고대 천황의 본적, 원적을 알아보고자 하는 것이다.

1 『일본서기』가 문학 작품이라는 점은 이미 적지 않은 사람이 지적했다.

2. 『고사기』와 『일본서기』의 귀신시대 설화에서 본 천황의 원적

『고사기』와 『일본서기』는 역사를 사람이 다스리는 시대와 천지창조부터 시작되는 귀신이 다스리는 시대로 구분하고, 귀신이 다스리는 시대를 사람이 다스리는 시대의 앞에 두고 있는 것이 특징적이다. 그러면 이제 이 귀신시대의 설화들을 분석함으로써 고대 일본 천황의 원적을 알아보자.

『고사기』에 의하면 귀신시대에 한 쌍의 부부 귀신이 일본 국토에 해당하는 이른바 오호야시마노쿠니(大八洲國)인 여덟 개의 지역을 낳았는데, 그 내용을 보면 다음과 같다.

① 아하지노호노사와케노시마[淡道之穂之狭別嶋: 아와지시마(淡路島)]
② 이요노 후타나노시마[伊豫之二名嶋: 시코쿠(四國)]
③ 오키노미쓰고노시마[隱伎之三子之嶋: 오키시마(隱岐島)]
④ 쓰쿠시노시마(筑紫嶋: 규슈)
⑤ 이키노시마(伊岐嶋, 壹岐島)
⑥ 쓰시마(津嶋: 對馬島)
⑦ 사도노시마(佐度嶋, 佐渡島)
⑧오호야마토 도요아키쓰시마[大倭豊秋津嶋: 기나이 또는 쓰쿠시노 미치노시리노쿠니(筑紫後國)][2]

귀신시대에 한 쌍의 부부 귀신이 여덟 개의 지역을 낳았다는 『고사

2 괄호 안은 현재의 지명이다.

기』의 설화는 『일본서기』에도 동일하게 나타나 있다. 『일본서기』에는 다음의 여섯 가지 설이 나타나 있지만 대동소이하다. 그러나 쓰시마와 이키노시마를 일본 국토의 여덟 개 지역에 삽입하는 설이 있는 것이 주목된다. 그 지역의 내용을 적어보면 다음과 같다.

A. ① 아하지노시마(淡路洲), ② 오호야마토 도요아키쓰시마(大日本豊秋津洲), ③ 이요노 후타나노시마(伊豫二名洲), ④ 쓰쿠시노시마(筑柴洲), ⑤ 오키노시마(億岐洲), 사도노시마(佐度洲), ⑥ 고시노시마(越洲), ⑦ 오호시마(大洲), ⑧ 기비노코지마(吉備子洲), ⑨ 쓰시마, ⑩ 이키노시마(곳곳의 작은 섬)

B. (어떤 책 1) ① 오호야마토 도요아키쓰시마, ② 아하지노시마, ③ 이요노 후타나노시마, ④ 쓰쿠시노시마, ⑤ 오키노미쓰코노시마(億岐三子洲), ⑥ 사도노시마, ⑦ 고시노시마, ⑧ 기비노코지마

C. (어떤 책 6) ① 아하지노시마[아하시마(淡洲)], ② 오호야마토 도요아키쓰시마, ③ 이요노시마(伊豫州), ④ 쓰쿠시노시마, ⑤ 오키노시마, 사도노시마, ⑥ 고시노시마, ⑦ 오호시마, ⑧ 고시마(子洲)

D. (어떤 책 7) ① 아하지노시마, ② 오호야마토 도요아키쓰시마, ③ 이요노 후타나노시마, ④ 오키노시마, ⑤ 사도노시마, ⑥ 쓰쿠시노시마, ⑦ 이키노시마(壹岐洲), ⑧ 쓰시마(對馬洲)

E. (어떤 책 8) ① 오노코로지마(磤馭慮嶋), ② 아하지노시마, ③ 오호야마토 도요아키쓰시마, ④ 이요노 후타나노시마, ⑤ 쓰쿠시노시마, ⑥ 기비코노시마, ⑦ 오키노시마, 사도노시마, ⑧ 고시노시마

F. (어떤 책 9) ① 아하지노시마, ② 오호야마토 도요아키쓰시마, ③ 아하시마, ④ 이요노 후타나노시마, ⑤ 오키노미쓰고노시마, ⑥ 사도노시마,

⑦ 쓰쿠시노시마, ⑧ 기비노코지마, ⑨ 오호시마

(이상『일본서기』 신대 상)

이와 같이 한 쌍의 부부 귀신이 낳았다는 여덟 개의 지역에 대해 일본의 대표적인 고대사학자들은 "신화 성립 당시의 야마토 조정이 통치한 영토의 범위를 나타내는 것이다"라고 주장하고 있지만[3] 전적으로 허위이다.『일본서기』 편찬 당시의 일본의 강역은 기껏해야 기나이 정도였다.

위의 지역(섬)들의 위치와 범위를 살펴보면 한국과 일본 사이에 있는 여러 섬과 규슈, 그리고 기나이를 포함하는 일본 혼슈(本州)의 서부 지역에 해당된다. 그런데 이 지역은 고대 한국에서 건너간 개척 이주민이 주로 거주한 지역과 일치하며, 고대 한국인을 매장한 고분과 그 유적, 유물이 집중적으로 나타나는 지역과도 거의 일치한다. 이 지역은 또한 한국에서 일본 긴키 지방으로 가려면 거쳐야 할 지점들이기도 하다.

귀신시대에 한 쌍의 부부 귀신이 낳았다는 지역은 고대 한국인이 거주한 지역과 일치하며,『고사기』와『일본서기』의「진무기(神武紀)」에 보이는 이른바 '진무 동정(東征)'의 출발지와 경유지, 목적지도 일본으로 건너간 고대 한국인이 처음으로 정착하고 거주한 지역에서 야마토왜를 건설하기 위해 다시 거주 지역을 옮긴 경로 및 목적지와 일치한다. 규슈에 정착한 고대 한국인들은 그 후 배로 이동하기 편리하고 국토의 중앙에 더 가까이 위치한 기나이(야마토 지방)로 옮겨 가서 일본

---

3 坂本太郎 外 3人 校注,『日本書紀』上, 東京: 岩波書店, 1967, p. 553.

고대국가를 건설하게 되는데, 바로 이런 역사적 사실을 『일본서기』는 신화화한 것이다. 『고사기』나 『일본서기』의 편찬자들은 고대 한국인이 대규모로 바다를 건너가 살던 지역을 역사시대 이전의 귀신시대로 설정하고 그 귀신시대에 한 쌍의 부부 귀신이 여덟 개 지역을 낳았다고 투사했는데, 일본으로 건너간 고대 한국인의 지배 집단이 거주지를 옮겨서 고대국가를 건설한 것을 '진무 동정'으로 투사하기도 했던 것이다.

이른바 천손이 강림한 지역은 『고사기』「천손강림」에는 '구시후루(久士布流)', 『일본서기』에는 '구시후루(槵觸)'로 되어 있다. 이 구시후루의 '후루'는 내려온다는 뜻의 일본어이고, '구시'는 『삼국유사』「가락국기(駕洛國記)」의 김수로왕이 강림한 지역인 구지(龜旨)와 동일한 지명이다. 『일본서기』의 천신강림 신화의 내용이 『삼국유사』의 수로왕 강림 신화와 거의 꼭 같으니[4] 위의 두 지명의 일치는 우연이 아니라 일본의 천손강림 신화의 내용이나 강림지가 한국과 관련되어 있음을 나타내고 있는 것이다.

좀 더 구체적으로 말하면 『일본서기』와 『고사기』는 천손의 강림지를 다음과 같이 기술하고 있다.

ⓐ 히무카소노 다카치호(日向襲之高千穗峯)(『일본서기』「신대 하」 제9단 본문)

ⓑ 쓰쿠시히무카노 다카치호 구시후루노타케(筑紫日向高千穗槵觸之峯)(『일본서기』「신대 하」 '어떤 책 1')

ⓒ 히무카노구시히 다카치호(日向槵日高千穗之峯)(『일본서기』「신대 하」

4 최재석, 『한국 고대사회사 방법론』, 일지사, 1987, p. 218.

'어떤 책 2')

ⓓ 히무카소노 다카치구시히(日向襲之高千穗槵日)의 두 봉우리의 아마노 우키하시(天浮橋)(『일본서기』「신대 하」'어떤 책 4')

ⓔ 히무카소노 다카치호노 소호리노야마노타케(日向襲之高千穗添山峯)(『일본서기』「신대 하」'어떤 책 6')

ⓕ 히무카노 다카치호노 구시후루타키(日向之高千穗之久士布流多氣)(『고사기』)

우리는 위에서 일본의 이른바 '천손'은 일본열도 중에서도 한국을 향하고 있으며, 고대에는 한국에서 일본으로 가려면 거의 반드시 경유해야 하는 쓰쿠시 지방의 한 산[5]에 내려왔음을 알 수 있다. 『일본서기』는 쓰쿠시에는 쓰쿠시관(筑紫館)[6]이 있어서 한국에서 일본으로 오는 손님은 거의 전부 여기서 유숙했다고 기록하고 있다.[7]

이보다도 더욱 직접적으로 천황의 원적을 알려주는 것은 '천손'이며, 일본 천황의 직계조상 귀신인 니니기노미코토(瓊瓊杵尊, 邇邇藝命)가 하늘에서 땅으로 강림했을 때 그곳이 한국을 바라보고 있으니 정말 좋

5 천손이 하늘에서 내려온 산에 대해서는 여러 가지 설이 있는데, 크게 두 가지로 대별된다. 하나는 구시후루(槵觸, 久士布流) 구시히(槵日)이고, 다른 하나는 소보리(添)이다. 전자는 본문에서 언급한 바와 같이 구지(龜旨)에서 연유하고, 소보리는 서벌(徐伐)에서 연유한다. 그러나 쓰쿠시의 히무카의 소(襲)의 다카치호(高千槵峯)까지는 동일하다.

6 쓰쿠시관, 나니와관(難波館)에 대해서는 5부 1장 참조.

7 그러나 이러한 사실 자체를 의식하지 못하도록 거의 모든 일본 고대사학자들은 쓰쿠시는 한국을 공략하는 일본의 요충지였다고 왜곡해 주장한다. 한 예로 구로이타 가쓰미(黑板勝美)의 주장은 최재석, 「구로이타 가쓰미의 일본 고대사론 비판」, 『정신문화연구』 38, 1990 참조.

은 곳이라고 말하고 그곳에서 살았다고 하는 『고사기』의 기록이다. 이런 사정에 대한 『고사기』의 기록은 다음과 같다.

> 於是 詔之 此地者 向韓國 眞來通笠之御前而 朝日之直刺國 夕日之日照國也 故此地甚吉地, 詔而 於底津石根宮柱布斗斯理 於高天原水椽多迦斯理而坐也(『古事記』 天孫降臨, 강조는 필자)

이를 우리말로 옮기면 다음과 같다.

> 이때 니니기노 미코토가 말하기를 "이곳은 한국을 바라보고 있고 가사사곶(笠沙岬)과도 통하고 있어 아침에 해가 바로 비치고 저녁 해가 비치는 나라이므로 정말 좋은 곳이다" 하며 그곳의 땅 밑 반석에 두터운 기둥을 세운 훌륭한 궁궐을 짓고 하늘을 향해 치기(千木)를 높이 올리고 그곳에서 살았다.

그런데 이 '向韓國'을 해석하면서 이것을 아예 제거해버리거나[8] 이 한국을 '해외'라고 해석하는 학자[9]가 있어왔는데, 그것은 명백히 기록을 은폐하거나 왜곡한 해석이다.[10] 일본인 학자가 『일본서기』나 『고사기』를 일부러 왜곡해 읽는 수많은 예의 하나가 되는 것이다. 이 '向韓國'을 올바로만 해석한다면 다카마노하라(高天原)가 한국이고 일본 고

---

8 예를 들면 蓮田善明, 『現代語譯古史記』, 吉鳥書房, 1979.

9 武田裕吉, 『古事記』, 角川書店, 1956.

10 이런 식의 『일본서기』 해석은 수없이 많지만, 여기서는 관련 부분에 대해서만 언급하고자 한다.

대 천황의 원적이 한국임은 명명백백한 사실이 되는 것이다.

규슈는 일본열도 중에서 한국과 제일 가까울 뿐 아니라(한국과 쓰시마는 서로 바라볼 수 있을 정도이다) 조선족이 일본열도 중에서 제일 먼저 건너가 개척한 곳이다. 천손이 하늘에서 쓰쿠시와 규슈로 내려왔다는 것은 한국에서 건너간 조선족이 거주하고 있었다는 것을 뜻하고, 이는 규슈 중에서도 조선족이 거주한 곳에 천손이 강림했다는 것을 의미한다. 이렇게 강림한 곳이 본래 조선족이 살았던 나라, 즉 한국을 향하고 있었기 때문에 매우 길한 곳이라고 탄성을 지른 것이다. 다시 말하면, 조선족이 제일 먼저 건너간 지역이자 그들이 집단적으로 거주한 장소에 천손이 강림하고 그곳이 그들이 떠나온 한국을 향하고 있어 매우 좋다고 하는 것은 바로 천황의 조상의 원적이 한국임을 뜻하는 것이다.

이상에서 살펴본 바와 같이 역사시대 이전인 귀신시대에 한 쌍의 부부 귀신이 낳았다는 여덟 개 지역의 위치와 범위, 그리고 이른바 '진무동정'의 출발지와 경유지와 목적지의 위치, 나아가 천손이 다카마노하라에서 내려온 지역의 방향, 위치, 지명 등의 여러 점을 종합해볼 때 천황이 한국에서 건너간 것은 움직일 수 없는 사실임을 알 수 있다.

초대 천황인 진무 천황의 직계조상인 니니기노미코토가 한국에서 규슈로 건너갔다고 한다면 그 천황의 방계조상이자 귀신 아마테라스오미카미(天照大神)의 동생인 스사노오노미코토(素戔嗚尊)는 한국에서 동해 연안인 이즈모노쿠니(出雲國)에 강림했다고 말할 수 있다. 즉, 하늘에서 이즈모노쿠니에 강림한 스사노오노미코토가 **한국**[한향(韓鄕)]에는 금은이 있다고 말한 일이 있고,[11] 또한 그가 하늘에서 내려온 바로

11 『日本書紀』神代 上, 第8段.

그 이즈모노쿠니의 오우라(大浦, 辛浦)에 세워진 한신신라신사(韓神新羅神社, 가라카미시라기 신사)의 주신(主神)으로[12] 그 지역 주민의 신앙의 대상이 되었다는 사실에서는 고대 신라인이 이즈모(出雲) 지방으로도 대거 이주해 갔다는 것을 알 수 있다. 다시 말하면, 하늘에서 이즈모 지방에 강림한 스사노오노미코토가 한국(신라)의 사정에 통달해 있으며, 또 그 지방의 주민(신라에서 건너간 사람)이 세운 한신신라신사의 주신이 스사노오노미코토라고 하는 것은 그가 이즈모에 강림하기 이전에 거주했던 하늘, 즉 일본의 이즈모에 가기 이전에 살았던 나라는 바로 신라라는 것을 뜻하는 것이다. 규슈 지방과 이즈모 지방에서 대량으로 출토되는 고대 한국인의 고분과 유물, 두 지방에 지금도 각각 구시후루의 이름을 가진 산이나 한신신라신사라는 이름의 신사가 존재하고 있다는 것은 바로 천황의 조상이 한국에서 일본으로 건너간 것을 반영한 것이다. 요컨대 진무 천황의 직계조상과 방계조상이 모두 한국에서 건너갔다는 사실은 일본 고대 천황의 원적이 한국임을 말해주는 것이다.

3.「덴지기」에서 본 백제와 일본 조정의 관계

위에서 우리는 『일본서기』의 「신대」와 『고사기』의 「천손강림」에서 일본 고대 천황은 한국에서 건너갔다는 것을 알게 되었는데, 여기서는 『일본서기』「덴지기」에서 당시의 백제와 일본 조정의 관계를 알아보고

12 段熙麟, 『渡來人の遺跡を步く』 I(山陰·北陸篇), 1986, pp. 113~114.

자 한다.

『일본서기』 덴지 천황 2년 9월 조에는 다음과 같은 기록이 있다.

> 九月辛亥朔丁巳 百濟州柔城 始降於唐 是時 國人相謂之曰 州柔降矣 事无奈何 百濟之名 絕于今日 丘墓之所 豈能復往…….

위의 글은 나당연합군에 의해 백제의 마지막 보루인 주류성(周留城)이 함락되었을 때 국인, 즉 여러 신하, 중신[13]이 한탄해 마지않았다는 내용의 기록인데, 이를 우리말로 옮기면 다음과 같다.

> 9월 7일에 백제의 주류성이 처음으로 당(唐)에 항복했다. 이때 국인들이 서로 말하기를 "주류성이 떨어졌다. 이 일을 어쩌면 좋단 말인가? 백제의 이름이 오늘로 끊겼으니 조상의 묘소에 어찌 다시 갈 수 있겠는가."

여기서 우리는 국인이라는 표현에 주목한다. 일단 이 국인이 백제에 있는 백제 중신, 일본에 있는 백제 중신, 일본 조정의 중신, 세 가지 가능성이 모두 있다고 가정해보자.

그러나 다음과 같은 전후 관계를 볼 때 이 국인은 백제에 있는 사람일 수 없다는 것이 명백하다. 즉, 일본 역사를 기술한 『일본서기』에 백제에 있는 백제인의 비탄을 묘사할 필요가 있겠는가 하는 의문점과, 백제가 망했으니 조상의 묘소에 어떻게 다시 갈 수 있겠느냐고 절규한 점 등을 보면 적어도 첫 번째 가능성은 배제된다.

---

13 국인에 대해서는 최재석, 『한국 가족제도사 연구』, 일지사, 1983, pp. 139~140 참조.

그런데 국인을 일본 내의 백제 중신이라 가정하더라도 그 표현에서 덴지 천황의 중신과 구별하지 않았다는 점이 중요하다. 즉, 위의 『일본서기』의 글은 백제 국인의 비탄인지 덴지 천황의 중신의 비탄인지 분간하기 어렵게 한다. 여기서 우리는 백제의 국인과 일본 조정의 중신이 동일시되고 있다는 점을 알 수 있다.

세 번째 경우라면 일본 조정의 중신의 조상 묘소가 있는 나라가 백제가 되는데, 따라서 일본 조정의 중신은 명백히 백제인이 된다.

이상의 두 번째 혹은 세 번째 가능성 중 어느 것을 택하더라도 우리는 『일본서기』를 편찬한 지배 집단이 백제인이라는 것을 알게 되는 것이다. 또 덴지 천황의 중신이 백제인이라는 것은 천황도 백제인이라는 것을 시사한다고 보아야 할 것이다. 뒤에서 상세히 언급하겠지만, 조메이 천황이 백제인이고 덴지 천황이 조메이 천황의 태자[14]라면 당연히 덴지 천황도 백제인인 것이다. 이렇게 되면 덴지 천황도 그의 중신도 백제인이며, 그렇기 때문에 백제 주류성 함락 때의 『일본서기』의 기록을 일본에 있는 백제인의 비탄처럼 묘사하고 있는 것이다. 이러한 백제인과 일본 조정의 동일시는 신라의 침략으로 위기에 처한 백제를 구원하려고 시도한 사이메이 천황과 덴지 천황의 노력[15]이나 백제의 위기를 애절하게 노래한 당시의 동요가 한국어로 되어 있다는 점[16]에서도 입증된다고 할 수 있을 것이다.

---

14 『日本書紀』 卷27 天智天皇 條.

15 『日本書紀』 卷26 齊明天皇 條; 『日本書紀』 卷27 天智天皇 條.

16 이 동요를 최근까지 해득할 수 없었으나(坂本太郎 外 3人 校注, 『日本書紀』 下, 東京: 岩波書店, 1967, p. 348) 최근 박병식에 의해 한국어라는 것이 판명되었다(박병식, 『日本語の悲劇』, 1986).

4.「비다쓰기」에서 본 천황의 원적

지금부터는 『일본서기』「비다쓰기」에 나오는 비다쓰 천황에 대해 알아보고자 한다. 『일본서기』「비다쓰기」 원년(572) 이달 조에는 다음과 같은 기록이 있다.

是月 宮于百濟大井(敏達紀 元年 是月).

이 기록은 비다쓰 원년 이달(여름 4월)에 구다라오이(百濟大井)[17]에 궁전을 지었다는 뜻이다. 이 구다라오이라는 곳은 적어도 고쿄쿠 천황 시대까지도 그 존재가 확인[18]된 곳이며, 현재의 오사카부 가와치나가노(河內長野)시의 오이(太井) 또는 나라현 기타가쓰라기(北葛城)군 고료초(廣陵町) 구다라(百濟)이지만,[19] 여하튼 넓게 말해 기나이 지방의 한 지역이다. 비다쓰 천황이 일본에 건너간 백제인이 아니고서는 일본에 있는 백제인의 마을에 궁전을 지을 수 없는 것은 너무나 당연하다.

구다라오이 마을에 궁전을 세운 비다쓰 천황이 백제인이라면 그와 혈연관계(부자·조손·형제 관계)에 있는 천황들이 백제인이라는 것은 자명한 귀결이다. 34대 조메이 천황은 비다쓰 천황의 손자이자 히코히토노오에(彦人大兄) 황자(皇子)의 아들로 천황이 되었으며, 35대 고쿄쿠 천황은 비다쓰 천황의 증손이자 오시사카노히코히토노오에(押坂彦

17 비다쓰 천황 시대에 궁전이 있는 구다라오이 이외에 백제인이 많이 사는 곳으로 구다라노 가하타노무라(百濟河田村) 등이 있었다(『일본서기』「비다쓰기」 12년 조).

18 『日本書紀』「皇極紀」, 元年 5月 條.

19 『日本書紀』下, 岩波書店, p. 132.

人大兄) 황자(조메이 천황의 아버지)의 손자로 천황에 즉위한 것이다.

그런데 비다쓰 천황은 긴메이 천황의 둘째 아들로 천황에 즉위했는데, 긴메이 천황이 백제인이라는 것은 뒤에서 언급하겠지만 『신찬성씨록』의 기록과 일치한다. 비다쓰 천황이 긴메이 천황의 둘째 아들로 천황이 되었다는 『일본서기』의 기록에 근거해 혈연관계를 추적하면 가까이는 26대 게이타이 천황부터 36대 고토쿠 천황까지가 모두 백제인이 되는 것이다. 좀 더 위로 추적해보면 26대 게이타이 천황이 15대 오진 천황의 5대손이므로 오진 천황도 백제인이다. 26대 게이타이 천황부터 36대 고토쿠 천황까지의 혈연관계를 『일본서기』에서 보면 다음과 같다.

- 26대 게이타이: 오진 천황의 5대손
- 27대 안칸(安閑): 게이타이 천황의 맏아들
- 28대 센카(宣化): 게이타이 천황의 둘째 아들
- 29대 긴메이: 게이타이 천황의 적자(嫡子)
- 30대 비다쓰: 긴메이 천황의 둘째 아들
- 31대 요메이(用明): 긴메이 천황의 넷째 아들
- 32대 스슌: 긴메이 천황의 열두째 아들
- 33대 스이코: 긴메이 천황의 가운데 딸
- 34대 조메이: 비다쓰 천황의 손자, 히코히토노 오에 황자의 아들
- 35대 고쿄쿠: 비다쓰 천황의 증손, 오시사카노히코히토노오에 황자의 손자, 치누(茅渟)왕의 딸
- 36대 고토쿠: 고쿄쿠 천황의 동모제(同母弟)[20]

---

20 『일본서기』 고토쿠 천황 야마토 원년 8월 조에 의하면 고토쿠 천황은 조메이 천황 11

〈그림 1〉 천황의 혈통 계보

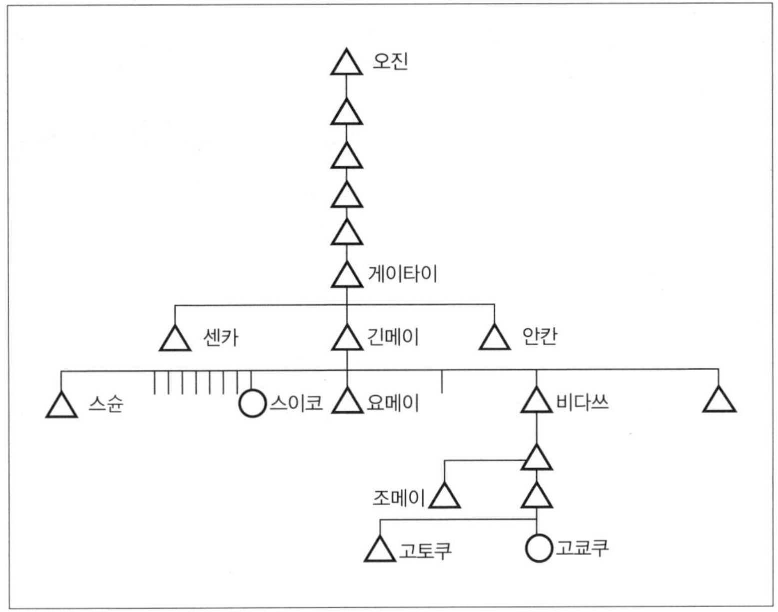

26대 게이타이 천황부터 36대 고토쿠 천황까지의 혈연관계를 그림으로 나타내면 〈그림 1〉과 같다.

5. 「조메이기」에서 본 천황의 원적

『일본서기』에 의하면, 이미 살펴본 비다쓰 천황보다 조메이 천황이 백제인이라는 것이 더욱 상세하게 기록되어 있다. 우리는 조메이 천황이 비다쓰 천황과의 혈연(비다쓰 천황의 손자, 히코히토노오에 황자의 아

년 가을 7월에 세운 구다라데라(百濟寺)에 혜묘(惠妙) 법사를 사주(寺主)로 했다.

들)에 의해서도 백제인이라는 것을 알게 되었는데, 여기서는 주로 『일본서기』의 기록을 살펴보려 한다.

A. (11年) 秋七月 詔曰 今年 造作大宮及大寺 則以百濟川側爲宮處 是以 西民造宮 東民作寺(舒明紀 11年 7月)
B. (11年) 是月 於百濟川側 建九重塔
C. (12年) 是月 徙於百濟宮
D. (13年) 冬十月己丑朔丁酉 天皇崩于百濟宮
E. (13年) (冬十月) 丙午 殯於北宮 是謂 百濟大殯, 是時東宮 開別皇子 年十六而之誄(『日本書紀』「舒明紀」11年~13年 條)

이것을 우리말로 바꾸면 다음과 같다.

A. 조메이 천황 11년, 가을 7월에 조(詔)를 내려 금년에 큰 궁전과 큰 절을 짓겠다고 했다. 그래서 백제천 근처를 궁처(宮處)로 했으며, 서부의 백성은 궁전을 짓고 동부의 백성은 절을 짓게 했다.
B. 이달(12월)에 백제천 근처에 구중탑을 세웠다.
C. 12년, 이달(겨울 10월)에 백제궁으로 이사했다.
D. 13년 겨울, 10월 9일에 조메이 천황이 백제궁에서 돌아가셨다.
E. 13년 겨울, 10월 18일에 백제궁의 북쪽에 빈궁(殯宮)을 설치했는데, 이것을 백제대빈이라 한다. 이때 동궁인 히라카스와케(開別) 황자는 나이 16세이며 조문(弔文)을 읽었다.

신천지 일본으로 건너간 백제인이 '백제'의 국명을 그곳의 지명, 궁명으로 삼은 것이 우선 눈에 띈다.

위의 『일본서기』 기사는 조메이 천황과 그의 아들 히라카스와케 황자(후의 덴지 천황)도 백제인이라는 것을 나타내는 기사로 더 이상의 설명을 요하지 않는다. '백제천' 가에 '백제궁'을 지어 그곳으로 이사해 정사를 돌보다가 '백제궁'에서 별세하고 그 후 '백제궁' 북쪽에 지은 빈궁마저도 '백제대빈'이라 한 것이다. '빈(殯)'이란 매장할 때까지 시신을 안치하는 곳을 말한다. 백제인의 시신을 안치한 곳이 아니고는 '백제대빈'이라 할 수 없는 것이다. 조메이 천황이 백제인이라는 것은 그와 혈연관계에 있던 천황도 백제인이라는 것을 뜻한다. 여기서 조메이 천황 이후의 천황의 혈연관계를 보면 다음과 같다.

- 38대 덴지: 조메이 천황의 태자
- 39대 덴무: 덴지 천황의 동모제
- 40대 지토: 덴지 천황의 둘째 딸

이 관계를 그림으로 나타내면 〈그림 2〉와 같다.

여기서는 조메이 천황 이후의 천황인 덴지 천황, 덴무 천황, 지토 천황의 혈연만 문제 삼았지만, 조메이 천황 이전 천황의 혈연관계를 보아도 모두 혈연관계가 있으니 앞에서 언급한 게이타이 천황부터 고토쿠 천황까지의 천황 모두가 백제인이라는 것을 알 수 있다. 다시 말하면, 『일본서기』 「비다쓰기」를 기준으로 해도 일본 천황은 모두 백제인이고, 『일본서기』 「조메이기(舒明紀)」를 기준으로 해도 일본 천황은 모두 백제인인 것이다.

〈그림 2〉 천황의 혈연 계보

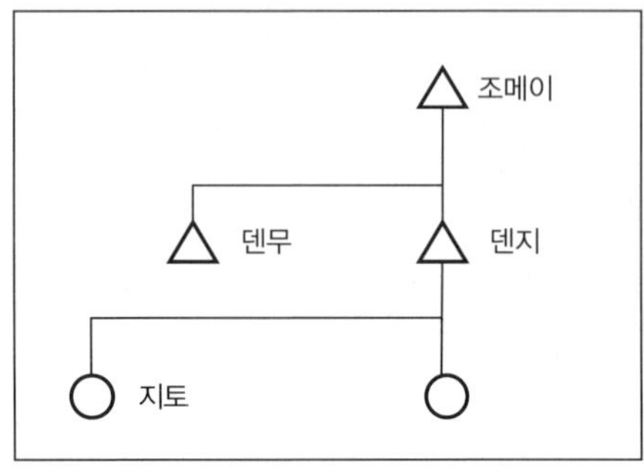

6. 『신찬성씨록』에서 본 천황, 황자의 원적

지금까지는 주로 『일본서기』의 기록에 의해 일본의 고대 천황이 어느 나라 사람인가를 알아보았으며, 그 결과 백제에서 건너온 백제인이라는 것을 명확히 알게 되었다. 여기서는 『신찬성씨록』에 의해 일본 천황이 어느 나라에서 들어온 사람인가를 알아보고자 한다.

알려진 바와 같이 『신찬성씨록』은 815년에 일본 기나이에 본거를 둔 1,182씨의 계보와 그 유래를 기술한 책이다. 『신찬성씨록』도 『일본서기』와 마찬가지로 조작된 부분이 적지 않지만, 여기서는 그 문제에 대해서는 언급하지 않기로 한다. 이 성씨록은 크게 천황, 황자의 자손인 '황별(皇別)', 천신지지(天神地祇)의 자손인 '신별(神別)', 한국, 중국의 자손인 '제번(諸蕃)'의 세 가지 계보로 대별되어 있는데,[21] 각각 그 씨(氏)의 수를 보면 황별이 335씨, 신별이 404씨, 제번이 326씨, 그리고 미정잡성(未定雜姓)이 117씨이다. 이는 다시 〈표 1〉과 같이 각각 지

21 『新撰姓氏錄』 序.

역별로 그 수가 제시되어 있다.

그런데 천황, 황자의 자손인 황별 중에서 가장 존귀한 씨가 '마히토(眞人)'인데, 그 총수는 48씨이며, 『신찬성씨록』에는 다음과 같이 본거

〈표 1〉 『신찬성씨록』의 계보

皇別	左京皇別	左京息長眞人부터 攝津國爲奈眞人까지 44氏
	左京皇別上	源朝臣부터 新田部宿禰까지 42氏
	左京皇別下	大春日朝臣부터 鴨縣까지 32氏
	右京皇別上	入多朝臣부터 猪使宿禰까지 33氏
	右京皇別下	栗田朝臣부터 新良貴까지 34氏
	山城國皇別	小野朝臣부터 息長竹原公까지 24氏
	大和國皇別	星川朝臣부터 川候公까지 18氏
	攝津國皇別	川原公부터 車持公까지 29氏
	河內國皇別	阿閇朝臣부터 秦原까지 46氏
	和泉國皇別	道守朝臣부터 山公까지 33氏
神別	左京神別上	藤原朝臣부터 猪名部造까지 38氏
	左京神別中	大伴宿禰부터 佐伯連까지 23氏
	左京神別下	伊勢朝臣부터 ???까지 21氏
	右京神別上	采女朝臣부터 新門臣까지 36氏
	右京神別下	若倭部連부터 倭太까지 29氏
	山城國神別	阿刀宿禰부터 狛人野까지 45氏
	大和國神別	佐爲連부터 國栖까지 44氏
	攝津國神別	津島朝臣부터 神人까지 44氏
	河內國神別	菅生朝臣부터 等禰直까지 63氏
	和泉國神別	官處朝臣부터 長公까지 60氏
諸蕃	左京諸蕃上	大秦公宿禰부터 筑紫使까지 35氏
	左京諸蕃下	吉水連부터 清水首까지 37氏
	右京諸蕃上	坂土大宿禰부터 田邊史까지 39氏
	右京諸蕃下	大山忌寸부터 海原造까지 63氏
	山城國諸蕃	秦忌寸부터 多多良公까지 22氏
	大和國諸蕃	眞神宿禰부터 大伴造까지 26氏
	攝津國諸蕃	石占忌寸부터 荒荒公까지 29氏
	河內國諸蕃	高丘宿禰부터 伏丸까지 55氏
	和泉國諸蕃	秦忌寸부터 日根造까지 20氏
	未定雜姓	左京茨田眞人부터 和泉國山田造까지 117氏

지별로 나타나 있다.

- 좌경(左京) 황별: 30씨
- 우경(右京) 황별: 11씨
- 야마시로노쿠니 황별: 1씨
- 야마토노쿠니 황별: 1씨
- 세쓰노쿠니 황별: 1씨
- 미정잡성: 좌경 2씨, 우경 2씨

'마히토'는 신라시대의 골품제의 하나인 '진골(眞骨)'에서 연유된 듯하며, 황별이 천황, 황자의 자손이라 한다면 황별 중 가장 존귀한 신분인 마히토는 천황, 황자의 자손뿐만 아니라 천황도 포함하는 것으로 생각된다. 39대 덴무 천황을 마히토 천황이라 하는 것(『일본서기』 권28 덴무 천황 조)에서도 이 사정을 알 수 있을 것이다.

여기서 천황과 천황·황자의 자손의 계보와 유래를 알아보기 위해 편의상 『신찬성씨록』에서 48명의 마히토의 계보를 작성해보면 〈표 2〉와 같다.

이 표에서 우리는 12번째 오하라노 마히토(大原眞人)가 백제왕이며 30대 비다쓰 천황의 자손이라는 기록에 주목한다. 즉, 비다쓰 천황의 자손이 백제인이라는 것은 비다쓰 천황의 아들, 천황 자신, 천황의 아버지나 할아버지도 백제인이라는 것을 뜻한다. 그리고 비다쓰 천황이 백제인이라는 점은 이미 살펴본 『일본서기』에서도 확인된 것이다. 그가 백제인이라는 것이 『일본서기』에는 한 곳에 기록되어 있지만, 『신찬성씨록』에는 두 곳에 기록되어 있는 것이다. 그러므로 이 표 가운데 6

번 미치노 마히토(路眞人)부터 21번 가구야마노 마히토(香山眞人)까지의 16명, 37번 가스가노 마히토(春日眞人), 38번 다카히타이노 마히토(高額眞人), 그리고 45번 만타노 마히토(茨田眞人), 46번 미하라노 마히토(御原眞人), 48번 나라이노 마히토(成相眞人)는 모두 백제인이다. 다시 말해, 48명의 마히토 가운데 21명은 『신찬성씨록』 자체의 기록에 의해 백제인이라는 것이 명백해지는 것이다.

〈표 2〉 마히토의 계보

	眞人名	A	B
左京皇別	1. 息長眞人		應神天漢의 皇子(稚蜷毛二俣王)의 子孫
	2. 山道眞人		息長眞人과 同祖
	3. 坂田酒人眞人		息長眞人과 同祖
	4. 入多眞人		應神天漢(稚野毛二俣王)의 子孫
	5. 三國眞人		繼體皇子(椀子王)의 子孫
	6. 路眞人	敏達天皇의 皇子(難波王)의 子孫	
	7. 守山眞人	路眞人과 同祖	
	8. 甘南備眞人	路眞人과 同祖	
	9. 飛多眞人	路眞人과 同祖	
	10. 英多眞人	路眞人과 同祖	
	11. 大宅眞人	路眞人과 同祖	
	12. 大原眞人	敏達天皇의 孫인 百濟王의 後孫	
	13. 島根眞人	大原眞人과 同祖	
	14. 豊國眞人	大原眞人과 同祖	
	15. 山於眞人	大原眞人과 同祖	
	16. 吉野眞人	大原眞人과 同祖	
	17. 桑田眞人	大原眞人과 同祖	
	18. 池上眞人	大原眞人과 同祖	
	19. 海上眞人	大原眞人과 同祖	
	20. 淸原眞人	桑田眞人과 同祖, 百濟親王의 後孫(難波王)의 子孫	
	21. 香山眞人	敏達皇子(春日王)의 子孫	
	22. 登美眞人		用明皇子(來目王)의 子孫
	23. 蜷淵眞人		用明皇子(殖栗王)의 子孫
	24. 三島眞人		舒明皇子(賀陽王)의 子孫
	25. 淡海眞人		天智皇子(大友王)의 子孫

左京皇別	26. 三園眞人		天武皇子(淨廣壹磯城親王)의 子孫
	27. 笠原眞人		三園眞人과 同祖
	28. 高階眞人		天武皇子(淨廣壹太政大臣高市王)의 子孫
	29. 氷上眞人		天武皇子(一品大惣管新田部王)의 子孫
	30. 岡眞人		天武皇子(一品贈太政大臣舍人王)의 子孫
右京皇別	31. 山道眞人		息長眞人과 同祖
	32. 息長丹生眞人		息長眞人과 同祖
	33. 三國眞人		繼體皇子(椀子王)의 子孫
	34. 坂田眞人	敏達天皇의 皇子(春日王)의 後孫	繼體皇子(仲王)의 子孫
	35. 多治眞人	春日眞人과 同祖	宣化天皇 皇子(賀美惠波王)의 子孫
	36. 爲名眞人		宣化天皇 皇子(火焰王)의 子孫
	37. 春日眞人		
	38. 高額眞人		
	39. 當麻眞人		用明皇子(麿古王)의 子孫
	40. 文室眞人		天武皇子(二品長王)의 子孫
	41. 豊野眞人		天武天皇 皇子(淨廣壹高市王)의 子孫
山城國皇別	42. 三國眞人		繼體皇子(椀子王)의 子孫
大和國皇別	43. 酒人眞人		繼體皇子(禹王)의 子孫
攝津國皇別	44. 爲奈眞人		宣化皇子의 子孫
未定雜姓 左京	45. 茨田眞人	敏達天皇의 子孫(大俣王)의 後孫	
	46. 御原眞人	敏達天皇의 皇子(彦 人大兄王)의 後孫	
未定雜姓 右京	47. 酒人小川眞人 48. 成相	敏達天皇의 皇子(難波王)의 後孫	繼體天皇 皇子(菟王)의 子孫

* 비고: A는 『신찬성씨록』 자체에 의해 마히토가 백제인이라는 것을 나타내는 것이고, B는 『일본서기』에 의해 백제인이라는 것을 나타내는 것이다.

한편 1번 오키나가노 마히토(息長眞人)부터 5번 미쿠니노 마히토(三國眞人)까지, 22번 도미노 마히토(登美眞人)부터 36번 이나노 마히토(爲名眞人)까지, 39번 다기마노 마히토(當麻眞人)부터 44번 이나노 마히토(爲奈眞人)까지, 그리고 47번 사카히토노오가와노 마히토(酒人小川眞人)에 이르는 27명의 마히토의 계보를 보면 각각 15대 오진 천황, 26대 게이타이 천황, 28대 센카 천황, 31대 요메이 천황, 34대 조메이 천황, 38대 덴지 천황, 39대 덴무 천황의 자손 중 하나이다. 예를 들면, 1번 오키나가노 마히토는 오진 천황의 황자의 자손이고, 5번 미쿠니노 마히토는 26대 게이타이 천황의 황자의 자손이다. 22번 도미노 마히토는 31대 요메이 천황의 황자의 자손이고, 24번 미시마노 마히토(三島眞人)는 34대 조메이 천황의 황자의 자손이며, 25번 아후미노 마히토(淡海眞人)는 38대 덴무 천황의 황자의 자손이고, 26번 미조노 마히토(三園眞人)는 39대 덴무 천황의 황자의 자손이다. 그런데 위에 열거한 오진, 게이타이, 센카, 요메이, 조메이, 덴지, 덴무 등의 천황은 『일본서기』에 의해 백제인이라는 것이 명확해졌음을 '「비다쓰기」에서 본 천황의 원적'이나 '「조메이기」에서 본 천황의 원적' 절에서 살펴보았으니, 이들 27명의 마히토도 또한 백제인인 것이다.

이렇게 볼 때 『신찬성씨록』에 나타난 48명의 마히토, 즉 천황과 황자의 자손은 한 사람도 예외 없이 모두 백제인이 되는 것이다. 천황이 모두 백제인이고 천황과 황자의 자손이 모두 백제인이라는 것을 『일본서기』와 『신찬성씨록』은 똑같이 보여주고 있는 것이다.

7. 일본열도를 뒤덮고 있는 한국 국명을 본뜬 지명

영국인이 신천지 북미 대륙이나 호주에 집단 이주해 그곳을 개척할 때 그들이 거주하는 지역을 전부 영국 지명으로 명명한 것처럼 한민족이 신천지인 일본열도에 집단 이주해 그곳을 개척할 때도 그곳의 지명을 한국 국명을 따서 명명했다. 이제 우리는 한민족이 신천지 일본으로 건너가 그곳에서 개척 생활을 하면서 그곳의 지명을 한국 국명(고구려, 신라, 백제, 가야 등)에서 본뜬 것을 알아보고자 한다. 이러한 지명은 개척 당시에 붙인 것도 있고, 그 유래는 개척 당시로 소급되지만 명명 자체는 후세에 이루어진 것도 있을 것이다. 물론 한국 국명을 본뜬 지명 없이 한민족이 집단적으로 거주한 지역도 많으며, 이미 그 지명이 자연적으로든 고의적으로든 소멸된 것도 많을 것이다. 그리고 신사(神社), 불사의 이름이 한국명으로 되어 있거나 주신(主神)이 한국인으로 되어 있는 것도 적지 않다. 그러나 여기서는 지명이 한국 국명으로 된 지역만을 살펴보고자 한다.

고려인(고구려인)은 무사시(武藏)뿐만 아니라 일본 각지에서 집단생활을 하면서 신천지를 개척했는데, 고구려명이 지명으로 된 것을 보면 다음과 같다.[22]

일본에서 고려(고구려)를 '고라이' 또는 '고마'로 읽는데, 고라이에는 ① 高麗, ② 高來의 한자를 차용하고, 고마에는 ① 巨麻, ② 狛, ③ 胡麻, ④ 巨摩, ⑤ 駒, ⑥ 小間의 한자를 차용하고 있다.

---

22 朝鮮總督府 中樞院, 『朝鮮の國名に因める名詞考』, 1940.

〈표 3〉 고구려의 국명을 본뜬 지명

촌락, 산천명	해당 지명이 있는 국명, 현명
1. 巨麻鄕	河內, 大阪府
2. 高麗橋	攝津, 大阪府
3. 巨麻鄕	河內, 大阪府
4. 大狛鄕, 高麗村, 上狛村, 狛寺	山城, 京都府
5. 大狛鄕, 狛田村, 高麗	上同
6. 狛野庄	上同
7. 胡麻驛	京都府
8. 胡麻鄕村	丹波, 京都府
9. 胡麻牧	丹波國
10. 狛山, 狛野山, 高麗山	山城, 京都府
11. 狛渡	上同
12. 狛山	上同
13. 高麗寺山, 高麗山	相模, 神奈川縣
14. 高麗寺村	上同
15. 巨摩郡, 北巨摩郡, 中巨摩郡, 南巨摩郡, 駒井村, 駒嶽	甲斐, 山梨縣
16. 高麗郡	武藏, 埼玉縣
17. 高麗鄕	上同
18. 高麗村	上同
19. 高麗町	上同
20. 高麗本鄕	上同
21. 高麗川村	上同
22. 南高麗村	上同

23. 高麗峠	上同
24. 高麗川(川名)	上同
25. 高麗川(地名)	上同
26. 高麗川縣	上同
27. 高麗原	上同
28. 狛江鄕, 狛江村	武藏, 東京府
29. 小間子原	武藏, 千葉縣
30. 高麗山, 高麗村	伯耆, 島取縣
31. 高來寺村	筑前, 福岡縣

신라인이 집단적으로 거주하고 있던 지역명은 다음 14종의 한자를 차용하고 있는 것 같다. ① 新羅(시라키), ② 志木(시라키), ③ 新坐(之良岐, 시라키), ④ 白木(시라키), ⑤ 志樂(시라쿠), ⑥ 設樂(시라쿠), ⑦ 白子(시라코), ⑧ 四樂(시라코), ⑨ 白城(시라키), ⑩ 白鬼(시라키), ⑪ 白濱(시라하마), ⑫ 眞良(신라), ⑬ 信羅(신라), ⑭ 新良(신라).

〈표 4〉 신라의 국명을 본뜬 지명

촌락, 산천명	해당 지명이 있는 국명, 현명
1. 新羅郡, 新坐郡, 志木, 白子村	武藏, 崎玉縣
2. 白國, 新羅訓村	播磨, 兵庫縣
3. 志樂鄕, 設樂庄, 志樂村	丹後, 京都府
4. 志樂鄕, 志木鄕	武藏, 崎玉縣
5. 白子, 四樂村	上同
6. 新羅鄕	陸前, 宮城縣

7. 白木浦	越前, 福井縣
8. 白城驛	越中, 富山縣
9. 白鬼女川, 시라기도川	越前, 福井縣
10. 白濱	能登, 石川縣
11. 白木村	加賀, 石川縣
12. 新羅浦, 新羅邑	備前, 岡山縣
13. 新羅鄕	陸前, 宮城縣
14. 白木山驛	安藝, 廣島縣
15. 眞良鄕, 信羅鄕, 新良鄕, 眞良	上同
16. 白木, 新羅來	肥後, 熊本縣
17. 白木平	上同
18. 白木村	筑後, 福岡縣
19. 白木村	河內, 大阪府
20. 白木村	加賀, 石川縣
21. 白木村	伊勢, 三重縣

한편 '백제'의 이름이 지역명으로 사용된 것에는 다음과 같은 것이 있다. 백제는 '구다라'라 칭하며 百濟, 久太良, 久多良 등의 한자를 차용했다.

〈표 5〉 백제의 국명을 본뜬 지명

촌락, 산천명	해당 지명이 있는 국명, 현명
1. 百濟郡	攝津, 大阪府
2. 百濟	上同

3. 百濟川	上同
4. 百濟驛	上同
5. 百濟野	上同
6. 百濟町, 久太良町	上同
7. 百濟鄕	河內, 大阪府
8. 百濟村	和泉, 大阪府
9. 百濟	上同
10. 百濟川	大和, 奈良縣
11. 百濟, 百濟池, 百濟村	上同
12. 百濟野, 百濟原, 百濟村	上同
13. 百濟來, 久多良來, 久多良來村, 百濟來村	肥後, 熊本縣
14. 百濟庄	上野, 群馬縣

이 밖에 가라, 즉 ① 唐, ② 辛, ③ 可樂, ④ 韓, ⑤ 可良, ⑥ 空, ⑦ 韓良 등의 한자를 차용한 지명도 대단히 많다. 이 지명이 붙은 지역은 주로 가야인(伽倻人) 집단 거주 지역일 것이지만, 그 밖의 한국인(백제인, 신라인, 고구려인)도 포함되었을 것이다. 여기서 가라가 붙은 지명을 열거하면 다음과 같다.

〈표 6〉 가야의 국명을 본뜬 지명

촌락, 산천명	해당 지명이 있는 국명, 현명
1. 唐國, 唐國村	和泉, 大阪府
2. 三國池	攝津, 大阪府
3. 韓人池, 唐人池, 唐古	大和, 奈良縣

4. 唐橋, 辛橋, 唐橋里, 唐橋町	山城, 京都府
5. 唐物町	攝津, 大阪府
6. 唐崎, 辛前, 韓埼, 可樂埼	近江, 滋賀縣
7. 辛之埼, 又辛浦, 大kara	石見, 山口縣
8. 唐橋, 辛橋, 韓橋	近江, 滋賀縣
9. 唐城鄉	遠江, 靜岡縣
10. 辛科鄉, 韓級	上野, 群馬縣
11. 唐原	相模, 神奈川縣
12. 辛犬鄉	信濃, 長野縣
13. 唐子村, 唐子橋, 上唐子, 下唐子	武藏, 埼玉縣
14. 辛川鄉	下總, 千葉縣
15. 韓濱	播磨, 兵庫縣
16. 韓荷嶋, 辛荷, 辛味島	播磨, 兵庫縣
17. 韓泊	同上
18. 辛室鄉, 韓室里	同上
19. 辛島鄉	豊前, 大分縣
20. 韓良鄉, 韓泊, 唐泊, 韓亭, 可良浦	筑前, 福岡縣
21. 辛家, 唐坊	同上
22. 加唐鄉	肥前, 佐賀縣
23. 辛家鄉	肥後, 熊本縣
24. 韓埼	對馬, 長崎縣
25. 韓家鄉, 唐坊	日向, 宮崎縣
26. 唐港	薩摩, 鹿兒島縣
27. 韓國嶽, 空國嶽	大隅, 宮崎縣

『조선의 국명을 딴 명사고(朝鮮の國名に因める名詞考)』에는 없지만 『대일본지명사서(大日本地名辭書)』에는 '가야'의 이름이 붙은 지명이 수십 개나 된다.[23] 즉, ① 可也, ② 加悅, ③ 河陽, ④ 蚊室, ⑤ 鹿谷, ⑥ 賀舍, ⑦ 賀野, ⑧ 茅, ⑨ 賀夜, ⑩ 賀陽, ⑪ 加夜, ⑫ 高陽, ⑬ 返 등의 한자를 차용한 지명이다. 물론 이러한 지명을 가진 곳은 가야인이 집단 거주하던 곳일 것이다. 특히 지금의 오카야마(岡山)현에 '가야노쿠니(加夜國)'가 있었고, 그것이 후에 '가야군(賀夜郡, 賀陽郡)'으로 이름이 바뀌고[24] 이것이 다시 '빗추노쿠니(備中國)'에 편입된 사실은 우리에게 매우 중대한 것을 시사한다.

즉, 일본열도 내에 한반도 4국의 국명을 본뜬 지명이 있는 지역으로서 산성이나 둔창 또는 고분군이 인접해 있는 곳은 거의 모두 이와 같이 한민족이 건너가서 소왕국을 세운 곳으로 볼 수 있다.

『조선의 국명을 딴 명사고』에 없는 '가라', '가야'라는 지명이 있는 국명을 『대일본지명사서』에서 보면 다음과 같다.

備後	讃岐	美濃	上總
備中	但馬	尾張	岩代

이를 종합해서 정리하면 〈표 7〉 및 〈그림 3〉과 같다.

〈표 7〉을 보면, 백제의 지명은 기나이에 집중되어 있고, 가라의 지명은 쓰시마 및 규슈 일대, 기나이(긴키), 주고쿠, 그리고 간토 지방에 집

23 吉田東伍, 『增補 大日本地名辭書』, 東京: 富山房, 1971.
24 위의 책, 제3권, p. 263.

〈표 7〉 한국 국명을 본뜬 지명이 있는 일본 지역(국명)

국명	백제	고구려	신라	가야, 임나
攝津(兵庫, 大阪)	○	○		○
河内(大阪)	○	○	○	○
和泉(大阪)	○			○
大和(大阪)	○			○
近江(滋賀)	○			○
肥後(熊本)	○		○	○
上野(群馬)	○			○
武藏(東京, 埼玉, 神奈川)		○	○	○
播磨(兵庫)			○	○
丹後(京都)			○	○
陸奧(靑森, 岩手, 宮城, 福島)			○	○
越前(福井)			○	
越中(富山)			○	
能登(石川)			○	
加賀(石川)			○	
備前(岡山)			○	
陸前(宮城)			○	
安藝(廣島)			○	
筑後(福岡)			○	
伊勢(三重)			○	○
山城(京都)		○	○	○
丹波(京都, 兵庫)		○		○
相模(神奈川)		○		○
甲斐(山梨)		○		
伯耆(島取)		○		○
筑前(福岡)		○		○
石見(島根)				○
遠江(靜岡)				○
信濃(君野)				○
下總(茨城, 千葉)				○
豊前(福岡, 大分)				○
肥前(佐賀)				○
對馬(長崎)				○
日向(官崎)				○
薩摩(鹿兒島)				○
大隅(同上)				○
備後(廣島)				○
備中(岡山)				○
讚岐(島根)				○
伯馬(兵庫)				○
美濃(岐阜)				○
尾張(愛知)				○
上德(千葉)				○
岩代(福島)				○
陵中(岩手)				○
下野(枥木)				○
若狹(福井)				○

〈그림 3〉 한국 국명을 본뜬 지명이 있는 지역

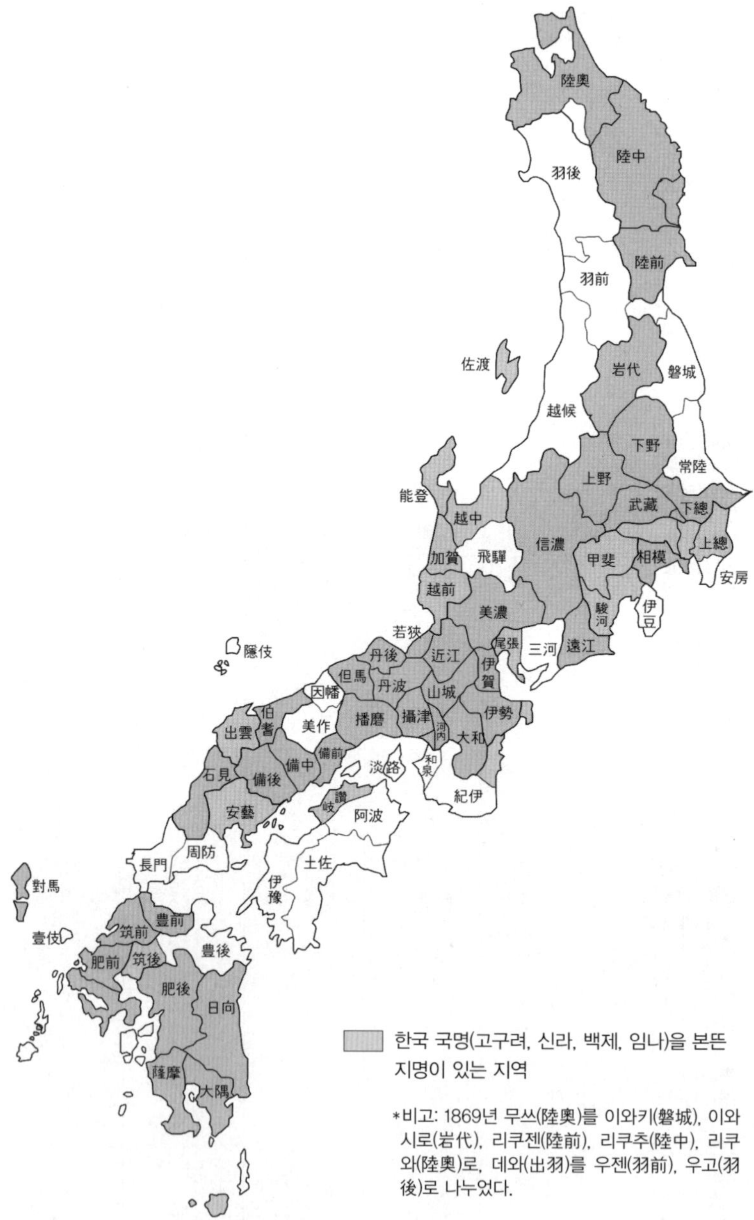

한국 국명(고구려, 신라, 백제, 임나)을 본뜬 지명이 있는 지역

*비고: 1869년 무쓰(陸奧)를 이와키(磐城), 이와시로(岩代), 리쿠젠(陸前), 리쿠추(陸中), 리쿠와(陸奧)로, 데와(出羽)를 우젠(羽前), 우고(羽後)로 나누었다.

중되어 있음을 알 수 있다. 이러한 현상은 고분의 발굴 결과나 야마토 왜와 백제의 관계 등의 역사적 사실과 상응함을 알게 되는 것이다.

위의 지명은 삼국시대에 지어진 것도 있겠지만 통일신라시대에 일본으로 간 이주민이 지은 것도 있을 것이다. 『대일본지명사서』에 신라의 이름을 딴 시라키, 시라쿠, 시라코, 시라하마, 신라 등의 지명이 수없이 많이 나타나 위에 지적한 나라 이외의 나라가 새로 나타나는 것은 그 때문일 것이다.

기나이 밖의 지역에 존재하는 고려, 백제, 가라의 지명은 물론이고 '기나이' 내에 존재하는 고려, 백제, 가라의 지명은 그곳에 소왕국이 존재했음을 강력히 시사한다고 하겠다.

8. 맺는말

위에서 『고사기』, 『일본서기』, 『신찬성씨록』 등을 통해 일본 고대 천황의 출신 배경을 알아보았다. 그 결과, 일본 천황은 일본 원주민이 아님을 알게 되었는데, 특히 『일본서기』를 통해서는 일본 천황이 백제인이라는 사실을, 『신찬성씨록』을 통해서는 천황과 황자가 모두 백제인임을 다시 확인하게 되었다. 서기전 3세기부터 조선족이 신천지인 일본으로 물밀듯이 건너가 그곳을 개척했다고 하더라도 일본 고대국가의 출현, 따라서 백제인이 천황이 된 것은 그로부터 훨씬 뒤의 일이었다.

일본 천황이 어디서 왔느냐에 대해서는 기피 또는 침묵을 지키는 견해(?)를 제외한다면 지금까지의 여러 견해는 ① 대륙 또는 아시아 대륙, ② 유라시아 기마민족, ③ 부여 등의 세 가지로 대별될 수 있다고 앞에서 이미 언급했다. 그러면 이제까지의 고찰을 바탕으로 이들 견해의 부당성을 짚어보자.

첫 번째 견해는, 아시아 대륙이 너무 광대하므로 실제로 어느 지역 어느 민족을 가리키는 것인지 명확하지 않다. 이 견해는 구체적인 국가를 모르기 때문에 막연하게 아시아 대륙이라고 한 것이라기보다는 한국 또는 한국 민족이라는 표현을 피하기 위해 의식적으로 아시아 대륙이라고 표현한 것으로 볼 수 있다.

일본 천황이 한반도에서 왔다는 견해도 여기에 속하겠으나, 이 표현은 단지 한반도에서 왔다거나, 한반도 이북에 있는 어떤 민족이 한반도에 내려와 있다가 일본으로 다시 건너갔다는 것을 나타낼 뿐 천황이 한족, 조선족이라는 의미는 제외되어 있는 것이다. 한반도라는 표현이 아시아 대륙이라는 표현보다 좀 더 구체적이기는 하지만 한족임을 나타내고 있지는 않다는 점에서는 아시아 대륙이라고 보는 견해와 동일하다고 하겠다.

두 번째 견해도 사실과 거리가 멀다. 설령 유라시아 민족이 일본으로 건너갔다 하더라도 한반도에서 국가(백제)를 건국해 수백 년 경과한 후 일본으로 건너가서 천황이 되었다면 이것은 유라시아 민족이 아니라 백제족이 일본의 천황이 된 것이다. 그리고 일본에 건너간 민족이 다른 어떤 나라 이름이 아닌 백제의 이름을 고수하고 천황이 되었다면 『일본서기』에 나오는 천황은 백제족인 것이다. 일본 천황의 원적이 대륙, 유라시아라는 견해는 『고사기』의 '한국을 향해서(向韓國)'를 '외국을 향해서(向外國)'로 해석하거나, 그 구절을 제거하는 태도와 유사하다고 하겠다.

세 번째로, 일본 천황이 부여에서 왔다는 견해도 두 번째의 견해와 유사하다. 물론 백제왕의 세계(世系)는 고구려와 마찬가지로 부여국에서 나왔으며, 백제의 시조인 온조왕은 고구려왕이 된 주몽(동명성왕)의 아들로 부여국(졸본부여)에서 태어났다. 그러나 그 후 이미 서기전 18년 하남위례성(현재의 한강변)에 와서 도읍을 정하고 국호를 십제(十濟), 백제(百濟)로 정했던 것이다. 일본의 허구 아닌 실재의 천황은 어느 천황부터인지는 아직 의견이 분분하지만, 가령 훨씬 위로 소급해서 오진 천황(313~399)부터 실재의 천황이라 하더라도 오진 천황은 서기전 18년부터 약 300년 동안 백제에서 생활한 백제의 자손이다. 그리고 비다쓰 천황(572~585)부터 실재의 천황이라 한다면 그는 백제에서 약 600년간 생활한 백제인의 자손이다. 다시 말하면, 백제왕의 시조 온조왕이 부여국에서 태어났다고 하더라도 곧 한반도로 이주해 백제국을 세웠고, 건국한 지 300년 내지 600년 후의 백제인들이 백제인으로서 일본에 건너가 국가를 세우고 천황이 된 것이다. 그런데도 천황이 백제인이 아니라 부여인이라든가, 부여족이 남하해 백제를 세우고 곧 일본으로 건너가서 천황이 되었다고 주장하는 것은 사실을 왜곡한 것이다. 천황이 아시아 대륙이나 유라시아에서 왔다는 견해와 하등 다를 바 없는 것이다. 다시 말하면, 부여족이 백제를 건국하고 곧 일본으로 건너가서 천황이 되었다는 것은 사실을 왜곡한 것이다. '한국을 향해서'가 아니라 '외국을 향해서'라고 해석하는 태도와 근본적으로 다를 바 없다. 『일본서기』「비다쓰기」나 「조메이기」 또는 『신찬성씨록』에서 천황이나 황자가 백제에서 왔다는 것을 떳떳하게 밝히면서도 부여에서 왔다고는 밝히지 않은 점을 보더라도 일본 천황은 부여족이 아니라 백제인인 것이다.

백제인이 유라시아에서 왔건 부여에서 왔건 마한에서 왔건 간에 야마토왜를 건설한 사람이 백제 사람이고, 또 백제인이라는 긍지를 갖는 백제인이 일본의 천황이 되었다면 일본 천황은 유라시아 사람도 아니고 부여 사람도 아니고 마한 사람도 아니고 가야 사람도 아닌, 그 밖의 어느 종족 사람도 아닌 바로 백제인인 것이다.

일본 원주민의 수와 한국에서 일본으로 건너간 사람의 수의 비교나 이 양자 간의 제반 문화 수준의 차이의 시각에서도 일본 고대 천황은 일본의 원주민이 아니라 한국에서 건너간 사람이라는 결론에 이르게 된다. 이러한 결론은 일본열도 전역을 뒤덮고 있는 한국 국명을 본뜬 수많은 지명에 의해서도 뒷받침된다. 일본인(원주민)이 대륙 문화를 수입하거나 도래인의 힘을 빌려 일본 고대국가를 건설했다는 주장은 완전한 주객전도이며 사실의 철저한 은폐이다. 건축, 기직(機織)이나 금속공예는 물론이고 문자도 말도 철제 농기구도 없고 밭농사도 제대로 짓지 못하는 일본에 고대국가(야마토 정권)를 건설하고 고대 사회를 개척한 사람은 위에 열거한 고도의 문화를 가지고 일본으로 건너간 한민족(백제인)이며, 그것도 일본 원주민보다 몇 배나 많은 수의 한민족이었던 것이다.

이렇게 한민족에 의해 일본의 고대국가가 건설되었다는 사실은 더욱 명확해지게 된다. 일본 원주민의 '대륙 문화의 섭취'에 의해 일본 고대국가가 출현한 것이 아니라 일본으로 건너간 한민족에 의해 일본 고대국가가 건설된 것이다.

필자는 이미 일본인에 의한 일본 고대사 연구는 학문이 아니라고 주장한 바 있다.[25] 하루빨리 학문으로 되돌아오길 간절히 바란다. 일본

25 최재석, 『한국 고대사회사 연구』, 일지사, 1987.

천황이 백제인, 한국인이어서는 국민감정이 허락하지 않는다면, 또 그렇다고 해서 일본 고대사학자들이 천황의 원적을 제대로 밝히지 못한다면, 이는 학문과는 거리가 먼 것이라고 말할 수밖에 없을 것이다.

『일본서기』는 720년부터 지금까지, 그리고 『신찬성씨록』은 815년부터 지금까지 각각 1,200여 년, 1,100여 년 동안 일본의 천황은 백제인이라고 소리 없이 절규하고 있는데도 이 책들을 둘러싸고 있는 사람들의 은폐와 조작으로 그 절규가 밖으로 나가지 못하다가 오늘에야 비로소 그것이 전달, 파악된 것이다. 지난 100여 년 동안 '신라 정벌', '임나일본부', '삼국사기의 초기 기록 조작·전설설'을 그렇게 집요하게 주장한 것은 모두 일본 천황이 백제인이라는 것을 은폐하기 위한 것이었다 해도 과언이 아닐 것이다.

지금까지 일본의 고대 천황의 원적이 백제인이라는 것을 알아보았다. 신천지 일본을 개척하기 위해 한국으로부터 이주민이 건너간 것을 기원전까지 소급한다고 하더라도 일본의 진정한 의미의 고대국가(야마토왜) 건설은 그보다 훨씬 뒤인 7세기에서 8세기 사이이며, 그러한 고대국가는 일본으로 건너간 한민족에 의해 건설되었을 뿐만 아니라 그 후의 유지·발전도 본국인 백제 국왕들의 장기간의 지속적인 경영에 의해서만 가능했던 것이다.

또한 일본 천황이 한국인(백제인)이라는 것은 일본 원주민과 한국에서 건너간 한민족의 수의 비교, 이 양자 간의 기능과 문화 수준의 차이, 각 분야에서 고대 일본을 개척한 사람들의 원적, 그리고 현재까지 남아 있는 고대의 유적, 유물, 문화재를 만든 사람들의 원적 조사에 의해서도 뒷받침된다고 하겠다. 이에 대해서는 뒤에 가서 좀 더 구체적으로 다루고자 한다.

천황이 유라시아 기마민족에서 유래한 존재라고 주장하는 것이나, 부여족이 남하해서 천황이 되었다고 주장하는 것은 세계의 인류는 한 곳에서부터 퍼져 나갔다고, 또는 아담과 이브에게서 퍼져 나갔다고 주장하는 논리와 동일하다고 하겠다.

2장
일본 고대국가 지배층의 원적

1. 머리말

뒤의 5부에서 상세히 다루겠지만, 백제 왕조는 야마토왜에 왕자나 고관을 파견해 일시적으로 야마토왜의 책임자로 임명하고 있었다. 『일본서기』에 뚜렷이 나타나 있는 것만 해도, 백제의 고관인 일라(日羅), 백제의 왕자 풍장(豊璋)과 역시 왕자인 교기(翹岐) 등을 들 수 있다. 이렇게 볼 때 야마토왜의 지배층은 ① 본국인 백제 왕실, ② 야마토왜에 파견되어 그곳 일을 감독하는 백제의 왕자와 고관, ③ 야마토왜를 경영하기 위해 일정 기간 야마토왜에 파견된 백제의 벼슬아치, ④ 현지인 야마토왜의 왕인 왜왕과 소가씨, ⑤ 야마토왜의 중신, ⑥ 여러 분야의 지배층 등 크게 여섯 범주로 나눌 수 있을 것이다. 그러나 ②~④에서 왜왕(천황)에 대해 이미 언급하고 있으므로, 여기서는 ④의 실질적인 왜왕이었던 소가와 ⑤의 야마토왜의 중신(모노노베씨), 그리고 ⑥의 여러 분야의 지배층에 대해서만 알아보고자 한다.

우리는 이미 일본 고대 천황의 원적을 살펴보았으며,[26] 고대 일본으로 건너간 한국인과 일본 원주민의 수를 추정해보기도 했다.[27] 그 결과, 우리는 일본 고대 천황은 유라시아인도 동북아시아인이나 아시아 대륙인도, 그리고 부여족도 아닌 명백한 백제인이라는 것을 알게 되었으며, 700년 당시 일본으로 건너간 한국인과 일본 원주민의 비율은 9:1 내지 8:2, 즉 700년 당시 일본 전체 인구의 80~90퍼센트는 한민족이라는 것을 알게 되었다. 또 우리는 일본 원주민은 그 수에서뿐만 아니라 문화적 수준에서도 한국인에 비해 매우 뒤처져 있으며, 일본 사회를 개척한 사람은 거의 전부 백제 왕국과 백제에서 건너간 백제인이라는 것을 알게 되었으며,[28] 뒤의 5부 1장 「백제와 야마토왜의 관계」에서 고찰할 14가지 측면에서 보더라도 일본 고대국가인 야마토 국가는 주로 백제에 의해 세워지고 경영되었다는 것을 알게 된다.[29]

여기서는 일본 고대국가의 건설과 경영이 한국인에 의해 행해졌다는 것을 더욱 확실히 하기 위해 일본 고대국가의 각 영역을 다스린 지배 엘리트의 원적을 살피고자 한다. 알려져 있는 바와 같이 『일본서기』가 720년에 간행되었다고 하더라도 당시 그 기록에는 이미 많은 은폐, 조작이 있었고, 또 현재 연구 자료로 사용되고 있는 이와나미 서점판 『일본서기』(상·하)도 16세기의 서사본(書寫本)을 다수 대본으로 삼고 있기 때문에 진실을 전부 확인하기는 어렵다.[30]

일본 천황의 원적의 고찰, 그리고 고대 일본으로 건너간 한국인과

---

26 최재석, 「일본 고대 천황 원적고」, 『한국학보』 51, 1988.

27 최재석, 「고대 일본으로 건너간 한민족과 일본 원주민의 수의 추정」, 『동방학지』 63, 1989.

28 최재석, 「일본 원주민의 문화 수준과 고대 일본의 개척자」, 『동양사학연구』 30, 1989.

29 최재석, 「일본 고대국가 연구: 백제와 야마토왜의 관계」, 『한국학보』 55, 1989.

30 『일본서기』의 사실의 은폐나 허위 조작에 대해서는 이 책 5부 3장 참조.

일본 원주민의 수와 문화 수준의 비교에 의해서도 일본 고대국가의 지배 엘리트가 거의 전부 한국인임이 틀림없다고 판단해도 지나치지 않겠지만, 여기서는 현재의 『일본서기』에 의해 한국인임이 확실한 지배 엘리트에 대해서만 알아보고자 한다.

2. 야마토왜의 실질적인 왕으로서의 소가씨의 원적과 활동

소가 가문이 실질적인 야마토왜의 왕(천황)이라고 보는 근거를 아주 간략하게 기술하면 다음과 같다.

① 야마토왜에 일시적으로 파견되어 야마토왜를 감독하는 백제 왕자 교기에 대해 왜왕이 아니라 소가노 에미시(蘇我蝦夷)가 정무를 보고했다.

② 왜왕이 불교의 도입과 배척을 결정하지 못하고 다른 중신이 이를 극렬히 반대했는데도 소가가 이를 결정하고 실행에 옮겼다.

③ 뒤에서 상세히 다루겠지만, 주요 국가 정책을 혼자서 결정하고 시행했다.

④ 자기 집과 아들의 집을 나란히 지어 '궁문(宮門)'이라 하고, 각각 '상궁문(上宮門)', '곡궁문(谷宮門)'이라 했다. 이때도 천황의 집은 20~30년이면 썩을 정도의 띠와 나무껍질로 만든 오막살이 집이었다.

⑤ 조상의 묘(廟)를 세우고 팔일무[八佾舞: 64명이 추는 네모 모양의 군무로 천자(天子)만이 하는 행사]를 행했다.

⑥ 에미시가 미리 쌍묘(雙墓)를 세우고 자기의 묘는 '대릉(大陵)', 아들의 묘는 '소릉(小陵)'이라 했다.

일본 고대사를 통해 최고의 권력자인 동시에 실질적인 왕(천황)이었던 소가 가문이 백제에서 이주한 사람의 자손이라는 것은 역사의 맥락으로 보더라도 자명한 것이지만, 여기서는 그 몇 가지 근거에 대해 알아보고자 한다. 역사적 맥락이란 다음의 것도 포함된다. 첫째, 고대 일본으로 건너간 한민족과 일본 원주민의 수의 추정,[31] 둘째, 일본 원주민의 문화 수준과 고대 일본을 개척한 사람들의 원적, 셋째, 천황의 원적, 그리고 소가 가문과 쌍벽을 이룬 중신인 모노노베(物部) 가문의 원적(백제인) 등이다. 특히 당시 일본 원주민의 문화 수준으로 볼 때[32] 천황을 살해한다는 것은 한국인만이 할 수 있었을 것이라는 점이다. 넷째, 일본 원주민으로서는 자기 집을 궁문이라 하거나 천자만이 하는 행사(팔일무)를 할 수 없다. 다섯째, 소가 4대의 시정 지역은 백제인이 집단적으로 거주한 지역과 일치한다.

그러면 좀 더 구체적으로 소가 가문이 백제에서 건너간 사람 또는 그 사람의 자손이라는 근거를 알아보자.

① 한국(백제)에서 온 사람이 소가노 에미시와 그의 아들 이루카(入鹿)의 집의 경호인이 되었다(고쿄쿠 3년 11월).

② 불교 보급 때 소가를 도운 사람은 모두 백제인이다(비다쓰 13년 이해).

③ 본국(백제)에 돌아가지 않고 일본에 남기를 원하는 백제인을 소가가 세운 아스카데라에 살게 했다(스이코 17년 5월 16일).

---

31 최재석, 「고대 일본으로 건너간 한민족과 일본 원주민의 수의 추정」, 『동방학지』 63, 1989.

32 최재석, 「일본 원주민의 문화 수준과 고대 일본의 개척자」, 『동양사학연구』 30, 1989.

④ 백제 왕자 교기를 우네비(畝傍)의 집에 초대해 친히 대화했다(고쿄쿠 원년 4월 8일).

⑤ 아직 불교가 보급되기 전에 소가노 이나메(蘇我稻目)가 불상을 야마토노쿠니 이마키군(다카이치군으로 개명)에 있는 오하리다(小墾田)에 안치했다(긴메이 13년 10월).

⑥ 소가노 이나메가 야마토노쿠니 이마키군에 나가서 한국인(백제인)이 경영하는 미야케(屯倉: 농업경영지)를 설치했다(긴메이 17년 10월).

⑦ 소가노 우마코가 아스카(飛鳥)의 땅[야마토노쿠니 이마키군: 지금의 나라현 다카이치군 아스카촌(明日香村) 아스카]에 호코지를 건립했다(스슌 즉위전기).

⑧ 소가노 우마코가 야마토노쿠니 이마키군에 있는 이시카와에 불전(佛殿)을 설치했다(비다쓰 13년).

⑨ 호코지 건립에 필요한 일체의 것(승려, 사원 건축공, 노반박사, 와박사, 화공, 불사리 등)을 백제에서 가져왔다(스슌 원년 이해).

⑩ 소가노 우마코는 자객 야마토노아야노 아타이코마(東漢直駒)를 시켜 스슌 천황을 살해했는데(스슌 5년 11월 3일), 야마토노아야씨(東漢氏)는 야마토노쿠니 이마키군 일대(나라 분지)를 개척한 백제인의 자손이다.

⑪ 소가노 우마코[별명이 구라쓰쿠리(鞍作)이다]를 살해한 것은 아마노이누카히노 무라지 가쓰마로(海犬養連勝麻呂), 사에키노 무라지 고마로(佐伯連子麻呂), 와카이누카이노 무라지 아미타(稚犬養連網田) 등 세 명인데, 이들은 모두 한인이다(고쿄쿠 4년 6월 12일).

역사적·정치적 맥락을 고찰하지 않는다 하더라도 위에서 본 바와 같이 소가노 이루카를 살해하는 데 직접 가담한 위의 세 명만이 한국인이라고 한다면 천황의 세도보다도 더 큰 소가씨를, 그것도 일본 땅에서 살해할 수는 없을 것이다. 천황과 소가씨와 동시대의 최고 정책 결정자인 모노노베씨가 각각 백제인이라는 것은 이미 지적했지만,[33] 한국인 세 명에 의한 소가노 이루카의 살해가 가능하려면 그에 가담한 나카노오에(中大兄) 황자와 나카토미노 가마코[中臣鎌子: 가마타리(鎌足)]도 한국인(백제인)이 아니고서는 안 되는 것이다. 한국인 세 명만으로 소가노 이루카를 살해했다고는 아무도 믿지 않을 것이다. 그러나 『일본서기』에서는 스슌 천황 살해와 소가노 이루카 살해의 하수인(자객)만을 한국인 또는 백제인으로 처리하고, 여기에 관여한 그 밖의 모든 인물에 대해서는 왜인인 것처럼 나타내고 있다.

그런데 위의 ⑤~⑧의 야마토노쿠니 이마키군은 오진 14~16년 및 20년에 백제로부터 건너간 대규모 집단 이주민이 생활한 정착지이며, 실제 거주민의 90퍼센트는 백제인이다.[34] 여기서 소가노 이나메와 그 아들인 소가노 우마코, 손자인 소가노 에미시, 증손자인 소가노 이루카에 관한 중요사항을 보면 다음과 같다.

소가노 이나메

① 센카 원년(536) 2월 1일, 소가노 이나메 스쿠네(蘇我稻目宿禰)를 관례대로 오오미(大臣)로 삼았다.

② 센카 원년 5월 1일, 소가노오오미 이나메 스쿠네(蘇我大臣稻目宿

33 천황이 백제인이라는 점에 대해서는 이 책 3부 1장 참조.

34 최재석, 「고대 일본으로 건너간 한민족과 일본 원주민의 수의 추정」, 『동방학지』 63, 1989; 최재석, 「백제인의 대규모 집단 이주와 야마토왜」, 한민족학회 제2회 발표 요지, 1989. 8.

禰)는 오와리노무라지(尾張連)를 보내 오와리노쿠니(尾張國) 둔창의 곡식을 운반하게 했다[천황은 모노노베노 오무라지 아라카히(物部大連麁鹿火), 아베노오미(阿倍臣)를 각각 보내 곡식을 운반하게 했다].

③ 긴메이 즉위전기 12월 5일, 소가노 이나메 스쿠네 오오미(蘇我稲目宿禰大臣)를 관례대로 오오미로 삼았다.

④ 긴메이 2년 3월, 소가노오오미 이나메 스쿠네의 딸 기타시히메(堅鹽媛)를 비(妃)로 삼았다.

⑤ 긴메이 13년 10월, 모노노베노 오무라지 오코시(物部大連尾輿) 등이 백제로부터의 불교 도입을 반대했지만, 처음에 천황이 소가노오오미 이나메 스쿠네에게 시험 삼아 불상에 예배해보자고 하니 그는 불상을 오하리다(야마토노쿠니 이마키군 아스카: 지금의 나라현 다카이치군 아스카촌 일대)의 집에 안치하고 무쿠하라(向原: 야마토 소재)의 집을 깨끗이 하고 절로 삼았다.

⑥ 긴메이 14년 7월 4일, 소가노오오미 이나메 스쿠네가 사람을 시켜 선세(船稅)를 기록하게 했다.

⑦ 긴메이 17년 10월, 소가노오오미 이나메 스쿠네가 야마토노쿠니의 다카이치군(야마토노쿠니 이마키군)에 나가서 백제인이 경영하는 규모가 큰 농업경영지와 고구려인이 경영하는 규모가 작은 농업경영지를 설치했다.

⑧ 긴메이 31년 3월 1일, 소가노오오미 이나메 스쿠네가 죽었다.

소가노 우마코

① 비다쓰 원년(572) 4월, 소가노 우마코 스쿠네(蘇我馬子宿禰)를 관례대로 오오미로 삼았다.

② 비다쓰 13년, 소가노 우마코 스쿠네는 불상 2구(軀)를 얻어내어 구라쓰쿠리노스구리 시바 다쓰토 외 한 명을 사방으로 보내어 불교 수행자를 찾게 하고, 고구려인 혜편(惠便)을 불법사로 삼았으며, 불전을 자기 집 동쪽에 설치했다. 그는 또 이시카와(야마토노쿠니 이마키군)의 집에 불전을 설치했는데, 이때부터 불교가 퍼졌다.

③ 요메이 즉위전기 9월 5일, 소가노 우마코를 관례대로 오오미로 삼았다.

④ 요메이 2년 4월 2일, 천황이 병에 걸려 불·법·승의 삼보에 귀의하고 싶다고 여러 신하와 의논했는데, 모노노베노 모리야노오무라지(物部守屋大連) 등은 반대했으나 소가노 우마코 스쿠네 오오미(蘇我馬子宿禰大臣)는 천황의 뜻에 따라야 한다고 말했다.

⑤ 스슌 즉위전기 8월 2일, 소가노 우마코 스쿠네는 전과 같이 오오미가 되었다.

⑥ 스슌 원년, 소가노 우마코 스쿠네는 백제 승려에게 수계법(受戒法)을 청하고 젠신니(善信尼) 등을 학문시키려고 백제의 사신에 딸려 보냈다.

⑦ 스슌 즉위전기, 소가노 우마코 스쿠네 오오미는 아스카(야마토노쿠니 이마키군)의 땅에 호코지를 세웠다.

⑧ 스슌 5년 11월 3일, 우마코 스쿠네는 야마토노아야노 아타이코마를 시켜 천황을 살해했다.

⑨ 스이코 4년 11월, 호코지가 완공되고 우마코의 맏아들 젠토코노오미(善德臣)를 사사(寺司: 절의 임원)로 임명했다.

⑩ 스이코 28년, 황태자와 시마노오오미[嶋大臣: 우마코 오오미(馬子大臣)의 별칭]가 의논해 천황기(天皇記), 국기(國記), 오미(臣), 무라지(連),

반조(伴造), 국조(國造) 등의 많은 부민, 공민(公民)들의 본기(本記)를 기록했다.

⑪ 스이코 34년 5월 20일, 우마코 오오미가 죽었다.

소가노 에미시

① 스이코 18년(610) 10월 9일, 소가노 에미시가 오오미가 되었다.

② 고쿄쿠 원년 1월 15일, 소가노 에미시를 그대로 오오미로 삼았다.

③ 고쿄쿠 원년 4월 10일, 소가노오오미는 우네비의 집으로 백제의 왕자 교기 등을 모시고 가서 대화(정무 보고)를 했다.

④ 고쿄쿠 원년 9월 3일, 천황은 에미시 오오미(蝦夷大臣)에게 백제 대사를 짓고 싶으니 오미노쿠니와 고시노쿠니(越國)의 공용인부를 모다. 9월 19일, 에미시 오오미에게 명하여 궁실을 만들고 싶으니 궁전 건축 용재를 가져오라고 했다.

⑤ 고쿄쿠 원년 이해, 소가노오오미 에미시(蘇我大臣蝦夷)는 자기 조상의 묘를 가쓰라기[葛城: 가쓰조(葛上)군 다카미야(高宮)향. 지금의 나라현 고세(御所)시 모리와키(森脇)·미야도(宮戸) 근처]의 고궁에 세우고 팔일무를 했으며, 또 나라의 180여 부곡(部曲)에 일을 시켜 미리 쌍묘를 가쓰조에 세웠는데, 하나는 대릉이라 하여 에미시의 묘로, 하나는 소릉이라 하여 이루카의 묘로 했다.

⑥ 고쿄쿠 2년 10월 6일, 소가노오오미 에미시는 자관(紫冠)을 아들 이루카에 주어 대신의 자리와 비슷하게 했다.

⑦ 고쿄쿠 3년 11월, 소가노오오미 에미시와 아들 이루카는 집을 우마카시노오카(甘檮岡: 지금의 나라현 아스카촌에 있는 언덕)에 나란히 짓고 대신의 집을 상궁문, 이루카의 집을 곡궁문이라 불렀다. 남녀의 아

이들을 왕자라 불렀으며, 문 옆에 무기고를 설치했고, 항상 50명의 병사를 거느리고 호위시켜 출입했다. 한국에서 온 사람들이 전적으로 이 두 궁문을 경호했다.

소가노 이루카

① 고쿄쿠 원년(642) 정월 15일, 소가노 에미시를 그대로 오오미로 삼았으며, 그의 아들 이루카는 스스로 국정을 잡았고 위세가 아버지보다 강했다.

② 고쿄쿠 2년 10월 12일, 소가노 이루카는 단독으로 상궁[上宮: 쇼토쿠태자(聖德太子)]의 왕들을 폐하고 후루히토노오에(古人大兄: 조메이의 황자)를 천황으로 하려고 도모했다.

③ 위의 소가노 에미시의 ⑦번 참조.

반대 세력을 배제해 불교 보급을 결정하고 실행에 옮긴 사람은 이미 언급한 바와 같이 소가씨 일족이다. 그리고 실제로 불교 보급에 직면해 행정적으로나 교리적으로나 그들을 도운 사람도 일본에 이주한 한국인인데, 이 사정은 『일본서기』 비다쓰 13년 이해 조에 잘 기록되어 있다.

소가노 우마코는 구라쓰쿠리노스구리 시바 다쓰토와 이케베노 아타이히타(池邊直氷田)를 사방으로 파견해 불교 수행자를 찾았는데, 이 두 사람 모두 백제에서 이주한 사람의 자손이다. 전자가 백제인이라는 것은 호류지 금당석가삼존광배명(金堂釋迦三尊光背銘)에서도 알 수 있고, 후자가 그렇다는 것은 『신찬성씨록』 화천제번(和泉諸蕃) 조의 기록에 의해서도 알 수 있다. 그리고 이때 소가노 우마코 스쿠네에 의해 불법의 스승으로 기용된 사람도 고구려인 혜편이다.

불법을 받아들이고 보급하는 데 결정적인 영향을 준 사람은 소가노 이나메 스쿠네부터인데, 불교 도입을 결정하게 된 과정을 『일본서기』에서 보면 다음과 같다.

A. 소가노 이나메 스쿠네

긴메이 13년 10월, 백제왕으로부터 "불법은 여러 법 중에서 가장 뛰어난 법이며, 인도에서 삼한국에 이르기까지 이를 따르고 존경하고 있으니 일본도 유통시켰으면 좋겠다"는 전달을 받은 천황은 이 말을 듣고 매우 기뻐하며 백제 사신에게 조(詔)하기를 "본인이 예부터 아직 이러한 묘법을 들은 바 없다. 그러나 본인 혼자서 결정할 수 없다"라고 말했다.

소가노오오미 이나메 스쿠네가 서쪽의 나라는 모두 예배하고 있는데 일본만이 배반할 수 있겠는가라고 묻자 모노노베노 오무라지 오코시, 나카토미노 무라지가마코(中臣連鎌子)는 "일본은 항상 천지자연신인 180신을 모시고 있는데, 지금 야만의 신인 부처를 배례(拜禮)하면 아마도 나라의 신의 노여움을 살 것이다"라고 반대 의견을 냈다. 그래서 천황은 백제에서 보내온 불상과 경서를 주어 시험 삼아 예배시켜 보고자 했다.

B. 소가노 우마코 스쿠네

① 비다쓰 13년 이해, 소가노 우마코 스쿠네는 그 불상 2구(백제에서 가후카노오미가 가져온 미륵보살의 석상 1구와 사에키노무라지가 가져온 1구)를 얻어내어 구라쓰쿠리노스구리 시바 다쓰토와 이케베노 아타이히타를 사방으로 보내어 수행자를 찾게 했다. 우마코 오오미는 하리마노쿠니(播磨國)에 환속(還俗)한 고구려인 혜편이라는 사람을 불법사로 삼았으며, (……) 불전을 우마코의 집 동쪽에 설치하고 미륵석상을 안치하고 세 명

의 니(尼)를 불러 법회, 재식(齋食)을 올렸다. 이때 다쓰토가 재식 위에서 불사리를 발견해 우마코 스쿠네에게 바쳤는데, 그는 시험 삼아 그것을 철퇴로 두드려보았지만 부서지지 않았고, 물속에 던져 넣었지만 마음이 원하는 대로 떴다가 가라앉았다가 했다. 그래서 우마코 스쿠네, 이케베노 아타이히타, 시바 다쓰토 등은 불법을 깊이 믿고 수업을 게을리 하지 않게 되었으며, 우마코 스쿠네는 이시카와(야마토노쿠니 이마키군)의 집에 불전을 설치했으며 불법이 이때부터 널리 퍼졌다.

② 비다쓰 14년 2월 15일, 소가노오오미 우마코 스쿠네는 탑을 오노(大野) 언덕의 북쪽에 세우고 법회의 재식을 행했다. 구라쓰쿠리노스구리 시바 다쓰토가 얻은 사리를 탑의 주두(柱頭)에 넣었다.

③ 비다쓰 14년 3월 1일, 모노노베노유게노 모리야노 오무라지(物部弓削守屋大連)와 나카토미노카쓰미노 마에쓰키미(中臣勝海大夫)가 역병(疫病)이 유행하고 백성이 끊임없이 죽은 것은 소가씨가 불법을 널리 퍼뜨려서라고 천황에게 아뢰자 천황은 빨리 불법을 그만두라 명했다.

④ 비다쓰 14년 3월 30일, 모노노베노유게노 모리야노 오무라지는 스스로 절에 가서 탑을 넘어뜨리고 방화했다. 동시에 불상과 불전을 태웠으며, 타다 남은 불상을 모아서 나니와 강에 버리게 했다. 이날은 구름이 없는데도 바람과 비가 뿌렸으며, 모노노베노 오무라지(物部大連)는 비옷을 입고 우마코 스쿠네와 그를 따른 승려들을 책망해 사람들에게 모욕의 마음이 생기도록 했다.

⑤ 비다쓰 14년 6월, 우마코 스쿠네가 상주(上奏)해 자신의 병이 낫지 않고 있는 것은 불력(佛力)을 입지 않아서라고 하자 그에게 조(詔)해 혼자서만 불법을 행해야 하며 타인에게 시켜서는 안 된다고 했다. 붙들려 간 세 명의 니(尼)는 되돌려 받았으며, 새로 사원을 짓고 불상을 맞아들여

공양했다.

⑥ 요메이 2년 4월 2일, 이하레(磐余) 강 위에서 니히나에(新嘗)의 대제(大祭)가 행해진 날 천황은 병에 걸렸는데, 불 · 법 · 승 삼보에 귀의하고 싶다며 신하들에게 의논했다. 모노노베노 모리야노 오무라지와 나카토미노카쓰미노 무라지(中臣勝海連)는 반대해 타국의 신을 존중하는 것은 이상하다고 했으나, 소가노 우마코 오오미(蘇我馬子大臣)는 이상한 의논이 아니며 왕의 뜻에 따라야 한다고 말했다.

⑦ 스슌 즉위전기, 소가노 우마코가 아스카의 땅에 호코지를 세웠다.

⑧ 스이코 2년 2월 1일, 황태자 및 대신에게 명해 불 · 법 · 승 삼보의 흥륭을 도모했다. 이때 여러 오미(臣), 무라지(連)들은 기미(君)나 부모의 은혜에 보답하기 위해 다투어 불사(佛舍)를 세웠는데, 이것을 데라(寺)라고 불렀다.

⑨ 스이코 4년 11월, 호코지가 낙성되었다. 우마코 오오미의 맏아들 젠토코노오미를 사사(寺司)로 임명하고 그날 혜자 · 혜총 두 승려가 처음으로 호코지에 들어갔다.

⑩ 스이코 13년 4월 1일, 천황은 황태자, 대신 및 제왕(諸王), 제신(諸臣)에 명해 서원(誓願)을 세우기로 하고 비로소 동(銅)과 수(繡)의 1장(丈) 6척(尺)의 불상을 각 1구씩 만들기 시작했다.

⑪ 고토쿠 다이카 원년 8월 8일, 사신을 대사(大寺: 백제대사)로 보내어 승려와 니를 불러모아 말씀하시기를 "긴메이 천황 13년에 백제의 성명왕이 불법을 우리 조정에 전했는데, 이때 신하들은 모두 전하기를 원하지 않았다. 그런데 소가노 이나메 스쿠네 혼자 불법을 받아들여 천황은 그에게 신봉케 했다. 비다쓰 천황 때 소가노 우마코는 아버지의 유법(遺法)을 존중해 불교를 믿었으며 다른 신들은 믿지 않았으므로 거의 근절되었다.

비다쓰 천황은 우마코 스쿠네에게 불법을 존중하도록 했다. 그는 스이코 천황 때 천황을 위해 장륙(丈六)의 소상(繡像)과 장륙의 동상(銅像)을 만들었고 불교를 현양(顯揚)하고 승니를 존중했다. 또한 정교(正教: 불교)를 숭상하며 대도를 비춰서 개척하고자 한다"라고 했다.

위의 고토쿠 다이카 원년 8월 8일의 『일본서기』 기사에 잘 나타나 있는 바와 같이 백제 불교를 받아들이고 보급하는 데 결정적 역할을 한 사람은 소가노 이나메와 그의 아들 소가노 우마코다.

3. 모노노베씨의 원적과 활동

일본 학계에서는 오오미(大臣)라는 관직명을 가진 사람과 오무라지(大連)라는 관직명을 가진 사람을 최고의 정치권력을 가진 사람, 즉 최고의 집정관[35]으로 인식해왔는데, 여기서는 오무라지의 관직을 가진 모노노베 가문이 본래 어느 나라 사람인지 알아보고자 한다. 오무라지의 관직[36]을 가진 가문은 한정되어 있어서 모노노베 가문과 오토모(大伴) 가문[오토모노 무로야(大伴室屋), 오토모노 가나무라(大伴金村)]의 두

35 『日本書紀』 上, 岩波書店, p. 633.

36 일본 학계에서는 '大臣', '大連'을 '고정된 이름'이 아니라 궁정에서 근시(近侍), 봉사(奉仕)하는 연신(延臣)의 뜻이라고 설명하고 있지만(『日本書紀』 上, 岩波書店, p. 317, 633), 후세에 조작된 것으로 보는 것이 타당할 것이다(본서 5부 3장 참조). 『일본서기』는 '大臣'이 세이무(成務) 천황 시대에도 존재한 것처럼 기술하고 있지만, 이것도 조작일 것이다.

가문이 독점해왔다. 여기서는 모노노베 가문에 대해 알아보기로 한다. 모노노베 가문 중에서도 모노노베노 아라카히(物部麁鹿火), 모노노베노 오코시(物部尾輿), 모노노베노 모리야(物部守屋) 등 세 명이 대표적인 오무라지라 할 수 있다(〈표 8〉 참조).

모노노베(物部)라는 성은 본래 백성의 복성(複姓) 중 하나로, 긴메이 4년 9월 야마토왜에 파견된 백제의 사신이 '시덕'이라는 백제의 관직명을 가진 물부시덕(物部施德) 마가모(麻奇牟)였고, 긴메이 5년 3월에 백제가 일본에 파견한 사신도 '나솔'이라는 관직명을 가진 물부나솔(物部奈率) 기비(奇非)였으며, 역시 긴메이 5년 2월과 6년 5월에 일본에 파견된 백제의 벼슬아치는 '나솔'이라는 관직명을 가진 물부나솔 연용기다(連用奇多)였다. 이렇게 볼 때 모노노베라는 성은 백제인의 성임에 틀림없다. 모노노베라는 성을 가진 사람이 존재한다는 것은 그 성을 가진 사람이 일본으로 이주한 후에도 여전히 이를 사용했다는 것을 의미한다. 이미 언급한 바와 같이 일본 고대국가에서 오무라지라는 높은 관직을 가진 가문은 모노노베 가문과 오토모 가문 둘인데, 여기서 우리가 문제 삼은 모노노베 가문은 백제에서 이주한 사람이거나 그 사람의 자손임에 틀림없을 것이다.

여기서는 모노노베 가문 중에서 대표적인 몇 사람, 즉 모노노베노 도치네(物部十千根), 모노노베노 아라카히, 모노노베노 오코시, 모노노베노 모리야의 공적에 대해 간략하게 알아보고자 한다. 모노노베 가문의 사람들이 비록 백제로부터의 불교 도입 가부를 두고 결국 소가 가문에 패했지만, 조정을 좌우한 가문의 하나임은 분명하다.[37]

---

37 모노노베 가문은 병사도 보유하고 있었는데, 천황이 이 가문의 병사(30명)를 파견해

〈표 8〉 오무라지와 가문

연대	모노노베 가문	오토모 가문
스이닌 26년 8월 3일	物部十千根	
리추 2년 10월	物部伊莒弗	
유랴쿠 즉위전(457) 11월 3일	物部目	大伴室屋
유랴쿠 13년(469) 3월	物部目	
부레쓰 즉위전(499)	物部麁鹿火	
부레쓰 즉위전(499) 11월 11일		大伴金村
안칸 즉위전 신해(534)	物部麁鹿火	
안칸 원년(534) 3월 6일	物部木蓮子	
안칸 원년(534) 윤 12월	物部尾輿	
센카 원년(536) 2월	物部麁鹿火	
센카 2년(537) 7월	物部麁鹿火	
긴메이 즉위전 기미(540)	物部尾輿	
긴메이 13년(552) 10월	物部尾輿	
비다쓰 원년(572) 4월	物部守屋	
비다쓰 12년(588)		大伴金村
고교쿠 2년(643) 10월	物部守屋	

모노노베노 도치네

스이닌 87년 2월 5일에는 오늘에 이르기까지 이소노카미(石上)의 신보(神寶: 신의 보물)를 지켜온 것은 모노노베노 무라지(物部連) 등에 기인한다고 기술하고 있는데, 신보란 바로 신라인(천일창)이 일본에 올 때 가져온 구슬, 칼, 거울 등의 물건들이다.[38] 당시 일본에 거주하는 사

동족 70명을 죽인 일도 있었다(雄略 7年 8月 條).

38 垂仁 3年 3月 條; 88年 7月 條.

람들은 이 물건들을 하늘이 내린 성스러운 보물로 의식해 고이 보관해 왔던 것인데, 모노노베노 도치네 오무라지(物部十千根大連)의 노력으로 지금까지 지켜져왔다는 뜻이다.

모노노베노 아라카히

① 모노노베노 아라카히 오무라지(物部麁鹿火大連)의 딸 가게히메(影媛)와 태자(부레쓰)가 약혼했다(부레쓰 즉위전기).

② 모노노베노 아라카히 오무라지를 관례대로 오무라지로 삼았다(게이타이 원년 2월 4일).

③ 모노노베노 오무라지 아라카히(物部大連麁鹿火)를 나니와관의 백제 사신에게 칙(勅)을 전할 사신으로 정했다(게이타이 6년 12월).

④ 쓰쿠시노쿠니노 미야쓰코(筑紫國造) 이와이(磐井)의 반역을 진압했다(게이타이 22년 11월 11일).

⑤ 모노노베노 아라카히 오무라지를 관례대로 오무라지로 삼았다(센카 원년 2월).

⑥ 모노노베노 오무라지 아라카히는 니노미노 무라지(新家連)를 보내 니노미 둔창의 곡식을 운반하게 했다(천황은 소가노오오미 이나메 스쿠네, 아베노오미에게도 각각 사람을 보내 곡식을 운반하게 했다)(센카 원년 5월 1일).

모노노베노 오코시

① 모노노베노 오코시 오무라지(物部尾輿大連)를 관례대로 오무라지로 삼았다(긴메이 즉위전기 기미 12월 5일).

② 천황이 나니와 하후리쓰노미야(祝津宮)로 갈 때 모노노베노 오무라

지 오코시 등이 동행했으며, 천황의 자문에 답했다(긴메이 원년 9월 5일).

③ 백제에서 불경, 불상 등이 들어왔는데, 소가노오오미 이나메 스쿠네는 불교를 받아들이자고 하고, 모노노베노 오무라지 오코시, 나카토미노 무라지노 가마코는 불교 도입을 반대했는데, 천황은 모노노베 등의 견해를 따랐다(긴메이 13년 10월).

모노노베노 모리야

① 비다쓰 원년 4월, 모노노베노유게노 모리야(物部弓削守屋)를 관례대로 오무라지로 삼았다.

② 비다쓰 14년 3월, 모노노베노유게노 모리야 오무라지와 나카토미노 카쓰미노 마에쓰키미는 긴메이 천황 때부터 역병이 유행하는 것은 소가씨가 불법을 널리 퍼뜨렸기 때문이라고 주장했다. 이에 천황은 불법을 금지시켰다.

③ 비다쓰 14년 3월 30일, 모노노베노유게노 모리야 오무라지는 직접 절에 가서 탑, 불상, 불전을 태우고 타다 남은 불상을 모아서 나니와 강에 버리게 했다.

④ 비다쓰 14년 8월 15일, 불교의 보급과 금지의 기본 방침의 차이로 모노노베노유게노 모리야 오무라지와 우마코 스쿠네 오오미(馬子宿禰大臣) 두 사람은 서로 원한을 갖게 되었다.

⑤ 요메이 즉위전기 9월 5일, 모노노베노유게노 모리야는 그대로 오무라지가 되었다(소가노 우마코 스쿠네도 그대로 오오미가 되었다).

⑥ 요메이 원년 5월, 모노노베노 모리야가 아나호베(穴穗部) 황자의 명을 받아 미와노사카우노키미(三輪逆君)와 그의 두 아들을 모두 죽였다.

⑦ 요메이 2년 4월 2일, 천황이 병에 걸려 신하들에게 불·법·승 삼보에 귀의하고 싶다고 말했다. 모노노베노 모리야 오무라지와 나카토미노 가쓰미노 무라지는 다른 나라의 신(불교)을 섬길 수 없다고 말하고 소가노 우마코 스쿠네 오오미는 명을 따라야 한다고 말했다.

4. 각 분야 지배층의 원적

앞에서는 실질적인 왕이었던 소가씨와 중신인 모노노베씨의 원적과 활동에 대해 알아보았는데, 여기서는 불교계의 지도층, 왕실교육 담당자, 역대 천황의 시의, 견당 유학생, 국인, 군대 사령관, 국박사 등의 원적에 대해 알아보고자 한다.

(1) 불교계의 지도층

일반 승려와 고승이 우리의 연구 대상 시기인 지토 천황 시대까지 계속해 백제를 비롯한 삼국에서 야마토왜로 파견되었음을 우리는 이미 보았다.[39] 여기서는 불교계의 지도층, 즉 불교 통제 기관의 임원에 대해 알아보고자 한다. 『일본서기』에 나타난 임원들을 보면 다음과 같다.

① 스이코 3년(595), 혜자와 혜총은 일본 불교계의 기둥이 되었다.

② 스이코 4년(596) 11월 호코지가 준공되었는데, 소가노 우마코 오오미의 맏아들 젠토코노오미를 사사로 임명했다.

---

39 본서 2부 1장과 4부 1장 참조.

③ 스이코 32년(624) 4월 17일, 관륵을 승정(僧正)으로, 구라쓰쿠리노 도쿠샤쿠(鞍部德積)를 승도(僧都)로, 아즈미노 무라지(阿曇連)를 법두(法頭)로 했다.

④ 고토쿠 다이카 원년(646) 8월, 승려 민(旻)이 아스카데라의 사주(寺主)였다.

⑤ 고토쿠 다이카 원년(646) 8월, 혜묘 법사를 백제사(百濟寺)의 사주로 했다.

⑥ 고토쿠 다이카 원년(646) 8월, 구메노오미(來目臣), 미와노시코부노키미(三輪色夫君), 누카타베노 무라지오히(額田部連甥)를 법두로 임명했다.

위의 ①에서 야마토왜 불교계의 기둥이 된 두 고승 중 혜자는 스이코 3년 5월 10일에 고구려에서 왔고 혜총도 같은 해에 백제에서 왔으니 모두 한국인임이 분명하다. ②에서 호코지의 사사가 된 젠토코노오미는 이미 살펴본 소가노 우마코의 맏아들이니 일본으로 이주한 한국인의 자손이다. ③에서 승정이 된 관륵은 스이코 10년 10월 백제에서 온 백제인이며, 승도가 된 구라쓰쿠리노 도쿠샤쿠는 한국에서 이주해 온 사람의 자손이다.[40] 그리고 법두가 된 아즈미노 무라지는 백제 왕자 교기가 일본 체류 중에 아즈미노 무라지[아즈미노 야마시로노 무라지(阿曇山背連) 또는 아즈미노 야마시로노 무라지 히라부(阿曇山背連比羅夫)]의 집에서 생활했으니[41] 백제인 또는 백제에서 이주한 사람의 자손일 것이다. ④에서 아스카데라의 사주는 승려 민으로, 뒤의 (4)에서 보는 바

40 『日本書紀』 下, 岩波書店, p. 148, p. 210.

41 皇極 元年 2月 24日.

와 같이 백제 이주민 또는 그의 자손이다. ⑤에서 백제사의 사주인 혜묘 법사도 백제인이며, ⑥에서 세 명의 법두 가운데 구메노오미는 소가노우마코의 자손이며[42] 미와노시코부노키미는 백제인의 집단 거주 지역인 야마토노쿠니[미와(三輪) 서쪽 언덕 지역]의 예부터 유력한 가문 출신이었으니[43] 백제인의 자손일 것이며, 누카타베노 무라지오히도 야마토노쿠니의 유력한 가문 출신이니 역시 백제인의 자손인 것이다.[44]

이렇게 볼 때 원적이 확인된 사람은 모두 한국인 또는 이주한 한국인의 자손이며, 원적이 아직 확인되지 않은 사람도 야마토왜로 건너간 한민족과 일본 원주민의 수 및 문화 수준의 차이의 관점에서 볼 때 전부 한국인일 것이다.

(2) 왕실교육 담당자

그러면 왕실의 교육을 담당한 사람은 어느 나라 사람인지 알아보자. 야마토왜에서 천황, 왕자 등 왕실이나 그 밖의 일반 국민을 교육할 수 있었던 사람은 거의 대부분 한국 사람이었다. 이것을 『일본서기』에서 보면 다음과 같다.

> ① 오진 15년 8월 6일, 백제왕은 아직기를 파견해 좋은 말 두 마리를 보냈다. (……) 아직기는 또한 경서에 정통했다. 그래서 태자 우지노와키이라쓰코의 스승이 되었다.

---

42 『日本書紀』 下, 岩波書店, p. 227.
43 위의 책, p. 152, 227.
44 위의 책, P. 119, 227.

② 오진 16년 2월, 왕인이 백제에서 왔다. 태자 우지노와키 이라쓰코는 그를 스승으로 하여 여러 가지 전적을 배웠다.

③ 비다쓰 원년 5월 15일, 천황은 고구려의 국서를 받아 대신에게 주었다. 많은 문서 전문직을 불러 모아 해독시켰으나 그들은 사흘이 걸려도 읽을 수 없었다. 그때 후네노후비토(船史)의 조상인 왕진이(王辰爾)[45]가 잘 읽고 해석했다. (……) 앞으로는 왕궁에서 일하라고 했다.

④ 스이코 원년 4월 10일, 황태자는 불법을 고구려 승려 혜자에게 배우고, 유교의 경전은 각가(覺哿) 박사에게 배웠는데, 혜자는 22년 후인 스이코 23년 11월에 고구려로 귀국했다.

⑤ 스이코 3년 5월, 고구려의 승려 혜자가 왔다. 그래서 황태자는 그를 스승으로 했다.

⑥ 스이코 32년 4월, 백제의 승려 관륵은 "오늘날은 승려도 법률을 잘 알지 못하기 때문에 쉽사리 악역(惡逆)의 죄를 범합니다. 그래서 많은 승려는 두려워해도 어떻게 할 줄을 모릅니다. 원컨대 악역의 행위가 있는 자 이외는 모두 허락해 죄가 되지 않도록 하십시오. 이것이 부처님의 공덕입니다"라고 말했는데, 천황은 이 말을 들었다.

〈표 9〉에서 우리는 교육자의 대부분은 한국인, 특히 백제인이며 피교육자는 거의 전부 천황 또는 태자임을 알 수 있다. 다시 말하면, 한국인에게 직접 교육을 받은 이는 천황을 위시한 일본 왕실인데, 여기서 우리가 특히 주목하는 것은 교육자의 국적 문제이다. 그들은 거의가 일본으로 이주한 한국인의 자손이 아니라 한국에서 바로 건너간 사

45 백제에서 이주한 지 얼마 되지 않은 백제인이다(『日本書紀』 下, 岩波書店, p. 105, 133).

〈표 9〉 왕실교육 담당자의 국적

연대	교육자		피교육자
	성명	국적	
오진 15년 8월	아직기	백제인	태자(우지노와키 이라쓰코)
오진 16년 2월	왕인	백제인	태자(우지노와키 이라쓰코)
비다쓰 원년 5월	왕진이	백제인	왕실
스이코 원년 4월	승려 혜자	고구려인	황태자
	박사 각가	백제인	
스이코 3년 5월	승려 혜자	고구려인	황태자
스이코 32년 4월	승려 관륵	백제인	천황

람이며, 그것도 주로 백제인이었다. 한국에서 건너간 사람이 일본 천황이나 태자의 교육을 담당했다는 것은 태자와 천황이 한국인이며, 따라서 그때 교육에 사용된 언어도 한국어였음을 의미하는 것이다.

이렇게 볼 때 우리는 불교 통제 기관의 임원도 불교 도입과 보급을 결정하고 실행에 옮긴 사람도, 그리고 천황을 위시한 야마토왜의 왕실교육 담당자도 대개 한국인이었음을 알 수 있다.

(3) 역대 천황의 시의

『일본서기』에서 천황의 병을 진찰하고 약으로 치료하는 의사에 관한 기사는 다음 네 곳에 나타나 있다.

① 인교 3년(414) 1월 1일, 신라에 사신을 파견해 좋은 의사를 구했는데, 8월에 신라에서 의사가 왔다. 천황의 병을 치료했는데, 얼마 되지 않아

서 병이 나았다. 천황은 매우 기뻐하며 후한 상을 주고 귀국하게 했다.

② 고토쿠 하쿠치 원년(650) 2월 15일, 백제군(百濟君) 풍장, 그의 동생 새성(塞城) · 충승(忠勝), 고구려의 시의 모치(毛治), 신라의 가정교사[시학사(侍學士)] 등이 따랐다.

③ 덴무 슈초 원년(686) 4월 8일, 시의 구와하라노 스구리카쓰에게 직광사(直廣肆)라는 관위를 주었다.

④ 덴무 슈초 원년(686) 5월 9일, 시의인 백제인 억인(億仁)이 병으로 죽으려 하자 근대일(勤大壹)의 관위를 수여하고 백 호(戶)의 식봉(食封)을 주었다.

위의 기사를 보면 고토쿠 천황 이전은 아직 고정적인 시의제도가 확립되지 않았기 때문에 인교 천황 시대처럼 그때그때 필요한 의사를 한국에서 초청해 천황의 병을 치료한 것을 알 수 있다. 이렇게 천황은 신라, 고구려, 백제 삼국에서 모두 의사를 초청해 자기의 병을 진찰·치료하게 했음을 알게 된다. 위의 사료 ③의 시의가 구와하라노 스구리카쓰인데, 구와하라(桑原)촌이 야마토노쿠니 또는 그 주변에 있는 것을 볼 때 그는 백제에서 이주한 백제인의 자손임이 틀림없을 것이다.

요컨대 천황을 진찰하고 치료한 의사나 시의는 한국(신라, 고구려, 백제)에 거주한 한국인이거나 일본으로 이주한 백제인의 자손이지 일본의 원주민이 아니다.[46]

46 천황을 치료한 의사에 대해서는 최재석, 「일본 원주민의 문화 수준과 고대 일본의 개척자」, 『동양사학연구』 30, 1989 참조.

(4) 견당 유학생

일본 고대국가에서 백제, 고구려, 신라에 보낸 유학생과 함께 견당 유학생은 당시 일본의 최고 지식층인이자 국가 건설의 공헌자였다.

그러면 스이코 16년(608) 9월 11일 당나라에 파견된 여덟 명의 유학생은 일본 원주민인지 아니면 어떤 나라 사람인지 알아보자.

① 학생(學生) 야마토노아야노 아타이후쿠인(倭漢直福因)

② 나라노오사에묘(奈羅譯語惠明)

③ 다카무코노아야히토 겐리(高向漢人玄理)

④ 이마키노아야히토 오쿠니(新漢人大圀)

⑤ 학문승 니치몬(日文)

⑥ 미나부치노쇼안(南淵漢人請安)

⑦ 시가노아야히토 에온(志賀漢人慧隱)

⑧ 이마키노아야히토 고사이(新漢人廣濟)

위에서 ③의 다카무코노아야히토 겐리와 ⑤의 학문승 니치몬은 다음에서 언급하는 바와 같이 백제에서 온 사람들이다. 그리고 이마키노아야히토는 백제에서 바로 이주하거나 이주한 지 얼마 되지 않은 사람을 뜻하거나 야마토노쿠니 이마키군에 거주하는 백제인을 뜻하므로 ④의 이마키노아야히토 오쿠니와 ⑧의 이마키노아야히토 고사이도 모두 백제에서 왔거나 야마토노쿠니 이마키군에 거주하는 백제인이었을 것이다.

①의 학생 야마토노아야노 아타이후쿠인은 오진 20년에 백제에서 야마토왜에 온 아치노오미의 자손인 야마토노아야(倭漢: 東漢) 가문의

자손으로, 그 일족은 야마토노쿠니 이마키군(다카이치군) 히노쿠마(檜前: 지금의 나라현 다카이치군 아스카촌 히노쿠마)를 본거로 해 나라 분지 남부에 넓게 분포해 있었는데,[47] 알려진 바와 같이 이마키군 일대는 백제로부터의 대규모 집단 이주민이 정착해 생활한 지역이다.[48] ②의 나라노오사에묘의 나라(奈羅)는 야마토노쿠니를 뜻하며 오사(譯語)는 통역으로, 일본 원주민 중에서는 단 한 사람의 통역도 내지 못하고 통역은 모두 한국인(신라인, 백제인)이었으므로[49] 그는 백제에서 이주해 나라, 즉 야마토노쿠니에 거주한 백제인으로 보인다.[50]

이마키노아야히토가 백제에서 온 지 얼마 되지 않는 사람을 뜻한다면 아야히토(漢人)는 상대적으로 백제에서 온 지 오래된 사람을 뜻할 것이다. ⑥의 미나부치노쇼안은 학문승으로 야마토노쿠니 이마키군(다카이치군)의 미나부치(南淵)에 거주한 백제인이며, ⑦의 시가노아야히토에온은 오미노쿠니 시가(志賀)군의 백제인으로, 조메이 11년 9월 9일에 귀국해 다음해인 5월에 무량수경(無量壽經)을 강의한 학문승이다.

이렇게 볼 때 스이코 16년 9월에 당나라에 파견된 유학생 여덟 명은 모두 백제에서 온 지 얼마 되지 않은 백제인이거나 백제에서 이주하고 나서 제법 경과된 백제인임을 알 수 있다.

---

47 『日本書紀』 下, 岩波書店, pp. 95~96.

48 최재석, 「고대 일본으로 건너간 한민족과 일본 원주민의 수의 추정」, 『동방학지』 61, 1989.

49 최재석, 「일본 고대국가 연구: 백제와 야마토왜의 관계」, 『한국학보』 55, 1989.

50 『新撰姓氏錄』 大和國諸蕃 長岡忌寸 항에는 "出身秦太子胡亥也"로 되어 있다.

(5) 구니히토(國人)

'구니히토(國人)'가 조정의 중신(重臣)을 뜻한다는 것은 이미 언급한 바 있다. 그런데 백제가 나당연합군의 공격을 받고 멸망할 때 일본의 구니히토, 즉 중신들이 다음과 같이 비통한 말을 했다.

> 덴지 2년 9월, 백제의 주류성이 비로소 당에 항복했다. 이때 구니히토들이 서로 말하기를 주류성이 떨어졌다. 이 일을 어쩌면 좋단 말이냐. 백제의 이름이 오늘로 끊겼으니 조상의 묘소에 어찌 다시 갈 수 있겠는가?[51]

위의 기사는 나당연합군에 의해서 백제의 마지막 보루인 주류성이 함락되었을 때 구니히토, 즉 일본의 중신들이 한탄해 마지않았던 것을 기록한 것인데, 이 기사에서 우리는 특히 "백제의 이름이 오늘로 끊겼으니 조상의 묘소에 어찌 다시 갈 수 있겠는가?" 하는 대목에 유의해야 한다. 이 대목은 야마토왜의 구니히토는 백제인이거나 백제에서 이주한 사람이라는 것을 나타낸다. 나당연합군의 공격을 받고 위기에 처한 백제를 구원하고자 시도한 사이메이 천황의 시대에 백제의 위기를 애절하게 노래한 당시 일본의 동요가 한국어로 되어 있다는 점과 연관시켜 보았을 때 당시 일본의 구니히토가 백제인인 것은 틀림없다고 하겠다. 7세기 중엽의 일본 중신이 아직도 백제인 또는 그들의 자손이라는 것은 야마토 국가의 출발 당시부터 7세기 중엽까지의 모든 중신은 백제인 또는 그들의 자손이며, 일본 원주민은 한 번도 구니히토가 된 적이 없다는 것을 뜻한다.

---

51 天智 2年 9月 條.

(6) 군대 사령관

이른바 '임신(壬申)의 난' 때 덴지 천황 편, 즉 오미(近江) 조정의 군 사령관은 백제에서 이주해 온 이주민이 아니라 한국에서 파견된 백제인이었다. 『일본서기』는 이에 대해 다음과 같이 기술하고 있다.

> 近江將 壹伎史 韓國之師也(天武 元年 7月 23日)

위의 글을 풀이하면 "오미 조정의 장수(사령관)인 이키노후비토(壹伎史)는 한국의 장수이다"가 된다. 그러나 『일본서기』를 해설한 책은 거의 전부 왜곡 해석하고 있다. 예를 들면, 사카모토 다로(坂本太郎) 외 세 명이 해설한 이와나미 서점판 『일본서기』는 "오미의 장수 이키노후비토는 한국의 군이다"라고 해석해 일반 독자가 본래 기사의 뜻을 잘 이해하지 못하도록 하고 있다.

(7) 국박사(최고지식인)

'아야히토(漢人)'는 백제에서 온 사람을 뜻하며,[52] '이마키노아야히토(新漢人)'는 백제에서 온 지 얼마 되지 않은 사람을 뜻한다. 新漢人의 '新(이마키)'은 오진 14~16년 및 20년에 각각 백제에서 120현민과 17현민이 야마토왜에 이주해 정착한 지명인 야마토노쿠니 이마키군의 '今來(이마키)'와 동일한 것이다. 이마키노아야히토는 백제에서 최근 또는 근래에 온 백제인이라는 뜻이고, 이마키군은 백제인이 집단으로

52 최재석, 「고대 일본으로 건너간 한민족과 일본 원주민의 수의 추정」, 『동방학지』 61, 1989.

이주해 거주하는 지역에 백제인이 최근에 백제에서 왔다는 뜻을 담은 지역명이다. 다시 말하면, 이마키노아야히토는 백제에서 바로 이주했거나 온 지 얼마 되지 않은 백제인을 뜻하기도 하고, 야마토노쿠니의 이마키군에 거주하는 백제인을 뜻하기도 하는 것이다.

승려 니치몬은 이마키노아야히토이며, 다카무코노 겐리(高向玄理)는 다카무코노아야히토(高向漢人), 즉 가와치노쿠니 니시코리(錦部)군 다카무코무라(高向村)[53]에 거주하는 백제인이다.

다카무코노아야히토 겐리는 스이코 16년(609)에 다른 견당 유학생과 함께 당나라에 파견되어 공부하다가 조메이 12년(640)에 귀국했다. 여기서 다카무코노아야히토 겐리의 약력을 보면 다음과 같다.

- 스이코 16년 9월 11일, 이때 당에 보내진 것은 겐리, 학문승 니치몬 등 도합 여덟 명이었다.
- 조메이 12년 10월 11일, 대당의 학문승 청안(淸安), 학생 다카무코노아야히토겐리가 신라를 경유해 돌아왔다.
- 고토쿠 즉위전기 6월 14일, 사문 민호후시(旻法師), 다카무코노 후비토겐리(高向史玄理)를 국박사로 삼았다.
- 고토쿠 다이카 2년 9월, 소덕(小德) 다카무코노 하카세 구로마로(高向博士黑麻呂)를 신라에 보내 인질을 보내게 했다.
- 고토쿠 다이카 3년 이해, 신라가 상신(上臣)인 대아찬(大阿飡) 김춘추(金春秋)를 파견해 박사(博士) 소덕 다카무코노 구로마로(高向黑麻呂), 소산중(小山中) 나카토미노 무라지 오시쿠마(中臣連押熊)를 보냈다.

---

53 『日本書紀』下, 岩波書店, p. 192.

- 고토쿠 다이카 5년 2월 이달, 박사 다카무코노 겐리와 석승(釋僧) 민을 시켜서 팔성백관(八省百官)의 제도를 설치했다.
- 고토쿠 하쿠치 5년 2월, 대당에 보낼 압사(押使) 대금상(大錦上) 다카무코노 후비토겐리, 대사(大使) 소금하 가와베노오미 마로(河邊臣麻呂), 부사(副使) 대산하(大山下) 구스시 에니치(藥師惠日), 판관(判官) 대을상(大乙上) 후미노아타이 마로(書直麻呂), 미야노오비타 아미다(宮首阿彌陀), 소을상(小乙上) 오카노키미 요로시(岡君宜) · 오키소메노 무라지 오쿠(置始連大伯), 소을하(小乙下) 나카토미노 하시히토노무라지 오유(中臣間人連老) · 다나헤노 후비토토리(田邊史鳥) 등을 배 두 척에 나누어 태웠다. (……) 동궁감문(東宮監門) 곽장거(郭丈擧)는 상세하게 일본국의 지리 및 국초(國初)의 신(神)의 이름 등을 물었다. 모두 물음에 답했다. 압사 다카무코노 겐리는 당에서 죽었다.

한편 승려 민도 스이코 16년에 다카무코노아야히토 겐리 등과 함께 당나라에 파견되어 공부했으며, 고토쿠 즉위 전에 역시 그와 함께 국박사(설령 조작이라 하더라도 이들이 당시 최고의 지식인이었을 것이다)가 되었다. 조작이라 하더라도 일본 고대사상 국박사가 된 사람은 다카무코노아야히토 겐리와 승려 민 두 사람뿐이다. 승려 민은 고토쿠 다이카 원년에 아스카데라의 사주가 되었으며, 다이카 5년에는 팔성백관의 제도를 창시했다고 『일본서기』는 기술하고 있다. 그의 약력을 보면 다음과 같다.

- 스이코 16년 9월 11일, 이때 당나라에 보내진 것은 다카무코노아야히토 겐리, 학문승 니치몬 등 도합 여덟 명이었다.

- 조메이 4년 8월, 대당은 고표인을 보내어 삼전사(三田耜)를 보냈다. 함께 쓰시마에 묵었다. 승려 민 등 신라의 송사(送使)들이 이에 따랐다.
- 조메이 11년 정월 25일, 긴 별이 서북쪽 하늘에 보였다. 승려 민이 "혜성이다. 이것이 나타나면 흉작이 된다"라고 말했다.
- 고토쿠 즉위전기 6월 14일, 사문 민 법사, 다카무코노 후비토겐리를 국박사로 삼았다.
- 고토쿠 다이카 원년 8월 8일, 천황은 사신을 아스카데라에 보내 승니를 불러모아 "사주 승려 민 등을 10사(十師)로 정하고 혜묘 법사는 구다라다이지(백제대사)의 사주로 한다. 이 10사들은 많은 승려들을 잘 가르치고 석가의 가르침을 수행함에 반드시 불법에 따르게 하라. 무릇 천황으로부터 도모노미야쓰코에 이르기까지 절을 세울 때 어려움을 겪을 경우 내가 모두 도와주겠다. 지금 사사와 사주를 임명한다. 여러 절을 돌아보고 승니, 노비, 전지(田地)의 실상을 조사해 모두 분명하게 보고하라"라고 말했다.
- 고토쿠 다이카 5년 2월 이달, 박사 다카무코노 겐리와 승려 민을 시켜 팔성백관을 두게 했다.
- 고토쿠 하쿠치 원년 2월 9일, 흰 꿩 출현의 의의에 대해 천황의 질문에 답했다.
- 고토쿠 하쿠치 4년 5월, 천황이 승려 민 법사의 승방(僧房)에 행차해 병을 위문했다.
- 고토쿠 하쿠치 4년 6월, 천황은 승려 민이 죽었다는 말을 듣고 조문사(弔問使)를 보내고 많은 선물을 보냈다. 스메미오야노 미코토(皇祖母尊), 황태자 등도 모두 사신을 보내 조문했다.

다이카 5년에 다카무코노 겐리와 승려 민이 팔성백관을 창시했다는 기록은 조작된 것임이 분명하지만 설령 그렇다 하더라도 국정을 개혁할 수 있는 지식을 가진 사람은 그 두 사람뿐이라는 점을 생각할 때 다이카개신(大化改新)이 실제로 있었다고 한다면 주로 그 두 사람이 그것을 입안하고 주도했다고 말할 수 있을 것이다.

5. 맺는말

지금까지 일본 고대국가의 지배계급의 국적에 대해 알아보았다. 위에서 언급한 바와 같이 일본 고대국가를 움직이는 지배층에는 일본 원주민은 한 사람도 없으며, 거의 전부 백제인이거나 백제인의 자손이라는 것을 알 수 있었다. 우리의 주목을 끄는 것은 일본으로 이주한 백제인과 그들의 자손뿐만 아니라, 당시 생활 근거지는 백제이면서 잠시 일본에 건너가 체류하는 백제인이 일본 고대국가의 지배층이 되고 있다는 점이다. 백제에서 파견되어 지배층이 되는 일도 있지만, 일본에 초대되어 지배층이 되는 일도 있는 것이다.

어떤 경로로 일본에 가든, 일본에 잠시 체류하는 백제인이 일본 고대국가의 지배층이 된다는 것은 일본 고대국가의 성격, 다시 말하면 백제와 일본 고대국가의 관계를 설명해주는 것이다.

또 일본에서 살기 위해 이주한 백제인을 1세라 하고 이들의 자손을 2세, 3세라 할 때, 현존하는 자료만으로 1세와 2세를 구별하기란 매우 어렵다. 백제 왕자 풍장과 고구려 승려 혜자의 예처럼 수십 년간 일본에서 생활하다가 각자 자기 나라로 귀국하는 예도 있는 것으로 보아

『일본서기』 등에 백제인, 신라인, 고구려인이라 기록되어 있는 사람은 조만간 본국으로 귀국할 것으로 생각된다.

본국으로 돌아올 한국인(백제인, 신라인, 고구려인, 가야인)과 일본으로 이주한 1세와 2세, 3세를 구별하는 작업도 향후 과제의 하나가 될 것이다.

4부

야마토왜와 인접 국가의 관계

1장

백제의 야마토왜와 고구려·신라의 관계

1. 머리말

우리는 앞에서 700년경 일본열도는 전체 인구 중 문화 수준이 아주 낮은 일본 원주민이 10~20퍼센트 정도밖에 안 되는 데 비해 나머지 약 90퍼센트는 그곳에 이주해 온 고도의 선진 문화를 가진 한민족이라는 것을 알게 되었으며,[1] 일본의 고대국가인 야마토왜는 주로 백제와 백제인에 의해 건국되고 경영되어 왔음을 여러 측면의 고찰을 통해 밝힌 바 있다.[2] 그러나 그 야마토왜의 경영이 백제와 백제인에 의해 주도되어 왔다고 하더라도 전적으로 그러한 것은 아니며, 신라인과 고구려인의 역할도 작지 않았다. 따라서 여기서는 야마토왜에서의 고구려인, 신라인의 역할을 포함해 야마토왜와 고구려·신라의 관계를 살펴보고자 한다. 먼저 야마토왜와 고구려의 관계부터 알아보자.

---

1 최재석, 「고대 일본에 건너간 한민족과 일본 원주민의 수의 추정」, 『동방학지』 61, 1989.

2 최재석, 「일본 고대국가 연구: 백제와 야마토왜의 관계」, 『한국학보』 55, 1989. 6.

2. 야마토왜와 고구려의 관계

(1) 야마토왜 사신의 고구려 파견 기사 검토

야마토왜의 사신이 고구려에 파견된 사례를 『일본서기』는 다음의 네 가지로 기록하고 있다.

A1. 사이메이 2년 9월, 고구려에 대사 가시하데노오미 하쓰미(膳臣葉積), 부사 사카이베노 무라지 이와스키(坂合部連磐鍬), 대판관(大判官) 이누카미노키미 시로마로(犬上君白麻呂), 궁중판관(宮中判官) 가와치노 후미노오비토(河內書首), 소판관(小判官) 오쿠라노 기누누이노 미야쓰코마로(大藏衣縫造麻呂) 등을 파견했다.

A2. 덴무 8년 9월 23일, 고구려에 보낸 사신과 탐라(耽羅)에 보낸 사신 등이 함께 돌아와서 조정에 절을 했다.

A3. 덴무 10년 7월 4일, 소금하 우네메노오미 지쿠라(采女臣竹羅)를 대사로 하고 다기마노 기미타테(當摩公楯)를 소사(小使)로 하여 신라국에 파견했다. 이날 소금하 사에키노 무라지 히로타리(佐伯連廣足)를 대사로 하고 오하리다노오미 마로(小墾田臣麻呂)를 소사로 하여 고구려국에 파견했다.

덴무 10년 9월 3일, 고구려와 신라에 보냈던 사신이 같이 도착해 배조(拜朝)했다.

덴무 11년 5월 16일, 고구려에 파견된 대사 사에키노 무라지 히로타리, 소사 오하리다노오미 마로 등의 사신이 천황에게 상주했다.

A4. 덴무 13년 5월 28일, 미와노히키타노키미 나니와마로(三輪引田君 難波麻呂)를 대사로, 구와하라노 무라지 히토타리(桑原連人足)를 소사로

하여 고구려에 파견했다.

덴무 14년 9월 20일, 고구려에 보낸 사신 등이 귀국했다.

위의 네 가지 사례의 기사 중 A_2~A_4의 세 가지 사례는 전적으로 조작된 것이다. 고구려가 멸망한 해가 668년, 즉 신라 문무왕 8년이며, 야마토왜(일본)의 덴지왕 7년이다. 그럼에도 덴무 8년(680), 10년(682), 13년(685), 즉 고구려가 멸망한 지 각각 12년, 14년, 17년 후에 야마토왜가 고구려에 사신을 파견했다고 하니 이는 전적으로 허위 기사인 것이다. 또 대사, 소사의 관직도 조작된 것이며, 따라서 A_1의 사이메이 2년(656)에 고구려로 야마토왜의 대사가 파견되었다는 기사도 역시 조작된 것으로 보아야 할 것이다.

고구려에 사신을 파견하려면 그 위치상 신라나 백제를 경유해야만 하는데, 당시 특히 사이메이 1년부터는 신라가 고구려를 멸망시키고 한반도를 통일하려는 시기였으므로 신라가 야마토왜 사신의 신라 통과를 용인할 리 없을 것이며, 백제 또한 신라와 대치하는 긴박한 정세[3](그로부터 5년 후인 660년 백제는 항복했다) 속에서 야마토왜 사신의 고구려행을 도와줄 여유는 없었을 것이다. 또 당시의 야마토왜는 해외로의 수송 수단을 거의 전적으로 신라에 의존하고 있었는데, 삼국통일 계획을 실행에 옮기고 있는 신라가 그러한 부탁을 들어줄 리 없었을 것이다.[4]

---

3 『삼국사기』「신라본기」 무열왕 2년~문무왕 8년 조, 「고구려본기」 보장왕 14~27년 조, 「백제본기」 의자왕 16~20년 조 참조.

4 위의 주 2 참조.

위의 사신 파견에 관한 사례 중 A_3은 다음과 같은 면에서도 조작된 기사임이 명백하다. 덴무 10년 7월 4일에는 신라와 고구려 양국에 동시에 사신이 파견된 것으로 기록되어 있고, 또 같은 해 9월 3일에는 동시에 파견된 사신이 신라와 고구려 양국에서 동시에 귀국한 것으로 『일본서기』는 기록하고 있다. 그런데 고구려에 파견된 사신만은 다음해인 덴무 11년 5월 16일에 다시 귀국 보고를 한 것으로 기록하고 있다. 즉, 고구려 파견 사신만은 두 번 귀국 보고를 한 것으로 기록하고 있다. 이러한 일련의 기사는 조작이 아니고서는 불가능하다.

(2) 야마토왜 유학생의 고구려 파견

야마토왜가 고구려에 유학생을 파견한 사례는 다음의 한 가지다. 『일본서기』 고쿄쿠 4년(654) 4월 조에 다음과 같은 기사가 있다.

> B. 고쿄쿠 4년 4월, 고구려의 학문승 등이 말하기를 "함께 공부한 구라쓰쿠리노 도쿠시(鞍作得志)는 법을 자기 친구로 하여 그 화신(化身)의 술(術)을 배웠다. 혹은 민둥산을 바꾸어 푸른 산으로 하고 혹은 황지(黃地)를 바꾸어 흰 물로 하는 등 여러 가지 기술(奇術)을 할 수 있었다"라고 했다.

여기서 우리는 고구려에 유학한 야마토왜 유학생은 구라쓰쿠리노 도쿠시를 포함해 적어도 두 명 이상이라는 것을 알 수 있다. 아래에서 언급하겠지만, 고구려의 고승이 여러 번 야마토왜에 와서 불교 활동을 했으니 야마토왜에서 고구려에 유학승을 파견하는 것은 당연한 일이라 생각된다.

(3) 고구려 사신의 야마토왜 파견 기사 검토

『일본서기』에서 고구려 사신이 야마토왜에 파견된 기사를 보면 다음과 같다.

> C_1. 오진 28년 9월, 고구려왕이 사신을 보내 조공했다.
>
> C_2. 닌토쿠 12년 7월 3일, 고구려국이 철둔(鐵盾), 철적(鐵的)을 바쳤다.
> 닌토쿠 12년 8월 10일, 고구려의 객(客)에게 조정에서 잔치를 베풀었다.
>
> C_3. 닌토쿠 58년 10월, 오나라와 고구려가 조공했다.
>
> C_4. 게이타이 10년 9월 14일, 백제는 작막고(灼莫古) 장군, 일본의 시나노 아히타(斯那奴阿比多)를 보내 고구려 사신 안정(安定) 등에 딸려 내조해 수호(修好)했다.
>
> C_5. 긴메이 원년 8월, 고구려, 백제, 신라, 임나가 함께 사신을 파견해 헌상하고 공직(貢職)을 바쳤다.
>
> C_6. 긴메이 31년 4월, 야마토노아야노 우지노 아타이아라코[야마토노아야씨(直糠兒)], 가쓰라키노아타이 나니와(葛城直難波)를 파견해 고구려 사신을 맞아들였다.
> 긴메이 31년 5월, 고구려의 사신에게 잔치를 베풀었다.
> 긴메이 31년 7월, 고구려의 사신이 오미에 왔다. 이달에 (……) 고구려의 사신에게 상락관(相樂館)에서 잔치를 베풀었다.
> 비다쓰 원년 7월, 고구려 사신이 일을 마치고 귀국했다.
>
> C_7. 비다쓰 2년 5월 3일, 고구려 사신이 고시노우미[越海: 이시카와 · 후쿠이(福井)]의 해안에 정박했다. 배가 부서져 익사하는 자가 많았다. 잔치를 하지 않고 기비노아마노아타이 나니와(吉備海部直難波)에 명해 고구려 사신을 보냈다.

C8. 비다쓰 3년 5월 5일, 고구려의 사신이 고시노우미의 해안에 정박했다.
비다쓰 3년 7월 20일, 고구려의 사신이 왕경(王京)에 들어왔다.
C9. 스이코 13년 4월, 고구려의 대흥왕(大興王)이 일본의 천황이 불상을 만든다는 것을 듣고 황금 300냥을 바쳤다.
C10. 스이코 18년 3월, 고구려왕이 승려 담징, 법정을 바쳤다.
C11. 스이코 26년 8월, 고구려가 사신을 보내 토산물을 바쳤다.
C12. 스이코 33년 정월 7일, 고구려왕이 승려 혜관을 바쳤다. 그래서 승정으로 임명했다.
C13. 조메이 2년 3월 1일, 고구려 대사 연자발(宴子拔), 소사 약덕(若德)과 백제대사 은솔(恩率) 소자(素子), 소사 덕솔 무덕(武德)이 함께 조공했다.
조메이 2년 8월, 고구려, 백제의 객에게 조정에서 잔치를 베풀었다.
조메이 2년 9월 4일, 고구려, 백제의 객이 귀국했다.
C14. 고쿄쿠 원년 2월 6일, 고구려의 사신이 나니와 나루에 묵었다.
고쿄쿠 원년 2월 21일, 여러 대부(大夫)를 나니와군에 파견해 고구려국이 바친 금은 등 다른 헌상물을 조사했다.
고쿄쿠 원년 2월 21일, 고구려, 백제의 객에게 나니와군에서 잔치를 베풀었다.
고쿄쿠 원년 2월 25일, 고구려, 백제의 객에게 잔치를 베풀었다.
고쿄쿠 원년 2월 27일, 고구려와 백제의 사신이 같이 일을 마치고 귀국했다.
C15. 고쿄쿠 원년 8월 16일, 고구려 사신이 일을 마치고 귀국했다.
26일, 백제, 신라의 사신이 일을 마치고 귀국했다.
C16. 고쿄쿠 2년 6월 13일, 쓰쿠시 대재부(大宰府)로부터 역마(驛馬)로 고구려가 사신을 보내왔다고 전해왔는데, 여러 경(卿)들이 이야기하기를

"고구려는 조메이 11년(기해년) 이후 내조하지 않았는데 지금 내조했다"라고 했다.

C17. 고토쿠 다이카 원년 7월 10일, 고구려, 백제, 신라가 사신을 보내 조(調)를 바쳤다. (……) 고세노 도코타 오오미(巨勢德大臣)가 고구려 사신에 조(詔)해 (……) 말하고, 또 백제 사신에게 (……) 조(詔)했다. 그래서 백제왕은 천황의 칙(勅)에 따라 모든 그 경계를 나타냈다고 (……) 말했다.

C18. 고토쿠 다이카 2년 2월 15일, 고구려, 백제, 신라, 임나 등이 함께 사신을 보내 조부(調賦)를 바쳤다.

C19. 고토쿠 다이카 3년 정월 15일, 고구려, 신라가 사신을 보내 조부를 바쳤다.

C20. 고토쿠 하쿠치 원년 4월 주. 고구려, 백제, 신라 삼국이 매년 사신을 파견해 공헌했다.

C21. 고토쿠 하쿠치 5년 이해, 고구려, 백제, 신라가 아울러 사신을 보내 봉조(奉弔)했다.

C22. 사이메이 원년 이해, 고구려, 백제, 신라가 아울러 사신을 보내 조(調)를 바쳤다.

C23. 사이메이 2년 8월 8일. 고구려가 달사(達沙) 등을 보내 조를 바쳤다.

C24. 사이메이 2년, 고구려, 백제, 신라가 아울러 사신을 보내 조를 바쳤다.

C25. 사이메이 6년 정월, 고구려의 사신 을상(乙相) 하취문(賀取文) 등 100여 명이 쓰쿠시에 숙박했다.

사이메이 6년 5월 8일, 고구려 사신 을상 하취문 등이 나니와관에 도착했다.

사이메이 6년 7월 16일, 고구려 사신 을상 하취문 등이 일을 마치고 귀국했다.

C26 덴지 5년 정월 11일, 고구려가 전부(前部) 능루(能婁)를 파견해 조(調)를 바쳤다. 이날 탐라 왕이 왕자 고여(姑如) 등을 파견해 공헌했다.

덴지 5년 6월 4일, 고구려의 전부 능루 등이 일을 마치고 귀국했다.

C27. 덴지 5년 10월 26일, 고구려가 을상 엄추(奄鄒)를 파견해 조를 바쳤다.

C28. 덴지 7년 7월, 고구려가 고시(越)의 길[호쿠리쿠(北陸) 연안]로 사신을 파견해 조를 바쳤는데, 풍랑이 높아 돌아갈 수 없었다.

C29. 덴지 10년 정월 9일, 고구려가 상부대상(上部大相) 가루(可婁) 등을 파견해 조를 바쳤다.

덴지 10년 8월 3일, 고구려의 상부대상 가루 등이 일을 마치고 귀국했다.

C30. 덴무 원년 5월 28일, 고구려가 전부 부가변(富加抃) 등을 파견해 조를 바쳤다.

C31. 덴무 2년 8월 20일, 고구려가 상부(上部) 위두대형(位頭大兄) 감자(邯子), 전부대형(前部大兄) 석우(碩干) 등을 파견해 조공했다.

덴무 2년 11월 21일, 고구려의 감자와 신라의 살유(薩儒) 등에게 쓰쿠시 대군(大郡)에서 잔치를 베풀었다.

C32. 덴무 4년 3월, 고구려가 대형 부간(富干), 대형 다무(多武) 등을 파견해 조공했다. 신라는 급찬 박근수(朴勤修), 대나말(大奈末) 김미하(金美賀)를 파견해 조를 바쳤다.

덴무 4년 8월 28일, 신라와 고구려 양국의 조사(調使)에게 쓰쿠시에서 잔치를 베풀었다.

C33. 덴무 5년 11월 23일, 고구려가 대사 후부(後部) 주부(主簿) 아우(阿宇), 부사 전부 대형 덕부(德富)를 파견해 조공했다. 뒤이어 신라는 대나말 김양원(金楊原)을 파견하고 고구려의 사신을 쓰쿠시에 보냈다.

C34. 덴무 8년 2월 1일, 고구려가 상부 대상(大相) 환부(桓父), 하부 대상

사수루(師需婁) 등을 파견해 조공했다. 신라가 감물나(甘勿那)를 보내와서 환부 등을 쓰쿠시로 보냈다.

C35. 덴무 9년 5월 13일, 고구려가 남부(南部) 대사 묘문(卯問), 서부(西部) 대형 준덕(俊德) 등을 파견해 조공했다. 신라는 대나말 고나(考那)를 파견해 고구려 사신 묘문 등을 쓰쿠시에 보냈다.

덴무 10년 4월 17일, 고구려의 객 묘문 등에게 쓰쿠시에서 잔치를 베풀었다.

덴무 10년 5월 26일, 고구려의 묘문이 돌아갔다.

C36. 덴무 9년 11월 4일, 고구려인 19명이 본토에 돌아갔다. 이들은 사이메이 천황의 상(喪)에 조사(弔使)로 와서 머물러 있던 사람들이다.

C37. 덴무 11년 6월, 고구려왕이 하부 조유괘루모절(助有卦婁毛切), 대고(大古) 앙가(昂加)를 파견해 토산물을 바쳤다.

덴무 11년 8월 3일, 고구려의 객에게 쓰쿠시에서 잔치를 베풀었다.

위의 기사를 표로 나타내면 〈표 1〉과 같다. 고구려 사신이 야마토왜에 조공을 하기 위해 파견되었다는 『일본서기』의 기사는 거의 전부 조작된 것이다. 그러면 『일본서기』가 그것들을 어떻게 조작하고 있는지 살펴보자.

1) 고구려 사신의 야마토왜 파견은 거의 전부 조공하기 위한 것이었으며, 물건뿐만 아니라 사람도 바친 것으로 기록하고 있다.

2) 조공을 한 고구려 사신은 ① 사(使), ② 객(客), ③ 대사(大使), 소사(小使), 부사(副使), ④ 인명(人名), ⑤ 조사(弔使)의 다섯 가지 범주로 기술하고 있지만, 대부분이 사(使)로 표현되어 있다.

3) 조공은 ① 공(貢), ② 조공, ③ 헌(獻), ④ 진조(進調), ⑤ 공헌(貢

獻), ⑥ 조부(調賦)의 여섯 가지 범주로 기술하고 있다.

4) 『일본서기』는 또 왜왕이 죽으면 조문조사(弔問弔使)를 파견한 것으로 조작하고 있다(2사례).

5) 대개 고구려가 단독으로 야마토왜에 사신을 파견하는 기사로 되

〈표 1〉 고구려 사신의 야마토왜 파견 기사(『일본서기』)

연대	사신의 표현	조공의 표현	조공물	조공국						
				고구려	오, 오구려	고구려, 신라, 백제, 임나	고구려, 백제	고구려, 백제, 신라	고구려, 신라	고구려, 탐라
1. 오진 28년 9월	使	朝貢		○						
2. 닌토쿠 12년 7월 3일	客	貢	鐵盾, 鐵的	○						
3. 닌토쿠 58년 10월		朝貢			○					
4. 게이타이 10년 9월 14일	使			○						
5. 긴메이 원년 8월	使	獻				○				
6. 긴메이 31년 4월 ~비다쓰 원년 7월	使			○						
7. 비다쓰 2년 5월 3일~즉시	使			○						
8. 비다쓰 3년 5월 5일~?	使			○						
9. 스이코 13년 4월		貢	황금300량	○						
10. 스이코 18년 3월		貢	승려 담징, 법정	○						
11. 스이코 26년 8월	使	貢	토산물 (방물)	○						
12. 스이코 33년 정월 7일		貢	승려 혜관	○						
13. 조메이 2년 3월 1일~9월 4일	大使, 小使	朝貢					○			
14. 고쿄쿠 원년 2월 6일~ 2월 27일	使	貢	금은 등	○						

15. 고쿄쿠 원년 8월 16일								○		
16. 고쿄쿠 2년 6월 13일	使	來朝		○						
17. 다이카 원년 7월 10일	使	進朝						○		
18. 다이카 2년 2월 15일	使	貢獻	조부			○				
19. 다이카 3년 정월 15일	使	貢獻	조부						○	
20. 하쿠치 원년 4월	使	貢獻						○		
21. 하쿠치 5년	使	奉弔						○		
22. 사이메이 원년	使	進調						○		
23. 사이메이 2년 8월 8일	使	進調		○						
24. 사이메이 2년	使	進調						○		
25. 사이메이 6년 정월~7월 16일	使			○						
26. 덴지 5년 정월 11일~6월 4일	人名	進調, 貢獻								○
27 덴지 5년 10월 26일	人名	進調		○						
28. 덴지 7년 7월	使	進調		○						
29. 덴지 10년 정월 9일~8월 3일	人名	進調		○						
30. 덴무 원년 5월 28일	人名	進調		○						
31. 덴무 2년 8월 20일	人名	朝貢		○						
32. 덴무 4년 3월	人名	朝貢							○	
33. 덴무 5년 11월 23일	大使, 副使	朝貢							○	
34. 덴무 8년 2월 1일	人名	朝貢							○	
35. 덴무 9년 5월 13일 ~10년 5월 26일	人名	朝貢		○						
36. 덴무 9년 11월 4일	人數 (19명)	弔使		○						
37. 덴무 11년 6월	人名	貢	토산물	○						

어 있지만, 다음과 같이 여러 나라가 동시에 야마토왜에 사신을 파견해 조공하는 사례도 적지 않다.

① 오 · 고구려: 1사례

② 고구려 · 백제 · 신라 · 임나: 2사례

③ 고구려 · 백제: 1사례

④ 고구려 · 백제 · 신라: 6사례

⑤ 고구려 · 신라: 4사례

⑥ 고구려 · 탐라: 1사례

이는 전형적인 조작 기사의 하나가 될 것이다.

6) 조공품은 철물(철둔, 철적), 황금, 토산물, 금은 등으로 하고 있다.

7) 사람을 바친 기사를 보면 모두 고승(담징, 법정, 혜관)이다.

8) 어느 왜왕 때 고구려가 조공을 했는지 살펴보면 〈표 2〉에 나타나 있는 바와 같이 오진 때부터 시작해 닌토쿠왕, 9대를 건너뛰어 게이타이, 다시 두 왕을 건너뛰어 긴메이·비다쓰, 다시 두 왕을 건너 스이코 때부터 계속 조공한 것으로 기록하고 있으며, 특히 스이코·고토쿠·사이메이·덴무 시대에 많은 고구려의 조공사가 온 것으로 되어 있는데,

〈표 2〉 고구려의 조공사

왕명	오진	닌토쿠	리추	한제	인교	안코우	유랴쿠	세이네이	겐조	닌켄	부레쓰	게이타이	안칸	센카	긴메이	비다쓰	요메이	스슌	스이코	조메이	고쿄쿠	고토쿠	사이메이	덴지	덴무
사례	1	2	·	·	·	·	·	·	·	·	·	1	·	·	2	2	·	·	4	1	3	5	4	4	8

그중에서도 덴무 시대에는 가장 많은 고구려 조공사가 온 것으로(8사례) 되어 있다. 고구려의 패망 이후에도 조공사가 일본에 온 것으로 기록하고 있는 것이다.

9) 우리는 다음과 같은 근거에서 고구려가 야마토왜에 조공했다는 『일본서기』의 기사는 조작임을 알 수 있다.

① 〈표 1〉의 28 사례의 조공 기사, 즉 고구려 패망 후에도 고구려가 사신을 야마토왜에 파견했다는 기사는 전적으로 허위임이 명백하다.

② 한반도에 있는 두 나라, 세 나라 또는 네 나라(〈표 1〉 참조)가 동시에 조공한 것으로 되어 있는 기사도 전적으로 조작된 것이다.

③ 한국으로부터 해당 사신이 왔거나 갔다는 기사 없이 고구려, 백제, 신라 삼국의 사신이 동시에 야마토왜 왕실의 장례 소식을 듣고 야마토왜의 노상(路上)에서 애도했다는 다음과 같은 기사도 조작이다.

> C_{38}. 덴지 6년 2월 27일, 어머니 사이메이 천황과 누이 고토쿠 황후를 오치노오카노우에노 미사자키[小市岡山陵: 나라현 다카이치군 다카토리초(高取町)]에 합장했다. 이날 황손(皇孫) 오호타노 히메히코(大田皇女)를 능 앞의 묘에 장사지냈다. 고구려, 백제, 신라의 사신이 모두 큰길에서 애도를 올렸다.

위 기사의 덴지 6년은 667년으로 백제가 망한 지 7년이 되는 해인 동시에 고구려로서는 멸망 1년을 앞둔 해로서 나당연합군과 사활을 건 전투를 벌이던 긴박한 해였다. 그런데 『일본서기』는 고구려, 백제, 신라 삼국의 사신이 야마토왜에 와서 야마토왜 왕실의 장례 소식을 듣고 길에서 애도했다고 기록한 것이다. 야마토왜가 고구려, 백제, 신라 삼국의 종주국이라는 인상을 주기 위해 삼국의 사신이 길에서 야마토왜 왕실의 장례를 애도했다고 기술한 것이다.

④ 고구려인의 야마토왜 왕래는 거의 전부 신라의 도움(배편 제공)으로 행해졌으며,[5] 신라의 도움 없이는 고구려가 야마토왜에 조공사를 파견할 수 없었다. 그런데 신라와 고구려는 적대 관계에 있었다.

⑤ '조공사'의 도착·귀국의 왕복 기사가 있다고 하지만 사실 기사는 아니다. 『일본서기』는 대개 한국(백제, 신라, 고구려)으로부터의 조공사 도착 연월만 기록하고 있지만, 때로는 도착 연월과 귀국 연월 모두를 기록해 사실의 기록이라는 인상을 주려 하고 있다. 고구려의 경우 37회의 조공사 기록 가운데 도착과 귀국 연월을 모두 기록한 경우는 8사례나 된다. 그런데 이 가운데 〈표 1〉의 29와 35의 두 사례에는 고구려 멸망 후인데도 도착과 귀국의 왕복 기사를 모두 게재하고 있는 점으로 미루어 보아 왕복 연월을 모두 게재했다고 해서 그 기사가 사실이라고는 말할 수 없다.

⑥ 고구려의 승려가 미개척지인 야마토왜에 건너가자마자 그곳의 승정(불교 통제 기관의 우두머리)이 되었다면 이것은 야마토왜가 정중하게 모셔갔거나, 자진해서 야마토왜로 건너가 불교 보급에 노력하는 고구려의 고승을 모셔다가 승정에 임명한 것으로 보는 것이 옳겠지만, 『일본서기』는 이를 고구려왕이 고구려 승려를 야마토왜에 '공상'한 것으로 기록하고 있다. 『일본서기』에 나타나는 한국으로부터의 사람의 '공상'은 모두 이러한 종류의 것이다.

---

5 『日本書紀』 天武 2年 8月 20日 條; 『日本書紀』 天武 5年 11月 23日 條; 『日本書紀』 天武 8年 2月 條; 『日本書紀』 天武 9年 5月 30日 條; 『日本書紀』 天武 11年 6月 條.

⑦ 더더욱 폭소를 짓게 하는 조작의 사례는 고구려가 바친 금은 등의 조공물을 검사했다는 대목이다.[6]

⑧ 조공, 공헌 등이 성립되려면 당사자 양국 사이에 정치적·문화적 차이가 있는 동시에 이해관계가 있어야 한다. 또 약자나 후진(後進) 쪽이 강자나 선진 쪽에 조공, 공헌을 하는 것이지 그 반대의 경우는 성립될 수 없다. 고구려와 야마토왜 간에 조공 관계가 성립되었다고 한다면 야마토왜가 고구려에 조공을 했다고 하는 것이 마땅하다. 그런데 『일본서기』는 그 반대 방향의 조공, 즉 고구려가 야마토왜에 조공을 했다고 기록하고 있다. 그것도 한두 번이 아니라 무려 37번이나 된다고 기술하고 있다. 앞으로 살펴볼 신라의 경우도 그러하고, 심지어는 야마토왜를 건국하고 경영한 백제의 경우에도 백제가 무수히 야마토왜에 조공했다고 기록하고 있는 것이다.

전달된 고구려의 국서를 사흘이 걸려도 읽을 수 없는 문화 수준밖에 갖지 못한[7] 야마토왜에, 그 유학생을 수용해 공부시켜 주고 고승을 파견해 왜왕의 왕자를 교육했으며[8] 왜왕의 병을 고쳐 주는 시의를 보내 주었을 뿐만 아니라[9] 야마토왜 불교 통제 기관의 책임자인 승정[10]을 파견한 나라인 고구려가 37회나 조공을 했다고 『일본서기』는 주장하고 있는 것이다.

요컨대 『일본서기』에 고구려(신라, 백제 등)가 야마토왜에 사신을 파

---

6 『日本書紀』 皇極 元年 2月 21日 條.
7 『日本書紀』 敏達 元年 5月 15日 條.
8 『日本書紀』 推古 元年 4月, 同 3月 5日 條.
9 『日本書紀』 白雉 元年 2月 15日 條.
10 『日本書紀』 推古 33年 1月 7日 條.

견해 조공했다는 기사는 모두 조작인 것이다. 우리는 여기서 『삼국사기』에는 고구려와 야마토왜의 관계에 대한 언급이 전혀 없음을 지적해 두고자 한다.

(4) 야마토왜에서의 고구려인의 역할

여기서는 고구려인이 야마토왜에 건너가서 어떤 역할을 했는지를 『일본서기』를 통해 알아보고자 한다.

> D1. 비다쓰 13년, 하리마노쿠니에 승려에서 환속한 고구려인 혜편이 있었는데, 소가노 우마코 오오미는 그를 불법의 스승으로 삼았다.
>
> D2. 스이코 원년 4월 10일, 황태자는 불법을 고구려의 혜자에게 배우고 유교의 경전은 각가 박사에게서 배웠다.
>
> D3. 스이코 4년 11월, 호코지가 준공되었다. 이날 혜자, 혜총(백제 승려)이 처음으로 그 절에 들어갔다.
>
> D4. 스이코 23년 11월 2일, 고구려 승려 혜자가 본국으로 귀국했다.
>
> D5. 스이코 33년 1월 7일, 고구려 승려 혜관이 왔다. 그래서 승정으로 임명했다.
>
> D6. 고토쿠 다이카 원년 8월 8일, 사신을 백제대사에 파견해 승니를 모아 조(詔)하기를 "비다쓰 천황 때에 소가노 우마코는 아버지의 도법(道法)을 존중하고, 불교를 믿었다. 그러나 다른 신하들이 믿지 않았기 때문에 거의 망하려고 했다. 비다쓰 천황은 우마코에게 조칙(詔勅)을 내려 그 법을 믿도록 했다. 스이코 천황 때에 우마코는 천황을 위해 6장의 소상, 6장의 동상을 만들었다. 불교를 현양하고 승니를 공경했다. 짐(朕)은 또 정교(正教)를 숭상하고 큰 길을 비치어 개척하고자 한다. 사문 박대법사

(狛大法師), 복량(福亮), 혜운(惠雲), 상안(常安), 영운(靈雲), 혜지(惠至), 승려 민, 도등(道登), 혜린(惠隣), 혜묘를 10사로 했다. (……) 이 10사들은 여러 승려들을 잘 교도하고 불교를 행하는 것을 꼭 법대로 하라"라고 했다.

야마토왜에서의 고구려인의 역할을 살펴보면 그중 제일 두드러지는 것은 고구려인 승려의 역할이다. 그들은 야마토왜로 건너가서 실질적으로 야마토왜왕의 위치에 있었던 소가노 우마코의 불법 스승이 되기도 하고(D_1), 왜왕의 왕자의 스승이 되기도 했다(D_2). 또 이들은 불교 통제 기관의 책임자(승정)가 되기도 하고(D_5), 불교 교리의 지도자인 10사 가운데 한 사람이 되기도 했다(D_6).

이 밖에 다음 사료에 나타나 있는 바와 같이 고구려 고승이 적지 않게 야마토왜로 건너가서 불법 진흥에 공헌하기도 했다.

E_1. 스이코 10년 윤 10월 15일, 고구려의 승려 승륭, 운총이 함께 귀화했다.

E_2. 스이코 33년 정월 7일, 고구려의 승려 혜관이 왔다.

E_3. 지토 7년 6월, 고구려의 사문 복가(福嘉)에 조(詔)해 환속하게 했다.

여기서 주목할 것은 고구려 승려가 야마토왜에 건너가서 불교에 종사했지만, 그 가운데는 환속해 생활한 사람도 적지 않았다는 사실이다. 사료 D_1의 경우, 고구려 승려 혜편은 환속한 후에 소가노 우마코의 불법의 스승이 되었던 것이다.

두 번째로 주목할 것은 고구려인이 왜왕의 주치의로 활동했다는 사실이다. 고토쿠 하쿠치 원년 2월 15일, 흰 꿩의 출현을 축하하는 의식 때 왜왕이 고구려의 시의 모치를 거느리고 입장한 기사는 바로 이러한 사실을 나타낸다(F1).

F1. 고토쿠 하쿠치 원년 2월 15일, 조정에서 원일(元日)의 의식처럼 의장병(儀杖兵)이 위용을 정비했다. (……) 백제의 풍장군, 그 동생 새성과 충승, 고구려의 시의 모치, 신라의 시학사(가정교사) 등이 이를 따라 들어왔다.

이미 알려져 있는 바와 같이 고구려 승려가 야마토왜에 건너가서 채색(彩色)과 지묵(紙墨)을 만들고 수력을 이용한 맷돌을 만들었는데, 이러한 것은 야마토왜에서는 처음 있는 일이며, 이것이 야마토왜에 퍼져나간 것이다(F2).

F2. 스이코 18년 3월, 고구려의 승려 담징, 법정 등이 왔다. 담징은 오경에 능통하고, 또 채색 및 종이와 먹을 만들었으며, 수력을 이용하는 맷돌을 만들었다. 맷돌을 만든 것은 이때가 처음이다.

야마토왜에서 신라·백제 음악과 함께 고구려 음악이 연주되었다면 의당 고구려인도 야마토왜에 건너가서 고구려 음악을 연주했던 것으로 볼 수 있다.

F3. 덴무 12년 정월 18일, 오하리다 춤 및 고구려 · 백제 · 신라의 음악을 조정에서 연주했다.

이 밖에 또 손끝으로 물건을 만드는 교수자[巧手者: 공장(工匠)]도 고구려에서 야마토왜로 건너갔으며, 야마토왜의 개척에 한몫했다(F4).

F4. 닌켄 6년 9월, 히타카노키시를 고구려에 파견해 교수자를 불렀다. 닌켄 6년 이해에 그는 고구려에서 귀국해 공장 수류지, 노류지 등을 바쳤다.

위의 기사는 고구려의 기술자들이 야마토왜에 건너가서 그곳을 개척했다는 것을 전하면서도 한편으로는 또 사실을 왜곡하고 있다. 즉, 야마토왜 사신을 고구려에 파견해 기술자 초빙을 부탁했음에도 불구하고, 『일본서기』는 야마토노쿠니의 왕이 고구려의 백성인 기술자를 불렀으며, 고구려가 그 백성인 기술자를 바쳤다고 기록한 것이다. 불렀다[召]는 것은 국왕이 자기 신하나 백성에게 쓰는 말인데, 『일본서기』는 국력으로나 문화적으로나 뒤처지고 약자인 야마토왜의 국왕이 그보다 훨씬 강국이자 선진국인 고구려의 기술자를 불렀다고 표현한 것이다.

또 고구려 농민이 집단적으로 모여 농사를 짓는 일도 있었다. 다음에 나타나 있는 바와 같이 야마토노쿠니의 정치 중심지인 다카이치군 무사[身狹: 지금의 나라현 가시하라시 미세(見瀨) 구역]에 백제인들만이 경영하는 농업경영지 이외에 고구려인들만이 경영하는 농업경영지가 존재하고 있었다는 것은 놀라운 사실이다.

F5. 긴메이 17년(556) 10월, 소가노오오미 이나메 스쿠네 등을 야마토노쿠니의 다카이치군 무사에 파견해 백제인이 경영하는 대규모의 둔창과 고구려인이 경영하는 소규모의 둔창을 설치하게 했다.

둔창을 일본 학계의 통설처럼 야마토왜 왕실 직할의 농업경영지[11]라고 가정한다면 야마토왜의 국왕(천황)과 왕실이 먹는 양식은 일본 원주민이 아니라 결국 백제와 고구려의 농민이 지은 것이다. 천황과 소가씨가 백제인이고 천황의 시의가 백제인, 고구려인, 신라인이라는 점 등을 고려해볼 때 천황가의 양식을 한국인 농민이 지었다는 것은 당연하다고 하겠다. 신천지 야마토왜를 개척하고 고대국가를 경영하는 데 일익을 담당한 고구려인의 공로를 인정해 덴무 14년에는 백제인과 함께 147명에게 작위(爵位)를 수여한 일도 있었다.[12]

이와 같이 『일본서기』에 기록된 것만 보더라도 야마토왜에 거주한 고구려인은 승려, 환속한 승려, 사신, 화가, 의사, 음악인, 기술자, 농민 등 다양하다. 다음 사료를 보면 고구려 사신이 곰 가죽 장사를 했으며, 야마토왜에 거주하는 고구려인 화가가 '동성객(同姓客)', 즉 같은 국적을 가진 손님인 고구려 사신을 자기 집으로 초대한 사실도 알 수 있다(F6). 그리고 여기서 우리는 일본 『육국사』에 나오는 '동성(同姓)'은 같은 국적을 가진 사람이라는 것을 알 수 있다.

> F6. 사이메이 5년, 고구려의 사신이 곰 가죽 한 장을 가지고 가격을 비단 60근이라 했다. 시사(市司: 시장에서 수수료를 받는 사람)가 웃으며 지나갔다. 고구려인 화가 자마려(子麻呂)가 동성의 손님(고구려 사신)을 자기 집에 초대하는 날에 관(官)의 곰 가죽 70장을 빌려 손님의 자리에 깔았다. 손님들은 부끄럽고 수치스러워서 나왔다.

---

11 둔창은 야마토왜 왕실의 직할 농업경영지가 아니다. 졸저 『일본 고대사 연구 비판』 참조.
12 『日本書紀』 天武 14年 2月 4日 條.

3. 야마토왜와 신라의 관계

여기서도 앞에서 살펴본 것과 같은 순서로 그 관계를 살펴보고자 한다. 즉, 먼저 야마토왜 사신의 신라 파견, 야마토왜 유학생의 신라 파견, 신라 사신의 야마토왜 파견, 야마토왜에서의 신라인의 역할 등을 알아보고자 한다.

(1) 야마토왜 사신의 신라 파견 기사 검토

야마토왜의 사신이 신라에 파견된 사례는 왕의 조(詔: 실행 여부 미상)까지 포함해 약 19사례에 이른다. 조작 기사이긴 하지만 이미 살펴본 야마토왜 사신의 고구려 파견의 4사례에 비하면 월등히 많은 것이 눈에 띈다. 그것을 『일본서기』는 다음과 같이 기록하고 있다. 19사례 중 파견 연월, 귀국 연월의 왕복 기사가 모두 있는 것은 G_3, G_6, G_{13}, G_{14}, G_{16}, G_{17}, G_{18}의 7사례 정도이다.

G_1. 긴메이 32년 3월 5일, 신라에 사카타노 미미코노 이라쓰키미(坂田耳子郎君)를 사신으로 파견해 임나 멸망의 이유를 묻게 했다.

G_2. 비다쓰 4년 4월 6일, 기시노카네코(吉士金子)를 신라에, 기시노이타비(吉士木蓮子)를 임나에, 기시노오사히코(吉譯語彥)를 백제에 사신으로 보냈다.

G_3. 비다쓰 13년 2월 8일, 나니와의 기시노이타비를 신라에 사신으로 파견했다. 그리고 임나까지 갔다.

G_4. 스슌 4년 11월 4일, 기시노카네코를 신라에 파견하고 기시노이타비를 임나에 파견해 일을 묻게 했다.

G5. 스이코 5년 11월, 기시노이와카네(吉士磐金)를 신라에 파견했다.

스이코 6년 4월. 나니와의 기시노이와카네가 신라에서 돌아와 까치 두 마리를 바쳤다.

G6. 스이코 31년 7월, 이해에 기시노이와카네를 신라에 파견하고 기시노쿠라지(吉士倉下)를 임나에 파견해 일을 물었다. 이때 신라는 여덟 명의 대부를 파견해 이와카네에게 전하기를 (……) 약속하기를 "임나는 작은 나라이지만 천황을 섬기는 나라인데 어찌 신라가 마음대로 탈취하겠습니까? 지금까지처럼 천황의 내관가(內官家)로서 걱정을 끼치지 않겠습니다"라고 했다.

스이코 31년 11월, 이와카네와 구라지 등이 신라에서 돌아왔다.

G7. 고쿄쿠 원년 2월 22일, 대신(大臣)에 조(詔)해 "쓰모리노 무라지 오호아메(津守連大海)를 고구려에, 구니카쓰키시 구히나(國勝吉士水鷄)를 백제에, 구사카베노 기시마토(草壁吉士眞跡)를 신라에, 사카모토노 기시나가에(坂本吉士長兄)를 임나에 사신으로 보내라"라고 말했다.

G8. 고토쿠 다이카 2년 9월, 소덕 다카무코노 하카세 구로마로를 신라에 파견해 인질을 바치게 하고 임나의 조(調)를 중지시켰다.

G9. 고토쿠 다이카 5년 5월 1일, 소화하(小花下) 미와노 시코부노키미, 대산상(大山上) 가니모리노무라지 쓰노마로(掃部連角麻呂) 등을 신라에 파견했다. 이해에 신라왕은 사록부(沙喙部) 김다수(金多遂)를 파견해 인질로 했는데, 종자(從子)가 37명[승려 1명, 시랑(侍郎) 2명, 승(丞) 1명, 달관랑(達官郎) 1명, 중객(中客) 5명, 기술자 10명, 통역 1명, 종자 16명 등]이었다.

G10. 사이메이 3년, 이해에 사신을 신라에 보내 "사문 지타쓰(智達), 하시히토노 무라지 미우마야(間人連御廐), 요사미노 무라지 와쿠고(依網連稚

子) 등을 너의 나라에 부탁해 대당에 보내고 싶다"라고 말했다. 신라는 그것을 거절했다. 그래서 사문 지타쓰 등은 귀국했다.

G11. 덴지 7년 11월 5일, 소산하(小山下) 지노리노오미 마로(道守臣麻呂)와 기시노오시비(吉士小鮪)를 신라에 보냈다.

G12. 덴지 9년 9월, 아즈미노 무라지 쓰라타리(阿曇連頰垂)를 신라에 파견했다.

G13. 덴무 4년 7월 7일, 소금상(小錦上) 오토모노 무라지 구니마로(大伴連國麻呂)를 대사로 하고, 소금하 미야케노키시 이리시(三宅吉士入石)를 부사로 해 신라에 파견했다.

덴무 5년 2월, 오토모노 무라지 구니마로 등이 신라에서 돌아왔다.

G14. 덴무 5년 10월 10일, 대을상 모노노베노 무라지 마로(物部連麻呂)를 대사로 하고, 대을중(大乙中) 야마시로노아타이 모모타라(山背直百足)를 소사로 해 신라에 파견했다.

덴무 6년 2월, 모노노베노 무라지 마로가 신라에서 돌아왔다.

G15. 덴무 8년 9월 16일, 신라에 파견한 사신 등이 돌아와서 배조했다.

G16. 덴무 10년 7월 4일, 소금하 우네메노오미 지쿠라(采女臣竹羅)를 대사로 하고, 다키마노 기미타테를 소사로 해 신라국에 파견했다. 이날 소금하 사에키노 무라지 히로타리를 대사로 하고, 오하리다노오미 마로를 소사로 해 고구려국에 파견했다.

덴무 10년 9월 3일, 고구려와 신라에 파견한 사신들이 같이 와서 배조했다.

덴무 11년 5월 16일, 고구려에 파견된 대사 사에키노 무라지 히로타리, 소사 오하리다노오미 마로 등이 사신의 목적을 다한 것을 보고했다.

G17. 덴무 13년 4월 20일, 소금하 다카무코노오미 마로(高向臣麻呂)를 대사로 하고, 소산하 쓰노노오미 우시카히(都努臣牛甘)를 소사로 해 신

라에 파견했다.

덴무 14년 5월 26일, 다카무코노 아소미마로(高向朝臣麻呂)와 쓰노노 아소미 우시카히(都努朝臣牛飼) 등이 신라에서 돌아왔다.

G18. 지토 원년 정월 19일, 직광사 다나카노아소미 노리마로(田中朝臣法麻呂)와 추대이(追大貳) 모리노키미 가리타(守君苅田) 등을 신라에 파견해 천황의 상(喪)을 알렸다.

지토 3년 정월 8일, 신라로 보낸 사신 다나카노아소미 노리마로가 신라에서 귀국했다.

G19. 지토 9년 9월 6일, 오노노아소미 게노(小野朝臣毛野) 등이 신라로 떠났다.

위의 19사례는 크게 서로 상반되는 두 가지 흐름의 기사로 되어 있다. 하나는 신라가 야마토노쿠니보다 선진국임을 전제로 한 것이고, 다른 하나는 그 반대의 기사다. 전자가 사실에 가까운 기사이며 개변되지 않은 것이고, 후자는 조작된 것이다. 말하자면 사례 G10과 G18이 전자에 속하는 기사이다. G10은 사신을 신라에 파견해 당나라에 보내는 야마토왜인을 당나라까지 수송해달라고 부탁했으나 신라가 거절해 그 사신이 되돌아온 기사이며, G18은 야마토왜 국왕의 사망을 신라에 보고한 기사이다. 우리는 여기서 당나라에 파견된 8사례의 야마토왜 유학생 수송 중 그 기록이 있는 6사례는 모두 신라에 부탁해 신라 배를 이용한 것을 지적해두고자 한다.

후자의 기사는 크게는 첫째, 신라가 임나를 멸망시킨 이유와 책임을 비난하기 위한 것, 둘째, 그때 신라왕이 야마토 국왕에게 충성을 다하기로 맹세한 것, 셋째, 인질을 파견하도록 하기 위한 것, 넷째, 신라가 임나에게 조공까지 바치게 한 것을 중지하도록 하기 위한 것으로 나뉜다.

또 야마토왜가 한반도의 두 나라에 동시에 사신을 파견하거나, 두 나라에 파견된 사신이 동시에 귀국한 것도 조작된 것이며, G_{16}의 예와 같이 고구려와 신라에 사신이 파견되고 동시에 귀국 보고를 했는데 그중 고구려가 다시 다음해에 업무 보고를 한 것도 조작 기사임을 보여주는 예라 할 것이다. 이렇게 볼 때 신라에 대한 사신 파견 기사는 몇 사례를 제외하고는 적어도 그 파견 목적만은 개변된 것으로 생각된다.

(2) 야마토왜 유학생의 신라 파견

『일본서기』에 의하면 야마토왜가 신라에 유학생을 파견한 사례는 6회나 되는데, 이 횟수는 고구려에 유학생을 파견한 1회에 비하면 대단히 많은 것이다.

H_1. 긴메이 4년 8월, 대당이 고표인을 파견해 삼전사를 보냈다. 이때 학문승 영운, 승려 민 및 승조양(勝鳥養), 신라의 송사들이 따라왔다.[13]

H_2. 덴무 14년 5월 26일, 다카무코노 아소미마로, 쓰노노 아소미 우시카히 등이 신라에서 돌아왔다. 학문승 관상(觀常), 영관(靈觀)이 따라왔다.

---

13 이 기사는 당나라 유학 기사로도 볼 수 있을지 모르나, 승려 민이 스이코 16년(608)에 당나라에 유학한 경력이 있고, 또 당나라로 보낸 야마토왜의 사신과 유학생 해상 수송 파견은 거의 전부 신라 송사에 의지해 행해졌는데 이때 대개 신라를 경유했으므로 영운 등의 학문승의 귀국은 그 신라 송사를 따라 귀국한 신라 유학생으로 보는 것이 더욱 설득력이 있을 것이다.

H3. 지토 원년 9월 23일, 신라가 왕자 김상림(金霜林), 급찬 김살모(金薩慕) 및 김인술(金仁述), 대사(大舍) 소양신(蘇陽信) 등을 파견해 국정을 보고하고 조부(調賦)를 바쳤다. 학문승 지륭(智隆)이 따라왔다.

H4. 지토 3년 4월 20일, 신라가 급찬 김도나(金道那) 등을 파견해 덴무 천황의 상을 조문했다. 함께 학문승 명총(明聰), 관지(觀智) 등을 보내왔다. 지토 3년 6월 20일, 쓰쿠시 대재 아하타노 마히토노 아소미(粟田眞人朝臣) 등에 조(詔)해 신라의 유학 학문승 명총과 관지 등이 신라의 사우(師友)에게 보낼 비단 각 140근을 하사했다.

H5. 지토 6년 10월 11일, 야마다노 후비토미카타(山田史御形)에게 무광사(務廣肆)의 관위를 내렸다. 전에 승려가 되어 신라에서 공부했다.

H6. 지토 7년 3월 16일, 신라에 파견될 사신 직광사 오키나가노 마히토오유(息長眞人老), 근대이(勤大貳) 오토모노 스쿠네코키미(大伴宿禰子君) 및 학문승 변통(辨通), 신예(神叡) 등에게 비단, 명주솜, 삼베를 각각 하사했다.

우리는 위에서 당시 야마토왜의 유학생은 거의 전부 학문승으로, 신라의 배편으로 귀국할 수 있었고, 신라 유학생은 귀국 후 야마토왜로부터 큰 상을 받았으며, 신라 유학을 마치고 귀국한 후에는 유학 때의 스승에 대해 유학생 당사자가 아니라 천황이 명해 적지 않은 사례품을 쓰쿠시 대재를 통해 전달했음을 알 수 있다. 그런데 여기서 우리가 주목하는 것은 『일본서기』가 신라로 보낸 유학생 기사를 기술하면서 허위·조작의 기사를 그 속에 적지 않게 넣고 있다는 점이다. 이를테면 신라가 야마토왜에 조공과 국정을 보고하는 사신을 통해 야마토왜의 신라 유학생을 보냈다거나 신라가 일본 천황의 죽음을 조문하는 사신을 보내는 편에 야마토왜 유학생을 귀국시킨다는 식의 조작 기사가 그러한 것이다. 전자의 예가 H_3이고, 후자의 예가 H_4인 것이다.

(3) 신라 사신의 야마토왜 파견 기사 검토

우선 『일본서기』에 보이는 신라 사신의 야마토왜 파견 기사를 보면 다음과 같다.

I_1. 진구 5년 3월 7일, 신라왕은 오례사벌(汙禮斯伐), 모마리질지(毛麻利叱智), 부라모지(富羅母智) 등을 파견해 조공했다.

I_2. 진구 47년 4월, 백제왕이 구저(久氐), 미주류(彌州流), 막고(莫古)를 사신으로 보내 조공했다. 그때 신라국의 사신도 함께 왔다.

I_3. 진구 62년, 신라가 조공하지 않았다. 그해에 소쓰히코를 보내 신라를 치게 했다.

I_4. 오진 31년 8월, 신라의 사신이 함께 무코(武庫)에 유숙했다. (……) 신라왕이 겁을 먹고 매우 놀라 목공 기술자를 바쳤다.

I_5. 닌토쿠 11년, 신라인이 조공했다.

I_6. 닌토쿠 17년, 신라가 조공하지 않았다.

I_7. 닌토쿠 17년 9월, 신라인이 두려워해 공헌했다(비단 1,460필 및 여러 가지 잡물. 도합 배로 80척).

I_8. 닌토쿠 53년, 신라가 조공하지 않았다.

I_9. 인교 42년 정월 14일, 신라왕이 천황이 붕(崩)했다는 소식을 듣고 놀라움과 수심에 잠겨 조선(調船) 80척 및 음악인 80명을 바쳤다.

인교 42년 11월, 신라의 조사(弔使) 등이 상례(喪禮)를 마치고 돌아갔다.

I_{10}. 긴메이 원년 8월, 고구려, 백제, 신라, 임나가 같이 사신을 보내 헌상

하고 공직을 바쳤다.

I11. 긴메이 21년 9월, 신라가 미지기지(彌至己知) 나말(奈末)을 파견해 조부를 바쳤다.

I12. 긴메이 22년, 신라가 구례질급벌간(久禮叱及伐干)을 파견해 조부를 바쳤다.

I13. 긴메이 23년 7월, 신라가 사신을 보내 조부를 바쳤다. 그 사신은 신라가 임나를 멸망시킨 것을 알고 (일본) 국은(國恩)을 배반한 것을 수치로 여기고 귀국하지 않고 (일본) 국가의 백성처럼 대우받았다. 지금의 가와치노쿠니 사라라군 우노노사토의 신라인의 선조이다.

I14. 긴메이 23년 11월, 신라가 사신을 보내 조부를 바쳤다.

I15. 긴메이 붕후(崩後) 8월, 신라가 조사(弔使) 미질자실소(未叱子失消) 등을 파견해 빈소에 애도했다.

I16. 비다쓰 3년 11월, 신라가 사신을 보내 조(調)를 바쳤다.

I17. 비다쓰 4년 6월, 신라가 사신을 보내 조를 바쳤는데 평소보다 많았다. 동시에 다다라(多多羅), 수나라(須奈羅), 화다(和多), 비지(費智)의 4개 읍의 조도 바쳤다.

I18. 비다쓰 8년 10월, 신라가 나말 지질정(枳叱政)을 보내 조를 바치고 아울러 불상도 함께 보냈다.

I19. 비다쓰 9년 6월, 신라가 나말 안도(安刀)와 실소(失消)를 파견해 조를 바쳤는데, 받지 않고 돌려보냈다.

I20. 비다쓰 11년 10월, 신라가 나말 안도와 실소를 보내 조를 바쳤는데, 받지 않고 돌려보냈다.

I21. 스이코 6년 8월 1일, 신라가 공작 한 마리를 바쳤다.

I22. 스이코 8년, 신라, 임나 두 나라가 사신을 파견해 조를 바쳤다.

I23. 스이코 18년 7월, 신라 사신 사록부 나말 죽세사(竹世士)와 임나 사신 연부대사(喙部大舍) 수지매(首智買)가 쓰쿠시에 왔다.

스이코 18년 10월 8일, 신라와 임나의 사신이 왕경에 왔다.

스이코 18년 10월 17일, 사신들에게 조정에서 잔치를 베풀었다.

스이코 18년 10월 23일, 손님 등은 의례(儀禮)가 끝나고 귀국했다.

I24. 스이코 19년 8월, 신라는 사록부 나말 북질지(北叱智)를 파견하고 임나는 습부대사(習部大舍) 친지주지(親智周智)를 파견해 함께 조공했다.

I25. 스이코 24년 7월, 신라가 나말 죽세사를 보내 불상을 바쳤다.

I26. 스이코 29년, 이해에 신라가 나말 수지매를 보내 조공했다. 그리고 표(表)로써 사지(使旨)를 서주(書奏)했다. 무릇 신라의 상표(上表)는 비로소 이때에 일어났는가?

I27. 스이코 31년 7월, 신라가 대사 나말 지세이(智洗彌)를 파견하고 임나는 달솔 나말지(奈末智)를 파견해 함께 내조했다. 불상 1구, 금탑과 사리를 공상했다. (……) 이때 대당의 학문승 혜재, 혜광 및 의사 혜일(惠日), 복인(福因) 등이 지세이 등을 따라 귀국했다.

I28. 조메이 10년, 이해에 백제, 신라, 임나가 같이 조공했다.

I29. 조메이 12년 10월 11일, 백제, 신라의 조공사가 함께 왔다.

I30. 고쿄쿠 원년 3월 6일, 신라가 하등극사(賀騰極使: 즉위 축하사)와 조문사를 보냈다.

고쿄쿠 원년 3월 15일, 신라의 사신이 일을 마치고 돌아갔다.

I31. 고쿄쿠 원년 8월 16일, 고구려의 사신이 귀국했다. 같은 달 26일, 백제와 신라의 사신이 일을 마치고 돌아갔다.

I32. 고토쿠 다이카 원년 7월 10일, 고구려, 백제, 신라가 같이 사신을 보내 조를 바쳤다.

I33. 고토쿠 다이카 2년 2월 15일, 고구려, 백제, 임나, 신라가 함께 사신을 보내 조부를 공헌(貢獻)했다.

I34. 고토쿠 다이카 3년 정월 15일, 고구려, 신라가 함께 사신을 보내 조부를 공헌했다.

I35. 고토쿠 다이카 3년, 이해에 신라는 상신 대아찬 김춘추 등을 파견해 박사 소덕 다카무코노 구로마로, 소산중 나카토미노 무라지 오시쿠마를 보내고 공작 한 마리와 앵무 한 마리를 헌상하고 김춘추를 인질로 했다.

I36. 고토쿠 다이카 4년, 이해에 신라가 사신을 보내 조(調)를 공상했다.

I37. 고토쿠 하쿠치 원년 4월, 신라가 사신을 보내 조를 공상했다.

I38. 고토쿠 하쿠치 원년 4월 주. 어떤 책에 이르기를 이 천황의 시대에 고구려, 백제, 신라의 삼국이 매년 사신을 보내 공헌했다고 한다.

I39. 고토쿠 하쿠치 2년 6월, 백제와 신라가 사신을 보내 조를 공상하고 물건을 바쳤다.

I40. 고토쿠 하쿠치 3년 4월, 신라, 백제가 사신을 보내 조와 헌물(獻物)을 공상했다.

I41. 고토쿠 하쿠치 4년 6월, 백제, 신라가 사신을 보내 조와 헌물을 공상했다.

I42. 고토쿠 하쿠치 5년, 이해에 고구려, 백제, 신라가 같이 사신을 보내 봉조(奉弔)했다.

I43. 사이메이 원년, 이해에 고구려, 백제, 신라가 같이 사신을 보내 조를 바쳤다.

I44. 사이메이 2년, 이해에 고구려, 백제, 신라가 같이 사신을 보내 조를 바쳤다.

I45. 덴지 7년 9월 12일, 신라가 사록부 급찬 김동엄(金東嚴) 등을 보내

조를 바쳤다.

덴지 7년 11월 5일, 김동엄 등이 귀국했다.

I46. 덴지 8년 9월 11일, 신라가 사찬(沙飡) 독유(督儒) 등을 보내 조를 바쳤다.

I47. 덴지 10년 10월 7일, 신라가 사찬 김만물(金萬物) 등을 보내 조를 바쳤다.

덴지 10년 12월 17일, 신라의 진조사(進調使) 사찬 김만물 등이 일을 마치고 귀국했다.

I48. 덴무 원년 11월 24일, 신라 손님 김압실(金押實) 등에게 쓰쿠시에서 잔치를 베풀었다.

덴무 원년 12월 15일, 배 한 척을 신라 손님에게 주었다.

덴무 원년 12월 16일, 김압실 등이 귀국했다.

I49. 덴무 2년 6월 15일, 신라가 한아찬(韓阿飡) 김승원(金承元), 아찬(阿飡) 김기산(金祇山), 대사(大舍) 상설(霜雪) 등을 파견해 즉위를 축하했다. 동시에 일길찬(一吉飡) 김살유(金薩儒), 한나말 김지산(金池山) 등을 파견해 선황의 상을 조문했다.

덴무 2년 11월, 김승원이 귀국했다.

I50. 덴무 4년 2월, 신라가 왕자 충원(忠元), 대감(大監) 급찬 김비소(金北蘇), 대감 나말 김천충(金天沖), 제감(弟監) 대마(大痲) 박무마(朴武摩), 제감 대사(大舍) 김낙수(金洛水) 등을 파견해 조(調)를 진상했다. 그 송사(送使) 나말 김풍나(金風那), 김효복(金孝福)이 왕자 충원을 쓰쿠시에 보냈다.

덴무 4년 3월 14일, 신라의 송사 김풍나 등에게 쓰쿠시에서 잔치를 베풀고 귀국하게 했다.

덴무 4년 4월, 신라 왕자 충원이 나니와에 도착했다.

덴무 4년 8월 25일, 충원이 예를 끝내고 귀국했다.

I51. 덴무 4년 3월, 고구려는 대형 부간, 대형 다무 등을 파견해 조공했다. 신라가 급찬 박근수, 대나말 김미하를 보내 조를 바쳤다.

덴무 4년 8월 28일, 신라, 고구려 두 나라의 조사에게 쓰쿠시에서 잔치를 베풀었다.

I52. 덴무 5년 11월 3일, 신라는 사찬(沙湌) 김청평(金淸平)을 보내 청정(請政)했다. 또 급찬 김호유(金好儒), 제감 대사 김흠길(金欽吉) 등을 파견해 조를 바쳤다. 같은 달 23일, 고구려가 대사 후부 주부 아우(阿于), 부사 전부 대형 덕부를 파견해 조를 바쳤다. 뒤이어 신라는 대나말 김양원을 파견하고 고구려의 사신을 쓰쿠시에 데려다주었다.

덴무 6년 3월 19일, 신라의 사인 청평 및 이하 객 13인을 왕경으로 불렀다.

덴무 6년 8월 27일, 김청평이 귀국했다.

I53. 덴무 7년, 이해에 신라의 송사 나말 가량정산(加良井山), 나말 김홍세(金紅世)가 쓰쿠시에 도착했다.

덴무 8년 정월 5일, 신라의 송사 가량정산, 김홍세 등이 왕경으로 향했다.

I54. 덴무 8년 2월 1일, 고구려가 상부 대상 환부, 하부 대상 사수루 등을 파견해 조공했다. 신라가 나말 감물나를 보내와서 환부 등을 쓰쿠시로 보냈다.

I55. 덴무 8년 10월 17일, 신라가 아찬 김항나(金項那), 사찬 살류생(薩虆生)을 파견해 조공했다. 조물(調物)은 금, 은, 철, 솥, 비단, 베, 말, 가죽, 개, 노새, 낙타 등 수십여 가지였고, 별도로 물건을 헌상했다. 천황, 황후, 태자에게도 금, 은, 칼, 깃발 등을 상당수 공상했다.

덴무 9년 4월 25일, 신라의 사인 항나 등에게 쓰쿠시에서 잔치를 베풀었다.

덴무 9년 6월 5일, 신라의 객 항나 등이 귀국했다.

I56. 덴무 9년 11월 24일, 신라가 사찬 김약필(金若弼), 대나말 김원승(金原升)을 보내 조를 바쳤다.

덴무 10년 6월 5일, 신라의 객 약필에게 쓰쿠시에서 잔치를 베풀었다.

덴무 10년 8월 16일, 약필이 귀국했다.

I57. 덴무 10년 10월 20일, 신라가 사록부 일길찬 김충평(金忠平), 대나마 김일세(金壹世)를 파견해 조를 바쳤다. 금, 은, 동, 철, 비단, 사슴, 가죽, 세마(細馬) 등 종류가 각각 여럿 있었다. 또 따로 천황, 황후, 태자에게 금, 은, 면(신라의 특산물) 등을 각각 여러 개 바쳤다.

덴무 10년 12월 10일, 소금하 가와베노오미 고비토(河邊臣子首)를 쓰쿠시에 보내 신라 손님 충평에게 잔치를 베풀었다.

덴무 11년 2월 12일, 김충평이 귀국했다.

I58. 덴무 10년 10월, 신라의 사자(使者)가 와서 신라의 국왕이 홍(薨)했다고 했다.

I59. 덴무 12년 11월 13일, 신라가 사찬 김주산(金主山), 대나말 김장지(金長志)를 보내 조(調)를 진상(進上)했다.

덴무 13년 3월 23일, 김주산이 귀국했다.

덴무 14년 4월 17일, 김주산이 귀국했다.

I60. 덴무 14년 11월 27일, 신라가 파진찬(波珍飡) 김지상(金智祥), 대아찬 김건훈(金健勳)을 파견해 청정했다. 그리고 조를 바쳤다.

덴무 슈초 원년 정월, 이달에 신라의 김지상에게 향연(饗宴)하려고 정광사(淨廣肆) 천내왕(川內王), 직광삼(直廣參) 오토모노 스쿠네 야스마로(大伴宿禰安麻呂), 직대사(直大肆) 후지와라노아소미 오호시마(藤原朝臣

大嶋), 직광사 사카이베노 스쿠네 고노시로(境部宿禰鯯魚), 직광사 호즈미노아소미 무시마로(穗積朝臣蟲麻呂) 등을 쓰쿠시에 파견했다.

덴무 슈초 원년 4월 13일, 신라 손님 등에게 잔치를 베풀려고 가와라데라[아스카노가와의 니시기시(西岸)]의 기악(춤꾼, 음악인, 악기, 의상)을 쓰쿠시에 운반했다.

덴무 슈초 원년 4월 19일, 신라가 올리는 조를 쓰쿠시에서 바쳤다. 세마 한 필, 노새 한 마리, 개 두 마리, 누금기(鏤金器) 및 금, 은, 면포, 능라, 범과 표범, 가죽, 약물류 등 도합 100여 종이었다. 또 김지상, 김건훈 등이 따로 하는 헌상물 금, 사슴, (……) 약물류 등 각각 60여 종, 또 따로 황후, 황태후, 황태자 및 여러 친왕(親王) 등에 대한 헌상물이 여럿 있었다.

덴무 슈초 원년 5월 29일, 김지상 등에게 쓰쿠시에서 잔치를 베풀었다. 녹물(祿物)을 하사받고 쓰쿠시에서 물러났다.

I61. 지토 원년 9월 23일, 신라가 왕자 김상림, 급찬 김살모 및 김인술, 대사(大舍) 소양신 등을 보내 국정을 주청(奏請)했다.

지토 원년 12월 10일, 직광삼 미치노 마히토 도미(路眞人迹見)를 신라에 향연을 베푸는 칙사로 했다.

지토 2년 정월 23일, 천황이 붕(崩)했다는 것을 신라의 김상림에 알렸다. 김상림 등은 세 번 곡(哭)을 했다.

지토 2년 2월 2일, 대재가 신라가 바친 조부(調賦)와 금, 은, 비단, 베, 가죽, 동, 철 등 수십여 종과 함께 별도로 헌상한 불상, 여러 가지 채견, 새, 말 등 10여 종 및 김상림이 헌상한 금, 은, 채색, 여러 가지 진기한 물건 등 도합 80여 종을 헌상했다.

지토 2년 2월 10일, 김상림 등에게 쓰쿠시관에서 잔치를 베풀었고, 각각 하사물(下賜物)이 있었다.

지토 2년 2월 29일, 김상림 등이 귀국했다.

I62. 지토 3년 4월 20일, 신라가 급찬 김도나를 보내 덴무 천황의 상을 조문했다.

지토 3년 5월 22일, 하지노 스쿠네 네마로(土師宿禰根麻呂)에 명해 신라의 조사(弔使) 급찬 김도나 등에 조(詔)해 "(신라는) 충성심을 다해 직무를 다하려고 생각하지 않는다. 청명심(淸明心)을 손상해 거짓으로 아부하고 있다. 그러므로 이 조부와 별도의 헌물은 봉인해 반환한다. 그러나 일본은 먼 조상의 시대부터 널리 너희들을 사랑하고 덕을 끊어서는 아니 되므로 더욱 노력해 그 직무에 충실하고 법도를 존봉(尊奉)하는 자에게 천황은 넓은 자애를 베풀 것이다. 너희들 도나 등은 이 천황의 칙(勅)을 잘 받들어 너희 왕에게 전하라"라고 했다.

지토 3년 6월 24일, 쓰쿠시 소군에서 신라의 사신 김도나 등에게 잔치를 베풀었다.

지토 3년 7월, 신라의 조사 김도나 등이 일을 마치고 귀국했다.

I63. 지토 6년 11월 8일, 신라는 급찬 박억덕(朴億德), 김심살(金深薩) 등을 파견해 조를 바쳤다.

I64. 지토 7년 2월 3일, 신라는 사찬 김강남(金江南), 한나마(韓奈麻) 김양원(金陽元) 등을 파견해 왕의 상을 알렸다.

I65. 지토 9년 3월 2일, 신라가 왕자 김양림(金良琳), 보명살찬(補命薩飡) 박강국(朴强國) 및 한나마 김주한(金周漢), 김충선(金忠仙) 등을 파견해 국정을 보고했다.

위의 기사를 표로 나타내면 〈표 3〉과 같다. 『일본서기』는 고구려가 야마토왜에 조공하기 위해 고구려 사신을 야마토왜에 수없이 파견했다고 허위·조작 기사를 싣고 있고, 신라 또한 야마토왜에 조공하기 위해 신라 사신을 야마토왜에 수없이 파견했다는 조작 기사를 싣고 있다. 그러면 『일본서기』는 이것에 관해 어떻게 기록하고 있는지 알아보자.

① 신라 사신이 야마토왜에 파견된 것은 거의 전부 조공을 하기 위해서이며, 물건뿐만 아니라 사람도 공헌한 것으로 기록하고 있다.

② 조공을 한 고구려와 신라의 사신에 대해서는 〈표 4〉와 같이 표현되고 있다. 같은 조작이라도 고구려보다 훨씬 많은 사신의 명칭을 조작하고 있다. 그러나 대부분이 사(使) 또는 사인(使人)의 이름으로 기록되어 있다.

③ 조공의 표현도 여러 가지로 사용하고 있으며, 이 표현도 〈표 5〉에 나타나 있는 바와 같이 고구려의 그것보다 훨씬 많다. 여기서 주목되는 것은 신라가 네 번이나 '청정(請政)', '주청국정(奏請國政)', 즉 신라

〈표 3〉 신라 사신의 야마토왜 파견 기사(『일본서기』)

연대	사신의 표현	조공의 표현	조공물	조공국							
				신라	신라, 백제	신라, 고구려, 백제, 임나	신라 4읍(다다라, 수나라, 화타, 발귀)	신라, 임나	백제, 신라, 임나	고구려, 백제, 신라	고구려, 신라
1. 진구 5년 3월 7일	人名	朝貢		○							
2. 진구 47년 4월	調使				○						

3. 진구 62년		不朝		○							
4. 오진 31년 8월	調使	貢	能匠者	○							
5. 닌토쿠 11년		朝貢		○							
6. 닌토쿠 17년		不朝貢		○							
7. 닌토쿠 17년 9월		貢獻	여러 물건 80척분	○							
8. 닌토쿠 53년		不朝貢		○							
9. 인교 42년 정월 14일~11월	弔使	貢	조선 80척, 악인 80인	○							
10. 긴메이 원년 8월	使	獻 脩調賦				○					
11. 긴메이 21년 9월	人名	獻調賦		○							
12. 긴메이 22년	人名	貢調賦		○							
13. 긴메이 23년 7월	使	獻調賦		○							
14. 긴메이 23년 11월	使	貢調賦		○							
15. 긴메이 붕후 8월	弔使, 人名	奉哀		○							
16. 비다쓰 3년 11월	使	進調		○							
17. 비다쓰 4년 6월	使	進調		○			○				
18. 비다쓰 8년 10월	人名	進調	佛像	○							
19. 비다쓰 9년 6월	人名	進調(返還)		○							
20. 비다쓰 11년 10월	人名	進調(返還)		○							
21. 스이코 6년 8월 1일		貢	孔雀	○							
22. 스이코 8년	使	貢調		○							

23. 스이코 18년 7월~10월 23일	使, 人名	至		○							
24. 스이코 19년 8월	人名	朝貢						○			
25. 스이코 24년 7월	人名	貢	佛像	○							
26. 스이코 29년	人名	朝貢, 上表		○							
27. 스이코 31년 7월	大使, 人名	貢	佛像, 金塔, 舍利					○			
28. 조메이 10년		朝貢							○		
29. 조메이 12년 10월 11일	朝貢使				○	○					
30. 고쿄쿠 원년 3월 6일~3월 15일	賀騰極使, 弔問使			○	○						
31. 고쿄쿠 원년 8월 26일	使人	罷歸								○	
32. 다이카 원년 7월 10일	使	進調								○	
33. 다이카 2년 2월 15일	使	貢獻, 調賦				○					
34. 다이카 3년 정월 15일	使	貢獻, 調賦									○
35. 다이카 3년	人名	獻	孔雀, 鸚鵡 人質(金春秋)	○	○						
36. 다이카 4년	使	貢調		○	○						
37. 하쿠치 원년 4월	使	貢獻		○	○						
38. 하쿠치 원년 4월 주	使	貢獻								○	○
39. 하쿠치 2년 6월	使	貢調			○						

40. 하쿠치 3년 4월	使	貢調, 獻物			○						
41. 하쿠치 4년 6월	使	貢調, 獻物			○						
42. 하쿠치 5년	使	奉弔								○	
43. 사이메이 원년	使	進調								○	
44. 사이메이 2년	使	進調								○	○
45. 덴지 7년 9월 12일 ~11월 5일	人名	進調		○							
46. 덴지 8년 9월 11일	人名	進調		○							
47. 덴지 10년 10월 7일~12월 7일	人名	進調使		○							
48. 덴무 원년 11월 24일~12월 16일	客			○							
49. 덴무 2년 윤 6월 15일~11월	人名	賀騰極弔喪		○							
50. 덴무 4년 2월 ~8월 25일	人名 王子 等	進調		○							
51. 덴무 4년 3월 ~8월 28일	人名	朝貢, 進調									○
52. 덴무 5년 11월 3일~6년 8월 27일	人名	請政, 進調									○
53. 덴무 7년	送使	到									
54. 댄무 8년 2월 1일	人名	遣									○

55. 덴무 8년 10월 17일~9년 6월 5일	人名	朝貢	금은 등 100여 종, 별도 많은 공물	○							
56. 덴무 9년 11월 24일 ~10년 8월 16일	人名	進調		○							
57. 덴무 10년 10월 20일 ~11년 2월 12일	人名	貢調	금은 등 다수, 별도 공물	○							
58. 덴무 10년 10월	使	告國王薨		○							
59. 덴무 12년 11월 13일 ~13년 3월 23일 또는 14년 4월 17일	人名	進調		○							
60. 덴무 14년 11월 27일 ~슈초 원년 5월 29일	人名	請政, 進調	금은 등 100여 종, 별도 금은 등 60여 종, 별도 헌물 다수	○							
61. 지토 원년 9월 23일~2년 2월 29일	人名 王子 等	秦請國政, 獻調賦	금은 등 80여 종	○							
62. 지토 3년 4월 20일~7월	人名, 弔使	奉弔		○							
63. 지토 6년 11월 8일	人名	進調		○							
64. 지토 7년 2월 3일	人名	赴王薨		○							
65. 지토 9년 3월 2일	人名 王子 等	秦請國政, 進調獻物		○							

의 국정을 왜에 보고하고 있다는 점이다. 이것은 고구려보다 신라가 야마토왜에 더욱 예속되어 있다는 것을 나타내기 위해서다.

④ 『일본서기』는 앞에서 본 바와 같이 왜왕이 죽으면 고구려는 조문사를 파견한 것으로 기록하고 있지만, 신라의 경우에는 조문사 이외에 새로운 왜왕의 즉위를 축하하는 사절도 파견한 것으로 기록하고 있다.

⑤ 신라가 야마토왜에 사람을 공상한 기사를 보면 장인[조선공(造船工)]과 악인, 두 부류의 직업인으로 되어 있다. 고승만을 공상한 것으로 되어 있는 고구려의 경우와는 매우 대조적이다.

〈표 4〉 고구려 · 신라 사인의 표현(『일본서기』)

사인의 표현	고구려	신라
1. 使, 使人	○	○
2. 客	○	○
3. 大使, 小使, 副使	○	○(大使)
4. 人名	○	○
5. 調使	•	○
6. 進調使	•	○
7. 朝貢使	•	○
8. 貢調使	•	○
9. 賀騰極使	•	○
10. 送使	•	○
11. 弔使, 弔問使	○	○

〈표 5〉 고구려 · 신라 조공의 표현(『일본서기』)

조공의 표현	고구려	신라
1. 貢	○	○
2. 朝貢	○	○
3. 獻	○	○
4. 進調	○	○
5. 貢獻	○	○
6. 調賦	○	○
7. 脩貢職		○
8. 請政		○
9. 貢調		○
10. 上表		○
11. 獻物		○
12. 進調獻物		○

⑥ 조공 물품의 내용을 살펴보면 고구려의 경우보다 훨씬 다양한 것으로 조작하고 있다. 대표적인 조공품을 보면 〈표 6〉과 같다.

⑦ 앞에서 살펴본 쓰쿠시관과 나니와관의 기능[14]이나 가와베관(河邊館)의 존재[15]로 미루어 보아 각 분야의 신라 지배층 사람들이 야마토

14 최재석, 「일본 고대국가 연구: 백제와 야마토왜의 관계」, 『한국학보』 55, 1989. 6.
15 『日本書紀』 推古紀 18年 10月 8日 條.

왜로 건너가서 야마토왜의 환대를 받기도 하고 또 야마토왜를 개척하는 데 일익을 담당한 것은 틀림없었을 것이다. 다시 말하면, 신라의 손님 또는 신라의 사신이 야마토왜로 파견된 것은 확실하다고 하겠다. 그러나 그렇게 많은 신라의 사신이 파견되었다는 점이 의문스럽고, 설령 그렇다고 하더라도 파견의 목적이 조공이었다는 점은 전적으로 조작된 것이라 생각된다.

『일본서기』에 나오는 다음과 같은 기록은 신라와 야마토왜의 진실된 관계를 나타내는 것으로 보인다.

① 야마토왜는 유학생을 신라에 적지 않게 파견했으며, 신라 유학을 마치고 귀국하면 왜왕으로부터 상을 받았고, 또한 신라 유학 때의 스승인 신라인에게 왕이 야마토왜 관리에게 명해 적지 않은 사은품을 전달했다.

② 유학생의 신라 파견도 신라에 부탁해 신라 배편을 이용했다.[16]

③ 야마토왜 유학생의 당나라 파견도 신라에 부탁해 신라 배편을 이용했다. 8회 파견 중 6회는 신라 배를 이용했는데, 나머지 2회는 언급이 없지만 역시 신라 배를 탔을 것이다.[17]

④ 야마토왜 사인의 중국 파견도 신라에 부탁해 이루어졌는데, 신라가 부탁을 거절하면 그 계획이 중지될 수밖에 없었다.[18]

⑤ 신라의 사신이 야마토왜의 쓰쿠시에 도착했을 때 왜왕은 그를 접대하기 위해 쓰쿠시 관청의 책임자인 쓰쿠시 대재사(大宰師)의 관직[19]

---

16 ①, ②는 바로 앞에서 언급했다.

17 4부 2장 「백제의 야마토왜와 중국의 관계」 참조.

18 『日本書紀』 齊明紀 3年 條.

19 쓰쿠시 대재사의 관위는 정광사였다(持統 34年 閏 8月 27日).

〈표 6〉 주요 조공품의 내용(『일본서기』)

조공품의 내용	고구려	신라
철물(鐵物)	○	○
황금	○	•
토산품	○	○
금	○	○
은	○	○
견(채견, 견포 포함)		○
공작		○
앵무		○
불상		○
금탑		○
사리		○
솥		○
비단[錦: 하금(霞錦) 포함]		○
포[세포(細布) 포함]		○
가죽[사슴 가죽, 범과 표범 가죽, 안피(鞍皮) 포함]		○
말[세마(細馬) 포함]		○
개		○
노새		○
낙타		○
칼		○
기(旗)		○
깃발(幡)		○
금기(金器: 조각금기 포함)		○
새		○
채색		○
잎		○
병풍		○

보다 높은 관직을 가진 사람 한 명과 동급의 관리 네 명 등 도합 다섯 명을 왕도인 야마토에서 멀리 쓰쿠시까지 파견했으며, 또한 쓰쿠시에 머물고 있는 그 신라 사신을 즐겁게 하기 위해 야마토의 한 절(가와하라데라)에 있는 무인, 악인, 악기, 의상 등을 쓰쿠시까지 운반했다. 그 기사를 보면 다음과 같다.

J1. 덴무 슈초 원년 정월, 이달에 신라의 김지상에게 잔치를 베풀려고 정광사 천내왕, 직광삼 오토모노 스쿠네 야스마로, 직대사 후지와라노아소미 오호시마, 직광사 사카이베노 스쿠네 고노시로, 직광사 호즈미노아소미 무시마로 등을 쓰쿠시에 파견했다.

J2. 덴무 슈초 원년 4월 13일, 신라의 손님 등에게 잔치를 베풀려고 야마토노쿠니 가와라데라(아스카노가와의 니시기시)의 기악(춤꾼, 음악인, 악기, 의상)을 쓰쿠시에 운반했다.

이러한 야마토왜와 신라의 관계에 관한 『일본서기』의 기사는 다음과 같은 『삼국사기』의 기사와도 일치한다.

① 효소(孝昭) 7년(698) 3월에 일본 국사(國使)가 내조했으므로 왕은 숭례전(崇禮殿)에서 그들을 인견했다.

② 성덕(聖德) 2년(703)에 일본국의 사신이 왔는데, 모두 204명이었다.

③ 경덕(景德) 원년(742) 10월에 일본 국사가 왔지만, 맞아들이지 아니했다.

④ 경덕 12년(753) 8월에 일본국 사신이 내조했지만, 오만무례하므로 왕은 그들을 접견하지 않고 돌려보냈다.

⑤ 애장(哀莊) 5년(804) 5월에 일본국이 사신을 파견해 황금 300냥을 진상했다.

⑥ 애장 7년(806) 3월에 일본국 사신이 이르렀으므로 왕은 조원전(朝元殿)에서 그들을 인견했다. 왕은 하교하기를 "새로운 불사 창건을 금하고 오직 수리만 허락하며, 또한 금수(金繡)로 불사하는 것과 금은으로 기물 만드는 것을 금하니 마땅히 유사(有司)에게 명해 널리 알리고 시행하라"라고 했다.

⑦ 애장 9년(808) 2월에 일본국 사신이 왔으므로 왕은 그들을 후한 예로 대접했다.

⑧ 경문(景文) 4년(864) 4월에 일본 국사가 입조했다.

⑨ 헌강(憲康) 4년(878) 8월에 일본 국사가 왔으므로 왕은 조원전에서 그들을 인견했다.

⑩ 헌강 8년(882) 4월에 일본 국왕이 사신을 파견해 황금 300냥과 명주(明珠) 열 개를 진상했다.

여기서 우리는 야마토왜가 국호를 '일본'으로 바꾼 이후에도 신라에 사신과 진상품을 여러 번 바쳤고, 불사의 건축, 수리와 기물의 재료에 대해서도 신라의 지시를 받았음을 알게 된다. 이러한 사정은 이미 지적한 신라와 일본의 관계에 관한 『일본서기』의 기사와 일치한다. 일본 고대사학자들이 거의 전부 『삼국사기』의 초기 기록(대체로 400년까지의 기록)을 조작·전설의 기사라고 몰아붙이면서도 실제로는 『삼국사기』의 후기 기록, 즉 935년까지의 기록도 무시한 채 일본 고대사를 연구하는 것도 바로 이러한 고대 한일관계사의 진실을 은폐하고자 하는 데서 기인한 것이다.

신라와 야마토왜의 거짓 없는 진실한 관계가 이러할진대 위에서 본 야마토왜에 대한 신라의 조공 기사는 전부 허위·조작의 기사인 것이다. 여기서 이러한 허위 기사에 보이는 흥미로운 특징을 알아보고자 한다.

① 고구려도 그렇지만 신라도 고(古)신라에서 통일신라로 내려올수록 조공을 더 많이 한 것으로 기술하고 있다.

② 조공품의 종류도 10여 종(덴무 8년 10월 17일), 60여 종(덴무 슈초 원년 4월 19일), 100여 종(덴무 슈초 원년 4월 19일), 80여 종(지토 2년 2월 2일) 등으로 다양하게 기술하고, 그 양도 때로는 배 80척 분이라고까지 기록하고 있다(닌토쿠 17년 9월).

③ 대개는 신라 단독으로 조공한 것으로 기술하고 있지만, 〈표 8〉과 같이 여러 나라, 예를 들면 4국이 동시에 조공한 것으로도 기술하고 있다.

④ 신라의 왕자를 조공사로 만드는 경우도 여러 번 있다.

⑤ 신라국이 아니라 신라 영토 내의 네 부락만이 조공한 것으로 기술하기도 했다.

〈표 7〉 조공 연대(『일본서기』)

시대	진구	오진	닌토쿠	리추	한제	인교	안코우	유랴쿠	세이네이	겐조	닌켄	부레쓰	게이타이	안칸	센카	긴메이	비다쓰	요메이	스슌	스이코	조메이	고쿄쿠	고토쿠	사이메이	덴지	덴무	지토
고구려	•	1	2	•	•	•	•	•	•	•	•	•	1	•	•	2	2	•	•	4	1	3	5	4	4	8	•
신라	2	1	2	•	•	1	•	•	•	•	•	•	•	•	•	6	5	•	•	7	2	2	11	2	3	13	4

*비고: 弔使, 賀騰極使, 上表, 請政使 포함

⑥ '신라가 올해에는 조공하지 않았다'고 기술해 마치 신라가 매년 조공을 해온 것처럼 기술하고 있다.

⑦ 신라의 조공사는 동시에 3종의 조공품을 진상한 것처럼 기술하고 있다. 즉, 신라 사신의 ⓐ 정식 조공품 이외에 ⓑ 별도의 조공품과 ⓒ 황후, 황태후, 황태자와 여러 왕족에 대한 헌상물도 가져온 것으로 기술하고 있다(덴무 슈초 원년 4월 19일).

⑧ 신라가 일본에 충심을 다해 그 직무를 다하지 않으므로 조공품을 반환했다고 기술하고 있다.

⑨ 신라의 사인이 천황의 시신 앞에서 통곡하기도 하고, 때로는 천황이 죽었다는 말을 듣고 세 번 곡을 했다고 기술하고 있다.

〈표 8〉 동시 조공국과 그 사례(『일본서기』)

동시 조공국	사례
1. 오, 고구려	1
2. 고구려, 백제, 신라, 임나	2
3. 고구려, 백제	1
4. 고구려, 백제, 신라	6
5. 고구려, 신라	4
6. 고구려, 탐라	1
7. 신라, 백제	8
8. 신라 4개 읍	1
9. 신라, 임나	4
10. 백제, 신라, 임나	1

⑩ 신라의 왕 김춘추를 인질로 보냈다고 기술하고 있다.

⑪ 요컨대 『일본서기』는 고구려보다 신라가 야마토왜에 더욱 예속된 나라라는 인상을 주려고 하고 있음을 알 수 있다.

(4) 야마토왜에서의 신라인의 역할

그러면 야마토왜로 건너간 신라인은 야마토왜에서 어떠한 역할을 했는지 『일본서기』를 통해 알아보자. 관련 기사는 다음과 같다.

K_1. 오진 31년 8월, 실화(失火)가 배에 번져 많은 배가 타버렸으므로 신라인을 책망했는데, 신라왕은 이 말을 듣고 크게 놀라 뛰어난 조선(造船) 기술자를 바쳤다.

K_2. 인교 3년 정월, 사신을 보내 신라에서 좋은 의사를 구했다.

K_3. 인교 3년 8월, 의사가 신라에서 왔다. 천황의 병을 치료했는데, 얼마 지나지 않아 완치되었다. 천황은 기뻐하며 후히 상을 내리고 귀국시켰다.

K_4. 인교 42년 정월 14일, 신라왕은 천황이 죽었다는 말을 듣고 놀라움과 수심에 잠겨 많은 배를 만들어 다수의 악인을 바쳤다.

K_5. 긴메이 23년 7월 1일, 신라가 사신을 파견해 조부를 바쳤다. 그 사신은 신라가 임나를 멸망시킨 것을 알고 천황의 은애(恩愛)를 배반한 것을 부끄러워해 귀국을 원하지 않고 끝내 남아서 본토로 돌아가지 않았다. 일본 백성처럼 대우받았는데, 지금의 가와치노쿠니 사라라군 우노노사토[오사카(大阪)부 기타카와치(北河內郡) 시조나와데초(四條畷町) 부근]의 신라인의 선조이다.

K_6. 긴메이 23년 11월, 신라가 사신을 파견해 헌상하고 아울러 조부를

공상했다. 사신이 신라가 임나를 멸망시킨 것에 천황이 노하고 있다는 것을 알고 귀국을 원하지 않고 처벌을 두려워해 본국에 돌아가지 않았으므로 일본 백성처럼 대우했다. 지금의 세쓰노쿠니 미시마(三嶋)군의 하니로[오사카부 가쓰키(高槻)시 하무로(土室)]의 신라인의 선조이다.

K7. 스슌 3년, 이해에 출가한 여승은 오토모노사데히코 무라지(大伴狹手彦連)의 딸 젠토코(善德), 오토모노코마(大伴狛)의 부인, 시라키노히메 젠메우(新羅媛善妙), 구다라노히메 메우콰우(百濟媛妙光) (……) 젠코(善光) 등이다.

K8. 고토쿠 하쿠치 원년 2월 15일, 고구려의 시의 모치와 신라의 시학사(가정교사) 등을 거느리고 중정(中庭)에 다다랐다.

K9. 덴무 4년 정월, 대학료(大學寮)의 제학생, 음양료(陰陽寮), 외약료(外藥寮) 및 사에의 여자, 타라(墮羅)의 여자, 백제왕 선광(善光), 신라의 잡역부(仕丁) 등이 약 및 진기한 물건을 바쳤다.

K10. 덴무 12년 정월 18일, 이날 오하리다 춤 및 고구려, 백제, 신라 삼국의 음악을 궁중에서 연주했다.

K11. 덴무 슈초 원년 10월 2일, 황자 오호쓰(大津)가 모반하려다가 발각되어 체포되고 그에 속은 직광사 야쿠치노아소미 오토카시(八口臣音橿), 소산하 유키노무라지 하카토코(壹伎連博德), 대사인(大舍人) 나카토미노아소미 오미마로(中臣朝臣臣麻呂), 고세노아소미 다야스(巨勢朝臣多益須), 신라 승려 행심(行心) 및 장내(帳內) 도키노 미치쓰쿠리(礪杵道作) 등 30여 명이 체포되었다(지토 천황 즉위전기).

K12. 덴무 슈초 원년 10월 29일, 또 조(詔)해 신라의 사문 행심은 황자 오호쓰의 모반에 가담했지만 짐(朕)은 죄를 주는 것을 참을 수 없으므로 히다노쿠니(飛驒國)의 절로 옮기라고 했다(지토 천황 즉위전기).

K_{13}. 지토 원년 4월 10일, 쓰쿠시 대재가 투화한 신라의 승려 및 백성 남녀 22명을 바쳤는데, 무사시노쿠니에 살게 했다.

위의 기사를 정리하면 다음과 같다.

① 신라인 승려가 야마토왜로 건너간 기록이 『일본서기』에 있는데 (K_{13}), 이들이 불교 보급에 보탬이 된 것은 틀림없을 것이다. 그러나 이 현상은 주로 고승들이 야마토왜로 건너가서 당시의 야마토노쿠니의 실력자인 소가노 우마코나 왜의 왕자의 스승이 되거나 또는 불교 통제 기관의 책임자(승정)나 불교 교리의 지도자가 된 고구려와는 대조적이라 할 수 있을 것이다.

② 신라에서 온 유학자가 왜왕을 포함하는 왕실의 가정교사가 되어 유학의 보급에 공헌했다(K_8).

③ K_2, K_3에 잘 나타나 있는 바와 같이 신라에서 의사를 초대해 왜왕의 병을 치료하게 하고 극진히 대접해 다시 신라로 모셔다 드린 사례도 있다. 『일본서기』의 다른 기사가 보통 신라왕이나 고구려왕 또는 백제왕이(또는 각각의 나라가) '貢했다', '貢上했다', '獻했다', '遣獻했다', '奉했다' 등의 표현으로 사실을 왜곡하고 있는 것과 달리 이 K_2, K_3의 기사는 사실 그대로의 표현으로서 개변되지 않은 기사로 보인다.

④ 일찍부터 신라의 조선공이 야마토왜로 건너가서 배를 건조한 것으로 생각된다(K_1). 그러나 700년까지도 한국(백제, 신라)이나 중국으로 파견된 유학생이나 사인은 거의 전부 신라에 부탁해 신라의 배로 목적지까지 오고간 것을 보면 야마토왜로 건너간 신라 조선공의 기술은 대수롭지 않은 것으로 생각된다.

⑤ 위의 사료 K_4나 K_{10}에 의하면 신라 음악인도 백제 음악인이나 고구려 음악인과 마찬가지로 야마토왜로 건너가서, 주로 왕실이기는 하지만 그곳에서 음악을 연주했음을 알 수 있다.

⑥ 여기서 하나 주목할 것은 덴무 슈초 원년(686)에 일어난 오호쓰 왕자의 반란 때 신라의 승려가 그 반란을 주도한 사실이다. 왕자는 체포되어 죽임을 당했지만 반란의 주동자인 신라의 승려를 죽이지 못한 것을 보면(K_{11}, K_{12}), 당시 신라 승려의 위치와 통일신라의 국력이 얼마나 일본에 영향을 주었는가를 짐작할 수 있을 것이다.

⑦ 이 밖에 신라 사신으로서 야마토왜에 잔류해 생활한 사람도 있었으며,[20] 잡역부나 농민(백성) 등도 야마토왜에서 생활해 야마토왜 개척에 일익을 담당한 것으로 생각된다. 이상이 『일본서기』에 나타난 신라인의 생활상이지만, 실제로는 이 밖의 여러 계층, 여러 직업의 사람들이 다수 야마토왜로 이주했을 것이다. 야마토왜에서 생활한 고구려인과 신라인의 직업을 『일본서기』에서 비교해보면 〈표 9〉와 같다.

⑧ 우리는 위의 사료 K_7에 의해 야마토왜에는 수많은 고구려인, 백제인, 신라인이 살고 있었으며, 그들 가운데는 기혼녀도 미혼녀도 다수 있었음을 알 수 있다. 사료 K_7은 고구려인의 부인과 신라의 처녀와 백제의 처녀가 출가해 여승이 되었다는 기사이지만, 이 기사를 통해서도 야마토왜의 중심 지역인 야마토 지역에 다수의 한국인이 생활하고 있었음을 알 수 있는 것이다.

---

20 사료 K_5, K_6의 기사 중 신라 사신이 귀국하지 않고 야마토왜에 머물러 있는 것은 사실일지 모르나, 그들이 귀국하지 않은 이유는 모두 조작이다.

〈표 9〉 야마토왜에서 생활한 고구려인, 신라인의 직업

직업	고구려	신라
1. 승려	○고승	○승니
2. 환속한 승려	○	·
3. 사인	○	○
4. 화가	○	·
5. 의사(왕의 시의)	○	○
6. 음악인	○	○
7. 교수자(巧手者, 工匠)	○	·
8. 농민	○	○백성
9. 조선공	·	○
10. 시학사	·	○
11. 잡역부	·	○

4. 야마토왜에서의 고구려인, 신라인과 그 문물의 수용

앞에서는 백제에 의해 건국되고 경영된[21] 야마토왜와 고구려·신라의 관계를 살펴보았는데, 여기서는 그 야마토왜의 고구려·신라의 문물 수용에 대해 알아보고자 한다. 즉, 백제가 경영하고 있는 야마토왜가 고구려, 신라의 제도, 문물을 수용하는 데 어떤 거부감 같은 것이 있었는가의 여부에 초점을 두어 살펴보고자 한다. 결론부터 미리 말하면, 야마토왜가 백제에 의해 경영되었다고 하더라도 고구려나 신라의 문

21 이에 대해서는 본서 5부 참조.

화를 수용하는 데 하등의 거부감 없이 양국의 문화를 폭넓게 받아들이고 있었다. 편의상 야마토왜에서 사용되었던 '한국', '한인' 등의 용어에 대해서 먼저 알아보고자 한다.

L1. 오진 7년 9월, 고구려인, 백제인, 신라인이 같이 내조했다. 여러 한인들이 못을 팠는데, 이름하여 한인지[나라현 시키(磯城)군 다하라혼초(田原本町)의 당고지(唐古池)]라고 했다[『고사기』 오진 천황 조에는 백제지(百濟池)로 되어 있다].

L2. 닌토쿠 즉위전기. 이때에 오고코(吾子籠)는 가라노쿠니(韓國)에 파견되어 아직 돌아오지 않았다. (……) 여기서 오우(游宇)가 가라노쿠니에 가서 그를 데리고 왔다.

L3. 유랴쿠 7년 8월, 이때에 서한재기 완인치리가 옆에 있었다. 그래서 "저보다 재주가 나은 자가 한국에 많이 있으니 불러 부리십시오"라고 말씀드렸다.

L4. 유랴쿠 9년 5월, 그리하여 노신(勞身)하다가 드디어 삼한에서 죽었다.

L5. 긴메이 17년 10월, 왜국의 다카이치군에 보내 가라히토노오무사노미야케(韓人大身狹屯倉: 여기서 韓人은 백제인이다), 고마비토노오무사노미야케(高句麗人小身狹屯倉)를 두었다.

L6. 비다쓰 6년 5월 5일, 오호와케노 오호키미(大別王)와 오구로노키시(小黑吉士)를 파견해 백제국의 사신으로 삼았다(사신이 명을 받아 삼한의 사신이 되었다).

L7. 비다쓰 12년, 이해에 하시마(羽嶋)는 이미 백제로 가서 슬그머니 일라를 보려고 홀로 그의 집에 갔다. 잠시 후에 집 뒤에서 한(韓)의 부인이 나타나 한어(韓語)로 (……) 말했다.

L8. 고쿄쿠 4년 6월 12일, 후루히토노오에가 사궁(私宮)으로 뛰어가서 사람들에게 말하기를 한인이 구라쓰쿠리노오미(鞍作臣)를 죽였다고 했다.
L9. 고토쿠 다이카 4년 2월, 삼한(고구려, 백제, 신라)에 학문승을 보냈다.

야마토왜에서 백제·신라·고구려 또는 백제인·신라인·고구려인을 구별하기도 하지만, 위의 사료처럼 구별하지 않고 혼용하기도 한다는 것을 알 수 있다. 한인이 백제인을 지칭하기도 하지만, 백제인, 신라인, 고구려인 모두를 지칭하기도 한다. 삼한도 마찬가지다. L4, L9의 삼한은 구체적으로는 백제, 고구려, 신라 중 한 나라이겠지만, 그것을 따지지 않고 '삼한'으로 표현한 것이다. 『고사기』에서 '천손'이 하늘에서 내려와 그 땅이 한국을 향하고 있으니 매우 길한 곳이라고 한 것도 마찬가지라고 하겠다. 이러한 표현 경향은 야마토왜 왕실의 교육 담당자, 의사와 악인 등의 채용에서도 나타나 백제와 고구려·신라를 차별하려 하지 않았다.

(1) 야마토왜 왕실의 교육 담당자

〈표 10〉에 나타나 있는 바와 같이 천황, 왕자 등 왕실의 교육을 담당하는 사람을 채용하는 데도 백제인과 고구려인·신라인을 차별하지 않았다.

(2) 천황의 시의

천황의 시의를 채용하는 데도 삼국인을 차별하는 일이 없었음을 〈표 11〉에서 알 수 있다. 천황이 백제인이라는 점과 한반도에서의 백제, 신라, 고구려 삼국의 적대 관계를 고려한다면 천황의 병을 고쳐주는

〈표 10〉 야마토왜 왕실 교육자의 국적

연대	교육자		피교육자
	성명	국적	
오진 15년 8월	아직기	백제	태자(우지노와키 이라쓰코)
오진 16년 2월	왕인	백제	태자(우지노와키 이라쓰코)
비다쓰 원년 5월	왕진이	백제	왕실
스이코 원년 4월	승려 혜자	고구려	황태자
	박사 각가	백제	황태자
스이코 3년 5월	승려 혜자	고구려	황태자
스이코 32년 4월	승려 관륵	백제	황실
하쿠치 원년 2월	이름 없음(시학자)	신라	동관

〈표 11〉 천황 시의의 국적

연대	국적
인교 3년 1월 1일	신라
하쿠치 원년 2월 15일	고구려
슈초 원년 4월 8일	백제
슈초 원년 5월 9일	백제

의사는 의당 백제인이어야 할 것이라고 생각하기 쉬우나, 실제로는 그렇지 않고 고구려인, 신라인도 천황의 시의로 채용했다. 백제, 고구려, 신라의 적대 관계는 적어도 야마토왜 내에서는 존재하지 않은 것

같다.

(3) 객관의 유숙객

알려져 있는 바와 같이 나니와관은 야마토왜를 찾아온 백제인, 고구려인을 위한 객관이며, 실제 삼국인이 유숙한 곳이다.[22] 또 야마시로노쿠니(山城國) 사가라카(相樂)군에는 사가라카관이 있어 야마토왜를 찾는 고구려 사신이 유숙했으며, 야마토노쿠니 시로카모쓰(城下)군에는 가와베관이 있어 신라인과 임나의 사신이 유숙했다.

야마토왜를 방문하는 백제, 신라, 고구려 삼국의 왕자, 사신 등이 유숙한 나니와관(나니와 백제객관, 나니와 고구려관, 나니와 삼한관), 사가라카관, 가와베관의 성격에 대해서는 별고[23]에서 상술하겠지만, 그러한 객관은 이미 말한 바와 같이 백제인뿐만 아니라 끊임없이 그리고 수없이 야마토왜를 방문하는 신라인, 고구려인 손님이 유숙하는 장소였던 것이다. 야마토왜의 부탁이나 요청에 의해서건 또는 고구려나 신라의 스스로의 의지에 의해서건 야마토왜를 찾는 고구려인과 신라인도 백제인처럼 야마토왜의 발전과 개척에 공헌했던 것이다. 여기서 참고로 사가라카관과 가와베관 관련 기사를 『일본서기』에서 보면 다음과 같다.

> M1. 긴메이 31년 4월 2일, (천황은) 조(詔)해 (……) "고구려인이 길을 잃고 고시(越: 호쿠리쿠)의 해안에 도착했다고 한다. 표류에 고생하면서도 목숨을 건졌다. (……) 유사는 야마시로노쿠니 사가라카군[지금의 교토

---

22 최재석, 「일본 고대국가 연구: 백제와 야마토왜의 관계」, 『한국학보』 55, 1989. 6.

23 위의 주 참조.

(京都)부 사가라카군 세이카초(精華町) 야마다(山田) 부근]에 관을 지어 후히 돕고 부양하라"라고 했다.

M2. 긴메이 31년 7월, 고구려의 사자(使者)에게 사가라카관에서 잔치를 베풀었다.

M3. 비다쓰 원년 5월, 천황은 왕자와 대신에게 "고구려의 사신은 지금 어디 있는가?"라고 물었다. 대신은 대답하기를 "사가라카관에 있습니다"라고 했다.

M4. 비다쓰 원년 6월, (……) 그 밤 모의가 새어나가 그것을 알아차린 고구려의 대사는 의대장속(衣帶裝束)하고 홀로 스스로 피했다. 사가라카관의 뜰 안에 서서 어찌할 바를 몰랐다.

N1. 스이코 18년 10월 8일, 신라, 임나의 사신이 왕도에 도착했다. 이날 누카타베노 무라지 히라부(額田部連比羅夫)에 명해 신라의 객을 맞이할 장식마(여러 가지 마구로 장식한 말)의 장으로 하고, 가시와데노오미 오토모(膳臣大伴)를 임나의 손님을 맞이할 장식마의 장으로 했다. 하토(阿斗: 야마토노쿠니 시로카모쓰군 阿刀村) 강가의 숙소에 모셨다.

(4) 유학생의 백제, 신라, 고구려 삼국 파견

백제가 경영한 야마토왜는 〈표 12〉에 나타나 있는 바와 같이 유학생을 백제뿐만 아니라 신라, 고구려, 중국에도 파견했다. 주변 국가의 문화를 두루 받아들이고 있었다는 증거가 될 것이다. 유학생의 백제 파견 횟수가 적은 것은 백제가 직접 야마토왜를 건국하고 경영했기 때문이고, 유학생의 신라 파견 횟수가 많은 것은 종주국인 백제가 패망하고 정치적으로 강력하고 문화적으로 앞선 통일신라가 출현했기 때문인 것으로 생각된다.

유학생의 당나라 파견이 사이메이 4년(658) 이후 8세기 초까지 약 50년간 중단된 것은 〈표 12〉에서도 확인할 수 있다. 이렇게 볼 때 692년의 후지와라쿄, 708년의 헤이조쿄 축조나 701년의 다이호율령 반포는 중국 문물의 도입 또는 유학생의 중국 파견 결과라는 종래 일본 학

〈표 12〉 야마토왜 유학생이 유학한 나라(『일본서기』)

연대	한국				중국
	백제	신라	고구려	삼한 (백제, 신라, 고구려)	
스슌 원년(588)	○				
스이코 16년(608) 9월					○
스이코 31년(623) 7월					○
조메이 4년(632) 8월		○			
조메이 11년(639) 9월					○
조메이 12년(640) 10월					○
고쿄쿠 4년(645) 4월			○		
다이카 4년(648) 2월				○	
하쿠치 4년(653) 5월					○
하쿠치 5년(654) 2월					○
사이메이 4년(658) 7월					○
덴무 13년(685) 12월		○			○
덴무 14년(686) 5월		○			
지토 원년(687) 9월		○			
지토 3년(689) 4월					
지토 6년(692) 10월		○			
지토 7년(693) 3월		○			

*비고: 파견 연월이 없는 것은 귀국 연월을 기술함.

계의 주장은 근거 없는 왜곡임을 알 수 있다. 일본 최초의 율령인 701년의 다이호율령 반포는 663년 이후 수년 동안 백제의 지식인, 지배층의 대규모 일본 이주와 그 후 유학생의 신라 파견의 결과임을 알 수 있을 것이다.

(5) 삼국 문물의 수용, 존중

야마토왜는 고구려와 신라에도 유학생을 파견해 고구려와 신라의 선진 문화를 받아들이는 동시에 고구려인, 신라인도 각각 왕실의 교육자나 천황의 의사로 채용했던 것처럼 신라나 고구려의 물품도 대단히 높게 평가해 이것들을 갖고자 했다. 조작 기사이기는 하지만 이미 살펴본 고구려와 백제가 온갖 진품(珍品)을 여러 번 야마토왜에 조공했다는 것은 바로 그러한 야마토왜의 소원을 방증하는 것이라 할 수 있을 것이다. 실제로 야마토왜는 신라의 구슬, 칼, 거울 등을 대단히 소중히 여겼으며, 그중 어떤 것은 왕위 계승의 상징물로서 새로운 왕에게 상속했다. 신라의 물품을 소중히 여긴 것을 나타내는 사료를 『일본서기』에서 보면 다음과 같다.

> Q1. 스이닌 3년 3월, 신라의 왕자 천일창이 왔다. 가지고 있는 것은 우태옥(羽太玉) 한 개, 족고옥(足高玉) 한 개, 제록록(鵜鹿鹿)의 적석옥(赤石玉) 한 개, 출석(出石)의 작은 칼 한 자루, 출석의 창 한 자루, 거울 한 개, 웅신리(熊神籬) 한 구 등 일곱 점이었는데, 그것을 다지마노쿠니(但馬國)에 보관해 신성한 물건으로 삼았다.
>
> Q2. 스이닌 88년 7월 10일, (천황은) 여러 경(卿)들에게 조(詔)해 말하기를 "본인이 듣기로 신라의 왕자 천일창이 처음으로 일본으로 왔을 때 가

지고 온 보물이 지금 다지마노쿠니에 있다. 처음에 중신들이 존중해 신보(하늘이 내리신 성스러운 보물)로 여겼는데 그 보물을 보고 싶다"라고 했다. 그날 천일창의 증손인 청언(淸彦)에 조(詔)해 바치게 했는데, 청언이 칙(勅)을 받아 스스로 신보를 바쳤다.

5. 맺는말

우리는 지금까지 야마토왜와 고구려의 관계, 야마토왜와 신라의 관계, 그리고 야마토왜에서의 고구려·신라 문물의 수용 등의 세 가지 측면을 주로 『일본서기』를 통해 알아보았다. 『일본서기』가 대부분(사실 기사보다는 조작된 허위 기사가 더 많다) 조작·개변되었다고 하더라도 사실을 기록한 기사도 있다. 쓰다 소키치는 이러한 기사를 개변(개정)하지 못한 것을 한탄하고 있지만, 우리는 이러한 기사를 통해 일본 고대사의 진실을 파악해왔던 것이다.

이처럼 『일본서기』를 통해 우리는 야마토왜가 백제에 의해 건국되고 운영되었다고 하더라도 야마토왜는 역시 문화의 선진국이며 강대국인 고구려와 신라에도 유학생을 파견했을 뿐만 아니라, 두 나라의 인재를 받아들여 왕실을 교육하는 사람이나 천황의 병을 치료하는 사람까지도 고구려와 신라의 사람으로 임명하기도 했음을 알 수 있다. 야마토왜의 부탁에 의해서건 또는 신천지 일본을 개척하려는 고구려와 신라의 의지에 의해서건 간에 수많은 고구려인, 신라인이 쓰쿠시관, 나니와관, 사가라카관, 가와베관에 유숙하며 야마토왜의 개발과 발전에 공헌했던 것은 사실이며, 야마토왜의 고구려·신라 양국에 대한 선망과 기대는 백제에 대한 그것과 큰 차이가 없었다고 보아야 할 것이다.

『삼국사기』에 나타난 통일신라와 왜의 관계는 차치하고라도 『일본서기』에 나타난 신라 물건의 선호와 신성시, 해상수송(사인, 유학생)이 전적으로 신라의 보호에 의해서만 가능했던 점, 또 중국 유학보다 신라 유학을 선호하고 야마토왜를 방문하는 신라 사인을 극진히 대우했다는 기사를 보아도 신라와 야마토왜의 관계가 범상치 않았다는 것을 알 수 있다. 다시 말하면, 백제 멸망 전까지의 야마토왜가 백제 속령의 성격이 강했다고 한다면 백제 멸망 후의 일본은 신라 속국의 성격이 강했다고 할 수 있을 것이다. 그리고 백제가 경영하던 야마토왜에서 고구려인, 신라인을 차별, 적대하지 않고 다 같이 한인(韓人)으로 여겨 중요한 지위(왕실의 교육 담당, 천황의 시의)를 부여했다고 해서 하등 이상할 것이 없다. 한반도에서도 백제, 신라, 고구려 삼국의 백성이 자유로이 다른 나라로 이주할 수 있었으며, 왕을 정점으로 하는 삼한 자체도 삼국시대 후기를 제외하고는 대체로 평화적으로 공존하고 있었다. 야마토왜에서 이렇게 삼국인이 공존할 수 있었던 것은 다른 한편으로 야마토왜라는 고대국가의 성격 자체에서 기인하는 듯하다. 당시의 야마토왜는 아직 중앙집권화되지 못했을 뿐만 아니라 중심적 권위를 가진 왕도 존재하지 않는 몇몇 부락 범위의 정치 집단이었을 뿐이다. 사찰은 대규모의 기와집으로 지어졌으나 왕이 거처하는 이른바 왕궁은 띠로 지붕을 이은 오막살이에 지나지 않았던 점을 고려하더라도 야마토왜는 왕이 아니라 추장 중심의 정치 집단이었던 것이다.

여기서 한 가지 유의할 점은 야마토왜에서의 고구려인(고려인)은 한반도의 고구려에서 직접 건너간 사람만이 아니라 일본열도 내의 소왕국인 고구려(고려)에서 온 사람도 포함되어 있었다는 사실이다. 고려라는 지명이 둔창, 고분과 함께 존재하거나 인접해 있는 곳은 고구려라는 소왕국이었다고 보아도 무방할 것이다. 신라인도 이와 동일하다.

2장

백제의 야마토왜와 중국의 관계

1. 머리말

쓰다 소키치를 포함한 일본 고대사학자[24]들이 거의 모두 시종일관 주장하는 것은 첫째, 일본의 문화가 '반도(半島)'에서 왔다고 하지만 그것은 반도(그들은 대개 한국이라 하지 않고 지리적 용어인 반도라는 용어를 사용한다)의 문화가 아니라 중국의 문화가 반도를 경유한 데 불과하며, 둘째, 일본은 한국 문화가 아니라 '대륙 문화', '아시아 문화', '중국 문화'를 섭취했는데, 이 중국 문화의 섭취로 인해 일본의 고대국가를 건설하게 되었다는 것이다. 그래서 여기서는 적어도 700년까지의 야마토왜와 중국의 관계를 주로 『일본서기』를 통해 살펴보고, 그러한 주장이 사실에 가까운 것인지 아닌지 알아보고자 한다.

24 최재석, 「스에마쓰 야스카즈의 일본 상대사론 비판」, 『한국학보』 63, 1988; 최재석, 「이케우치 히로시의 일본 상대사론 비판」, 『인문론집』 33, 1988; 최재석, 「쓰다 소키치의 일본 상대사론 비판」, 『민족문화연구』 23, 1990; 최재석, 「오타 아키라의 일본 상대사론 비판」, 『일본학』 8·9집 합본, 1989. 9.

2. 야마토왜와 다른 또 하나의 왜

야마토왜와 다른 또 하나의 왜에 관한 고찰은 본 주제를 벗어나는 것이기는 하지만, 야마토왜와의 혼동을 막기 위해서 야마토왜가 아닌 또 하나의 왜에 대해 잠시 살펴보는 것이 필요할 것 같다.

『삼국사기』 초기 기록의 왜에 관한 기사나 『송서(宋書)』의 이른바 왜 5왕의 기사[25]의 존재는 5세기 초에 형성된 야마토왜가 아닌 또 하나의 왜가 존재했음을 나타낸다. 우선 『삼국사기』의 기사부터 알아보자. 『삼국사기』 「고구려본기」에는 왜국의 기사는 없으며, 「신라본기」와 「백제본기」에만 왜에 관한 기사가 있다. 「신라본기」에는 시조 혁거세(赫居世) 8년(서기전 50)부터 왜에 관한 기사가 나타나서 소지왕(炤智王) 22년(500)까지 계속된다. 그 후 약 160여 년 동안 중단되다가 다시 문무왕 3년(663)부터 왜에 관한 기사가 나타나기 시작해 헌강왕 8년(883)까지 그 기사가 계속된다(〈표 13〉 참조).

기사 내용에도 혁거세부터 소지왕까지와 문무왕에서 헌강왕까지의 시대 사이에는 차이가 있다. 즉, 전자에는 기근이 들어 1,000여 왜인이 식량을 구걸하러 온 기사가 있기는 하지만 대체로 왜인의 신라 국토 침범 기사가 대종을 이룬다. 이에 비해 후자의 기사는 일본 국사의 내조와 진상품의 진상이 그 주요 내용을 이룬다.

한편, 『삼국사기』 「백제본기」를 보면(〈표 14〉 참조) 17대 아신왕 6년(397)부터 왜에 관한 기사가 나타나서 20대 비유왕(毗有王) 2년(428)

25 중국 기록의 왜 5왕 기사에 대해서는 최재석, 『일본 고대사 연구 비판』, 1990, 6·7장 참조.

〈표 13〉『삼국사기』「신라본기」에 나타난 왜와 일본에 관한 기사

왕명	왜	일본
1. 혁거세	2	
2. 남해	1	
3. 유리		
4. 탈해	2	
5. 파사		
6. 지마	3	
7. 일성		
8. 아달라	2	
9. 벌휴	1	
10. 내해	1	
11. 조분	3	
12. 첨해	1	
13. 미추		
14. 유례	5	
15. 기림	1	
16. 흘해	4	
17. 내물	2	
18. 실성	6	
19. 눌지	5	
20. 자비	5	
21. 소지	5	
22. 지증		
23. 법흥		
24. 진흥		
25. 진지		
26. 진평		
27. 선덕		

28. 진덕		
29. 태종		
30. 문무	2	(1)
31. 신문		
32. 효소		1
33. 성덕		3
34. 효성		
35. 경덕		2
36. 혜공		
37. 선덕		
38. 원성		
39. 소성		
40. 애장		5
41. 헌덕		
42. 흥덕		
43. 희강		
44. 민애		
45. 신무		
46. 문성		
47. 헌안		
48. 경문		1
49. 헌강		2
50. 정강		
51. 진성		
52. 효공		
53. 신덕		
54. 경명		
55. 경애		
56. 경순		

*비고: ① 괄호 속은 왜, 일본 모두 있는 것임. ② 숫자는 횟수임. ③ 열전(列傳)의 것은 제외함.

까지 계속된다. 역시 약 180년 동안 왜에 관한 기사가 보이지 않다가 무왕(武王) 9년(608)에 이르러 다시 왜에 관한 기사가 나타나 백제 멸망 후 3년, 즉 용삭(龍朔) 3년(663)까지 계속된다. 여기서도 비유왕까지의 기사와 무왕 이후의 기사 사이에는 재미있는 대조를 보인다. 즉, 전자의 기사는 백제와 왜가 우호 관계를 유지해 양국 간에 사신이 왕래한 기사가 대종을 이루고 있는 데 비해, 후자의 기사는 백제와 왜가 합심해 신라에 대항한 기사가 주를 이룬다.

〈표 14〉『삼국사기』「백제본기」에 나타난 왜와 일본에 관한 기사

왕명	왜	일본
17. 아신	3	
18. 전지	3	
19. 구이신		
20. 비유	1	
21. 개로		
22. 문주		
23. 삼근		
24. 동성		
25. 무령		
26. 성		
27. 위덕		
28. 혜		
29. 법		
30. 무	1	
31. 의자	3	

그런데 우리는 이미 「일본 고대 천황(야마토왜)의 원적」, 「일본 원주민의 문화 수준과 고대 일본의 개척자」, 「백제와 야마토왜의 관계」, 「고대 일본으로 건너간 한민족과 일본 원주민의 수의 추정」 등의 논고에서 일본 원주민의 수는 매우 적으며, 그 문화 수준은 한민족에 비해 아주 열등함을 알게 되었다. 그리고 야마토왜 국가의 출범은 야마토 지역으로 백제인의 대규모 집단 이주가 행해진 오진 14~20년(403~409) 이전까지 소급할 수 없음을 알게 되었다.[26]

『삼국사기』 「신라본기」에는 위에서 언급한 바와 같이 혁거세부터 소지왕에 이르기까지 끊임없이 왜인이 신라의 국토를 침범했다고 기록되어 있으나, 이러한 왜인은 그 등장 시기나 문화 수준으로 보아서 결코 야마토왜일 수는 없을 것이다.

뒤의 5부에서 다시 언급하겠지만, 야마토왜는 5세기 초에 형성되었고 700년까지도 겨우 신라의 보호와 협조 아래 신라 배에 편승해 외국에 나갈 수 있는 처지였으므로 야마토왜가 신라를 침범했다는 것은 어불성설이다.

서기전 50년부터 서기 500년 사이에 수시로 신라의 변경에 들어와 약탈할 수 있거나 식량을 구걸하러 신라에 자유로이 올 수 있는[27] 왜가 존재했다면 이 왜는 5~6세기에도 야마토나 가와치 지역에조차 왕권이 미치지 못했을 것이고, 신라에서 멀리 떨어진 '야마토왜'일 수도 없었을 것이며, 신라에서 가장 가까운 일본열도 내의 한 지역에 존재하는 정치 집단이었을 것이다. 그렇게 되면 이 정치 집단인 왜는 기타

26 최재석, 「백제의 야마토왜의 형성과 발전」, 『동방학지』 65, 1990.
27 『삼국사기』 「신라본기」 벌휴 10년 조.

큐슈에 위치했다고 가정할 수 있을 것이다.

『송서』에 나타나는 왜왕[찬(讚), 진(珍), 제(濟), 흥(興), 무(武)]의 기사는 알려져 있는 바와 같이 5세기의 기사이다. 『송서』, 『남제서(南齊書)』에는 421~478년에 몇 회에 걸쳐 왜왕에 관한 기사가 보인다(중국 기록에는 502년 이후 약 100년 가까이 왜에 관한 기사가 보이지 않다가 600년에 이르러 다시 왜에 관한 기사가 나타난다). 이 시기의 야마토왜는 그 국력이나 문화 수준 등으로 미루어 볼 때 도저히 중국에 조공사를 보낼 수 없었다. 야마토왜는 비다쓰 원년(572)까지도 고구려에서 온 국서를 잘 읽을 수 없었으며,[28] 해상수송도 앞에서 언급한 바와 같이 700년까지도 신라 배에 편승해 겨우 해외로 나갈 수 있는 처지였으므로 야마토왜가 아닌 또 하나의 왜가 아니고서는 한자로 쓰인 조공문을 지닌 사인을 중국까지 수송할 수 없었을 것이다.

이렇게 볼 때 한국과 중국의 기록, 광개토왕비에 나타나는 서기전 50년부터(중국 기록은 서기 25년부터 나타난다) 502년까지의 왜에 관한 기사는 기타큐슈의 왜에 관한 기사임을 알 수 있다. ① 왜가 백제, 가야는 침범하지 않으면서 신라만 침공한 사실, ② 왜가 신라를 침공하려면 지리적으로 백제와 가야를 통과해야 하는데 이들 양국의 협조 없이는 그것이 불가능하다는 점, ③ 그런데 실제로 그 시기에 왜와 백제·가야는 우호 관계에 있었다는 점, ④ 기타큐슈와 가야 지방의 고고학적 유물이 광범위하게 동일한 점, ⑤ 왜인이 쉽게 신라에 건너와서 식량을 구걸한 점, ⑥ 야마토왜의 등장 연대, ⑦ 야마토왜의 해외수송 능력 등으로 미루어 볼 때 서기전 50년부터 서기 502년까지의 왜는

28 『日本書記』 敏達 元年 5月 條.

가야인 등이 이주해 개척하고 건국한 기타큐슈의 왜[29]임이 틀림없을 것이며, 이는 대략 서기전 50년 훨씬 전부터 502년까지 존재하다가 그 후 어느 시기에 소멸한 것으로 생각된다. 따라서 '야마토왜'는 『삼국사기』「신라본기」의 663년, 「백제본기」의 608년, 그리고 중국 기록의 600년 이후의 왜일 것이다.

3. 오와의 관계

여기서는 편의상 야마토왜와 중국의 관계를 오나라와의 관계와 당나라와의 관계로 나누어 살펴보고자 한다.

(1) 오나라 사신의 야마토왜 파견 기사 검토

『일본서기』는 오나라가 야마토왜에 사신을 파견한 일이 세 번 있었다고 기록하고 있다.

A1. 닌토쿠 58년 10월, 오나라와 고려국이 함께 조공했다.

A2. 유랴쿠 6년 4월, 오나라가 사신을 파견해 공헌했다.

A3. ① 유랴쿠 14년 3월, 오미 무라지(臣連)를 명해 오나라 사신을 맞이했다. 오인(吳人)을 히노쿠마노에 살게 했다.

② 유랴쿠 14년(갑오) 3월 초하루, 천황이 오인을 대접하기 위해 신하들에게 차례로 "접대하는 자는 누가 좋겠는가?"라고 물었다. 신하들이 모

29 ⓕ와 ⓖ에 대해서는 본서 5부 참조.

두 "네노오미(根使主)가 좋을 것입니다"라고 대답했다. 천황은 곧 네노오미에게 명하여 접대자로 했다. 드디어 이소노카미의 다카누키하라(高拔原)에서 오인을 접대했다.

여기서 위의 기사를 요약하면 다음과 같다.

① 오나라는 세 번 야마토왜에 사신을 파견했으나 모두 조공사였다.

② 오나라 단독으로 조공을 하기도 했지만, 오나라와 고구려가 함께 조공하는 경우도 있었다. 오나라와 고구려는 지리적으로 인접한 국가가 아니다. 오나라는 중국의 강남(江南) 땅으로 고구려와는 대단히 먼 거리에 있는 나라이며 오나라와 고구려 사이에는 여러 국가가 있었는데, 『일본서기』는 이처럼 서로 멀리 떨어져 있는 오나라와 고구려가 함께 조공을 했다고 기록하고 있다.

③ 오나라는 222~280년에 존재한 나라이며, 닌토쿠 58년은 4세기 후엽의 시기이므로 시대적으로 110년 이상의 간격이 있다.

『일본서기』는 백제, 신라, 고구려가 왜국에 수없이 조공했다고 허위 기록을 했을 뿐만 아니라,[30] 오나라도 왜국에 세 번이나 조공했다고 허위 기사를 게재하고 있음을 알 수 있다.

(2) 야마토왜 사신의 오나라 파견 기사 검토

오나라 사신이 조공하기 위해 세 번이나 왜에 파견되었다고 기록한 『일본서기』는 또한 야마토왜의 사신도 세 번이나 오나라에 파견되었다

---

30 신라와 고구려의 조공 기사에 대해서는 최재석, 「백제의 야마토왜와 고구려·신라의 관계」, 『한국학보』 57, 1989 참조.

고 기록하고 있다.

B1. 오진 37년 2월, 아치노오미, 쓰카노오미를 오나라에 파견해 옷 짓는 기술자를 구하게 했다. (……)
오진 41년 2월, 이해에 아치노오미 등이 오나라에서 쓰쿠시로 왔다. (……)
B2. 유랴쿠 8년 2월, 무사노스구리 아오, 히노쿠마노타미노 쓰카히하카토코(檜隈民使博德)를 오나라에 파견했다.
유랴쿠 10년 9월 4일, 무사노스구리 아오 등이 오나라가 바친 두 마리의 거위를 가지고 쓰쿠시에 도착했다.
B3. 유랴쿠 12년 4월 4일, 무사노스구리 아오, 히노쿠마노타미노 쓰카히하카토코를 오나라에 파견했다.
유랴쿠 14년 정월 13일, 무사노스구리 아오 등이 오나라 사신과 함께 오나라가 바친 손끝 기술자인 아야하토리, 구레하토리 및 옷 짓는 에히메, 오토히메 등을 거느리고 스미노에노쓰에 숙박했다.
이달에 오나라의 내조자를 위해 길을 만들어 시하쓰노미치(磯齒津路)와 통하게 하고 구레사카(吳坂)라 이름 지었다.

이 『일본서기』의 기사도 거의 전적으로 허위·조작 기사임을 알 수 있다. 그 근거는 다음과 같다.

첫째, 오진 37년은 소급·조작된 본래의 기년은 306년이고 수정·정정된 기년은 426년이다. 어느 것을 택하더라도 오나라가 존재하던 시대인 222~280년과는 크나큰 시간적 거리가 있다. 유랴쿠 시대라면 오나라 시대와의 시간적 거리가 더욱 멀어진다. 역사적 사실이라 한다면

송(宋)나라[31]인 줄 모르고 오나라라고 할 일도 없을 것이며, 또한 뒤에서 언급하겠지만 수(隋)나라인 줄 모르고 당나라라고 할 일도 없을 것이다.

둘째, 사신을 보낸 것이 오나라 시대가 아니라 송나라 시대라 하더라도 그보다 훨씬 후인 당나라 시대에도 야마토왜는 사신을 한국(백제, 신라, 고구려)이나 중국에까지 수송할 인력이나 기술이 없었으니[32] 그보다 훨씬 전인 송나라 시대에 사인을 송나라까지 수송할 수는 없었을 것이다. 곧 보게 되겠지만 당나라에 파견된 야마토왜 유학생도 모두 신라에 부탁해 신라의 도움으로 당나라에 갈 수 있었다.

셋째, 오나라에 사신을 파견하는 목적이 주로 공녀를 초청하는 것으로 되어 있지만, 다음 기사를 보면 이는 조작임을 알 수 있다. 즉, C_1과 똑같은 기사가 C_2, C_3, C_4에도 나와 있는데, 이것은 이 기사가 조작되었을 가능성이 크다는 것을 나타내고 있다고 하겠다. 그렇지 않고서는 같은 기사가 연도를 달리해 세 번이나 나올 수는 없을 것이다. 그 기사의 내용을 보면 다음과 같다.

> C_1. 오진 37년 2월, 아치노오미, 쓰카노오미를 오나라에 파견해 옷 짓는 기술자를 구했다. 오나라 왕은 기술자 에히메, 오토히메, 구레하토리, 아

31 일본 학계에서는 국명은 오나라이지만 실제는 강남 남조의 송나라를 가리킨다고 주장하고, 또한 오진 37년(수정·정정된 기년)인 426년은 왜왕 찬이 사마조달(司馬朝達)을 시켜 조공을 바친 425년과 1년밖에 차이가 나지 않으므로 오진 37년 2월의 기사는 사실성이 있을 것이라는 인상을 주려고 하고 있다(『日本書紀』 上, 岩波書店, p. 379).

32 최재석, 「백제의 야마토왜의 형성과 발전」, 『동방학지』 65, 1990 참조.

야하토리의 네 부녀를 주었다.

C2. 오진 41년 2월, 이해에 아치노오미 등이 오나라에서 쓰쿠시로 왔다. 그때 무나카타노 오카미라는 귀신이 기술자 등을 원한다고 하여 에히메를 그에게 바쳤다. (……) 세 부녀를 거느리고 쓰노쿠니에 왔다. (……) 오사자키노 미코토에게 바쳤는데, 이 여인들의 자손이 구레노 기누누이, 가야노 기누누이이다.

C3. 유랴쿠 14년 1월 3일, 무사노스구리 아오 등이 오나라의 사신과 함께 오나라가 바친 손끝 기술자인 아야하토리, 구레하토리 및 옷 짓는 에히메, 오토히메를 거느리고 스미노에노쓰에 숙박했다.

C4. 유랴쿠 14년 3월, 오미 무라지에 명해 오나라 사신을 맞이했다. 그들을 히노쿠마노노에 살게 했다. 그래서 구레하라라 부른다. 옷 짓는 에히메로 하여금 오호미와노카미를 모시게 하고, 오토히메를 아야노 기누누이베로 삼았다. 아야하토리, 구레하토리의 기누누이(衣縫)는 아스카노 기누누이베, 이세노 기누누이베 등의 시조이다.

(3) 오인(吳人) 기사 검토

이 밖에 『일본서기』에는 오나라와 오나라 사람들에 관한 기사가 있다.

D1. 유랴쿠 11년 7월, 백제국에서 도망해 귀화하는 자가 있었다. 스스로 귀신(貴信)이라 했다. 또 귀신을 오국인(吳國人)이라 하기도 했다.

D2. 스이코 20년, 또 백제인 미마지가 귀화했다. 말하기를 "오에서 배워 기악춤을 출 수 있다"라고 했다. 사쿠라이에 살게 하고 소년을 모아 기악춤을 배우게 했다. 이에 마노노오비토 데시(眞野首弟子), 이마키노아야히토 사이몬(新漢濟文) 두 사람이 배워 그 춤을 전한다. 이 사람은 지금

의 오호치노오비토(大市首), 사키타노오비토(辟田首)의 선조이다.

D1은 백제에서 야마토왜로 이주한 사람인데 오국인일 수도 있다는 기사이고, D2는 한 백제인이 야마토왜로 건너와 그곳 소년을 모아 기악춤을 가르쳤는데 그 백제인은 오나라에서 그 춤을 배웠다는 내용이다. 백제에서 온 그 두 사람은 시대상으로나 지리적으로나 또는 당시 상황으로 보아 모두 백제인이며, 오나라 사람이거나 오나라에 유학 가서 춤을 배웠다고는 생각할 수 없다.

4. 당과 야마토왜의 관계

(1) 야마토왜 유학생의 당나라 파견 기사 검토

먼저 야마토왜 유학생의 당나라 파견 기사를 살펴보자. 『일본서기』에 의하면 지토 천황에 이르기까지 야마토왜는 여덟 차례 유학생을 중국에 파견했다. 당시의 유학생은 거의 전부 승려, 즉 학문승이다. 중국에 유학생을 처음 파견한 연대는 스이코 16년(608)이다. 이때 파견된 유학생 여덟 명은 모두 한국(백제)에서 이주한 사람이거나 그 전에 한국에서 이주한 사람으로서 거의 전부 한국인이며,[33] 그 후의 유학생들도 모두 한국에서 이주한 사람들이었음이 틀림없을 것이다. 이는 일본 원주민의 문화 수준만을 고려해보아도[34] 충분히 이해가 갈 것이다. 당

33 최재석, 「일본 고대국가의 지배층의 원적」, 『인문론집』 34, 1989.
34 최재석, 「일본 원주민의 문화 수준과 고대 일본의 개척자」, 『동양사학연구』 30, 1989.

나라에 파견된 야마토왜 유학생 관련 사료를 『일본서기』에서 보면 다음과 같다.

E_1. 스이코 16년 9월 11일, 당의 손님 배세청이 귀국했다. 또 오노노 이모코노오미(小野妹子臣)를 대사로 삼고, 기시노오나리(吉士雄成)를 소사로 했다. 후쿠리(福利)를 통역원으로 했다. 당의 손님을 따라 파견했다. (……) 이때 당나라에 보낸 사람은 학생 야마토노아야노아타이 후쿠인, 나라노 오사에묘, 다카무코노아야히토 겐리, 이마키노아야히토 오쿠니, 학문승 니치몬, 미나부치노 쇼안, 시가노아야히토 에온, 이마키노아야히토 고사이 등 총 여덟 명이다.

E_2. 스이코 31년 7월, 신라는 대사 나말 지세이를 파견하고, 임나는 달솔 나말지를 파견해 내조했다. (……) 이때 당의 학문승 혜재, 혜광 및 의사 혜일, 복인 등이 지세이 등을 따라왔다.

E_3. 긴메이 11년 9월, 대당의 학문승 혜은(惠隱), 혜운이 신라의 송사를 따라 왕경에 돌아왔다.

E_4. 조메이 12년 10월 1일, 대당의 학문승 청안과 학생 다카무코노아야히토 겐리가 신라를 경유해 돌아왔다.

E_5. 고토쿠 하쿠치 4년 5월 12일, 대당에 파견하는 대사 소산상(小山上) 기시노나가니(吉士長丹), 부사 소을상 기시노코마(吉士駒), 학문승 다우곤(道嚴), 학생 고세노 오미쿠스리(巨勢臣藥), 히노무라지 오키나(氷連老人) 등 모두 121명이 한 배를 탔다. 무로하라노 오비토미타(室原首御田)를 송사로 했다. 또 대사 대산하 다카타노 오비토네마로(高田首根麻呂), 부사 소을상 가니모리노 무라지 오마로(掃守連小麻呂), 학문승 다우후쿠(道福), 기카우(義向) 등 모두 120명이 한 배를 탔다. 하지노 무라지 야쓰

테(土師連八手)를 송사로 했다.

E_6. 사이메이 4년 7월, 이달에 승려 지쓰(智通), 지타쓰가 신라의 배를 타고 대당에 가서 무성중생의(無性衆生義)를 현장(玄奘) 법사에게 배웠다.

E_7. 덴무 13년 12월 6일, 대당의 학생 하지노 스쿠네 오이(土師宿禰甥), 시라이노 후비토 호네(白猪史寶然) 및 백제 전쟁 시 대당에 잡혀간 이쓰카이노 무라지 고비토(猪使連子首), 쓰쿠시노미야케노 무라지 도쿠코(筑紫三宅連得許)가 신라를 거쳐 귀국했다. 신라는 대나말(大那末) 김물유(金物儒)를 파견해 조카 등을 쓰쿠시에 보냈다.

E_8. 지토 4년 9월 23일, 대당의 학문승 지소(智宗), 기토쿠(義德), 자우구완(淨願)과 군정(軍丁) 쓰쿠시노쿠니(筑紫國)의 가미쓰야메(上陽咩)군의 오토모베노 하카마(大伴部博麻)가 신라의 송사 대나말 김양훈(金亮訓) 등을 따라 쓰쿠시에 돌아왔다[지소는 고토쿠 하쿠치 5년 2월에 입당(入唐)했다].

우리는 위의 사료에서 당나라에 파견된 야마토왜(일본) 유학생이 당나라를 왕래할 때 이용한 배가 어느 나라 배였는지 알아보고자 한다. 〈표 15〉를 보면 8회의 당나라 파견 유학생 가운데 6회는 신라의 배를 이용했음을 알 수 있다. 從新羅大使·送使(신라대사·송사 편), 傳新羅(신라 경유), 乘新羅船(신라 배 편승), 取新羅道(신라국 경유)는 모두 같은 뜻이다. 이렇게 볼 때 E_1의 당객 편 또는 E_5(653)의 왜인 송사 등은 조작되었을 가능성이 크다. 8회의 당나라 파견 유학생 수송 가운데 6회를 신라에 부탁해 신라 배를 이용하고 있었던 점을 고려할 때 나머지 2회 중에 야마토왜의 배를 이용했다고는 믿어지지 않기 때문이다. 사이메이 3년(657), 야마토왜가 사신을 신라에 파견해 야마토왜 사신

〈표 15〉 당나라에 파견된 야마토왜의 유학생이 탑승한 배편(『일본서기』)

연대	서기 연대	배편
E_1 스이코 16년 9월 11일	608	唐客便
E_2 스이코 31년 7월	623	從新羅大使
E_3 조메이 11년 9월	639	從新羅送使
E_4 조메이 12년 10월 1일	640	傳新羅
E_5 고토쿠 하쿠치 4년 5월 12일	653	倭人送使
E_6 사이메이 4년 7월	658	乘新羅船
E_7 덴무 13년 12월 6일	685	傳新羅
E_8 지토 4년 9월 23일	690	取新羅道

을 당나라에 보내달라고 부탁했으나 거절당해 당나라로 가지 못하고 그대로 야마토왜로 귀국한 『일본서기』의 기록을 볼 때, 그보다 4년 앞선 653년에 왜인 송사가 당나라 유학생을 수송했다는 것은 도저히 믿어지지 않는다.

이제 야마토왜 유학생의 당나라 유학과 한국(백제, 신라, 고구려) 유학을 비교해보자. 〈표 16〉을 보면 야마토왜의 해외 유학생은 한국과 중국의 두 나라에 집중되어 있음을 알 수 있다. 좀 더 구체적으로 말하면 6세기까지는 백제에만 유학생을 파견했고, 7세기 초부터 중엽까지는 한국(신라, 고구려, 백제)과 중국으로 파견하다가 7세기 말엽에는 신라에만 유학생을 파견하는 경향으로 흐르고 있다. 다시 말하면, 백제, 신라, 고구려의 삼국시대에는 그 삼국에 유학생을 파견했으나, 658년부터 약 50년 동안은 유학생의 당나라 파견이 중단되고 신라에만 유학생을 파견했던 것이다. 이렇게 볼 때 종래 일본 학계에서 견당 유학생의 존재만을 지적하고 왕도나 각종 제도의 제정, 개혁 등도 견신라

〈표 16〉 일본 유학생의 한국 유학과 중국 유학의 비교(『일본서기』)

연대	한국				중국
	백제	신라	고구려	삼한(고구려, 백제, 신라)	
1. 스슌 원년(588) 이해	○				
2. 스이코 16년(608) 9월					○
3. 스이코 31년(623) 7월					○
4. 조메이 4년(632) 8월		○			
5. 조메이 11년(639) 9월					○
6. 조메이 12년(640) 10월					○
7. 고쿄쿠 4년(645) 4월			○		
8. 고토쿠 다이카 4년(648) 2월				○	
9. 고토쿠 하쿠치 4년(653) 5월 12일					○
10. 고토쿠 하쿠치 5년(654) 2월					○
11. 사이메이 4년(658) 7월					○
12. 덴무 13년(685) 12월		○			○
13. 덴무 14년(686) 5월		○			
14. 지토 원년(687) 9월		○			
15. 지토 3년(689) 4월					
16. 지토 6년(692) 10월		○			
17. 지토 7년(693) 3월		○			

*비고: 파견 연월이 없는 것은 귀국 연월을 적기함.

유학생이 아니라 견당 유학생의 공헌으로 돌렸던 것은 역사를 왜곡한 또 하나의 예라 할 수 있을 것이다.

(2) 야마토왜 사신의 당나라 파견 기사 검토

스이코 15년(607)에 시작된 야마토왜 사신의 당나라 파견은 지토 천황 시대에 이르기까지 총 9회에 이른다고 『일본서기』는 전하고 있다. 덴무 천황부터 지토 천황 시대까지는 당나라에 사신을 파견한 일이 없고, 덴지 8년에 사신을 파견했다. 그에 관한 사료를 『일본서기』에서 보면 다음과 같다.

> F_1. 스이코 15년(607) 7월 3일, 대례(大禮) 오노노오미 이모코(小野臣妹子)를 대당에 파견했다. 구라쓰쿠리노 후쿠리(鞍作福利)를 통역으로 삼았다.
> 스이코 16년(608) 4월, 오노노오미 이모코가 대당에서 돌아왔다. (……) 대당의 사신 배세청과 대당 12인이 이모코노오미(妹子臣)를 따라 쓰쿠시에 도착했다.
> F_2. 스이코 16년(608) 9월 11일, 오노노오미 이모코를 대사로, 기시오나리(吉士雄成)를 소사로, 구라쓰쿠리노 후쿠리를 통역으로 하여 당의 손님(배세청)을 따라 파견했다. 여기서 천황은 당제(唐帝)에 인사말로 "동(東)의 천황이 공손히 서(西)의 황제에게 말씀드린다"라고 했다.
> 스이코 17년(609) 9월, 오노노오미 이모코 등이 대당에서 돌아왔다.
> F_3. 스이코 22년(614) 6월 13일, 이누카미노키미 미타스키(犬上君御田鍬)와 야타베노 미야쓰코(矢田部造)를 대당에 파견했다.
> 스이코 23년(615) 9월, 이누카미노키미 미타스키와 야타베노 미야쓰코가 대당에서 돌아왔다.
> F_4. 조메이 2년(630) 8월 5일, 대인(大仁) 이누카미노키미 미타스키와 대인 구스시 에니치를 대당에 파견했다.
> 조메이 4년(632) 8월, 대당은 고표인을 파견해 삼전사를 돌아오게 했다.

F5. 고토쿠 하쿠치 4년(653) 5월 12일, 대당에 파견하는 대사 소산상 기시노나가니, 부사 소을상 기시노코마, 학문승 다우곤, 학생 고세노오미 구스리, 히노무라지 오키나 모두 121명이 한 배에 탔다. 무로하라노 오비토미타를 송사로 삼았다. 또 대사 대산하 다카타노오비토 네마로(高田首根麻呂), 부사 소을상 가니모리노 무라지 오마로, 학문승 다우후쿠, 기카우 등 모두 120명이 한 배에 탔다. 하지노 무라지 하쓰테를 송사로 삼았다.

고토쿠 하쿠치 5년(654) 7월 24일, 서해사(西海使) 기시노나가니 등이 백제, 신라의 송사와 함께 쓰쿠시에 머물렀다.

F6. 고토쿠 하쿠치 5년(654) 2월, 대당에 파견하는 압사 대금상 다카무코노 후비토겐리, 대사 소금하 가와베노오미 마로, 부사 대산하 구스시 에니치, 판관 대을상 후미노아타이 마로, 미야노오비토 아미다, 소을상 오카노키미 요로시, 오키소메노 무라지 오쿠, 소을하 나카토미노 하시히토노 무라지 오유, 다나헤노 후비토토리 등이 두 배에 분승(分乘)했다. 수개월 걸려 신라도(新羅道)를 취해 내주(萊州)에 도착했다. 겨우 수도 장안(長安)에 이르러 천자를 배알했다. (……) 압사 다카무코노 겐리는 대당의 땅에서 죽었다.

사이메이 원년(655) 8월, 가와베노오미 마로 등이 대당에서 귀국했다.

F7. 사이메이 5년(659) 7월 3일, 소금하 사카이베노 무라지 이하시키(坂合部連石布), 대선하(大仙下) 쓰모리노 무라지 기사(津守連吉祥)를 대당에 사신으로 보냈다. 미치노쿠(道奧)의 에조 남녀 두 명을 당의 천자에게 보였다.

F8. 덴지 4년(665), 이해에 소금(小錦) 모리노키미 오호이하(守君大石) 등을 대당에 파견했다.

F9. 덴지 8년(669), 이해에 소금중(小錦中) 가와치노 아타이쿠지라(河內

〈표 17〉 견당사를 수송한 배편의 국적(『일본서기』)

사료	배편	
	출국	귀국
F_1(607)	•	•
F_2(608)	唐客便	•
F_3(614)	•	•
F_4(630)	•	唐客便
F_5(653)	倭人送使便	百濟 · 新羅送使
F_6(654)	新羅經由(新羅送使)	•
F_7(659)	•	•
F_8(665)	•	•
F_9(669)	•	•

直鯨) 등을 대당에 사신으로 보냈다.

먼저 스이코 15년(607)부터 덴지 8년(669)까지 8회나 되는 견당사 파견이 어느 나라의 배편에 의해 이루어졌는지 알아보자.

〈표 17〉에 나타나 있는 바와 같이 대부분 수송 배의 국적을 명기하지 않고 있음을 알 수 있다. 이는 앞에서 본 견당 유학생 수송 배의 국적과 배편을 명기한 것과는 꽤 대조적이다. 명기되어 있는 것만 보면 당객에 얹혀서 왕래한 사례가 2회, 백제나 신라의 송사 편이 2회, 그리고 왜인 송사에 의한 것이 1회로 나타났다. 신라에 파견된 야마토왜 유학생이 이용한 배편이 모두 신라인의 배이며,[35] 또한 앞에서 본 바와

35 최재석, 「백제의 야마토왜와 고구려·신라의 관계」, 『한국학보』 57, 1989.

같이 당나라에 파견된 야마토왜 유학생이 편승한 배편이 신라인 편 또는 신라인의 배라는 것을 고려해볼 때 견당사의 수송도 거의 전부 백제 배나 신라 배를 이용한 것으로 생각되며, 왜인 송사나 왜인의 배를 이용했다는 F_5의 『일본서기』의 기사는 허위·조작으로 보인다. 앞에서도 지적했지만 다음과 같은 『일본서기』의 기사가 이를 뒷받침해준다고 할 수 있기 때문이다. 즉, 657년에도 야마토왜는 사신을 당나라에 파견할 수 없어서 그것을 신라에 부탁하는 처지였으므로 이보다 4년 앞선 653년에 야마토왜 송사에 의해 각각 121명과 120명의 사신을 당나라에 파견했다는 것은 조작 기사임이 명백한 것이다.

> F_{10}. 사이메이 3년(657), 이해에 사신을 신라에 보내 "승려 지타쓰, 하시히토노 무라지 마우마야, 요사미노 무라지 와쿠고 등을 귀국(貴國)에 부탁해 대당에 보내고자 한다"라고 말했다. 신라는 그것을 거절했다. 그래서 승려 지타쓰 등이 귀국했다.

그리고 신라에 부탁해 신라의 배로 견당사를 실어나르지 않았다고 한다면 위의 F_1~F_8의 『일본서기』 기사는 대부분 허위 기사로 볼 수밖에 없을 것이다.

위의 사료 중 F_1, F_2도 조작되었을 가능성이 크다. 명색이 대당의 사신이 처음으로 외국에 파견되는 마당에 야마토왜라는 조그마한 나라의 사신의 귀국선에 편승해 따라왔다는 기사가 우선 부자연스럽다. 또 그 선박이 야마토왜의 것이라고 암시되어 있으나 앞서 살펴본 바와 같이 신라의 선박은 있어도 대해를 건널 야마토왜의 선박은 있을 수 없다. 그들이 탑승한 선박은 야마토왜의 것이 아니라 대당의 선박이거나 신라 또는 백제의 선박이었을 것이다. 그리고 F_2의 '동의 천황', '서의 황제' 운운은 『수서(隋書)』 「왜국전(倭國傳)」의 대업(大業) 3년(607)의 기사와 유사하니[36] 『수서』를 모방해 조작했음이 틀림이 없을 것이다(〈표 18〉 참조).

또 문맥으로 볼 때 '동(東)천황'이 아닌 '동왕'이라 할 리 없는 데다 이 천황은 훨씬 후대의 왕호(王號)인 것을 보면[37] '동천황' 운운의 국서를 전했다는 사신의 파견은 거의 틀림없이 조작일 것이다.

F_5의 견당사를 두 조로 나눈 것은 부자연스럽고, 또 그중 한 조의 견당사만이 귀국하고 나머지 한 조의 귀국에 대해서는 언급이 없는 것도 이상하다. 그리고 스이코 25년(617)까지는 중국은 수나라 시대이고, 스이코 26년(618)부터는 당나라 시대이다. F_1, F_2, F_3은 모두 수나라이므로 수나라라고 해야 하는데도 모두 '당객', '대당'이라는 말을 사용하고 있다. 실제로 중국에 사신을 파견했다면 수와 당을 혼동하지는 않았을 것이다. 그러나 일본 학계에서는 이것을 조작 기사로 보지 않고, 『일본서기』에 나오는 오나라는 송나라이고[38] F_1, F_2, F_3의 당나라는 수나라라고 주장하고 있는 것이다.

요컨대 야마토왜 사신의 견당 기사 중에는 조작된 기사가 적지 않을 것이며, 실제 행해진 견당사 파견은 있었다고 하더라도 몇 회에 지나

---

36 『수서』 「왜국전」과 『일본서기』 「스이코기(推古紀)」의 유사함에 대해서는 이미 요시다 다케히코(吉田武彦)가 지적한 바 있다(吉田武彦, 앞의 책, pp. 290~291).

37 왕호가 '왕'에서 '천황'으로 바뀐 것은 국호가 '왜'에서 '일본'으로 바뀐 것과 밀접한 관계가 있지만 여기서는 상론하지 않겠다. '천황'의 사용 시기에 대해서는 大和岩雄, 「'天皇'號の始用時期をめぐって」, 『日本書紀研究』 15, 1987 참조.

38 2장 3절 '오와의 관계' 참조.

〈표 18〉『수서』「왜국전」과 『일본서기』「스이코기」 대조표

『수서』「왜국전」	『일본서기』「스이코기」
A. 대업 3년(607) ① 사인을 파견해 조공했다. ②「日出處天子致書日沒處天子無恙」의 국서	스이코 15년(607) 대례 오노노오미 이모코를 대당에 파견했다. 스이코 16년(608), 東天皇敬日西皇帝
B. 대업 4년(608) ① 문림랑 배청을 파견해 왜국에 使하게 했다. ② 또 사자들로 하여금 청을 따라가서 방물을 공상(貢上)하게 했다.	스이코 16년(608) 대당의 사인 배세청이 쓰쿠시에 도착했다. 9월에 다시 오노노오미 이모코를 파견했다.

지 않았을 것이다.

(3) 당나라 사신의 야마토왜 파견 기사 검토

『일본서기』에 의하면 당나라 사신이 야마토왜로 파견된 예는 5회나 되는데, 이를 살펴보면 다음과 같다.

> G1. 스이코 16년 4월, 대당의 사신 배세청과 손님 열두 명이 이모코노오미를 따라 쓰쿠시에 왔다. (……) 당의 손님을 위해 다시 신관(新館)을 나니와의 고려관(高麗館) 위에 지었다.
>
> G2. 스이코 16년 6월 15일, 손님들은 나니와 나루에 유숙했다. 이날 장식한 배 30척으로 손님을 강구(江口)로 마중 나가 신관으로 안내했다. 나카토미노미야도코로노 무라지오마로(中臣宮地連烏麻呂), 오호시카우치노 아타이아라테(大河內直糠手), 후네노후비토 오헤이(船史王平)를 접대계(接待係)로 했다.
>
> G3. 스이코 16년 8월 3일, 당의 손님들이 왕도로 들어왔다. 이날 장식한

말 75필을 보내 당의 손님을 쓰바키치(海石榴市)의 길에서 맞이하고 누카타베노 무라지 히라부가 인사말을 했다.

G4. 스이코 16년 8월 12일, 당의 손님을 조정에 불러 사신의 취지를 고하게 했다. 그때 아베노 도리노오미(阿倍鳥臣), 모노노베노 요사미노 무라지이다기(物部依網連抱) 등 두 명을 손님의 안내자로 삼았다. 당나라의 토산품을 뜰 가운데 놓고 사주(使主) 배세청은 친히 국서를 가지고 두 번 절하고 사신의 취지를 말씀드렸는데, 그 국서에는 "황제가 왜왕에게 인사를 보낸다. 사신 장리(長吏) 대례 소인고(蘇因高) 등이 방문해 뜻을 잘 전해주었다. (……) 왜왕은 해외에 있으면서 백성을 사랑하여 나라 안이 평안하고 풍속도 잘 융화되어, 깊은 성의의 마음이 있어 (……) 배세청을 보내 방문하는 마음을 전하고 별도로 선물을 보낸다"라고 했다.

G5. 스이코 16년 8월 16일, 당의 손님들에게 조정에서 잔치를 베풀었다.

G6. 스이코 16년 9월 5일, 당의 손님들에게 나니와 대군에서 잔치를 베풀었다.

G7. 스이코 16년 9월 11일, 당의 손님 배세청이 일을 마치고 돌아갔다.

H1. 조메이 4년 8월, 당나라는 고표인을 보내 삼전사를 귀국시켰다. 함께 쓰시마에 숙박했다. 이때 학문승 영운, 승려 민 및 승조양, 신라의 송사 등이 이들을 따랐다.

H2. 조메이 4년 10월 4일, 당국의 사신 고표인 등이 나니와 나루에 정박했다.

H3. 조메이 5년 정월 26일, 당나라의 손님 고표인 등이 귀국했다.

I1. 덴지 3년 5월 17일, 백제의 진장 유인원이 조산대부 곽무종 등을 보내 표함(表函)과 헌물을 바쳤다.

I2. 덴지 3년 10월, 곽무종 등에 출발하라는 칙(勅)을 내렸다.

I_3. 덴지 3년 10월 4일, 곽무종 등에게 잔치를 베풀었다.

I_4. 덴지 3년 12월 12일, 곽무종 등이 귀국했다.

I_5. 덴지 4년 9월 23일, 당나라에서 조산대부 흔주사마 상주국 유덕고 등을 파견했다[등이라 하는 것은 우융위낭장(右戎衛郞將) 상주국 백제녜군(百濟禰軍), 조산대부 주국(柱國) 곽무종을 말한다. 모두 254명이 7월 28일 쓰시마에 도착, 9월 22일 표함을 올렸다].

I_6. 덴지 8년, 이해에 당나라는 곽무종 등 2천여 명을 파견했다.

I_7. 덴지 10년 11월 10일, 쓰시마노쿠니노 미코토(對馬國司)가 사신을 쓰쿠시의 대재부에 보내 (……) 당의 사신 곽무종 등 600명, 송사 사택손등(沙宅孫登) 등 1,400명, 도합 2,000명이 배를 타고 비지도(比知島)에 머물러 있다(……)는 보고를 했다.

I_8. 덴무 원년 3월 18일, 내소 7위(內小七位) 아즈미노 무라지 이나시키(阿曇連稻敷)를 쓰쿠시에 파견해 천황의 상을 곽무종에게 알렸다. 그는 상복을 입고 세 번 애도의 예를 행했다.

I_9. 덴무 원년 3월 21일, 곽무종 등이 두 번 절하고 국서를 담은 함과 토산물을 바쳤다.

I_{10}. 덴무 원년 5월 12일, 갑옷, 화살을 곽무종 등에게 하사했다.

I_{11}. 덴무 원년 5월 30일, 곽무종 등이 귀국했다.

I_{12}. 지토 6년 윤 5월, 대당의 대사 곽무종이 덴지 천황을 위해 만든 아미타상(阿彌陀像)을 왕경으로 보내라고 말씀하셨다.

J_1. 고토쿠 하쿠치 5년 2월 주. (……) 이키노 하카토코(伊吉博得)가 말하기를 (……) 지소(知聰)는 바다에서 죽었고 지코쿠(智國)도 바다에서 죽었다. (……) 자우에(定惠)는 을축년에 유덕고 등의 배편으로 귀국했다(……)고 했다.

J_2. 덴지 4년 9월 23일, 당나라가 조산대부 흔주사마 상주국 유덕고 등을 파견했다(전부 254명, 7월 28일 쓰시마 도착, 9월 20일 쓰쿠시 도착, 22일 표함 올림).

J_3. 덴지 4년 11월 13일, 유덕고 등에게 잔치를 베풀었다.

J_4. 덴지 4년 12월 14일, 유덕고 등에게 물건을 하사했다.

K_1. 덴지 10년 정월 13일, 백제의 진장 유인원(당나라 장수)이 이수진을 파견해 상표문(上表文)을 올렸다.

K_2. 덴지 10년 7월 11일, 당나라 사람 이수진 등과 백제의 사신 등이 일을 마치고 돌아갔다.

위의 G_1~G_7의 기사, 즉 대당의 사신(엄밀히 말하면 당나라 사신이 아니라 수나라 사신이다)이 야마토왜에 파견된 기사는 어느 정도 사실이라고 말할 수 있을 것이다. 『삼국사기』「백제본기」 무왕 9년 조에 "수나라는 문림랑(文林郎) 배청(裵淸)을 사신으로 왜국에 파견하는데 백제국의 남로를 거쳐 갔다"라는 기사가 보인다. 그러나 수나라 사신 배세청이 수나라에 파견된 야마토왜의 사신을 따라서 왔다든가, 그 사신이 수나라 황제의 친서를 가져왔다든가, 또는 친서의 내용에 관한 것 등은 사실이 아니다.

H_1~H_3의 당나라 사신 기사는 그 진실성이 의심스럽다. 우리가 지금까지 보아온 바와 같이 신라에 파견하든 당나라에 파견하든 간에 야마토왜 유학생은 거의 전부 신라의 송사 또는 신라의 배에 의해 수송되었는데, 여기서는 야마토왜의 유학생과 그 수송을 맡아야 할 신라의 송사가 오히려 당나라 사신을 따라왔다고 했기 때문이다.

I_1~I_{12}의 기사는 그 진실성이 더욱 의심스럽다. 그 이유는 다음과

같다.

첫째, 야마토왜에 파견된 당나라 사신 곽무종이 일본을 두 번 방문했는데, 한 번은 백제의 진장이 파견했고, 다른 한 번은 당나라 조정에서 파견했다. 백제의 진장 유인원은 당나라의 사령관인 소정방(蘇定方)의 부하 무관인데, 그러한 일개 무관이 사신 파견에 관여할 수는 없기 때문이다.

둘째, 당나라의 사신이 일본에 상표문과 헌물을 진상했다.

셋째, 일본에 파견하는 사신을 한 번은 일개 무관이 파견하고, 또 한 번은 당나라 조정이 파견했다. 그리고 파견된 사신은 두 번 모두 동일인이다.

넷째, 당나라의 사신이 천황의 상 소식을 듣고 상복을 입고 슬퍼했다.

J_1~J_4의 기사는 당나라 사신인 유덕고가 일본에 파견되었을지 모르지만 파견되었다면 다른 목적에서일 것이고, 결코 상표문(표함)을 진상하기 위한 것은 아니었을 것이라는 내용이다.

K_1~K_2 기사에서도 I_1~I_{12} 기사에서처럼 일개 무관인 유인원이 사신을 파견해 일본에 상표를 올렸다고 『일본서기』는 기록하고 있다. 양자 간에 다른 점이 있다면 I에서는 그 사신이 곽무종이지만 K에서는 이수진으로 이름이 다르다는 점이다. K의 기사도 그 진실성이 의심스럽다.

요컨대 중국이 5회나 사신을 일본(야마토왜)에 파견한 것으로 『일본서기』는 기록하고 있으나, 대체로 그 진실성이 의심스럽다고 하겠다.

(4) 야마토왜에서의 중국인의 활동

그러면 야마토왜에서의 중국인의 활동 상황은 어떠했는지 살펴보자.

L_1. 사이메이 6년 10월, 백제의 좌평 귀실복신이 좌평 귀지 등을 보내와서 당의 포로 100여 명을 바쳤다.

L_2. 사이메이 7년 11월 7일, 백제의 좌평 복신이 바친 당의 포로 106구(口)를 오미노쿠니 하리타에 살게 했다.

M_1. 덴지 2년 2월, 이달에 좌평 복신이 당의 포로 속수언 등을 데리고 왔다.

M_2. 지토 3년 6월 19일, 당의 속수언, 살홍각 등에게 각각 차등 있게 벼를 주었다.

M_3. 지토 5년 9월 4일, 당의 음박사 속수언과 살홍각, 백제의 서박사(書博士) 말사선신(末士善信)에게 은 20냥씩을 주었다.

M_4. 지토 6년 12월 14일, 음박사 속수언, 살홍각에게 논을 주었다.

N_1. 지토 8년 정월 19일, 당인이 답가(踏歌)를 연주했다.

N_2. 지토 8년 정월 23일, 무광사의 벼슬을 대당 일곱 명과 숙신 두 명에게 주었다.

N_3. 덴무 14년 2월 4일, 대당인, 백제인, 고구려인 모두 147명에게 작위를 주었다.

야마토왜에서의 당인의 활약은 백제인이나 신라인의 그것에 비해[39] 문제가 되지 않을 정도로 미미하다. 야마토왜에서의 당인의 활약은 백제군과 나당연합군이 싸울 때 백제가 잡은 당나라 포로 100여 명이 일본으로 보내져 그 노동력이 이용된 것과 그 포로 가운데 음악인이 있어 당나라 음악이 일본에 소개된 정도이다.

이러한 일본에서의 당인의 활약은 바로 전에 언급한 바와 같이 일본

---

39 최재석, 「백제의 야마토왜와 고구려·신라의 관계」, 『한국학보』 57, 1989.

에서의 신라인이나 고구려인의 그것에 비하면 평가할 가치조차 없을 정도로 매우 적다. 그뿐 아니라 적어도 700년까지는 일본은 백제, 신라, 고구려의 문물만을 수용했을 뿐 당나라의 그것은 거들떠보지 않을 정도였다.

> O1. 고토쿠 하쿠치 2년(651), 이해에 신라의 공조사(貢調使) 지만사찬(知萬沙湌) 등이 당나라 옷을 입고 쓰쿠시에 묵었다. 조정에서는 마음대로 복제(服制)를 바꾼 것을 책망해 돌려보냈다.

사료 O는 신라의 사신이 당나라 복장을 했다고 하여 입국을 거절했다는 기사인데, 입국 거절은 사실이 아니라 하더라도 당나라 복장을 한 것 자체에 대해서는 좋아하지 않았던 당시의 상황을 전해준다고 말할 수 있을 것이다.

야마토왜가 주로 백제에 의해 건설되고 경영되었다 하더라도 백제인이 아닌 신라인, 고구려인도 야마토왜에서 적지 않게 활약했음을 우리는 이미 살펴보았다.[40] 야마토왜 왕실의 교육 담당이나 천황의 시의부터 농민에 이르기까지 신라인과 고구려인의 활약은 매우 컸다(〈표 19 참고〉). 이에 비하면 일본에서의 당인의 활약은 직업의 종류나 중요성에서 신라인이나 고구려인에 비할 바가 못 되었다.

일본을 방문하는 사람의 수에서도 중국인은 백제인이나 신라인 또는 고구려인과 비교할 수 없을 정도로 매우 적었다. 객관인 쓰쿠시관에 유숙한 사람의 국적을 보면 전부 한국인이고 중국인은 한 사람도 없었으

---

40 위의 주 참조.

〈표 19〉 야마토왜에서 생활하는 고구려인, 신라인의 직업

	직업	고구려인	신라인
1	승려	○고승	○승니
2	환속한 승려	○	•
3	사인	○	○
4	화가	○	•
5	의사(왕의 시의)	○	○
6	음악인	○	○
7	교수자(巧手者, 工匠)	○	•
8	농민	○	○백성
9	조선공	•	○
10	시학사	•	○
11	잡역부	•	○

며, 나니와관은 두 경우에만 중국인이 유숙했고 나머지 전부는 백제, 신라, 고구려의 삼국인만이 유숙했다고 『일본서기』는 전하고 있다.[41]

(5) 당나라 문물의 도입

끝으로 야마토왜 사신의 당나라 파견이라는 시각을 중심으로 당나라 문물의 도입에 대해 살펴보고자 한다.

여기서는 야마토왜 사신의 신라 파견이나 백제 망명객의 야마토왜 망명과 관련지어 살펴보는 것이 효율적일 것으로 생각된다. 더욱 단적으로 말하면, 후지와라쿄, 헤이조쿄 등의 도성 조영이나 다이호율령과

---

41 최재석, 「일본 고대국가 연구: 백제와 야마토왜의 관계」, 『한국학보』 55, 1989. 6.

같은 율령의 제정은 어느 나라 문물의 영향으로 이루어졌는가 하는 것을 알아보고자 한다. 이러한 제도에 영향을 준 것으로는 야마토왜 유학생의 해외 파견, 야마토왜 사신의 해외 파견, 당시 야마토왜로 망명한 수많은 백제 지배층 등 세 가지 요인을 생각할 수 있을 것이다.

앞의 〈표 16〉에도 나타나 있는 바와 같이 7세기 말(680~693) 야마토왜의 해외 유학생은 중국보다 신라에 집중되고 있었는데, 이러한 경향은 야마토왜 사신의 해외 파견 경향과도 일치하고 있음을 알 수 있다. 즉, 〈표 20〉에 의하면, 6세기에는 야마토왜의 사신이 신라에만 파견되었고 중국에는 파견되지 않았으며, 그 후 660년대까지는 중국과 신라 양국에 고루 파견되었지만, 670년부터 700년까지 30년 동안에는 중국에는 파견되지 않고 오로지 신라에만 파견되었던 것이다. 그 후부터 740년대까지는 다시 신라, 중국 두 나라에 파견되다가 750년대부터는 거의 전부 중국에만 파견되는 경향으로[42] 흘렀던 것이다. 그런데 여기서 우리가 주목할 사실은 670년부터 700년 사이의 30년 동안에 야마토왜는 중국에는 사신을 파견하지 않고 신라에만 파견했다는 사실이다. 이렇게 볼 때 지토·덴무·요메이의 3천황의 왕경이었으며 690년에 착수해 694년에 준공한 후지와라쿄, 그리고 708년 후지와라쿄의 건물 배치를 모방해 조영한 헤이조쿄 등은 야마토왜의 유학생과 사신이 주로 신라에만 파견된 시대의 산물임을 알 수 있는 것이다.

또 신라에서 돌아온 야마토왜의 유학생과 사신의 공헌도 중요하지만 그 이상으로 우리가 높이 평가해야 할 것은 덴지 2년(663)부터 8년(669) 사이에 야마토왜에 몰아닥친 3,100여 명의 백제 지배층의 공로

42 697년부터 789년 사이의 견당사, 견신라사에 대해서는 『속일본기』 참조.

〈표 20〉 야마토왜 사신의 신라 파견과 당나라 파견(『일본서기』)

연대	서기	신라 파견	당나라 파견
1. 긴메이 32년 3월	571	○	
2. 비다쓰 4년 4월	575	○	
3. 비다쓰 13년 2월	584	○	
4. 스슌 4년 11월	591	○	
5. 스이코 5년 11월	597	○	
6. 스이코 15년 7월 3일	607		○
7. 스이코 16년 9월 11일	608		○
8. 스이코 22년 6월 13일	614		○
9. 스이코 31년 7월	623	○	
10. 조메이 2년 8월 5일	630		○
11. 고쿄쿠 원년 2월	642	○	
12. 고토쿠 다이카 2년 9월	646	○	
13. 고토쿠 다이카 5년 5월	649	○	
14. 고토쿠 하쿠치 4년 5월 12일	653		○
15. 고토쿠 하쿠치 5년 2월	654		○
16. 사이메이 3년	657	○	
17. 사이메이 5년 7월 3일	659		○
18. 덴지 4년	665		○
19. 덴지 7년 11월	668	○	
20. 덴지 8년	669		○
21. 덴지 9년 9월	670	○	
22. 덴무 4년 7월	676	○	

23. 덴무 5년 10월	677	○	
24. 덴무 8년 9월	680	○	
25. 덴무 10년 7월	682	○	
26. 덴무 13년 4월	685	○	
27. 지토 원년 정월	687	○	
28. 지토 9년 9월	695	○	

이다.[43] 이들 가운데는 법관대보(法官大輔)와 학직두(學職頭)를 포함해 백제의 최고 관위인 좌평 세 명과 두 번째로 높은 관위인 달솔 60여 명만 계산해도 도합 거의 70명이나 되었는데,[44] 이 숫자는 당시 백제 최고권력자의 거의 전부라고 할 수 있을 정도다.[45] 국가 경영에 관해서는 전문 지식인이 거의 없던 당시의 야마토왜를 보면[46] 일본에서의 최초의 율령인 다이호율령 제정(701)이나 도성다운 도성인 후지와라쿄나 헤이조쿄의 조영은 이들의 지식 없이는 이루어질 수 없었다고 보는 것이 당연한 귀결일 것이다. 따라서 도성제(都城制)는 신라나 백제의 왕도를 모방한 것일 가능성이 크며, 설령 중국의 왕도를 모방했다고 하더라도 그것은 한국인(백제인)에 의해 도입되었을 것이다. 특히 율령

---

43 최재석, 「고대 일본으로 건너간 한민족과 일본 원주민의 수의 추정」, 『동방학지』 61, 1986 참조.

44 『日本書紀』 天智 10年 是月 條.

45 『주서(周書)』에 의하면 좌평의 수는 다섯 명, 달솔의 수는 30명이었다. 『日本書紀』 下, 岩波書店, p. 617.

46 5부 2장 「백제의 야마토왜 형성과 발전」 참조.

격식의 기본으로 운영되는 중앙집권적 국가 체제의 중핵이며 701년에 법적인 성립을 본 이른바 '다이호율령'은 국가 경영에 대해 잘 아는 최고의 지식 엘리트가 아니고서는 도저히 제정할 수 없는 것이다. 그런 점에서도 701년의 다이호율령은 백제의 지배층 이주자에 의해 제정된 것으로 보아야 할 것이다.

요컨대 야마토왜의 해외 유학생, 사신 파견이나 백제의 엘리트 이주자의 도래 등 어느 시각에서 보더라도 700년 전후 이루어진 일본의 도성 조영이나 율령 제도 등 지금까지 보지 못한 한 단계 높은 시책의 실현은 거의 모두 신라에 파견된 야마토왜의 유학생과 사신, 그리고 망국의 한을 안고 속령인 일본으로 이주한 수많은 백제 엘리트들의 힘으로 이루어진 것으로 보인다.

5. 맺는말

지금까지 주로 『일본서기』를 통해 '야마토왜와 오나라의 관계', '야마토왜와 당나라의 관계'의 두 가지 측면에 대해 살펴보았다. 그 결과, 『일본서기』의 야마토왜와 오나라의 관계 기사는 전적으로 허위이며, 야마토왜와 당나라의 관계 기사도 상당 부분 허위 기사가 있음을 알게 되었는데, 반면 그중에서 7세기 이후 야마토왜 유학생의 당나라 파견 기사는 어느 정도 신빙성이 있는 것으로 보였다. 그러나 야마토왜 유학생, 사신의 한국 파견은 중국보다 빠른 6세기 후반부터 행해졌다. 견당 유학생과 견당 사신의 파견은 각각 658년, 669년 이후부터 8세기 초까지 각각 약 50년, 30년 동안 중단되었으며, 이 기간에 야마토왜는 신라에만 유학생과 사신을 파견하고 있었으므로 해외 문물의 섭취는 적어도 700년까지는 중국의 것보다 한국의 것을 더 선호하고 있었음을 알 수 있다. 이렇게 볼 때 중국의 문물을 수입해 일본의 문물제도를 제정하거나 개정했다는 주장은 근거가 미약하다 하겠다. 이른바 오미령(671)이나 기요미하라령(690)의 시행, 701년의 다이호율령의 반포를 비롯해 690년 후지와라쿄 조영 착수, 708년의 헤이조쿄 조영 착수 등 일본에서의 율령 체제 확립과 그것에 상응하는 왕도의 건설은 모두 백제 지배층의 대규모 일본 이주와 견신라사 파견에 의해 이루어졌던 것이다.[47] 유학생과 사신 파견에 의한 문물의 도입에서 중국 문물의 도입이 한국 문물의 도입보다 우세를 보인 것은 8세기부터라고 말할 수 있을 것이다.

그리고 당나라에 파견된 야마토왜의 유학생이나 사신이 주로 신라의 보호와 후원 아래 신라인 사이에 끼어서 신라 배를 이용하고 있었던 점에서도 당시 일본의 해외수송 능력, 나아가 국력을 짐작할 수 있으며, 또한 신라의 협조 없이는 당나라 문화에도 접촉할 수 없었음을 알 수 있다.

야마토왜에서의 중국인의 수와 활약의 면에서도 야마토왜의 경영이나 개발 또는 그 문화 창달에서 중국 또는 중국인이 맡았던 역할은 무시해도 좋을 것으로 보이며, 이러한 성격은 야마토왜와 고구려·신라 관계의 비교에서 더욱 명료해진다고 말할 수 있을 것이다.

---

47 5부 2장 「백제의 야마토왜 형성과 발전」 참조.

5부

야마토왜의 '일본'으로의 변신 과정

1장
백제와 야마토왜의 관계

1. 머리말

지금까지 고대 일본의 인구를 한국에서 이주해 간 한민족의 수와 일본 원주민의 수로 나누어 살펴보는[1] 동시에 천황의 본래의 국적인 원적도 살펴보았다.[2] 또 일본 원주민의 문화 수준과, 고대 일본은 어느 나라 사람이 언제부터 어떻게 개척했는가에 대해서도 알아보았다.[3] 이러한 고찰로도 고대 일본은 한국인, 특히 백제인에 의해 개척되었으며, 그 고대국가도 주로 백제인에 의해 건설·유지되어 왔음이 명백히 드러났다고 볼 수 있지만, 여기서는 다시 종합적으로 일본 고대국가, 즉 야마토왜 또는 기나이(畿內)왜는 어느 나라 어느 사람에 의해 건설되고 경영되어 왔는지 알아보고자 한다.

야마토왜와 기나이왜는 모두 일본 고대국가를 지칭하지만, 야마토왜

1 최재석, 「고대 일본에 건너간 한민족과 일본 원주민의 수의 추정」, 『동방학지』 61, 1989.

2 최재석, 「일본 고대 천황 원적고」, 『한국학보』 51, 1988.

3 최재석, 「일본 원주민의 문화 수준과 고대 일본의 개척자」, 『동양사학연구』 30, 1989.

는 대체로 오진 14~20년 백제의 대규모 집단 이주민이 야마토노쿠니 이마키군에 정착해 그 영역이 그다지 확장되지 않은 시기의 왜를 말하고, 기나이왜는 그 후 영역이 야마토노쿠니, 가와치노쿠니, 야마시로노쿠니, 세쓰노쿠니, 이즈미노쿠니(和泉國)를 포괄하는 지역까지 확장된 시기의 왜를 말한다. 그러나 보통 구별하지 않고 사용한다.

지금까지 일본 고대국가는 당연히 일본 원주민에 의해 건설되었다고 듣고 보고 믿어왔던 사람들은 일본 고대국가를 어느 나라 사람이 건설, 경영했는가 하는 물음을 허황된 것으로 단정하거나 반사적인 거부감을 나타낼지 모르나, 일본 고대국가는 일본 원주민 이외의 민족인 주로 백제인에 의해 건설되고 경영되어 왔다. 허황된 것으로 단정하거나 즉각적·반사적 거부감을 나타내는 사람은 메이지 시대부터 지금까지 일본 정부와 일본 고대사학자들이 일본 고대사의 진실을 은폐하고 허위로 꾸민 역사에 마취되었거나, 학문과 감정을 구분하지 못하는 편협한 민족주의적 감정의 포로가 되어왔던 것이다. 일본 고대국가를 건설하고 경영한 사람들이 일본화된 외국인도 아니고, 또 본래의 국적을 숨기지 않고 일본에 이주하기 이전의 국적을 자랑스럽게 내세우면서 일본 고대국가를 건설했다면 어느 나라 또는 어느 나라 사람이 일본 고대국가를 세우고 경영했는가 하는 질문은 타당한 것이 될 수 있을 것이다. 이는 호주 정부는 어느 나라 사람이 세웠는가 하는 질문과 동일하다 하겠다.

이러한 주제에 접근하기 위해 필자는 주로 『일본서기』와 『삼국사기』에 의존할 것이다. 그러나 『일본서기』에는 일본 고대국가의 진실을 전하는 기록도 적지 않지만[4] 반대로 이를 은폐하려는 기록[5]도 적지 않다는 점을 미리 지적해두고자 한다.

본고는 『일본서기』 간행 후 1,200여 년 동안, 그리고 메이지 유신(明治維新)부터 치면 120여 년 동안 은폐되어 온 일본 고대사, 특히 일본 고대국가 건설의 진실을 밝히려는 필자의 네 번째 작업에 해당한다.

그리고 본고에 자료로 사용된 『일본서기』는 이와나미 서점 간행의 것임을 밝혀둔다. 『일본서기』가 일본 고대의 역사서라 하면서도 한국사에 관한 지식 없이는 이해할 수 없다든가, 또는 일본의 역사책이면서도 왜 고대 한일(왜)관계사에 관한 기술이 주가 되어 있는가 하는 한두 가지 의심만으로도(그 『일본서기』에 허위 조작과 은폐된 부분이 적지 않게 있다손 치더라도) 일본 정부와 일본 고대사학자들이 한결같이 주장해온 일본 고대사와는 판이한 그 무엇을 『일본서기』는 감추고 있다는 것을 우리는 감지할 수 있는 것이다.

2. 야마토왜 경영에 대한 백제왕의 의지와 실천

(1) 한국에 대한 야마토왜의 기본적 태도

야마토왜 또는 기나이왜를 어느 나라가 세워서 경영했는가를 살피기 전에 먼저 한국에 대한 왜의 태도, 백제와 왜를 같은 나라로 보는 현상을 살펴보는 것이 효과적일 것이다.

---

4 현재의 일본 고대사학자의 논고까지 포함해 『일본서기』 이후 지금까지 나온 거의 모든 기록과 연구 논문, 저서들은 『일본서기』가 전하는 진실마저도 전설, 조작, 후세의 반영 내지는 투사로 몰아붙이고 있다는 것에 우리는 주목하는 바이다.

5 『일본서기』의 왜곡·허위 기사에 대해서는 5부 3장 「백제의 야마토왜와 '일본'으로의 변신 과정」에서 언급될 것이다.

이른바 '천손'이며 일본 천황의 직계조상 귀신인 니니기노 미코토가 하늘에서 땅으로 강림했을 때 "이곳이 한국을 바라보고 있으니 매우 길한 땅"이라고 말하고 그곳에서 살았다는 기록이 『고사기』「천손강림」편에 있다. 이른바 '신화시대'의 신화를 빌려 일본 천황의 원적이 한국이라는 것과 그 땅이 천황의 원적인 한국을 향하고 있는 것만으로도 좋고 길한 곳으로 의식하는 감정이 나타나 있는 것이다.[6] 야마토왜가 한국을 어떻게 보고 있는가가 여기에 단적으로 나타나 있다고 하겠다.

한국에 대한 왜의 태도는 『고사기』뿐만 아니라 『일본서기』 스이닌 3년 조와 88년 조에도 나타나 있다. 스이닌 3년 조는 다음과 같이 기록하고 있다.

> 3년 3월 신라의 왕자 천일창이 일본에 왔다. 가지고 있는 것은 우태옥 한 개, 족고옥 한 개, 제록록의 적석옥 한 개, 출석의 작은 칼 한 자루, 출석의 창 한 자루, 거울 한 개, 웅신리 한 구 등 일곱 점이었는데, 그것을 타지마노쿠니에 보관해 항상 신물(神物: 신이 준 성스러운 물건)로 삼았다.[7]

그리고 『일본서기』 스이닌 88년 조는 다음과 같이 기록하고 있다.

> 88년 7월 10일 (천황은) 여러 경(卿)들에게 말하기를 "본인이 듣기로 신라의 왕자 천일창이 처음으로 일본에 왔을 때 가지고 온 보물이 지금 다

---

6 이에 대해서는 최재석, 「일본 고대 천황 원적고」, 『한국학보』 51, 1988 참조.

7 垂仁 3年 春3月, 新羅王子天日槍 來歸焉 將來物 羽太玉一箇 足高玉一箇 鵜鹿鹿赤石玉一箇 出石小刀一口 出石桙枝 日鏡一面 熊神籬一具 幷七物 則藏于但馬國常爲神物也.

지마(但馬)에 있다. 처음 중신들에게 존중되어 신보가 되었는데 그 보물을 보고 싶다"라고 했다. 그날 천일창의 증손인 청언에게 조(詔)해 바치게 했는데, 그가 칙(勅)을 받아 스스로 신보를 바쳤다.[8]

위의 『일본서기』 스이닌 3년과 88년의 기록을 통해 신라 왕자가 가지고 온 물건을 일본의 천황과 중신 모두가 신보, 즉 신이 내린 성스러운 물건으로 의식하고 귀중하게 보관했음을 알 수 있다. 따라서 이 신보를 가져온 신라 왕자도 신으로 의식했을 것이다.

그런데 고대 한민족의 근본 사상이 신(新), 동(東), 명(明), 광(光), 태양(太陽) 등의 의미 내용과 상통하는 '동명(東明)'사상으로서 왕국명, 지명, 종족명뿐만 아니라 왕명에도 명, 광, 태양의 뜻이 담겨져 있다는 사실만 상기하더라도[9] 일본 천황의 조상신인 아마테라스 오미카미를 태양의 신으로 보고 '천조(天照)'라는 이름을 붙인 것은 신라의 왕명이나 일본에 신보를 가지고 온 신라 왕자의 이름인 천일창의 '천일(天日)'에서 유래했음을 쉽사리 알 수 있을 것이다.

우리는 이상에서 야마토왜가 한국(백제, 신라)을 하늘이 내리신 신과 신물을 준 나라이자 성스럽고 길한 나라로 의식하고 있음을 알 수 있다. 신라에서 들어온 물건을 신의 보물(신보)로 취급해 이것을 일본 천황의 왕위의 상징으로 삼고 다음 천황에 전한 점에 야마토왜의 한국에 대한 태도가 가장 잘 나타나 있다고 하겠다.

---

8 垂仁 88年 7月 戊午, 詔群卿曰 朕聞 新羅王子天日槍 初來之時 將來寶物 今有但馬 元爲國人見貴 則為神寶也 朕欲見其寶物 即日 遣使者 詔天日槍之曾孫清彥而令獻 於是 清彥被勅及自捧神寶而獻之.

9 이에 대해서는 최재석, 『한국 고대사회사 방법론』, 일지사, 1987의 pp. 146~148 참조.

야마토왜가 백제에 의해 경영되었다고 하더라도 폐쇄적인 것은 아니어서 신라에서 들어온 것을 좋은 것으로 여기고 이를 매우 존중했으며, 고구려에서 고승이 들어오면 이 또한 중용해 천황의 스승으로 삼기도 했던 것이다. 이에 대해서는 4부 1장 「백제의 야마토왜와 신라·고구려의 관계」에서 언급되었다.

(2) 백제와 야마토왜를 같은 나라로 보는 현상

① 야마토왜는 중국왕, 고구려왕, 신라왕 등의 거취에는 관심이 적고 유달리 백제왕의 거취, 즉 즉위나 죽음 등 왕위 계승과 교체 및 왕자, 국모 등에 관심을 가지고 기록하고 있다. 백제왕의 계승, 교체나 왕자, 국왕에 관한 야마토왜의 지식에는 틀린 점이 적지 않으나, 그들이 백제를 타국으로 의식했다면 백제왕의 왕위 계승이나 교체에 그와 같은 강한 관심을 가질 수는 없을 것이다. 앞으로 살펴볼 3~8절까지의 사실[10]과 관련지어볼 때 야마토왜가 그들과 백제를 같은 나라로 보거나 백제를 종주국으로 생각하지 않고는 이와 같은 일은 있을 수 없다. 『일본서기』에서 백제왕의 계승, 교체에 대해 기술하고 있는 부분을 보면 다음과 같다.

A. 진구 55년, 백제의 초고왕(肖古王)이 죽었다.

B. 진구 56년, 백제 왕자 귀수(貴須)가 왕이 되었다.

C. 진구 64년, 백제국의 귀수왕(貴須王)이 죽었다. 왕자 침류왕이 왕이 되었다.

---

10 이에 대해서는 본항의 나머지 후술할 부분과 3절 이하를 참조할 것.

D. 진구 65년, 백제의 침류왕이 죽었다. 왕자 아화(阿花)가 나이가 어려 숙부 진사(辰斯)가 왕위를 빼앗아 왕이 되었다.

E. 오진 3년, 백제의 진사왕이 왕이 되었는데, 귀국의 천황에 실례했다. (……) 백제국은 진사왕을 죽여 사죄했다. 기노쓰노노 스쿠네(紀角宿禰) 등이 곧 아화를 왕으로 세우고 돌아왔다.

F. 오진 16년, 백제의 아화왕(阿花王)이 죽었다.

G. 오진 25년, 백제의 직지왕이 죽었다. 그의 아들 구이신(久爾辛)이 왕이 되었다. 왕이 어려 목만치(木滿致)가 정사를 다스렸다.

H. 유랴쿠 2년 7월 주. 개로왕(蓋鹵王)이 즉위했다.

I. 유랴쿠 5년(병술) 6월 초하루, 임신한 부인이 (……) 쓰쿠시의 가카라노시마(各羅島)에서 출산했다. 그래서 그 아기를 시마키시(嶋君)라 한다. 군군(軍君)은 배 한 척을 보내어 시마키시를 나라에 보냈다. 이가 무령왕(武寧王)이 되었다. 백제인들은 이 섬을 주도(主嶋)라 부른다.

J. 유랴쿠 21년 3월, 문주왕(汶周王)은 개로왕의 어머니의 동생이다.

K. 유랴쿠 23년 4월, 백제의 문근왕(文斤王)이 죽었다. 천황은 곤지왕(昆支王: 군군)의 다섯 아들 가운데 두 번째의 말다왕(末多王)이 젊고 총명하므로 안으로 들게 해 친히 머리를 쓰다듬고 정중하게 타일러 그 나라의 왕으로 했다. (……) 백제국으로 보냈는데, 그가 동성왕(東城王)이다.

L. 부레쓰(武烈) 4년, 백제의 말다왕이 무도해 백성들에게 포학했다. 국인이 드디어 왕을 버리고 도왕(嶋王)을 세웠는데, 그가 무령왕이다.

M. 게이타이 7년 8월 26일 무신(戊申), 백제의 태자 순타(淳陀)가 죽었다.

N. 게이타이 17년 5월, 백제의 무령왕이 죽었다.

O. 게이타이 18년 정월, 백제의 태자 명(明)이 즉위했다.

P. 긴메이 18년(경자) 3월 초하루, 백제의 왕자 여창(餘昌)이 왕위를 이

었다. 이이를 위덕왕(威德王)이라 한다.

Q. 고쿄쿠 원년 2월 2일, 백제의 조사(弔使)의 종자(從者)들이 "금년 정월에 국왕의 어머니가 돌아가셨다"라고 했다.

② 왜왕은 백제왕의 계승·교체, 왕자·국모 등 백제 왕실에 유별난 관심이 있을 뿐만 아니라 백제왕이 죽었을 때, 특히 적국의 손에 불의의 죽음을 당할 때는 깊은 슬픔에 빠진다. 백제 왕자 여창이 파견한 동생 혜(惠)로부터 성명왕이 적에게 잡혀 죽었다는 소식을 전해들은 일본 천황이 깊은 슬픔에 빠져 그 소식을 전하는 사자(使者)인 왕자 혜를 나니와 나루까지 마중 나가게 해 위문했다는 사실이나,[11] 국왕도 아닌 국모의 죽음도 백제왕이 사자를 파견해 일본 왕실에 알렸다는 사실[12] 등은 곧 언급될 백제왕의 누이나 적지 않은 백제 왕자의 일본 파견 사실과 관련지어볼 때 백제 왕실과 야마토왜 왕실이 근친 또는 친족 관계에 놓여 있었다는 것을 말해준다.

③ 오진 39년(428) 백제왕은 누이동생인 신제도원을 보내 왜왕을 돕도록 했으며,[13] 유랴쿠 2년(458)에는 백제가 모니 부인의 딸을 치장시켜서 천황에게 보냈다.[14] 이처럼 백제왕이 자기의 누이동생이나 귀족의 부인으로 생각되는 모니 부인의 딸을 일본 왕실에 보내 일본 천황을 돕도록 한 것 등은 백제 왕실과 일본 왕실이 혈연관계에 있었다는

---

11 欽明 16年 2月 百濟王子餘昌 遣王子惠 奏曰 聖明王爲賊見殺 天皇聞而傷恨 迺遣使者 迎津慰問.

12 皇極 元年 2月 2日.

13 應神 39年 2月.

14 雄略 2年 7月.

것을 말해주는 것이라 하겠다.

④ 백제 왕실은 왜왕(일본 천황)과의 우호 관계를 지속하기 위해서나 국왕의 외적에 의한 피살 등 중요한 사항이 있을 때,[15] 또는 야마토왜의 정사를 돕기 위해 사신이 아닌 왕자를 친히 파견하기도 했다. 일본에서 일을 하거나 일본에서 태어난 왕자가 백제에 돌아와서 왕이 되기도 했다.[16] 사실 여부는 차치하더라도 이러한 일련의 현상은 백제와 야마토왜는 같은 나라이거나, 백제가 종주국이고 일본은 그 식민지였다는 사실을 보여주는 것으로 생각된다.

⑤ 백제가 이웃 나라의 침략을 받아서 위기에 처했을 때도 야마토왜는 방관하지 않고 적극적으로 백제를 도왔다. 551년(긴메이 12) 3월, 야마토왜는 보리 씨(麥種) 1,000곡(斛)을 백제에 주었는데,[17] 이는 전년인 550년[백제 성왕(聖王) 28] 백제와 신라·고구려의 전쟁으로 인해 소실·소진된[18] 보리 씨를 백제에 보내주어 보리 농사를 가능하게 하려는 것이었다.

이보다 앞서 475년(개로왕 21) 고구려가 대군을 이끌고 쳐들어와 백제 왕도인 한성을 공함(攻陷)해 왕을 살해함으로써 왕도를 웅진(熊津)으로 천도했는데,[19] 이때도 야마토왜가 백제를 도왔다.[20] 야마토왜가

---

15 應神 8年 3月 註; 武烈 7年 4月; 欽明 16年 2月; 推古 5年 4月; 皇極 2年 4月 21日.

16 백제 왕자의 일본에서의 지위와 역할에 대해서는 3절 (2) 참조.

17 欽明 12年 3月.

18 『삼국사기』「백제본기」 성왕 28년.

19 『삼국사기』「백제본기」 개로왕 21년.

20 『일본서기』는 고구려가 백제를 침공한 해가 476년(유랴쿠 20)이라고 기록하고 있는데, 『삼국사기』는 이보다 1년 전인 475년의 일로 기록하고 있다. 또한 『일본서기』에는 고구려가 백제를 멸망시켰고 왜가 백제를 부흥시켰으며 백제에 새로운 왕도인 웅진을 하사했다고 기록되어 있다. 백제의 웅진 천도 기사 역시 그 시기가 『삼국사기』와는 1

백제를 도운 것은 이처럼 백제가 신라나 고구려와의 싸움에서 고전(苦戰)할 때였지만, 그 도움이 보다 적극적인 전투력의 지원을 통해 대규모로 행해진 것은 나당군의 공격을 받아 백제가 멸망하던 시기였다.

나당군과의 싸움에서 야마토왜가 백제를 어떻게 도왔는지에 관한 사례를 몇 가지 제시하면 다음과 같다.

A. 덴지 칭제전기(661) 8월, 전장군 두 명, 후장군 세 명 등을 파견해 백제를 구원하고 무기와 식량을 보냈다.

B. 덴지 원년(662) 정월 27일 정사(丁巳), 백제의 좌평 귀실복신에게 화살 10만 개, 실 500근, 솜 1,000근, 포(布) 1,000단(端), 무두질한 가죽 1,000장, 종자벼 3,000석을 주었다.

C. 덴지 원년(662) 3월 4일, 백제왕에게 포 300단을 주었다.

D. 덴지 원년(662) 5월, 대장군 대금중(大錦中) 아즈미노 히라부(阿曇比邏夫) 등이 수군 170척을 거느리고 풍장 등을 백제국에 보냈다.

E. 덴지 원년(662), 백제를 구원하기 위해 병갑(兵甲)을 수선하고 선박을 구비하고 군량을 준비했다.

F. 덴지 2년(663) 3월, 전장군 두 명, 중장군 두 명, 후장군 두 명을 파견해 2만 7천 명을 거느리고 신라를 치게 했다.

위에 잘 나타나 있는 바와 같이 백제의 존망의 위기 때 야마토왜가

년의 차이가 있으며, 전술한 내용이 담긴 유랴쿠 20년과 21년의 『일본서기』의 기록은 완전한 허위 조작이다.

이렇게까지 병력, 군량, 무기 등을 제공하면서 백제를 돕고 있는 것은 전술한 바와 같이 백제를 종주국으로 의식해 대접하고 있기 때문이다. 백제의 패망 이후 물밀듯이 일본에 밀어닥친 수많은 백제 피난민들을 받아들였을 뿐만 아니라 백제에 있을 때 가졌던 벼슬에 상응하는 벼슬을 부여한 것도 바로 백제를 종주국으로 여겼던 야마토왜의 사정 때문인 것이다.

⑥ 백제성(주류성) 함락 때의 전후 상황을 알아보자. 백제와 야마토왜를 같은 나라로 보는 현상은 외국으로부터의 침략으로 위기에 처해 있는 백제를 야마토왜가 구원하려 한 데서도 알 수 있지만, 백제성 함락 전후 시기의 야마토왜의 상황에서도 알 수 있다. 최근까지도 해독하지 못했던 사이메이 6년 12월의 가요[21]는 백제의 위기를 애절하게 노래한 한국어로 된 노래로 밝혀졌다.[22] 야마토왜의 가요가 한국어로 되어 있다는 것은 야마토왜가 한국인으로 구성되어 있음을 나타내는 것으로, 더 이상의 설명이 필요 없을 것이다. 이는 『일본서기』의 다른 많은 부분과는 달리 조작·변개되지 않은 부분의 하나로 이해될 수 있다.

백제의 마지막 보루인 주류성이 나당연합군에 의해 함락되었을 때 야마토왜의 군신(君臣), 중신(국인)들이 "주류성이 함락됐다. 이 일을 어쩌면 좋단 말인가? 백제의 이름이 오늘로 끊겼으니 조상의 묘소에 어찌 다시 갈 수 있겠는가?" 하고 탄식했다는 기록[23]에서도 야마토왜와 백제의 관계, 즉 야마토왜가 백제를 종주국으로 보는 동시에 같은

---

21 齊明 6年 12月.

22 朴炳植, 『日本語の悲劇』, 1986, pp. 160~168.

23 天智 2年 9月; 김성호, 『비류백제와 일본의 국가 기원』, 1982, p. 286.

나라로 보고 있음을 알 수 있다. 또 백제 패망 후 백제로부터의 수천 명의 피난민을 기꺼이 받아들이고[24] 그들의 백제국 시절의 벼슬의 계급을 조사해 그에 상당하는 관위를 주는 동시에 농토를 지급했다.[25] 물론 이때의 백제로부터의 피난민은 거의 전부가 백제의 왕족 및 지배계급이었을 것이다.

⑦ 중신을 뜻하는 국인(國人)[26]이라는 호칭에서도 백제와 야마토왜는 차이가 없다. "백제의 말다왕이 무도해 백성을 괴롭혔다. 국인이 드디어 왕을 버리고 시마키시(嶋王)를 세웠다"는 『일본서기』 부레쓰 4년조의 기록은 명백히 백제국의 중신을 의미하는 용어로 국인을 사용하고 있지만, 스이닌 88년 7월의 국인, 고토쿠 하쿠치 3년의 국인, 덴지 2년 9월의 국인 등은 명백히 야마토왜의 국인이다. 야마토왜의 사람들은 '국인'의 사용에서도 한국(백제)과 야마토왜를 동일시하고 있었던 것이다.

(3) 야마토왜 발전에 대한 백제왕의 의지와 실천

야마토왜가 일본으로 이주한 백제 이주민에 의해 건설되었는가 아니면 백제왕 또는 백제국에 의해 건설되고 경영되었는가 하는 시각은 매우 중요한 것으로 생각된다. 결론부터 말하면 야마토왜는 후자에 의해 건설되고 경영되었으며, 이 같은 역사적 사실을 뒷받침해주는 증거 또한 적지 않다. 여기서는 이들 증거 중 대표적인 몇몇 사례에 대해서

---

24 天智 4年 2月 是月, 同 5年 是冬, 同 8年 是歲.
25 天智 4年 2月 是月 및 同 3月 是月.
26 최재석, 『한국 가족제도사 연구』, 일지사, 1983, pp. 139~140.

만 언급하기로 한다.

① 큰 불상을 만들면 그 공덕이 광대해진다는 말을 들은 백제왕은 특별히 큰 불상을 만들어 그 공덕으로 일본의 천황이 뛰어난 덕을 가지게 되고 또 천황이 다스리는 여러 나라들[27]이 다 같이 행복하게 되기를 기원하고 있다. 다시 말하면, 백제왕이 야마토왜의 발전을 위해 특별히 큰 장륙의 불상을 만든 사실을 통해 우리는 야마토왜의 건설, 발전에 대한 백제왕의 의지를 엿볼 수 있는 것이다. 이에 관한 사료를 제시하면 다음과 같다.

〈사료 1〉 긴메이 6년 9월, 백제는 크기가 1장 6척이나 되는 불상을 만들었다. 소원의 글도 만들었는데, 말하기를 "장륙의 불상을 만들면 공덕이 광대하다고 들었습니다. 지금 공손히 (불상을) 만듭니다. 이 공덕에 의해 천황이 뛰어난 덕을 얻으며, 천황이 다스리는 여러 나라들이 다 같이 행복을 받기를 원합니다. 또 천하의 일체중생이 모두 해탈할 것을 기원하며 (불상을) 만듭니다"라고 했다.[28]

② 백제왕이 왕자 또는 왕족을 일본에 파견해 천황 내지는 야마토왜

27 원문에는 "天皇所用 彌移居國"이라 되어 있는데 우지타니 스토무(宇治谷孟)는 이것을 "천황이 다스리는 제국(諸國)"이라고 보고 있으며(全譯-現代文『일본서기』하권, 1986, p. 25), 이와나미 서점판『일본서기』에는 "彌移居는 官家(Miyake)로, 남한의 제국을 둔창, 즉 일본의 농업경영지에 비유한 호칭이며, 여기서는 백제, 임나, 제국가를 가리킨다"라고 해설하고 있다(p. 93). 이 해설은 사실을 왜곡하고 있을 뿐만 아니라 그렇게 되면 문맥도 통하지 않는다.

28 欽明 6年 9月, 是月 百濟造丈六佛像 製願文曰 蓋聞 造丈六佛 功德甚大 今敬造 以此功德 願天皇獲勝善之德 天皇所用彌移居國 俱蒙福祐 又願 普天之下一切衆生 皆蒙解脫 故造之矣.

를 도운 일이 적지 않겠지만, 『일본서기』에 기록되어 있는 여러 사례 중 필자의 눈에 띈 것만 해도 3~4사례나 된다. 이에 관한 좀 더 구체적인 내용은 뒤에서 다시 다루겠지만, 여기서는 백제왕이 왕자를 파견해 일본 천황을 도와준 사례가 있다는 것만 지적하기로 한다. 즉 백제의 개로왕이 그 동생 곤지군(昆支君)을 일본에 파견해 유랴쿠 천황을 도왔고,[29] 백제왕이 사아군을 일본에 파견해 야마토왜의 왕실 일을 도와주었으며,[30] 백제왕이 왕자 풍장을 일본에 파견해 야마토왜를 돕게 하고 있다.[31] 일본에 파견된 백제의 왕자인 풍장은 흰 꿩(白雉) 출현의 의미에 대해 고토쿠 천황의 자문에 응했는데, 이로 미루어 보아 일본에 파견된 백제의 왕자나 왕족은 야마토왜 왕실의 자문이나 감독과 같은 역할을 한 것으로 이해된다.

③ 다음 3절 (3)에서 더욱 자세히 언급하겠지만, 백제는 야마토왜에 여러 종류의 전문 관리직 및 백성을 다스리는 정치인을 3년 또는 7년씩 파견, 근무하게 하고 새로이 파견되는 사람에게 그 임무를 인계한 뒤 귀국하게 하는 제도를 시행하고 있었다. 이 제도의 존재야말로 야마토왜는 일본에 건너간 백제의 이주민이 아닌 백제가 직접 경영했다는 명백한 증거의 하나이다. 백제는 관리, 오경박사, 승려, 역박사(易博士), 역박사(曆博士), 의박사, 예술인 등 거의 모든 분야에서 이 제도를 활용하고 있었다.[32]

④ 백제는 일본 고대국가 건설에 필요한 인재를 일본에 파견할 때

---

29 雄略 5年 4月, 同 5年 7月.
30 武烈 7年 4月.
31 齊明 6年 10月.
32 欽明 8年 4月 및 同 15年 2月.

각 분야에 한 사람씩만을 파견한 것이 아니라 조직 단위로 파견했다. 예컨대 승려는 아홉 명 내지는 일곱 명, 채약사는 두 명, 음악인은 네 명씩 파견되었으며, 유랴쿠 7년 8월 조에 의하면 기술인 조직, 의복 및 재봉 종사자 조직 등이 일본에 파견되었다.[33]

⑤ 백제는 또한 한 사업에 필요한 인력을 고루 갖추어 야마토왜에 파견하기도 했는데, 이런 점을 보아도 백제에 의해 야마토왜가 경영된 것임을 알 수 있다. 백제는 스슌 원년에 야마토왜의 국사(國寺)인 호코지를 건립하기 위해 벼슬아치, 승려, 사공, 노반박사, 와박사, 화공 등을 단체로 만들어 한꺼번에 파견했던 것이다.[34]

⑥ 백제에 의한 야마토왜 경영이라는 측면을 가장 잘 나타낸 현상 중 하나는 백제가 외국과의 전쟁에서 잡은 포로를 일본에 후송시킨 일일 것이다. 이는 백제가 전쟁에서 사로잡은 신라, 고구려, 당의 포로를 야마토왜의 개척을 위한 노동력으로 사용하기 위해 야마토왜에 후송했던 것으로 볼 수 있다.[35]

3. 야마토왜의 왕궁명과 백제 관인의 야마토왜 파견 근무제

(1) 천황이 거처하는 왕궁의 이름

일본 원주민도 거의 거주하지 않는 신천지 야마토 지역에서 백제인

---

33 雄略 7年 8月 是歲.
34 崇峻 元年 是歲.
35 본장 7절 참조.

들이 집단적으로 거주하는 마을을 '백제촌', 그 마을을 흐르는 강을 '백제천'이라 부르고, 그들이 만든 배의 이름을 '백제선'이라 명명한다면 우리는 이 상황을 어떻게 설명해야 할 것인가? 뿐만 아니라 백제인들이 사는 마을이나 백제천이 흐르는 강가에 궁전과 국사인 큰 절을 짓고 그 명칭을 '백제궁', '백제대사'라 명명한다면 이러한 사실을 우리는 또 어떻게 보아야 할 것인가? 이러한 것들을 모두 가정이나 허구 또는 전설로 돌릴 것인가? 그러나 이러한 것들은 모두 엄연한 역사적 사실이다. 『일본서기』 편찬자의 가필, 왜곡이 가해지지 않은 얼마 되지 않는 부분의 하나인 것이다. 백제궁, 백제대사의 주인인 천황은 바로 백제인이다. 즉 천황은 유라시아인이나 부여족이 아니며, 아시아 대륙이나 한반도에서의 도래인도 아닌, 고대 일본에 집단적으로 이주한 백제인이었던 것이다.[36]

또 야마토왜를 개척하기 위해 연달아 그리고 무수히 일본을 찾아오는 백제인이 유숙하던 객사를 '백제객관', 그리고 백제의 음악을 '백제악'이라 명명하는 것도 이와 동일한 맥락이다. 비다쓰 천황이 즉위 원년(572)에 백제대정(百濟大井)이라는 마을에 왕궁을 만들었다는 사실과 조메이 천황이 11년(639)부터 13년 사이에 백제천 주위에 궁전과 사찰을 지어 각각 '백제궁', '백제대사'라 했으며, 백제궁에서 사망하자 그의 시신을 안치한 곳을 '백제대빈'이라 명명한 일련의 사실을 우리는 주목하는 것이다.

다시 말하면, 일본 원주민도 거의 살지 않는 땅에 백제인이 집단으

---

36 최재석, 「일본 고대 천황 원적고」, 『한국학보』 51, 1988; 최재석, 「일본 원주민의 문화수준과 고대 일본 개척자」, 『동양사학연구』 30, 1989.

로 이주해 그들이 사는 마을과 강을 백제촌, 백제천이라 명명하고 그들이 세운 사찰을 백제대사, 그리고 그들의 영도자인 천황이 사는 거처를 백제궁이라 한다면, 이것이야말로 백제인에 의한 일본 내의 고대국가의 시작을 의미하는 것이다. 여기서 우리는 일본에서의 백제인과 일본 원주민의 수의 차이나 양자의 문화 수준의 차이는 호주에서의 영국인과 호주 원주민의 차이와 유사하다는 것[37]에 유의해야 한다.

국명이 백제국이라는 기록이 남아 있지 않다고 하더라도[38] 천황궁명, 천황의 시신 안치소명, 국사명, 마을명, 하천명 등이 모두 백제로 되어 있는 것은 바로 백제가 야마토왜를 건국한 것을 뜻하는 것이다.

여기서 왕궁, 국사를 위시해 야마토왜의 여러 사물이 어떻게 명명되어 사용되고 있는지 정리하면 〈표 1〉과 같다.

그런데 〈표 1〉의 '백제대정'이나 '백제천'의 위치는 오진 14년(403) 백제의 옷 짓는 기술자나 오진 15년(404) 백제인 아직기 등이 백제에서 이주해 생활한 지역이고, 오진 14~16년(403~405) 백제로부터 백제의 호구가 감소할 정도의 대규모의 집단 이주민이 건너와서 거주한 지역이며, 동시에 한국에서 이주한 이주민의 머리 유골만이 발굴되는 지역[39]이기도 하다. 이것은 결국 일본 원주민에 비해 고도의 선진 문화를 가진 백

---

37 최재석, 「고대 일본으로 건너간 한민족과 일본 원주민의 수의 추정」, 『동방학지』 61, 1989; 최재석, 「일본 원주민의 문화 수준과 고대 일본 개척자」, 『동양사학연구』 30, 1989.

38 『일본서기』에 왜곡·허위 조작 기사가 적지 않은 점으로 보아 본래 국명이 백제로 표기되어 있었지만 『일본서기』의 편찬자나 그 이후의 『일본서기』 필사자가 이것을 제외했을 가능성도 있을 것이다.

39 최재석, 「고대 일본으로 건너간 한민족과 일본 원주민의 수의 추정」, 『동방학지』 61, 1989; 하니하라 가즈로, "Estimation of the Number of Early Migrants to Japan: A Simulative Study", 『人類志』 95, 1987.

〈표 1〉 지역명, 사물명이 '백제'로 된 사례(『일본서기』)

사물의 종류	명칭	출전	지리적 위치
1. 천황의 거처	백제궁	조메이 12년, 조메이 13년 10월	지금의 奈良縣 橿原市 飯高町
2. 사찰	백제대사	조메이 11년 7월, 고쿄쿠 원년 9월 3일	
3. 시신 안치소	백제대빈	조메이 13년 10월	
4. 마을	백제대정	비다쓰 원년	大和國 廣瀨郡 百濟(地名辭書): 지금의 奈良縣 北葛城郡 廣陵町百濟
	이시카와 백제촌	비다쓰 12년	河内國 錦部郡 百濟鄉: 지금 미상
	하백제 河田村	비다쓰 12년	河内國 錦部郡 甘山村 甲田(地名辭書): 지금의 富田林市 甲田
5. 하천	백제천	조메이 11년 7월 이달	大和國 高市郡에서 廣瀨郡 東界를 흘러 廣瀨川에 합류해 河合에 이르는 강: 지금의 曾我川
6. 배	백제선	하쿠치 원년	
7. 객관	백제객관	고쿄쿠 2년 3월 13일	
8. 음악	백제악	덴무 12년 정월 18일	

제인의 집단 주거 지역에서 강력한 정치지도자가 출현했으며, 이 정치지도자인 왕이 계속 같은 지역인 기나이 지방에 거주하고 있음을 뜻한다.

다시 말하면, 마을의 이름을 백제촌, 천황의 거처를 백제궁, 국사를 백제대사, 천황의 시신 안치소를 백제대빈이라 한 지역은 야마토노쿠니를 중심으로 한 조금 더 넓은 지역으로, 이 지역은 비단 조메이 천황의 왕궁뿐만 아니라 야마토왜의 모든 천황의 왕궁의 소재지이고, 문헌적으로는 오진 14~20년 사이에 백제로부터 각각 120현민, 17현민의 대규모의 이주민이 건너와서 정착한 지역이며, 고고학적으로는 일본 원주민의 것이 아니라(있다고 하더라도 수적으로나 문화 수준에서나 한국으로부터의 이주민의 그것에 비하면 문제가 되지 않지만) 한국에서의 이주민의 유골만이 발견되는 지역인 것이다. 야마토노쿠니를 중심으로 하는 이 지역은 백제로부터의 대규모 집단 이주민이 건너와서 정착해 천황(왜왕)을 영도자로 하는 야마토 국가를 세운 지역이라는 점에서 문헌적으로나 고고학적으로나 정확히 일치하는 것이다. 일본 고대국가는 야마토노쿠니에서 시작해 야마시로노쿠니, 세쓰노쿠니, 이즈미노쿠니 등을 포괄하는 기나이 야마토로 그 영역을 확대해 나갔지만, 大和國도 倭國도 모두 야마토라 하는 것(긴메이 17년 10월)을 보면 왜국이 백제의 옷 짓는 기술자와 아직기, 아치노오미 일행 등을 포함한 대규모의 백제 이주민이 정착한 지역인 야마토(이마키군, 다카이치군)에서 시작해 점차 그 영역을 넓혀간 것을 알 수 있을 것이다.

(2) 일본에서의 백제 왕자의 지위와 역할

백제는 왕자나 왕족에게 어떤 임무를 주어 일본(야마토왜)에 파견하는 일도 있었지만, 왕자나 왕족이 수시로 일본에 건너가서 그곳에서 생활을 계속하다가 백제로 귀국하는 일도 있고, 더러는 그곳에서 사망하는 일도 있어서 일본이 외국이 아니라 백제와 같은 나라라는 사실을 뒷받침해주고 있다. 백제의 왕족인 사아나 선광은 계속 일본에서 생활했으며,[40] 선광은 나니와에서 생활했다.[41] 백제의 왕족 의다랑(意多郎)

---

40 武烈 7年, 夏四月 百濟王遣斯我君 進調 別表曰 (……) 故謹遣斯我 奉事於朝 遂有子 曰法師君 是倭君之先也.

41 天智 3年 3月, 以百濟王善光王等 居于難波.

은 일본에서 생활하다 사망해 다카다(高田) 언덕에 묻혔으며,[42] 백제 왕자 창성(昌成)은 아버지를 따라 일본에 와서 생활하던 중에 사망했는데,[43] 이들 선광과 창성에게는 각각 '정광삼(正廣參)', '소자위(小紫位)'라는 높은 관위가 추증되었다.[44]

한편 어린 왕자나 왕족이 일본으로 파견된 아버지를 따라간 사례,[45] 왕자가 일본에서 처자와 함께 생활한 사례,[46] 처자와 함께 일본에서 근무하던 중 귀국한 사례[47] 등으로 미루어 보아 우리는 백제 왕자나 왕족이 일본으로 파견될 경우는 당사자뿐만 아니라 가족도 함께 일본으로 건너가 생활했음을 알 수 있다.

백제 왕자 교기의 경우, 마치 이웃집을 출입하듯 일본을 드나들었다. 고쿄쿠 원년(642) 2월 2일에 백제에 있던 그가 불과 22일 후에는 일본의 아즈미노 야마시로노 무라지(아즈미노 야마시로노 무라지 히라부)가(家)에서 생활했으며, 또다시 그로부터 2개월 후인 4월 8일에는 백제의 대사가 되어 일본에 왔고, 다시 그로부터 약 1개월 후인 5월 24일에는 백제인의 집단 부락인 백제대정으로 처자와 함께 이주했으며, 또 언제 귀국했는지 그로부터 다시 11개월 후인 고쿄쿠 2년 4월 21일에는 수행원을 거느리고 일본에 왔던 것이다.[48]

---

42 武烈 3年 11月, 百濟意多郎卒 葬於高田丘上.

43 天武 3年 正月, 百濟王昌成薨 贈小紫位.

44 持統 7年 正月 15日, 以正廣參 贈百濟王善光 幷賜贈物.

45 『속일본기』 덴표진고(天平神護) 2년 6월 28일 백제왕 경복(敬福)에는 창성이 의자왕의 손자 선광의 아들로 어릴 때 아버지를 따라 일본에 왔다가 죽었다고 기록하고 있다.

46 『일본서기』 고쿄쿠 원년 5월 24일에는 백제 왕자 교기가 처자와 함께 백제대정으로 이사했다고 기록하고 있다.

47 사이메이 6년 10월 주에는 왕자 풍장이 처자와 함께 일본을 떠났다고 기록하고 있다.

48 皇極 元年 2月 2日; 同 2月 24日; 同 4月 8日; 同 5月 24日; 皇極 2年 4月 21日.

우리는 또 일정 기간 일본에서 파견 근무를 한 왕자나 일본에서 태어난 왕자가 나중에 백제에 돌아와서 백제의 왕이 되는 경우도 있다는 사실에도 주목하게 된다. 일본에 파견된 왕자가 귀국해 백제왕이 된 경우는 풍장을,[49] 일본에서 태어난 왕자가 백제왕이 된 경우는 동성왕[50]과 도왕(시마키시)을 예로 들 수 있다.[51] 위에서 기술한 여러 가지 사정이나 앞으로 서술할 사항으로 미루어 보아 야마토왜는 백제의 왕과는 별도의 왕이 있었다고는 하더라도 백제와 정치적으로 거의 동일 국가의 모습을 보여준다고 하겠다.

스이코 5년(597) 4월에 백제의 왕자인 아좌(阿佐)가 일본에 파견된 연유에 대해서는 밝혀져 있지 않으나,[52] 오진 8년 3월에 백제 왕자 직지(直支)가 야마토왜에 파견된 것은 당시의 백제 선왕이 맺은 우호 관계를 다지기 위해서였으며,[53] 왕자 혜가 파견된 것도 성명왕이 적에게 잡혀 무참히 돌아가셨다는 소식을 일본 천황에게 전하기 위해서였다.[54]

일본에 재류(在留)한 백제 왕자들은 최고의 관위를 받았을 뿐만 아니라 백제로 귀국할 때 성대한 환송의 연회를 받았다. 언급한 바와 같이 성명왕의 무참한 죽음에 대한 소식을 가져온 왕자 혜가 귀국할 때는 많은 병장(兵仗), 좋은 말과 그 밖의 여러 가지 선물을 주었을 뿐만 아니라 많은 수군[주사(舟師)]과 용사(1,000명)들로 하여금 돌아가는 선

49 齊明 6年 10月; 天智 元年 5月.
50 雄略 23年 4月.
51 雄略 5年 6月.
52 推古 5年 4月.
53 應神 8年 3月.
54 欽明 16年 2月.

로를 호송하게 했으며,[55] 풍장이 일본에서 백제로 귀국할 때는 군사 5천 명과 선박 170척으로 귀로를 호위했다. 이처럼 백제 왕자, 왕족의 일본 체류 및 귀국 시에 보여준 야마토왜의 극진한 대접이 눈길을 끌지만, 우리는 또한 다음과 같은 사실에도 주목한다. 즉 일본에 체류 중인 백제 왕자의 행실이 좋지 않다고 해 본국의 백제왕으로부터 귀국하는 백제 사절과 함께 돌아오라는 소환 지시가 내려졌음에도 불구하고 오히려 일본 천황이 이 말을 듣지 않고 야마토왜가 주최하는 특별의식의 귀빈으로 그를 초대하고 있다는 사실이다.[56] 다음의 『일본서기』 기사는 백제 왕자의 일본 파견을 통해 이제까지 감추어져 있던 백제와 야마토왜의 관계를 밝히는 데 중요한 하나의 실마리를 제공한다.

〈사료 2–1〉 유랴쿠 5년 4월, 백제의 개로왕인 가수리군(加須利君)이 (……) 그의 동생 군군(곤지)에게 말하기를 "너는 일본에 가서 천황을 도와주라"라고 했다.

〈사료 2–2〉 유랴쿠 5년 7월, 군군이 (왜의) 왕경에 들어왔는데, 이미 다섯 아이가 있었다[『백제신찬』에서 말하기를 "신축년(461)에 개로왕이 동생 곤지군을 파견해 야마토노쿠니로 가게 하고 왜왕을 섬기도록 했는데, 이로써 (일본에 대해) 형왕(兄王)의 우호를 맺었다"라고 했다].[57]

55 欽明 17年 正月.

56 皇極 元年 2月 2日; 同 4月 10日; 白雉 元年 2月 15日.

57 雄略 5年, 夏四月 百濟加須利君(蓋鹵王也) (……) 乃告其弟軍君(昆支也)曰 汝宜往日本以事天皇. 雄略 5年, 秋七月 軍君入京 旣而有五子(百濟新撰云 辛丑年 蓋鹵王遣弟昆支君 向倭侍天王 以脩兄王之好也).

위의 사료 가운데 '일본으로 가게 해(向大倭)', '형왕의 우호를 맺었다(兄王之好)' 등의 표현은 백제를 주체로 한 표현이며, 『일본서기』의 편찬자와 그 이후의 필사자들의 가필, 정정이 가해지지 않았던 얼마 되지 않은 부분의 하나이다.[58] 위의 자료에서 우리는 백제가 형의 나라이고 야마토왜가 동생의 나라였으며, 형이 항상 동생을 돌보아주고 있음을 알 수 있다.

위의 자료가 백제와 야마토왜의 관계를 추상적으로 전해준다면 지금부터 언급할 백제 왕자 풍장의 야마토왜에서의 지위와 역할은 보다 구체적인 양국 간의 관계를 제시한다고 하겠다.

백제 왕자 풍장은 조메이·고쿄쿠·고토쿠·사이메이·덴지의 5대 30여 년 동안[59] 일본에 거주했고, 흰 꿩 출현의 의의를 모르는 고토쿠 천황에게 그 의의를 가르쳐줌으로써 그의 연호를 '다이카'에서 '하쿠치'로 고치게 했으며,[60] 흰 꿩 출현을 축하하는 특별의식에 국빈으로서 그의 동생 새성과 함께 선두에서 입장했다.[61] 백제 왕자 풍장은 덴지 천황에게서 일본 최고의 관위인 '직관(織冠)'을 받았으며,[62] 그가 일본에서의 임무를 마치고 백제왕이 되기 위해 귀국할 때 군사 5천 명과 선박 170척이 성대하고도 엄숙히 호위했다.[63] 당시 일본이 고대국가라 하면서도 거의 모든 분야에 걸쳐 백제로부터의 경영과 원조를 받고 있

---

58 일본인 학자도 이 부분은 가필, 정정되지 않은 것으로 인정하고 있다(『日本書紀』 上, 岩波書店, p. 471).

59 조메이 3년(631) 3월에 일본에 파견되었다가 덴지 원년(662) 5월에 귀국했다.

60 白雉 元年 2月 9日.

61 白雉 元年 2月 15日.

62 天智 卽位前紀 9月.

63 天智 卽位前紀 9月, 天智 元年 5月.

었으므로 백제 왕자 풍장은 일본에서 자문이나 왜왕의 고문 이상의 임무를 수행하고 있었던 것으로 생각된다. 『일본서기』에서 일본 천황의 조정을 섬기기 위해 백제 왕자가 일본에 파견되었다고 기록하고 있지만,[64] 실은 감독하기 위해서 그들이 파견되었다고 보는 것이 타당한 견해임을 우리는 이상의 풍장의 경우를 통해 알 수 있다.

(3) 백제 관인의 야마토왜 파견 근무제

여기서는 편의상 백제의 사신 파견, 인질, 그리고 백제 벼슬아치의 일정 기간 일본 현지 근무제의 세 가지 범주로 나누어 살펴보고자 한다. 먼저 백제의 사신 파견부터 알아보자.

백제로부터 일본에 파견되는 사신은 그 명칭이 대사, 소사, 부사, 사(使), 사인, 그리고 명칭에 대한 명확한 기록이 없는 경우 등 모두 6종에 이른다. 그러나 이러한 백제의 사신이 일본에 파견되는 횟수는 수없이 많으나, 일본으로부터 백제로 파견되는 사신은 조작 기사로 보이는 한 사례[65]를 제외하고는 찾을 수 없다. 일본이 고구려와 신라, 특히 신라에 대해서는 여러 번 사신을 파견하고 있는 점을 고려할 때 이러한 현상은 백제와 일본의 관계의 하나의 성격을 나타내고 있다고 하겠다. 일본을 백제가 건설하고 경영하는 이상 일본이 본국인 백제에 대

---

64 齊明 6年 10月, 方今謹願 迎百濟國 遣侍天朝王子豊璋 將爲國主. 그리고 위의 사료에 의해서도 긴메이 3년 3월 경신삭(庚申朔)의 百濟王義慈入王子豊璋爲質의 爲質이 허위임을 알 수 있다.

65 긴메이 11년 2월 10일, 백제에 사신을 보내 "백제가 천황의 관가로서 언제까지나 섬기고자 한다면 나솔 마무(馬武)를 대사로서 조정에 파견하는 것이 좋다"라고 조(詔)했다.

사나 소사 등의 사신을 파견할 수는 없었을 것이다. 백제가 일본을 지도하고 관리하고 협조한다면 백제는 일본에 수많은 벼슬아치를 파견하지 않을 수 없을 것이다. 『일본서기』가 상당수의 백제 사신을 백제가 일본에 조공하기 위해 보낸 조공사로 기록하고 있지만, 전후 관계를 고려할 때 이것은 허위임이 명백하다.

여기서 일본에 파견된 백제 벼슬아치 중 출발 연월과 귀국 연월이 뚜렷한 사례를 보면 〈표 2〉와 같다. 11사례 중 백제 벼슬아치의 일본 체류 기간이 7개월 이상 1년 미만인 것이 5사례, 7개월 미만과 1년 이상 2년 미만이 각각 2사례, 3사례, 2~3년이 1사례이다. 그들의 일본 체류 기간이 신라의 경우에 비해[66] 비교적 장기간이라는 것은 그들에게 부여된 일본에서의 업무가 많다는 것을 의미한다. 이들의 야마토왜에서의 역할에 대해 『일본서기』는 밝히지 않고 있으나, 이들도 곧이어 언급할 백제인의 '일본 현지 경영 팀' 못지않게 일본 경영 임무에 참여한 것으로 생각된다. 백제 벼슬아치가 일본에서의 임무를 마치고 귀국할 때 적지 않은 포상이 주어지는 것은 바로 이 때문이다. 백제인 기련(己連)은 긴메이 7년 정월 3일 백제로 귀국할 때 좋은 말 70필과 배 10척의 포상을 받았다.[67] 또 일본 왕실에서 백제의 관인을 대접하는 것이나[68] 그들이 일본에서의 임무 수행을 위해 경유하는 지역인 쓰쿠시와 나니와에 공관을 지어 그들에게 향응을 베푸는 것도 야마토왜 경

66 신라 관인의 일본 체류 기간은 다음과 같다.

기간	6개월 미만	6개월 이상	3~4년
사례	9	3	1

67 欽明 7年 正月 3日.

68 欽明 2年 8月 8日; 同 7年 7月 7日; 同 11年 11月; 皇極 元年 7月 22日.

〈표 2〉 백제 벼슬아치의 일본 체류 기간(『일본서기』)

사인명	관위	출발 연월	귀국 연월	체류 기간
저미문귀	장군	게이타이 7년 6월	동 9년 2월	1년 8개월
기신미마사	나솔	긴메이 2년 7월	동 4년 4월	1년 9개월
기련	나솔	긴메이 5년 11월	동 7년 정월	1년 2개월
득문	나솔	긴메이 5년 3월	동 5년 10월	7개월
기마	나솔	긴메이 5년 3월	동 5년 10월	7개월
약엽례	나솔	긴메이 7년 6월	동 9년 윤 7월	2년 1개월
진모선문	덕솔	긴메이 8년 4월	동 9년 정월	9개월
목협금돈	덕솔	긴메이 13년 5월	동 14년 정월	8개월
목협문차	시덕	긴메이 15년 정월	동 15년 3월	3개월
혜	왕자	긴메이 16년 2월	동 17년 정월	11개월
말도사부	?	덴지 7년 4월	동 7년 4월	10일

영의 공헌에 대한 작은 대가인 것으로 생각할 수 있다.

다음으로 『일본서기』의 인질에 관한 기사를 살펴보자.

A. 진구 섭정전기(攝政前紀) 10월 3일, 신라왕 파사매금(波沙寐錦)은 미질기지파진간기(微叱己知波珍干岐)를 인질로 하고 금은채색(金銀彩色) 및 능라겸견(綾羅縑絹)을 80척의 배에 실어 일본군을 따르게 했다.

B. 진구 5년 3월 7일, 신라왕은 오례사벌 등을 파견해 조공했다.[69] 그것

69 '조공'했다는 기사도 허위이다. 이에 대해서는 5부 3장 「백제의 야마토왜와 '일본'으로

은 왕이 먼저의 인질 미지허지벌한(微叱許智伐旱)을 돌아오게 하고 싶은 마음이 있어서였다. (……) 진구 황후가 허락했다.

C. 조메이 3년 3월, 백제 의자왕(義慈王)은 왕자 풍장을 인질로 했다.

D. 고쿄쿠 원년 8월 13일, 백제인 인질 달솔 장복(長福)에게 관위 소덕(12관위 중 제2위)을 주었다. (……) 이하에는 위1급(位一級)을 수여했다. 물건을 수여하는 데도 각각 차이가 있었다.

E. 고쿄쿠 2년 7월 3일, 대사 달솔 자사(自斯), 부사 은솔 군선(軍善)이 함께 대답하기를 "곧 준비하겠습니다"라고 했다. 자사는 인질 달솔 무자(武子)의 아들이다.

F. 고토쿠 다이카 2년 9월, 소덕 다카무코노 하카세 구로마로를 신라에 보내 인질을 보내게 했다. 드디어 임나의 조(調)를 그만두게 했다.

G. 고토쿠 다이카 3년, 신라가 상신 대아찬 김춘추를 파견해 박사 소덕 다카무코노 구로마로, 소산중 나카토미노 무라지 오시쿠마를 보내고 공작 한 쌍, 앵무 한 쌍을 보냈다. 이리 해 김춘추를 인질로 했다.

H. 고토쿠 다이카 5년, 신라왕이 사록부 사찬 김다수를 파견해 인질로 했다. 종자는 37명이다[승려 1명, 시랑 2명, 승(丞) 1명, 달관랑 1명, 중객 5명, 기술자 10명, 통역 1명, 종자 16명 등].

I. 사이메이 원년, 신라는 따로 급찬 미무를 인질로 했다.

위의 A와 B의 기사는 진구 황후기의 이른바 일본의 '신라 정벌'에 관한 기사의 일부로 전적인 허구이다. C의 왕자 풍장이 30년간의 일본 체류 시 천황 4대에 걸쳐 국정을 감독하고 천황의 특별의식에 백제의

의 변신 과정」 참조.

다른 왕자 왕족을 거느리고 선두에 서서 입장했으며, 일본 최고의 관위를 받았고, 귀국 시에는 군사 5천여 명과 선박 170척의 성대한 호송을 받은 점 등을 고려할 때[70] 이 '인질'은 일반적인 의미의 인질이 아님이 명백하다. D의 경우에도 일본의 12관(官) 중 제2의 관위인 '소덕'을 받은 점으로 미루어 보아 역시 C의 사례와 마찬가지로 일반적인 의미의 인질과는 차이가 있다고 하겠다.

이렇게 볼 때 우리는 일본이 필요로 하는 백제의 왕자, 관리, 기술자를 백제에 요청해 그 결과 파견된 사람들을 '인질'이라고 표현하고 있는 것을 알 수 있다. C의 풍장의 경우는 5부 3장에서 언급한 바와 같이 백제의 야마토왜의 감독 또는 총독으로 파견된 백제의 왕자였으며, 후에 귀국해 백제의 왕이 된 사람이다. F의 일본 관인이 신라로 파견되어 인질을 보내게 했다는 기사는 일본이 필요로 하는 인재를 청했다는 뜻으로 해석된다. 그러나 어떤 일본인은 이 인질이 복속의 한 형태로서 일본의 새로운 외교 승리라고 설명하고 있으니,[71] 이는 정치적·역사적인 전후 관계를 무시하고 인질이라는 용어 자체에만 매달린 해석이다. 요컨대 『일본서기』의 '인질'에 관한 기사는 조작, 허위의 기사도 있지만, 백제가 야마토왜를 경영하거나 일본이 고대국가를 건설하는 데 필요한 인재를 타국(신라나 백제)에 요청하는 것이었다. 내용과 상반되는 인질이라는 용어가 『일본서기』의 조작인지 또는 당시의 사정이 그러한지는 좀 더 살펴보아야 할 과제라 할 것이다.

지금까지 언급한 사신이나 인질 제도보다도 백제와 일본 간의 정치

---

70 2부 2장 「일본 원주민의 문화 수준과 고대 일본의 개척자」 참조.

71 『日本書紀』 下, 岩波書店, p. 300 頭注.

적 관계를 더욱 뚜렷이 해주는 것은 백제의 관인을 일정 기간 일본에 파견 근무하게 하고 후임자가 파견되면 그와 교대한 뒤 귀국하게 하는 일본 고대국가의 파견 근무제이다.

〈사료 3–1〉 게이타이 7년(513) 6월, 백제는 (……) 오경박사 단양이를 보냈다.

〈사료 3–2〉 게이타이 10년(516) 9월, 백제는 (……) 따로 오경박사 한고안무를 보내고 박사 단양이와 교대하기를 청해 그대로 했다.

위의 기사에서 우리는 오경박사가 게이타이 7년(513) 6월에 일본으로 파견되어 약 3년간 근무한 후 게이타이 10년(516) 9월에 새로이 파견된 오경박사와 교대하고 귀국했음을 알 수 있다. 당시 일본에는 오경박사가 없었으며, 알려져 있는 바와 같이 오경박사는 유교의 대가인 동시에 정치가이며 백제의 속령인 야마토왜의 경영자라는 중대한 역할을 담당하는 직책이었다. 이러한 실질적인 국가 경영의 담당자인 오경박사를 백제가 일본에 일정 기간 파견해 일본 고대국가인 야마토왜의 행정을 좌우했던 것이다. 그런데 이러한 백제 오경박사의 일본 파견제에 대해 일본 학계는 "오경박사의 일본 파견[72]은 백제의 영토 확대의 대상의 의미가 있으며, '귀화'가 아니라 '공상교대제'라는 점에서 문화 수입의 경과상 비약적인 사건"이라 주장해[73] 역사를 전적으로 왜곡하고 있다. 백제가 일본 고대국가를 세우고 관리했다는 점을 전적으

72 『일본서기』는 '派遣'이라 하지 않고 '貢'이라고 표현하고 있다.
73 『日本書紀』 下, 岩波書店, p. 28 頭注.

로 무시하고, 오히려 일본이 백제의 영토를 확대시켜 주었다고 주장하고 있는 것이다. 이러한 백제 관인의 일정 기간 일본 파견 근무제는 다음의 사료에도 나타나 있다.

> **〈사료 4-1〉** 긴메이 8년(547) 4월, 백제는 하부 나솔 동성자언을 파견해 덕솔 문휴마나와 교대시켰다.
>
> **〈사료 4-2〉** 긴메이 15년(554) 2월, 덕솔 동성자막고를 파견해 전임자인 나솔 동성자언과 교대시켰다. 오경박사 왕류귀(王柳貴)를 고덕 마정안(馬丁安)과 교대시키고, 승려 담혜(曇慧) 등 아홉 명을 승려 도침(道深) 등 일곱 명과 교대시켰다. 별도로 역박사(易博士) 시덕 왕도량(王道良), 역박사(曆博士) 고덕 왕보손(王保孫), 의박사 나솔 왕유릉타, 채약사 시덕 반량풍, 고덕 정유타, 악인 시덕 삼근, 계덕 기마차, 계덕 진노, 대덕 진타 등이 모두 교체되었다.

위의 사료를 표로 정리한 〈표 3〉에서 우리는 다음과 같은 사실을 알 수 있다. 첫째, 일본에 파견된 백제인은 승려를 제외하고는 모두 백제의 관위를 가지고 있고, 둘째, 관리의 관위가 가장 높아 일본 파견 팀의 장이었으며, 또 그 관위가 제4, 제6이라는 것은 상당히 높은 것임을 알 수 있다. 셋째, 백제인은 백제의 관위를 가지고 일본에서 근무하고 있으며, 넷째, 일본에 파견된 백제인의 직종은 관리, 오경박사, 승려, 역박사(易博士), 역박사(曆博士), 의박사, 채약사, 음악인 등 8종이다. 다섯째, 관리 파견의 경우 근무 기간도 7년인 것으로 나타나 있는데, 따라서 여타의 백제인의 파견 근무 기간도 7년일 가능성이 있다. 여섯째, 각종의 전문 지식기술인이 따로따로 일본에 파견된 것이 아니라 하나의 큰 조직이 되어 동시에 파견되었으며, 그 관위로 보아 관리가 일본 파견 조직의 통솔자였음을 명백히 알 수 있고, 이 백제 관리는 일본에 파견되어 근무하는 집단의 통솔자인 동시에 일본 조정의 정무를 자문하고 집행했음이 분명하다. 일곱째, 〈표 5〉에 나타나 있는 바와 같이 긴메이 15년 2월에 일본으로 파견되어 일본 고대국가의 각종의 일을 담당한 백제인 집단의 규모는 20명 정도이다. 여덟째, 채약사, 음악인처럼 동일 직종의 사람을 둘 이상 파견할 때는 각각 관위가 다른 사람을 파견했는데, 이는 파견된 조직의 위계질서와 능력을 존중하기 위해

〈표 3〉 일본에 파견된 백제인의 직종과 관위

직종	관위
관인	덕솔……제4관위
	나솔……제6관위
오경박사	고덕……제9관위
승려	보이지 않음
역박사(易博士)	시덕……제8관위
역박사(曆博士)	고덕……제9관위
의박사	나솔……제6관위
채약사	시덕……제8관위
	고덕……제9관위
악인	시덕……제8관위
	계덕……제10관위
	대덕……제11관위

〈표 4〉 긴메이 8년 4월부터 15년 2월까지 7년간 파견되어 일본을 경영한 백제인 팀의 내용

직종	관위	인원	일본 파견 기간
관리(동성자언)	나솔	1	
오경박사(마정안)	고덕	1	7년
승려		7	
계		9	

〈표 5〉 긴메이 15년 2월에 파견되어 일본을 경영한 백제인 팀의 내용

직종	관위	인원	일본 파견 기간
관리(동성자막고)	덕솔	1	
오경박사(왕류귀)	•	1	
승려	•	9	
역박사(易博士)	시덕	1	
역박사(曆博士)	고덕	1	7년
의박사	나솔	1	
채약사	시덕, 고덕	2	
악인	시덕, 계덕, 대덕	4	
계		20	

서인 것으로 보인다.

요컨대 당시 일본은 고대국가라 하더라도 국가를 운영하는 데 필요한 여러 전문적 지식인, 기술자가 없었으며, 거의 전적으로 이를 백제

가 일정 기간 파견하는 인력 집단에 의존하고 있었다. 필자는 이 조직을 백제의 '일본 현지 경영 팀'이라 부르면 어떨까 한다. 이러한 팀은 본래 있었던 것이 아니라, 일본 경영에 필요한 여러 직업의 사람을 모아 구성한 것으로 보인다.

4. 백제의 불교, 학문과 일본 고대국가

(1) 백제 불교와 일본 고대국가 건설

일본에 불교가 도입되기 이전의 종교는 천지자연의 여러 신에 대한 것이었을 것[74]이다. 이때 우리가 유의해야 할 것은 이 신앙이 일본 원주민의 것이 아니라 한국에서 일본으로 건너간 이주민, 특히 백제로부터의 이주민의 것이었다는 사실이다.

그런데 야마토왜가 공식적으로 백제의 불교를 받아들인 연대는 잘 알려져 있는 바와 같이 긴메이 13년(552)이다.[75] 지금까지 흔히들 "일본은 백제의 불교를 받아들였다" 또는 "일본은 백제의 불교를 직수입했다" 등으로 표현하고 있지만 사실은 그렇지 않다.

〈표 6〉에도 나타나 있는 바와 같이 일본 원주민이나 552년 이전에 이주한 백제인이 주체가 되어서 백제의 불교를 이른바 '도입'하거나 '수입'한 것이 아니라, 전적으로 백제 왕국이 주체가 되어 불교와 관련이 있는 것 일체를(그것이 승려이건 불사리이건 간에) 야마토왜에 보낸

---

74 欽明 13年 10月.

75 欽明 13年 10月; 大化 元年 8年 8日.

데서 일본 불교는 시작되었다. 다시 말하면, 일본의 원주민이 몇 권의 경전이나 몇 구의 불상을 백제에서 가져와서 일본의 불교를 시작하게 한 것이 아니라 백제에 의해 전적으로 시작된 것이다. 즉 백제는 고승을 위시한 일반 승려와 비구니 등의 승려, 특별한 역할을 하는 율사, 영조율사, 선사, 주금사 등의 승려, 절을 지을 수 있는 조사공, 기와를 만드는 와박사, 불상을 만들고 불교 공예를 하는 조불공, 노반박사, 화공, 그리고 예불을 하는 데 불가결한 불경, 불상, 불사리, 번개, 금탑, 대관정번, 소번 등 일체를 보냈던 것이다.

이러한 일본에서의 불사 건립과 불교 보급에 대한 백제로부터의 전적인 지원은 6세기 중엽부터 필자가 연구 대상으로 한 700년까지 지속되었다. 조메이 천황은 불사를 왕궁만큼이나 중요시해 왕궁을 지을 때 함께 국사(國寺)인 백제대사를 지었으며,[76] 중신(대신)으로 기록되어 있지만 실제로는 천황인 소가는 아스카 땅에 호코지를 건립했다. 알려져 있는 바와 같이 스슌 원년(588)에 관인, 승려, 영조율사, 사공, 노반박사, 와박사, 화공 등 대규모의 백제인이 호코지를 건축하기 위해 야마토왜로 갔던 것이다. 백제대사와는 달리 호코지(간고지, 아스카지)가 소가 개인의 절이라고 왜곡 주장하는 사람도 있으나, 다음과 같은 기사를 보면 호코지는 천황의 절 또는 야마토왜라는 국가의 절임을 알 수 있다.

A. 스이코 4년 11월, 호코지가 준공되어 (……) 이날 혜자(고구려 고승), 혜총(백제 고승)이 비로소 호코지에 들어왔다.

---

76 舒明 11年 7月.

〈표 6〉 연도별로 본 한국 불교의 일본 상륙(『일본서기』)

연대 \ 일본에 상륙한 한국 불교 관련 사물의 종류	승려	비구니	율사	선사	주금사	조사공	와박사	조불공	노반 박사	화공	불경	불사리	불상	번개	금탑	대관 정번	소번
긴메이 13년(552) 10월											경론		○ 석가불 금동상		○		
비다쓰 6년(577) 11월		○	○	○	○	○		○			○						
비다쓰 8년(579) 10월													○ (신라)				
비다쓰 13년(584) 9월													○ (미륵 석상)				
스슌 원년(588)	영위 등 5명		○ 영조 율사			○ 사공	○		○	○		○					
스이코 3년(595)	혜총																
스이코 3년(595) 5월	관륵																

스이코 10년(602) 10월	관륵																
스이코 10년(602) 윤 10월	승륭, 운총 (고구려)																
스이코 18년(610) 3월	담징, 법정 (고구려)																
스이코 24년(616) 7월													○신라				
스이코 31년(623) 7월												○	○신라, 임나				
스이코 33년(625) 정월	혜관 (고구려)														○	○	○
덴무 13년(685) 5월	승려	ㄴ															
지토 칭제전기(686)	승려	ㄴ															
지토 원년(687) 4월	승려	ㄴ											○신라				
지토 2년(688) 2월													○신라				
지토 3년(689) 4월													○신라				
지토 4년(690) 2월	사문												○신라				

B. 덴지 10년 10월, 천황이 사신을 보내 (……) 여러 가지 진보(珍寶)를 호코지에 바쳤다.

C. 덴무 6년 8월 15일, 아스카데라(호코지)에서 성대하게 재(齋)를 베풀고 일체경(一切經)을 읽게 했다. 천황은 남문에 자리 잡고 삼보에 배례했다.

D. 덴무 14년 5월 5일, 천황이 아스카데라에 가서 값진 보물을 부처에게 바치고 배례했다.

E. 덴무 14년 9월 24일, 천황이 병에 걸려 3일간 백제대사, 가와라데라, 아스카데라에서 경전을 읽게 하고 세 절에 벼를 보냈다.

F. 탠무 슈초 원년 6월 16일, 천황이 몸이 불편해 사람을 아스카데라에 보내 부처님께 빌어줄 것을 부탁하고 진기한 보물을 부처님께 바쳤다.

G. 슈초 원년 12월 19일, 덴무 천황을 위해 무차대회[無遮大會: 국왕이 시주(施主)가 되는 법회]를 백제대사, 아스카데라 등 큰 절 다섯 곳에서 행했다.

H. 지토 원년 8월 28일, 천황의 명으로 300명의 엄숙한 대덕들을 아스카데라에 불러 가사(袈裟) 한 벌씩을 내렸다.

I. 지토 2년 12월 12일, 에조의 남녀 213명에게 아스카데라의 서쪽에서 향응을 베풀고 관위와 물건을 하사했다.

일본 원주민은 거의 없고 거의가 백제로부터 집단 이주한 백제인만이 집단적으로 거주하는 야마토 지방[77]에 그 후 다시 백제인이 들어와서 절을 짓고 백제에서 가져온 불상과 불사리를 안치한 뒤 백제 승려

---

77 최재석, 「고대 일본으로 건너간 한민족과 일본 원주민의 수의 추정」, 『동방학지』 61, 1989.

가 백제옷을 입고 백제에서 가져온 불경을 읽고 예불과 불교의식을 한다면 이것은 일본(원주민)이 백제의 불교를 수입한 것도 받아들인 것도 아니며, 백제에 의한 백제 불교의 야마토왜 상륙인 것이다. 호주나 미대륙의 교회나 기독교가 그 원주민들에 의해 수입될 수 없듯이 야마토왜의 백제 불교도 일본 원주민들에 의해 수입될 수는 없다. 야마토왜에 이주해 생활하고 있는 한민족을 위한 사찰이었으며 불교였던 것이다. 일본 고대사의 모든 왜곡의 출발은 그들이 한국에서 이주한 한민족인데도 일본 원주민이라고 우겨대는 데 있는 것이다.

일본의 불교 상륙은 거의 전적으로 백제왕의 지시에 의한 것이라 말할 수 있다. 긴메이 13년 10월 조 『일본서기』는 이에 관해 다음과 같이 기술하고 있다. 긴메이 13년 10월 백제왕(성명왕)이 사신으로 하여금 불상 한 구와 불경 약간 등을 야마토왜왕에게 건네주면서 "불법은 여러 법 중에서 가장 뛰어난 법이며, 인도에서 한국에 이르기까지 모두 이 교를 따르고 존경하고 있으니 기나이(일본)도 이 교를 보급시켰으면 좋겠다. 부처님이 동쪽으로 전할 것이다라고 말씀하신 것을 실현시키는 것이 된다"라고 전달하자, 같은 날 이 말을 들은 천황이 매우 기뻐하면서 백제 사신에게 "본인은 예부터 지금까지 이러한 묘법을 들은 바 없다. 그러나 본인 혼자서는 결정할 수 없다"라고 말했다. 그리고 여러 신하들에게 의논하자 모노노베노 오코시 등은 반대했으나 소가노 이나메 스쿠네가 불법 도입을 찬성해 그로 하여금 시험 삼아 예배(禮拜)시켜 보도록 했다.

여기서 『일본서기』에서의 역사적 사실의 기록과 그 사실의 왜곡, 은폐 기록의 양면성에 대해 이야기해보고자 한다. 『일본서기』 긴메이 13년 10월의 기사는 ① 백제왕이 불상과 불경을 일본왕에게 '바치고

(獻)', ② 백제왕이 일본왕에게 스스로 신(臣)이라 칭하고, ③ 불법을 '제국(일본)'에 '전해 바치며(奉傳)', ④ 일본왕은 왕이 아니라 황제로서 스스로 짐(朕)이라고 기록하고 있지만, 백제왕이 백제 사신으로부터 불교의 기나이 유포(流布)에 관한 권유서를 받은 바로 그날 일본왕이 깡충깡충 뛸 정도로 매우 기뻐하고[환희용약(歡喜踊躍)], 동시에 백제의 사신에게 불교를 유포할 것인지 아닌지는 일본왕 혼자서는 결정할 수 없다는 말을 함으로써 국가 정책 결정의 비밀을 백제의 왕도 아닌 그 사신에게 드러낸 점 등에서 우리는 앞의 왜곡 기사(①~④)와는 상반된 역사적 사실을 파악할 수 있다. 즉 『일본서기』 편찬자나 그 이후의 여러 번의 필사자 등이 ①~④의 예처럼 글의 작란(作亂)을 수없이 했음에도 불구하고 우리는 역사적 맥락이나 그 글의 문맥에서 역사적 사실을 찾아낼 수 있는 것이다. 『일본서기』가 여러 번 왜곡, 조작, 은폐되었다 하더라도 일본왕이 백제왕이 보낸 사신으로부터 불교 보급 권유를 받자마자 매우 기뻐한 것은, 첫째, 형나라인 백제에서(유랴쿠 5년 7월주) '묘법'인 불교 보급의 권유를 받았으며, 둘째, 앞으로 이 불법을 일본 고대국가 건설, 발전의 정신적 지주로 삼을 수 있다고 생각했기 때문일 것이고, 일본에서의 불교 보급 가부를 일본왕 자기 혼자서는 결정할 수 없다고 국가 정책 결정의 비밀을 백제왕의 사신에게 솔직히 털어놓은 것은 일본 천황 개인으로서는 무조건 백제왕의 권유 또는 지시를 따르겠다는 뜻을 백제왕에 말씀드려 달라는 뜻이 담겨 있는 것이다. 본 절의 다른 여러 주제에서 언급된 사항과 관련지어볼 때 이것은 백제와 야마토왜의 관계 또는 백제왕과 왜왕의 정치적 관계를 나타내는 것으로 보아야 할 것이다.

(2) 일본인의 한국 유학과 일본 고대국가 발전

일본 고대사에서의 학문의 담당자는 대개의 경우 불교의 승려였다. 다시 말해, 승려는 학문을 담당하는 지식인인 동시에 불교를 담당하는 종교인이었던 것이다. 그런데 대체로 스슌 천황 이후, 즉 6세기 후반까지는 야마토왜에서 학문과 불교는 일본으로 건너간 백제인이나 그들의 자손에 의해 담당되었다. 아직 이때까지는 야마토왜의 학문, 특히 불교는 주로 백제인에 의해 소개되는 시기였으므로 야마토왜에서 선진국인 한국에 유학생을 파견할 정도까지는 성숙되지 못했던 것이다. 그러나 불교의 보급이 어느 정도 확대된 7세기에 들어와서부터는 야마토왜 자체에서도 학문승을 한국에 보내 유학시켰다. 『일본서기』에서 야마토왜가 학문승을 한국에 유학시킨 사례를 찾아보면 다음과 같다.

① 스슌 원년(588) 이해, 소가노 우마코 스쿠네는 백제 승려를 청해 수계(受戒)의 법을 물었으며, 젠신니 등을 백제의 사신 은솔 수신(首信) 등의 인솔하에 학문을 배우게 하도록 출발시켰다.

② 고쿄쿠 4년(645) 4월, 고구려 유학 학문승이 "같이 배우는 구라쓰쿠리노 도쿠시는 호랑이를 친구로 해 그 화신의 술을 배웠다"라고 말했다.

③ 고토쿠 다이카 4년(648) 2월, 삼한에 학문승을 파견했다.

④ 덴무 14년(686) 5월 26일, 다카무코노 아소미마로, 쓰노노 아소미 우시카히 등이 신라에서 돌아왔다. 학문승 관상, 영관이 이들을 따라 귀국했다.

⑤ 지토 원년(687) 9월 23일, 신라 왕자 김상림, 급찬 김살모 및 김인술, 대사(大舍) 소양신 등을 파견해 국정을 알렸다. 신라 유학 학문승 지륭이 그들을 따라 귀국했다.

⑥ 지토 3년(689) 4월 20일, 신라가 급찬 김도나 등을 파견해 덴무 천황

의 상을 조문했다. 함께 신라 유학 학문승 명총, 관지 등을 보내왔다.

⑦ 지토 6년(692) 10월 11일, 야마다노 후비토미카타에게 무광사의 관위를 수여했다. 이전에 승려가 되어 신라에서 공부했다.

⑧ 지토 7년(693) 3월 16일, 신라에 보낼 사신 직광사 오키나가노 마히토오유, 근대이 오토모노 스쿠네 코키미 등과 신라 유학 학문승 변통, 신예 등에 각각 차이를 두어 비단, 명주솜, 삼베를 주었다.

이상에서 우리는 다음과 같은 경향을 알 수 있다.

첫째, 유학생은 모두 학문승이다.

둘째, 야마토왜는 백제, 고구려, 신라 삼국 모두에 학문승을 유학시켰다.

셋째, 야마토왜는 통일신라에 그 이전의 삼국시대보다 더욱 빈번하게 학문승을 유학시켰다.

한국에 유학 온 야마토왜의 학문승은 불교뿐만 아니라 학문까지도 함께 공부하고 돌아갔다는 점에 우리는 다시 한 번 주목할 필요가 있다. 한국인 중에서도 주로 백제인에 의해 야마토왜의 학문과 불교가 발전되었지만, 이주한 백제인의 자손이라 하더라도 이렇게 야마토왜 쪽에서 학문승을 백제와 고구려에 파견하기에 이르렀으니 야마토왜의 학문과 불교는 더욱 발전했음에 틀림이 없다.

통일신라시대에도 일본이 신라의 학문과 불교를 얼마나 흠모하고 이를 수입하고자 했는지는 일본 천황이 쓰쿠시의 책임자(대재)로 하여금 학문승(명총, 관지)의 옛 스승에게 멀리 신라에까지 비단 140근을 보내게 한 점[78]만 보아도 충분히 알 수 있을 것이다.

---

78 持統 3年 6月 20日.

5. 쓰쿠시관, 나니와관의 기능과 일본 고대국가

(1) 쓰쿠시관의 기능

쓰쿠시, 나니와의 위치와 기능을 살펴보면 일본 고대국가(야마토왜)의 위치와 강역의 규모, 일본 고대국가의 대외 교통로, 일본 고대국가와 불가분의 관계를 맺고 있는 국가 등을 알 수 있을 것이다. 알려져 있는 바와 같이 일본 고대국가인 야마토 국가는 기나이 지역에 한정되어 있어서[79] 그 유일의 항구인 나니와와 거기서 시작되는 해로를 통해서만 외부 세계인 외국과의 교통이 가능했으며, 이 나니와에서 시작되는 해로는 내해를 경유해 쓰쿠시로 이어지고, 쓰쿠시는 다시 해로로 한국으로 이어졌다. 곧 언급되겠지만 중국으로부터의 손님은 거의 없으며, 한국 → 쓰쿠시 → 나니와 → 야마토 국가 또는 그 역순으로 이어지는 해상 경로가 고대 일본의 유일한 해외 접촉 경로인 동시에 한국에 의한 일본 고대국가의 원조·경영 루트였던 것이다. 따라서 일본 고대국가의 유일의 해상교통 요충지인 쓰쿠시나 나니와의 기능을 알아보면 일본과 밀접한 관계에 있었던 당시의 외국이 어떠한 나라인가를 알 수 있을 것이다.

먼저 쓰쿠시에 대해 알아보자. 쓰쿠시에서 유숙하거나 거기서 일본 천황의 향응을 받은 외국인은 거의 전부가 한국인이며 중국인은 없다. 〈표 7〉에 나타나 있는 바와 같이 조작 기사인 고구려 사신 기사를 제외하면 한국인은 모두 신라인이다. 이렇게 볼 때 쓰쿠시관은 나

79 일본 고대국가의 영역에 대해서는 5부 3장 「백제의 야마토왜와 '일본'으로의 변신 과정」 참조.

니와관과는 달리 백제 멸망 후 일본(야마토왜)이 신라를 위해 설치했을 가능성이 높다고 하겠다. 당시 야마토왜는 신라의 보호와 협조 없이는 사절이나 유학생도 외국(일본, 한국)에 보낼 수 없었던 사정임을 고려하면 쉽게 이해할 수 있을 것이다. 〈표 7〉에서 '쓰쿠시 대군', '쓰쿠시 소군(小郡)'은 쓰쿠시 대재부에 소속된 공관이며, '쓰쿠시관'은 그 공관의 일부인 영빈관으로 보인다. 또 '쓰쿠시'라 표현된 것도 구체적으로는 '쓰쿠시관'일 것으로 생각된다.

쓰쿠시 대재부의 책임자는 쓰쿠시 대재로, 그의 일차적인 역할은 일본을 방문하는 한국 손님을 접대하고 유숙하게 하는 것이었다. 이 밖에도 쓰쿠시 대재는 귀빈이 한국에서 오면 발빠른 역마로 이 소식을 야마토왜 천황에 알리는 일,[80] 일본에의 이주자를 받아들이는 일,[81] 신라 유학 학문승이 옛 스승에게 보내는 선물을 전달하는 일,[82] 일본인을 수송해준 신라 송사를 위로하거나 그들에게 선물을 주는 일[83] 등으로 요약될 수 있는 임무를 부여받고 있다. 이와 같이 쓰쿠시 대재는 일본을 방문하는 한국으로부터의 귀빈을 환대하기 위해 존재하고 있는데도 일본인 학자들은 이것이 일본의 조선 반도 경영의 기지로 출발했다[84]고 전혀 사실과 다른 주장을 지금까지 시종일관 해왔던 것이다.

80 皇極 2年 4月 2日; 同 6月 13日.
81 朱鳥 元年 閏 12月; 持統 元年 4月 10日.
82 持統 3年 6月 2日.
83 持統 4年 10月 15日.
84 『日本書紀』 下, 岩波書店, p. 193 頭注.

〈표 7〉 쓰쿠시의 일차적 기능

장소의 표현	기사 내용	출전
쓰쿠시	신라객 향응	덴무 원년 11월 24일
	신라객 향응	덴무 2년 윤 6월 24일
	신라객 향응	덴무 4년 3월 14일
	신라사, 고구려사 향응	덴무 4년 8월 28일
	신라 송사 향응	덴무 6년 4월 14일
	신라 사인 향응	덴무 9년 4월 25일
	고구려객 향응	덴무 10년 4월 17일
	신라객 향응	덴무 10년 6월 5일
	신라객 향응	덴무 10년 12월 10일
	신라객 향응	덴무 11년 정월 11일
	고구려객 향응	덴무 11년 8월 3일
	신라사 향응	덴무 13년 2월 24일
	신라객 향응	덴무 14년 3월 14일
	신라객 향응	덴무 슈초 원년 정월
	신라객 향응	덴무 슈초 원년 4월 13일
	신라객 향응	덴무 슈초 원년 5월 29일
	신라 송사 향응	지토 4년 10월 15일
쓰쿠시관	신라객 향응	지토 2년 2월 10일
	탐라객 향응	지토 2년 9월 23일
쓰쿠시 대군	고구려 사인, 신라 사인 향응	덴무 2년 11월 21일
쓰쿠시 소군	신라 조사 향응	지토 3년 6월 24일

*비고: 백제 멸망 이후의 기사이므로 백제인은 보이지 않는다. 고구려 패망 후의 고구려 사인 파견 기사는 조작 기사일 것이다.

(2) 나니와관의 기능

한국인이 해로로 일본에 도착해 제일 먼저 기착하는 지점이 쓰쿠시라 한다면 나니와는 쓰쿠시를 경유한 한국인의 두 번째 유숙지인 동시에 야마토왜에의 진입 직전의 유숙지이다.[85] 〈표 8〉에서 볼 수 있는 것처럼 나니와에도 앞의 쓰쿠시와 마찬가지로 '소군(나니와 소군)', '대군(나니와 대군)'의 명칭이 있는 공관이 있다. 즉 쓰쿠시를 경유해 내해를 지난 한국으로부터의 손님은 나니와에서 유숙하게 되는데, 그 유숙지가 나니와관, 나니와, 나니와군, 나니와진(津), 나니와 대군 등의 여러 이름으로 표현되고 있는 것이다. 한편 나니와 고려관(스이코 16년 4월), 나니와 백제관(고쿄쿠 2년 3월 13일), 나니와 대군 및 삼한관(조메이 2년 이해)이 존재하는 것으로 보아 나니와 신라관도 그 명칭은 보이지 않지만 분명 존재했을 것으로 보인다. 나니와진이라는 명칭은 그것이 해변에 위치하는 데 기인하는 듯하다. 그리고 〈표 8〉에 나타나 있는 바와 같이 중국의 손님이 유숙한 사례는 2~3사례에 불과하고 거의 전부 한국(백제, 고구려, 신라)의 손님이 유숙한 것으로 나타나고 있다.

'나니와 소군'이 '소도궁(小都宮)'으로 개축되어 있으며 '대도(大都)'가 궁의 기능을 했고 백제의 왕자가 나니와에서 유숙한 것 등으로 짐작하건대 나니와는 궁 그 자체이거나 궁의 기능을 한 공관인 것으로 생각된다. 설사 한국의 귀빈이 유숙한 나니와가 궁이 아니었다고 하더라도 바로 이웃에 왕궁이 존재했던 것으로 미루어 보아 나니와는 상당

---

85 나니와, 쓰쿠시 이외에 한국인을 향응한 곳으로 간몬해협(關門海峽)에 있는 혈문관(穴門館: 긴메이 22년), 사가라카관(긴메이 31년 7월, 비다쓰 원년 5·6월), 그리고 가와베관(스이코 18년 10월 8일) 등이 있다. 사가라카관은 고구려인이 묵었으며, 가와베관은 신라 사인과 임나 사인이 유숙한 곳이다.

〈표 8〉 나니와의 기능

장소의 표현	기사 내용	출전
나니와관	① 백제객 유숙	게이타이 6년 12월
	② 백제 정치인(일라) 유숙	비다쓰 12년 10월
	③ 백제객 유숙	고쿄쿠 2년 3월 13일
	④ 백제객 병이 나서 유숙	고토쿠 다이카 원년 7월 10일
	⑤ 고구려 사인 도착	사이메이 6년 5월 8일
	⑥ 신라객 향응	지토 6년 11월 11일
	⑦ 신라객 향응	다이호 3년 윤 4월
	⑧ 신라 사인 유숙	덴표쇼호(天平勝寶) 4년 7월 24일
나니와	① 백제 왕자 선광 유숙	덴지 3년 3월
	② 신라객 향응	덴무 2년 9월 28일
	③ 신라 왕자 충원 유숙	덴무 4년 4월
나니와군	① 고구려 사인 유숙	고쿄쿠 원년 2월 21일
	② 고구려객, 백제객 향응	고쿄쿠 원년 2월 22일
	③ 백제 사인 유숙	고쿄쿠 2년 7월 3일
나니와진	① 신라 조사 유숙	인교 42년 정월 14일
	② 당객을 위해 나니와 고려관 옆에 신축 공관 건립	스이코 16년 4월
	③ 대당 사인(객 등) 유숙	스이코 16년 6월 15일
	④ 당국 사인 유숙	조메이 4년 10월 4일
	⑤ 고구려 사인 유숙	고쿄쿠 원년 2월 6일
	⑥ 백제 사인 유숙	고쿄쿠 원년 5월 16일
	⑦ 백제 사인 유숙	고쿄쿠 2년 6월 23일

나니와 소군(궁)	① 소군의 건물을 부수고 궁을 만들었으며 천황은 이 소군궁에서 예법을 만들었다	다이카 3년
	② 후케히 소군에 체류	덴무 원년 7월
나니와 대군	① 여러 나라의 객 접대(백제 등)	긴메이 22년
	② 여러 객 향응	스이코 19년 9월 5일
	③ 수리	조메이 2년
	④ 천황이 대군에서 신궁으로 옮김	하쿠치 2년 12월
나니와 대군궁	거가(車駕) 대군궁으로 행차	고토쿠 하쿠치 3년 정월

한 중요성이 부여되고 있는 것으로 보인다. 그러나 쓰쿠시의 공관과는 달리 그 기능의 유사성에도 불구하고 나니와의 책임자의 공적 명칭이 보이지 않는 점이 주목된다.

요컨대 한국에서 해상으로 오는 길목인 쓰쿠시와 나니와에 큰 공관을 지어 한국에서 오는 손님이 불편하지 않도록 배려할 뿐만 아니라 그들의 귀로에도 동일한 유숙, 향응을 제공했던 것이다. 당시 일본(야마토왜)의 유일한 대외 접촉의 통로가 야마토 국가 → 나니와 → 쓰쿠시 → 한국이었음을 감안한다면 그 중요성을 새삼 인식할 수 있을 것이다.

『신찬성씨록』의 성씨의 수록 범위가 야마토노쿠니, 가와치노쿠니, 야마시로노쿠니, 세쓰노쿠니, 이즈미노쿠니이고, 『일본서기』 사이메이 5년(559) 3월에 에조노쿠니를 쳤다는 기사가 있는 것 등으로 미루어 보아도 7세기 중엽까지의 야마토 국가의 영역은 야마토노쿠니와 그 주변, 기껏해야 기나이 범위임을 알 수 있다. 김성호 씨는 기나이 야마토(倭)를 기나이 백제로 부르고 있지만,[86] 필자는 야마토노쿠니 영역의 야마토왜는 야마토 백제로, 야마토, 가와치, 야마시로, 세쓰, 이즈미를 포괄하는 기나이 야마토는 기나이 백제로 부르는 것이 좋지 않을까 한다. 야마토왜, 기나이 야마토의 명칭이 왜의 영역을 잘 나타내는 명칭이라 한다면 야마토 백제, 기나이 백제는 야마토 국가를 세우고 경영한 나라를 잘 나타내는 명칭이라 할 수 있을 것이다.

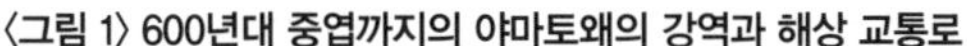
〈그림 1〉 600년대 중엽까지의 야마토왜의 강역과 해상 교통로

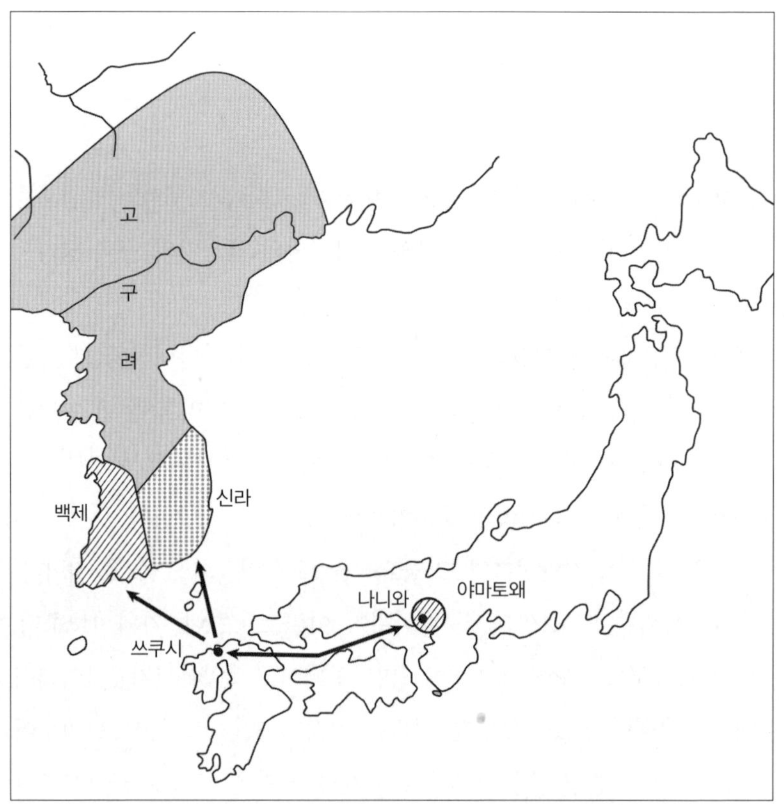

86 김성호, 『비류백제와 일본의 국가 기원』, 지문사, 1982.

야마토왜와 야마토왜에 오는 손님이 경유한 항로와 그 유숙지, 그리고 그 손님의 거의 전부를 차지한 국가(삼국)를 그림으로 표시하면 〈그림 1〉과 같다. 일본 고대국가의 영역과 외국에의 해상 항로의 방향과 해로상에 있는 나니와관, 쓰쿠시관의 기능, 그리고 해상 항로의 기착국 또는 종착국의 네 가지 점을 뚜렷이 하는 것이 바로 한국과 야마토왜의 관계를 설명하는 또 하나의 길이 되는 것이다.

〈그림 1〉에서 볼 수 있듯이 일본의 고대국가는 야마토노쿠니(지금의 나라현)에서 출발해 기나이(야마토노쿠니, 가와치노쿠니, 야마시로노쿠니, 세쓰노쿠니, 이즈미노쿠니) 정도로 그 영역을 확장해 나갔는데, 700년까지도 기나이 영역 정도에 머물러 있었다. 신라의 송사와 선박의 도움으로 중국과의 내왕이 없었던 것은 아니었으나, 기나이 야마토의 해외 항로의 종착점은 거의 대부분 한국이었던 것이다.

6. 일본에서의 백제 관위 사용과 야마토왜 관인에 대한 백제왕의 업무 지시

(1) 일본에서의 백제 관위 사용

알려져 있는 바와 같이 일본의 관계(官階)가 처음으로 제정된 해는 스이코 11년(603)이고, 그 후 다이카 3년(647), 다이카 5년(649), 덴지 3년(664), 덴무 14년(686) 등 700년까지 도합 다섯 차례의 관계 제정이 있었다. 다시 말하면, 7세기에 들어와서 여러 번 관계가 제정된 것을 인정한다 하더라도 603년 이전에는 관계제도가 일본에는 없었으며, 따라서 603년 이전에 이것이 있는 것으로 『일본서기』가 기록한 것은 모두 조작임을 알 수 있다. 그런데 이러한 제도가 없는 고대국가가 진정한 의미에서의 국가인가 하는 문제는 차치하더라도 제도적인 위계질서 없이 어떻게 국가가 형성되고 운영될 수 있었는가 하는 점에는 의문이 든다. 603년 이전에 백제의 관계제도가 일본에서 그대로 사용되었다는 것이 다음과 같은 기사에 나타나고 있다.

백제의 동성자언은 긴메이 8년(547) 4월부터 긴메이 15년(554) 2월까지 7년간 백제의 관계인 '나솔(제6관위)'로 일본에 파견 근무를 했으며, 전임자인 문휴마나와 그 후임자인 동성자막고는 '덕솔(제4관위)'의 신분으로 일본에 파견되어 근무했다. 이들 동성자언, 문휴마나, 동성자막고의 직업은 『일본서기』에 기록되어 있지 않으나, 이들이 제일 관위가 높고(제4·제6관위), 동시에 이들보다 낮은 시덕(제8관위), 고덕(제9관위), 계덕(제10관위), 대덕(제11관위) 등의 관위를 가진 역박사(易博士), 역박사(曆博士), 악인 등이 이들보다 나중에 기록되어 있는 것으로 보아 이들이 야마토왜를 경영하는 경영 조직의 통솔자인 백제의 관리임이 틀림없을 것이다. 위에서 언급한 오경박사, 역박사(易博士), 역박사(曆博士), 악인 등도 모두 백제의 관위를 가지고 일본에 파견되어 근무했으며,[87] 이들도 백제의 관리와 마찬가지로 7년간 일본에서 근무했을 것이다.

그런데 일본에 관위제도가 제정된 이후에는 백제의 관위에 상응하는 일본의 관위가 야마토왜에서 근무하는 백제 관리에게 주어지는 일도 있는 듯하다. 고쿄쿠 원년(642)에 백제의 인질[88] 달솔 장복에게 일

87 欽明 15年 2月.

88 이미 백제 왕자 풍장의 고찰에서 보았듯이 '인질'은 『일본서기』 편찬자의 왜곡이다.

본의 관위인 소덕을 수여하고, 또 중객 이하의 자에게도 관위 1급씩 수여했다는 기록[89]이 이를 보여준다. '달솔'은 백제의 제2관위이고, '소덕'은 스이코 11년(603)에 제정된 일본의 제2관위이다.

일본에서 이러한 제도가 제정되기 전에는 백제의 관위만이 사용되었고, 그것이 제정된 후에도 그것이 정착되지 못한 채 여전히 백제의 관위가 일본에서 사용되고 있었다는 것은 주목할 만한 정치적 현상이다. 이는 다음의 사료에서 명백히 나타난다.

> **〈사료 5〉** 덴지 4년(665) 8월, 달솔 답발춘초(答炑春初)를 파견해 나가토노쿠니(長門國)에 성을 쌓았으며, 달솔 억례복류(憶禮福留), 달솔 사비복부(四比福夫)를 쓰쿠시노쿠니에 파견해 오노 및 기(椽)의 두 성을 쌓게 했다.

위의 사료는 백제의 관위인 '달솔'을 가진 세 사람의 백제 장군이 일본에서 성을 쌓았다는 기사인데, 백제 패망(663) 후에도 일본에서 백제의 관위가 그대로 사용되고 있음을 보여주는 『일본서기』의 기록이다. 또 백제 패망 후 덴지 4년(665) 일본으로 피난한 다수의 백제인에게 백제에 있을 때 받은 관위에 상응하는 관위를 수여하기 위해 백제의 관위 계급을 조사했으며,[90] 실제로 덴지 10년(671)에는 피난 온 백제의 지배층에게 백제에 있을 때의 관위에 상응하는 일본의 관위를 수

---

89 皇極 元年 8月 丙申.

90 天智 4年 2月, 是月 勘校百濟國官位階級 仍以左平福信之功 授鬼室集斯小錦下(基本位達率) 復以百濟百姓男女四百餘人 居于近江國神前郡.

여했다.[91]

덴지 10년에 일본의 관위 '대금하(大錦下)'를 받은 백제인 사택소명(沙宅昭明)이 덴무 2년(674) 6월에 죽자 천황은 놀라서 '외소자위(外小紫位)'의 관위를 수여하고 아울러 백제국의 최고 관위인 '대좌평(大佐平)'을 수여했는데,[92] 이 사실은 매우 중요한 의미를 갖는다. 일본에서 수여되는 관위 이상으로 백제의 관위가 존중된다는 사실과, 백제의 관위가 백제 패망 이후에도 일본에서 통용된다는 사실을 알 수 있는 것이다.

(2) 야마토왜 관인에 대한 백제왕의 업무 지시

백제왕이 백제인에게 일을 시키는 것은 당연하지만, 백제왕이 야마토왜에 거주하는 일본인에게 임무를 부여하고 지시할 수 있었다는 것은 놀라운 사실이 아닐 수 없다.

> **〈사료 6〉** 긴메이 13년 5월, 백제, 가라, 안라(安羅)는 중부 덕솔 목리금돈(木劦今敦)과 하내부(河內部) 아사비다(阿斯比多) 등을 파견해 "고구려와 신라가 연합해 신(臣)의 나라와 임나를 멸망시키려 모의하고 있습니다. 구원군을 받아서 불의의 공격을 하고 싶습니다. 군의 다소에 대해서

91 天智 10年 正月, 是月 以大錦下授佐平余自信沙宅紹明(法官大輔) 以小錦下 鬼室集斯(學職頭) 以大山下 授達率谷郡晋首(閑兵法) 木素貴子(閑兵法) 憶禮福留(閑兵法) 答炑春初(閑兵法) 炑日比子贊波羅金 羅金須(解藥) 鬼室集信(解藥) 以小山上 授達率德頂上(解藥) 吉大尙(解藥) 許率母(明五經) 角福牟(閑於陰陽) 以小山下 授餘達率等 五十餘人.

92 天武 2年 閏6月, 庚寅 大錦下百濟沙宅昭明卒 爲人聰明叡智 時稱秀才 於時 天皇驚之 降恩以贈外小紫位 重賜本國大佐平位.

는 일임합니다"라고 아뢰었다.

〈사료 7〉 긴메이 14년 정월 15일, 백제의 사신 중부 한솔(扞率) 목리금돈과 하내부 아사비다가 일을 마치고 돌아갔다.

위의 〈사료 6〉에서 백제왕이 야마토왜의 왕에게 '신(臣)의 나라'라 자칭한 것이나, 그가 왜왕에게 말하는 것을 '아뢰었다[주상(奏上)]'라고 표현한 것은 『일본서기』 편찬자의 왜곡, 조작이지만, 이 사료는 백제가 백제의 관리인 목리금돈과 일본인(아마도 야마토왜의 가와치노쿠니에서 근무하는 일본인일 것이다)에게 중요한 임무를 주어 일본에 파견했음을 보여준다. 백제의 관리도 가와치노쿠니의 관리도 백제왕이 내린 임무를 마치고는 각각 자기 나라로 돌아갔다. 다시 말하면, 백제는 백제인뿐만 아니라 야마토왜의 관리에게도 임무를 줄 수 있었으며, 백제와 야마토왜의 관리들은 공동 작업을 했던 것이다.

7. 백제가 잡은 포로의 일본 송치와 백제 장군의 쓰쿠시(기타큐슈) 방비

(1) 백제가 잡은 포로의 일본 송치

『일본서기』에 의하면 백제는 그들이 잡은 고구려인 포로, 신라인 포로, 당나라 포로(3회)를 모두 5회에 걸쳐 일본에 보냈다.

〈사료 8〉 긴메이 11년 4월 16일, 백제가 중부 나솔 피구근, 하부 시덕 작간나 등을 파견해 고구려인 포로 10구를 보냈다.

〈사료 9〉 긴메이 15년 12월, 백제는 포획한 (신라)성의 백성 남자 두 명, 여자 다섯 명을 보냈다.

〈사료 10〉 사이메이 6년 10월, 백제의 좌평 귀실복신이 좌평 귀지 등을 파견해 당나라 포로 100여 명을 보냈는데, 오늘의 미노노쿠니의 후하, 가타아가타의 2군의 당인이다.

〈사료 11〉 사이메이 7년 11월 11일 주. 백제의 좌평 복신이 당나라의 포로 106구를 보냈는데, 오미노쿠니 하리타에 살게 했다.

〈사료 12〉 덴무 4년 10월 16일, 쓰쿠시로부터 당인 30명을 보냈는데, 도토미노쿠니에 보내 살게 했다.

위의 〈사료 8〉의 고구려 포로는 백제 성왕 26년(548)의 독산성(獨山城) 아래의 싸움[93]이나 성왕 28년(550) 정월 고구려의 도살성(道薩城)의 공취(攻取) 때[94] 노획한 고구려 포로로 생각되며, 〈사료 9〉의 신라인 포로는 성왕 32년(554) 7월 신라와의 싸움[95]에서 포획한 신라인으로 생각된다. 〈사료 10〉, 〈사료 11〉과 〈사료 12〉의 당인 포로는 백제 멸망 직전 나당연합군과의 싸움에서 노획한 포로일 것이다.

백제가 노획한 고구려인 포로, 신라인 포로, 당나라인 포로 등을 백제에 두지 않고 일본에 보낸 것은 두 가지의 큰 의미가 있다. 첫째, 이는 그들의 노동력을 이용해 일본을 개척하고자 했음을 보여준다. 백제가 긴메이 4년의 노구(奴口)[96]와 긴메이 11년의 고구려인 노구[97]를 일

93 『삼국사기』「백제본기」 성왕 26년 조.
94 『삼국사기』「백제본기」 성왕 28년 조.
95 『삼국사기』「백제본기」 성왕 32년 조.

본에 보낸 것도 이러한 맥락에서 설명될 수 있다. 신천지 일본을 개척하는 데는 적지 않은 노동력이 필요했을 것이다. 둘째, 이것은 백제와 일본이 같은 나라로서 일본(야마토왜)이 백제의 식민지가 아니면 도저히 일어날 수 없는 현상이다. 설사 일본이 백제의 식민지가 아니더라도 백제에 예속된 하나의 정치적 지역으로 볼 수밖에 없을 것이다. 영국이 호주를 발견하고 그 지역을 개척할 당시 적지 않은 영국의 죄수를 그곳으로 보내 그들의 노동력을 이용한 사실이나 6~7세기에 백제가 자신이 잡은 외국 포로를 일본으로 보내 그들의 노동력을 이용한 사실은 동일한 것이라고 말할 수 있다. 백제가 중국(당)의 군인을 포로로 잡아 이들을 백제의 식민지인 야마토왜로 보내 그곳을 개척하는 데 필요한 노동력으로 사용했다는 사실은 주목할 만하다.

(2) 백제 장군의 쓰쿠시 방비

이 문제를 확인하기 위해 먼저 사료부터 살펴보자.

> **〈사료 13〉** 덴지 2년(663) 9월 7일, 백제의 주류성이 처음으로 당나라에 항복했다. 이때 나라 사람들은 말하기를 "주류성이 함락되었다. 이것을 어쩌면 좋단 말인가? 백제의 이름이 오늘로 끝났다. 조상의 묘소에는 언제 다시 갈 수 있겠는가"라고 했다. 드디어 시무부쿠기사시(枕服岐城)에 있는 처자 등에 가르쳐서 백제국을 떠날 것을 알렸다.
>
> 11일 무테(牟弖)를 출발해, 13일 테레(弖禮)에 도착했다.

---

96 欽明 4年 9月.

97 欽明 11年 4月 1日.

24일 일본의 수군 및 좌평 여자신, 달솔 목소귀자(木素貴子), 곡나진수(谷那晋首), 억례복류와 일반 백성이 테레에 도착했다. 다음 날 배를 타고 처음으로 일본으로 향했다.

〈사료 14〉 덴지 4년(665) 8월, 달솔 답발춘초를 파견해 나가토노쿠니에 성을 쌓았으며, 달솔 억례복류, 달솔 사비복부를 쓰쿠시에 파견해 오노 및 기의 두 성을 쌓았다.

〈사료 15〉 덴지 10년(671) 정월, 이달에 좌평 여자신, 사택소명에게 대금하를 주었다. (……) 달솔 곡나진수(병법에 정통), 목소귀자(병법에 정통), 억례복류(병법에 정통), 답발춘초(병법에 정통)에게 대산하를 주었다.

우리는 위의 사료를 통해 백제의 마지막 항전의 보루인 주류성이 함락되자 백제의 장군인 억례복류 등이 후퇴해 기타큐슈의 쓰쿠시에 이르러 그곳에 성을 쌓아서 방비를 하고 신라의 침공에 대비했음을 알 수 있다. 다시 말해, 백제에서의 마지막 전투가 실패로 돌아가자 항전의 장소를 백제에서 기타큐슈, 즉 야마토로 옮겨서 침공에 대비했던 것이다. 이것은 주류성이 제1선이고 기타큐슈가 제2선이라는 것을 뜻하는 것이며, 백제의 장군이 제1선에서 패하고 제2선으로 후퇴해 전투 준비를 했다는 것을 의미하는 것인데, 이는 제1선과 제2선이 같은 나라의 강역 내에 있다는 뜻이다. 이것은 백제가 잡은 포로를 일본에 보내는 것과 마찬가지로 야마토왜가 백제의 직할 영토가 아니고서는 일어날 수 없는 현상인 것이다. 백제로부터 야마토로 후퇴해 성을 쌓은 사람이라고 명기되어 있는 장군은 억례복류 한 사람이지만, 함께 성을 쌓은 답발춘초, 사비복부 두 장군이나 병법에 정통한 달솔 곡나진수, 목소귀자 장군도 억례복류 장군처럼 덴지 2년(663) 백제를 떠나 야마토왜로 후퇴했을 것이다.

8. 일본 고대국가의 해상수송 능력과 통역

(1) 일본 고대국가의 해상수송 능력

아무리 고대국가라 하더라도 어느 정도 자립적인 고대국가가 되려면 적어도 몇 가지의 기본적인 조건, 예를 들면 백성을 다스리는 정치 지식이나 각종의 전문 기술, 또는 해상국가인 경우에는 해상수송 능력 등을 갖추어야 한다. 특히 바다로 둘러싸인 섬나라의 경우, 이 해상수송 능력은 그 국가의 수준을 아는 데 중요한 기준이 될 것이다. 여기서는 야마토 국가의 해상수송 능력에 대해 알아보고자 한다.

A. 스이코 31년 7월, 신라가 대사 나말 지세이 등을 보냈는데, (……) 이때 학문승 혜재(惠齋), 혜광(惠光) 및 의사 혜일, 복인 등이 지세이를 따라왔다.

B. 조메이 4년 8월, 대당은 고표인을 파견해 삼전사를 보냈다. 이때 학문승 영운, 승려 민 및 승조양이 신라의 송사와 같이 갔다.

C. 조메이 11년 9월, 대당의 학문승 혜은과 혜운이 신라의 송사를 따라 도읍에 들어왔다.

D. 조메이 12년 10월 11일, 대당의 학문승 청안과 학생 다카무코노아야히토 겐리가 신라를 경유해 돌아왔다. 백제, 신라의 조공사가 함께 왔다. 각각 작위 1급을 주었다.

E. 고토쿠 하쿠치 5년 2월 주. 지소가 경인년에 신라의 배를 타고 돌아왔다.

F. 고토쿠 하쿠치 5년 7월, 서해사 기시노나가니 등이 백제, 신라의 송사와 함께 쓰쿠시에 도착했다.

G. 사이메이 3년, 사신을 신라에 보내 "승려 지타쓰, 하시히토노 무라지 미우마야 등을 너의 나라에 부탁해 대당에 보내려고 한다"라고 말했으나 신라는 이를 따르지 않았다. 그래서 승려 지타쓰 등이 귀국했다.

H. 사이메이 4년 7월, 승려 지쓰, 지타쓰가 명을 받들어 신라의 배를 타고 대당국에 가서 무성중생의를 현장 법사에게 배웠다.

I. 덴무 2년 8월 20일, 그래서 신라는 한나말 김이익(金利益)을 보내 고구려의 사신을 쓰쿠시에 보냈다.

J. 덴무 5년 11월 23일, 신라는 대나말 김양원을 보내 고구려의 사신을 쓰쿠시에 보냈다.

K. 덴무 8년 2월, 고구려는 상부 대상 환부, 하부 대상 사수루를 파견했는데, 이때 신라는 나말 감물나를 보내 환부 등을 쓰쿠시에 보냈다.

L. 덴무 9년 5월 13일, 고구려가 남부 대사 묘문과 서부 대형 준덕 등을 보내 조공했다. 신라는 대나말 고나를 보내 고구려의 사신 묘문 등을 쓰쿠시에 보냈다.

M. 덴무 11년 6월, 고구려왕이 하부 조유괘루모절, 대고 앙가를 보내 방물(方物)을 바쳤다. 신라는 대나말 김석기(金釋起)를 보내 고구려의 사신을 쓰쿠시에 보냈다.

N. 덴무 13년 12월 6일, 대당 유학생 하지노 스쿠네 오이와 시라이노 후비토 호네 및 백제의 전쟁 때에 붙들렸던 이쓰카이노 무라지 고비토, 쓰쿠시노미야케노 무라지 토쿠코가 신라를 경유해 왔다. 신라는 대나말 김물유를 파견해 오이 등을 쓰쿠시로 보냈다.

O. 지토 원년 9월 23일, 신라가 왕자 김상림, 급찬 김살모 및 김인술,

대사 소양신 등을 보내 국정을 주청(奏請)케 했다. 학문승 지륭이 따라 왔다.

P. 지토 3년 4월 20일, 신라가 급찬 김도나를 보내 오키노 마히토(瀛眞人) 천황(덴무 천황)의 상을 조문했다. 아울러 학문승 명총, 관지 등을 돌려보냈다.

Q. 지토 4년 9월 23일, 대당에서 공부한 학문승 지소, 기토쿠, 자우구완 등이 군정 쓰쿠시노쿠니 가미쓰야메군의 오토모베노 하카마와 함께 신라의 송사 대나말 김양훈을 따라서 귀국했다.

위의 사료에서 볼 수 있듯이 일본의 신라 유학 학문승이나 당나라 유학 학문승의 출국과 귀국이 신라의 도움(해상 운항)에 전적으로 의존하고 있고, 사료 G에서 볼 수 있듯이 신라가 해상수송의 협조를 거절할 경우에는 당나라에 학문승을 파견하지 못해 귀국하게 할 수밖에 없었던 것이 당시 야마토 국가의 사정이었다. 당시 일본의 해상수송 능력은 매우 보잘것없는 수준이었던 것이다.

지금부터는 '송사'에 관한 사료의 분석을 통해 야마토왜의 해상수송 능력에 대해 알아보고자 한다. 『일본서기』에서는 송사에 관해 총 22사례가 기록되고 있으나, 그 성격에 관해 어느 정도 우리에게 알려주는 것은 앞의 13사례이다(〈표 9〉 참조).[98]

〈표 9〉를 통해 우리는 다음과 같은 사실을 알 수 있다. 첫째, 송사는

98 나머지 9사례는 다음과 같다. 敏達 2年 8月 14日; 同 3年 7月 20日; 齊明 6年 7月 16日; 天智 7年 正月 23日; 天武 6年 4月 14日; 同 8年 正月 5日; 持統 4年 10月 15日; 同 4年 11月 7日; 同 4年 12月 3日.

야마토 발전에 필요한 인물을 해상수송하는 직책의 사람이다. 둘째, 그 수송 지역은 대개 당↔쓰쿠시 간이나 신라↔쓰쿠시 간이다. 셋째, 대체로 백제 멸망까지는 신라, 백제 두 나라는 송사가 있었으나 고구려에는 없었다. 넷째, 〈표 9〉의 13회의 송사 중 4회는 일본 국적이라고 『일본서기』는 기록하고 있으나, 신라 파견 일본 유학생이 탄 선편, 당나라 파견 일본 유학생이 탄 배편, 신라가 해상수송 협조를 거절하면 당나라에 학문승을 파견하지 못했던(사료 G) 당시의 일본의 해상수송 능력(5부 2장 참조)을 고려하면 4회의 일본 국적의 송사 기사는 허위임을 알 수 있다. 이것도 거의 모두 백제나 신라 국적의 송사였을 것이다.

다섯째, 야마토왜는 백제나 신라에 부탁해, 특히 백제 멸망 후에는 신라에 의지해 견당사나 대당 유학승을 파견했다. 통일신라시대에 야마토왜가 신라의 송사를 위로하거나 향응을 베풀고 선물[99]을 하는 것은 바로 이와 같은 수고에 대한 감사의 마음 때문이었던 것이다. 국호를 왜에서 일본으로 바꾼 후에도 일본은 독자적인 힘으로 사절이나 유학생을 외국에 보낼 수 없는 시기였던 것이다.

(2) 통역

통역의 문제도 일본 고대국가의 성격을 규명하는 데 또 하나의 중요한 시각이 된다. 먼저 통역에 관한 사료부터 살펴보자.

〈사료 16〉 유랴쿠 7년(463), 천황은 (……) 새로 이주해 온 이마키노아야

---

99 天武 6年 4月 14日, 持統 4年 10月 15日, 持統 4年 11月 7日.

〈표 9〉 송사의 국적과 수송 지역

송사의 국적	기사 출처	송사의 성명	수송 지역	피수송자
1. 일본	비다쓰 2년 7월	吉備海部直難波	?	고구려 사절
2. 신라	조메이 4년 8월	?	당→대마도	대당 일본 유학승
3. 일본	조메이 5년 정월 26일	吉上雄摩呂, 黑摩呂	일본→대마도	대당객(고표인)
4. 신라	조메이 11년 9월	?	당→일본 왕도	대당 일본 유학승
5. 일본	하쿠치 4년 5월 12일	室原首御田, 土師連八手	일본→당	당 파견 사절, 대당 유학승 등 121명
6. 백제, 신라	하쿠치 5년 7월 24일	?	당→쓰쿠시	견당사
7. 일본	덴지 6년 11월 13일	小山下伊吉連傳德	쓰쿠시→백제(?)	?
8. 백제	덴지 10년 11월 10일	沙宅孫登	?	?
9. 신라	덴무 2년 윤 6월 15일	貴干寶, 眞毛	신라→쓰쿠시	일본 파견 신라 사절
10. 신라	덴무 4년 2월	奈末 金風那 外	신라→쓰쿠시	신라 왕자 충원
11. 신라	덴무 5년 11월 3일	奈末 被珍那 外	신라→쓰쿠시	신라인(김청평)
12. 신라	덴무 7년	奈末 加良井山 外	신라→쓰쿠시	신라 사절
13. 신라	지토 4년 9월 23일	大奈末 金高訓	당→쓰쿠시	대당 일본 유학승

노 스에쓰쿠리 고귀, 구라쓰쿠리 견귀, 에카키 인사라아, 니시고리지 정안나금, 통역 묘안나 등을 가미쓰 모모하라(야마토노쿠니 이마키군), 시모쓰 모모하라(가와치노쿠니 이시카와군 또는 야마토노쿠니 이마키군), 마카미노하라(야마토노쿠니 이마키군) 등의 3개소에 옮겨 살게 했다.

〈사료 17〉 스이코 16년(608) 9월, 이때 당나라에 파견한 유학생은 야마토노아야노아타이 후쿠인, 나라노 오사에묘 (……) 등 여덟 명이다.

〈사료 18〉 고토쿠 다이카 5년(645), 신라왕이 사록부 사찬 김다수를 파견했는데, 종자는 (……) 통역 한 명 등 합계 37명이다.

〈사료 19〉 스이코 15년(607) 7월, 대례 오노노오미 이모코를 대당에 파견했다. 구라쓰쿠리노 후쿠리를 통역으로 했다.

〈사료 20〉 스이코 16년(608) 9월, 당의 손님 배세청이 일을 마치고 돌아갔다. 다시 오노노오미 이모코를 대사로 삼았다. 또 기시노오나리를 소사로 하고, 후쿠리를 통역으로 했다.

위의 〈사료 16〉은 통역 묘안나가 다른 전문 기술인과 함께 새로 일본에 이주해 와서 야마토왜 이마키군에서 생활했다는 기사인데, 야마토노쿠니 이마키군(다카이치군)은 오진 14년의 백제의 옷 짓는 기술자, 15년의 아직기, 그리고 오진 14~16년과 20년의 백제로부터의 대규모 집단 이주민(각각 120현민, 17현민)이 이주해 생활한 곳이므로[100] 통역 묘안나가 백제인임에는 틀림이 없다. 〈사료 17〉의 경우는 나라노 오사에묘와 함께 당나라에 파견된 나머지 일곱 명의 유학생이 모두 백제에서 이주한 사람의 자손이니 오사에묘도 동일할 것이며, 나라 지방에 거주했을 것이다.[101] 〈사료 18〉은 『일본서기』의 기사 그대로 신라에서 파견된 신라인이다. 〈사료 19〉와 〈사료 20〉은 야마토왜의 사절이 중국에 파견되었을 때 중국어를 통역한 사람에 관한 것인데, 두 번 모두 구라쓰쿠리노 후쿠리라는 통역이 중국으로 파견되는 야마토왜의 사절을

---

100 최재석, 「고대 일본으로 건너간 한민족과 일본 원주민의 수의 추정」, 『동방학지』 61, 1989.
101 3부 2장 「일본 고대국가 지배층의 원적」 참조.

따라가서 통역을 했다. 이 통역도 백제에서 이주해 온 사람의 자손임을 알 수 있다. 구라쓰쿠리(鞍作)는 '鞍部'라 쓰기도 하고, 비다쓰 13년(584)에 소가노 우마코 오오미와 함께 불교 보급에 힘쓴 구라쓰쿠리 노스구리 시바 다쓰토와 같이 백제에서 건너온 마구 제작 기술자의 자손인 것으로 보인다.

이렇게 볼 때 야마토왜에서 통역을 담당한 사람은 백제나 신라에서 파견 또는 이주한 사람이거나 그러한 사람들의 자손이며, 일본 원주민은 한 사람도 없음을 알 수 있다.

이때 이 통역이 어떤 나라의 언어를 통역했는가에 우리의 관심이 쏠리게 된다. 우리는 다음과 같은 근거에서 한국어와 중국어를 통역한 것으로 생각한다.

① 위에서 본 것처럼 통역은 백제인, 신라인으로 모두 한국인이다.

② 일본 고대국가는 주로 백제인이 세우고 경영했다.[102]

③ 일본 고대국가의 통솔자인 천황은 백제인이다.[103]

④ 일본 고대국가의 지배 엘리트도 주로 백제인이다.[104]

⑤ 일본 원주민의 수는 한국으로부터의 이주민의 약 10분의 1에 불과하다.[105]

⑥ 일본 원주민의 문화 수준은 한국인에 비해 아주 낮으며, 일본 고

---

102 본장 2~8절.

103 최재석, 「일본 고대 천황 원적고」, 『한국학보』 51, 1988.

104 최재석, 「일본 고대국가 지배층의 원적」, 『인문론집』 34, 1989.

105 최재석, 「고대 일본으로 건너간 한민족과 일본 원주민의 수의 추정」, 『동방학지』 61, 1989.

대 사회는 주로 백제인에 의해 개척되었다.[106]

⑦ 천황의 궁의 이름이 '백제궁', 절 이름이 '백제대사', 하천의 이름이 '백제천', 배의 이름이 '백제선'이라면 당시 사용한 언어는 당연히 백제어일 것이나, 『고사기』, 『일본서기』, 『만엽집』에서 후세에 변화된 언어인 일본어로 다시 고쳐 썼고, 조작되지 않은 부분은 아직도 한국어로 되어 있다.

다시 말해, 일본 고대국가를 세운 야마토왜의 한국인은 한국보다 선진 문화를 가진 중국과의 교섭의 필요상 중국어와 한국어를 통역하는 사람이 필요했을 것이다. 신천지 일본으로 이주한 한국인이, 수적으로 아주 열세할 뿐만 아니라 문화 수준도 뒤떨어진 일본 원주민의 언어를 한국 본토에서 미리 공부한 뒤 일본으로 떠났다고는 도저히 생각할 수 없는 것이다. 따라서 이 경우의 통역은 일본 원주민 언어와 한국어 또는 일본 원주민 언어와 중국어 사이의 통역이 아니라 한국어와 중국어 사이의 통역으로 보아야 할 것이다.

다시 말해, 『일본서기』에 나오는 통역은 모두 한국인 또는 한국인의 자손이며, 700년 당시 일본 전체 인구의 약 90퍼센트를 차지하면서 일본 고대국가를 경영하는 한국인 아래에서 수적으로나 문화 수준에서나 아주 열세한 일본 원주민이 그들의 언어와 한국어와 중국어를 모두 통역할 수 있을 정도로 세 가지 언어에 통달할 수 있었다고는 도저히 생각할 수 없는 것이다.

지금까지 야마토왜의 해상수송과 통역을 살펴본 결과, 전자는 주로 한국인이 담당한 데 비해 후자는 한국에서 파견된 한국인과 그 자손에

---

106 최재석, 「일본 원주민의 문화 수준과 고대 일본 개척자」, 『동양사학연구』 30, 1989.

의해 행해졌음을 알 수 있다.

나당연합군의 공격으로 위기에 놓여 있는 백제를 구원하려고 시도한 사이메이 천황 때에 백제의 위기를 애절하게 노래한 당시의 일본 동요(사이메이 6년 12월 조)가 한국어로 되어 있다는 사실(『일본서기』의 가필, 정정이 행해지지 않은 부분의 하나다)만 보아도 당시의 통역은 한국어와 중국어의 통역임을 알 수 있을 것이다. 백제 패망 후 일본으로 피난 온 수많은 백제 지배층 인사가 거의 모두 백제 관위에 상응하는 일본의 관위를 받을 수 있었던 것도 당시 일본의 통용어가 한국어임을 말해준다.

9. 맺는말

필자는 지금까지 모두 15가지 측면에서 일본 고대국가인 야마토왜 또는 야마토 국가가 어느 나라에 의해 경영되었는지 살펴보았다. 그 결과, 야마토왜는 백제에 의해 경영되었다는 것을 알게 되었다. 이러한 연구 결과와 이미 살펴본 「일본 고대 천황 원적고」, 「고대 일본으로 건너간 한민족과 일본 원주민의 수의 추정」, 「일본 원주민의 문화 수준과 고대 일본 개척자」 등의 논고를 관련지어볼 때 필자의 결론은 더욱 확고해진다. 그리고 야마토왜의 경영은 전적으로 백제 이주민의 자손에 의해서라기보다는 백제 왕국과 끊임없이 이어지는 새로운 백제 이주민에 의해 행해졌다는 점이 주목된다. 이렇게 볼 때 발해와 가야를 제외하면 한국사는 고구려·신라·백제·왜(야마토왜)의 4국(왜의 건국 이전은 3국)에서 통일신라·일본의 2국으로 변천했다고 말할 수 있을 것이다. 4국시대의 왜는 백제국이 왜를 건국, 경영해온 것을 자랑스럽게 생각해왔지만, 2국시대의 일본은 이를 은폐하려고 했던 것으로 보인다. 즉 4국시대의 왜는 주관적으로나 객관적으로나 백제, 고구려, 신라와 똑같이 한국인으로 의식했으며 『일본서기』에도 그러한 내용을 기록했을 것이나, 2국시대부터는 일본은 한국(백제)과 달라야 한다는 역사의 주관적·정치적 시각이 더욱 강조되었고, 따라서 역사의 은폐 작업이 강조되었던 것으로 생각된다. 그 첫 번째 작업이 『일본서기』의 편찬이었던 것이다. 바꾸어 말하면, 대체로 백제의 멸망 이후부터 야마토왜는 백제로부터의 독립화·이국화 과정을 서두르게 되는데, 이에 대해서는 조만간 별고로 발표할 작정이다.

필자는 지금까지 거의 모든 일본 고대사학자들이 일본 고대사의 진실을 은폐하고 거짓된 일본 고대사를 조작해내기 위해 한국 고대사를 전설, 조작으로 몰아붙였다는 점을 별고에서 지적한 바 있는데, 일본 고대사의 진실의 핵심은 바로 본고의 결론이었던 것이다.

일본 고대사의 진실 은폐는 『일본서기』보다는 『속일본기』나 『신찬성씨록』 등 후기의 기록일수록 더 많이 나타나고 있고, 역사적 기록보다도 일본 고대사학자의 연구나 해설 등에서 더욱 그 정도가 심한 것을 볼 수 있다. 물론 그렇다고 해서 『일본서기』에 은폐·조작된 부분이 적은 것은 아니다. 이미 언급한 바와 같이 『일본서기』 자체가 일본 고대사의 진실을 은폐하기 위해 만들어졌다고도 말할 수 있다. 그러나 비록 『일본서기』에 진실을 왜곡·은폐한 부분이 적지 않다고 하더라도 역사의 진실된 부분도 상당수 간직되어 있다. 『일본서기』가 역사적 사실을 기록하고도 한편으로는 이것을 은폐하기 위해 허위 역사(이를테면 임나일본부, 진구의 신라 정벌, 고구려·백제·신라의 일본 예속 등)를 기록하고 있지만, 역사적·사회적 맥락의 시각에서 보면 그 허위의 기록은 곧 간파될 수 있는 것이다. 일본 고대사학자들이 메이지 시대부터 성역화한 부분이 바로 『일본서기』의 허위 기술 부분이었던 것이다. 이 허위 조작된 부분에는 기년, 왕호(천황), 국호(일본) 등에 관한 것도 포함되어 있음은 물론이다.

2장

백제의 야마토왜 형성과 발전

1. 머리말

우리는 지금까지 고대에 일본열도로 건너간 한민족과 일본 원주민의 수의 추정, 일본 고대 천황의 본래의 국적, 일본 원주민의 문화 수준과 고대 일본의 개척자, 백제와 야마토왜의 관계, 야마토왜와 신라·고구려의 관계, 그리고 야마토왜와 중국의 관계에 대해 살펴보았는데, 이러한 것들을 바탕으로 여기서는 국가로서의 야마토왜의 형성 시기와 그 발전에 대해 알아보고자 한다. 편의상 야마토왜의 형성, 야마토왜의 초기 사업, 야마토왜의 강역, 국가 경영의 발전의 네 가지 측면으로 나누어 살펴보는데, 특히 네 번째의 국가 경영의 발전과 관련해서는 다시 몇 가지 측면으로 나누어 좀 더 상세하게 다루어보고자 한다.

2. 야마토왜의 형성 시기

고대국가로서의 야마토왜가 언제부터 성립·형성되었으며, 그 주도 세력 또는 집단은 누구(또는 어느 나라 사람)인가에 대해서는 지금까지 시종 회피·금기되어 오거나, 과학적인 증거에 의해서가 아니라 독단과 감정에 의해서 논의되어 왔다. 그러나 언제까지 이 상태로만 남아 있을 수는 없다. 그런데 고대국가로서의 야마토왜의 성립·발전 문제에 대해 우리에게 중요한 하나의 시각을 제시해주는 것은 약 200년 전에 출범한 북미나 호주에서의 국가 형태의 발전이다. 북미나 호주에 영국인이 대규모로 이주하기 전에도 그곳에는 원주민이 살고 있었다. 그러나 그곳에는 추장은 존재할 수 있지만 국가 형태는 존재하지 않았다. 원주민들의 문화 수준이 매우 낮아서 문자도 역법도 없었던 것이다.

이러한 상황은 일본열도에서도 전개되었다. 이미 별고에서 언급한 바와 같이[107] 『일본서기』에 의하면 5세기 초까지 일본 원주민은 문자도 없었고 실과 바늘로 꿰맨 의복도 없었으며 농사를 짓는 데 불가결한 저수지도 없어서 미국의 아메리칸 인디언이나 호주의 원주민과 거의 다름없는 생활을 하고 있었다.

호주의 원주민과 거의 같은 수준의 생활을 하고 있던 일본열도 의 야마토 지역에 고도의 진보된 문화 수준을 가진 한국인, 특히 백제인이 오진 14~20년(403~409) 사이에 대규모로 집단 이주했다. 700년 당시 일본 원주민과 한국(백제, 신라, 고구려, 가야 등)으로부터의 이주민의 비율은 20:80 내지 10:90으로[108] 한국으로부터의 이주민의 수가 일본 원주민의 수를 압도하고 있었지만, 이러한 사실 못지않게 또는

107 최재석, 「일본 원주민의 문화 수준과 고대 일본의 개척자」, 『동양사학연구』 30, 1989.
108 최재석, 「고대 일본으로 건너간 한민족과 일본 원주민의 수의 추정」, 『동방학지』 61, 1989.

그 이상으로 중요한 의미를 갖는 것이 바로 403~409년 사이의 백제로부터의 대규모 집단 이주 현상이다. 다시 말해, 『일본서기』가 전하는 오진 시대의 백제로부터의 대규모 집단 이주의 기록은 매우 주목할 만한 것이다. 문화 수준이 매우 낮은 원주민 사회에 고도의 선진 문화 수준을 가진 이주자가 그것도 삼삼오오 흩어져서 이주하는 것이 아니라 대규모 집단 이주의 형식을 취할 때 어떠한 정치적 상황이 전개될 것인지는 신천지인 북미와 호주에 앵글로색슨족이 집단 이주한 후에 전개된 정치적 상황의 예를 들지 않더라도 짐작할 수 있기 때문이다.

따라서 고대국가로서의 야마토왜의 형성은 오진 시대를 소급할 수는 없는 것이다. 다시 말해, 일본열도 내의 다른 지역들, 예를 들어 이즈모 지방이나 규슈 지방 또는 그 밖에 일본열도에 역시 고도의 문화를 가진 이주민(한민족)에 의한 크고 작은 정치 집단이 존재할 수 있으나, 야마토 지역에 시작된 국가는 5세기 초(오진 시대)부터 시작된다는 논리인 것이다. 그러나 고대국가로서의 야마토왜가 오진 14년부터 시작되었다고 하더라도 이 시기를 엄격한 의미에서 국가로 보기에는 아직 너무 이르고 단지 그 맹아 단계라 할 수 있을 것이다. 4절 「야마토왜의 강역과 그 확대」에서 언급하겠지만, 이 시기는 강역이나 조직 면에서 아직 개척민의 집합 또는 부락 수준의 자치단체에 그칠 것이다. 문자 해독과 역법 도입의 시각에서도 그렇게 말할 수 있다. 초기 단계의 국가 사업은 저수지 구축과 그것에 의한 논 개척에 집중되어 있는데, 이를 보아도 국가로서의 야마토왜의 성립은 백제로부터의 대규모 집단 이주에 의해서 이루어졌음을 알 수 있다. 다시 말하면, 야마토왜의 성립은 오진 시대의 백제로부터의 대규모 집단 이주에 의해 시작되며, 그 국가의 첫 사업은 저수지와 농수로와 논의 개척이었던 것이다.

종래 일본 고대사학자가 백제인의 대규모의 야마토 지역 집단 이주에 관한 『일본서기』의 기록을 시종일관 끈질기게 조작, 전설 또는 중국인의 이주 전설 기록이라고 강조한 것을[109] 새삼스럽게 여기서 다시 상기하는 것이다.

야마토 지역에 백제로부터의 대규모 집단 이주가 행해진 오진 시대 이전에 그 지역에 고대국가가 존재했다고 주장하는 것은 마치 영국인의 집단 이주가 행해지기 이전의 호주에 아보리지날에 의한 국가가 이미 존재했다고 주장하는 것과 유사하다. 그러므로 야마토에 세워진 왜는 백제인의 대규모 집단 이주부터 시작되는 것이다.

그런데 일본 역사를 살펴볼 때 게이타이왕과 그 이전의 시대(오진~부레쓰)는 명백히 혈통을 달리하고 있다. 이 점에 대해 『일본서기』는 게이타이는 오진의 5세손의 신분으로 왕이 되었다고 기록하고 있는데, 새로운 왕의 출신을 전왕과의 관계로 나타내지 않은 점, 또 자, 손 등 가까운 혈연관계가 아니라 5세손이라는 관계로 나타낸 점 등도 이상하다. 신왕의 출신을 게이타이왕처럼 기술한 것은 지금까지 없었던 일로, 이것은 그가 그 이전의 왕통과 다르다는 것을 나타내는 것일 수밖에 없다.

이 점에 관해 나오키 고지로(直木孝次郎)와 미즈노 유(水野祐)의 의견은 세부적인 문제를 제외하고는 대체로 일치한다. 즉 나오키 고지로는 오진·닌토쿠 이래의 왕조는 6세기 초에 쇠퇴하다가 506년 부레쓰가 죽음으로써 일단 단절되고, 오미, 오와리(尾張) 방면을 기반으로 게

---

109 최재석, 「고대 일본으로 건너간 한민족과 일본 원주민의 수의 추정」, 『동방학지』 61, 1989; 최재석, 「쓰다 소키치의 일본 고대사론 비판」, 『민족문화연구』 23, 1990.

이타이가 야마토에 진입해 그 지역 세력을 병합해 왕위를 계승하니 새로운 왕조가 시작되었다고 말하고 있다.[110] 미즈노 유는 진무에서 스이코에 이르는 33대 천황 중 실재의 천황은 스진에서 스이코까지 18대이고, 15천황은 가공의 천황이며, 이 기간에 혈통을 달리하는 세 개의 왕조, 즉 고왕조, 중왕조, 신왕조가 경질되었는데, 고왕조는 스진·세이무·주아이(仲哀)의 3대이고, 중왕조는 오진~유랴쿠의 7대이며, 신왕조는 게이타이에서 시작해 현재에까지 이르는 왕조라고 주장한다. 중왕조 붕괴 후 중왕조의 황통과 혈연관계가 없는 신왕조가 성립되면서 통일국가의 체제를 정리하게 되었다는 것이다.[111]

여기서 필자는 우선 게이타이왕 이후와 그 이전 시대(오진~부레쓰)의 차이점에 주목한다. 게이타이 이전에는 일본에 체류하는 백제의 왕자, 왕족이 한두 사례에 지나지 않는 데 비해 그 이후는 백제 멸망까지 수없이 존재한다는 사실이다. 게이타이 이전의 백제 왕자 파견은 유랴쿠 5년에만 나타나는데, 그 시기에 파견된 왕자가 한 사례에 불과하다는 점에서 이는 게이타이 시대 이후 야마토왜의 왕으로서의 백제 왕족의 임명, 파견의 준비 과정 또는 게이타이 이후 시대의 반영으로 볼 수 있을 것이다. 두 번째 차이로 주목되는 것은 게이타이 이전 시대의 국가 통치 사업이 대규모 백제 이주민의 가장 긴요한 사업으로 볼 수 있는 저수지 구축과 농지 개척 사업에 집중되어 있는 데 비해 게이타이 이후 시대의 국가 사업은 백제국에 의한 야마토왜 경영이라는 사업에 집중되어 있다는 사실이다. 그 내용의 일부를 보면 다음과 같다.

---

110 直木孝次郎, 『日本古代國家の構造』, 1959, p. 267.
111 水野祐, 『增訂 日本古代王朝史序說』, 1954, pp. 1, 13, 18, 185.

게이타이 7년(513)	오경박사 파견해 야마토왜 경영
게이타이 10년(516)	위와 같음
긴메이 8년(547)	관인, 오경박사, 승려 파견해 야마토왜 경영
긴메이 15년(554)	① 관인 ② 오경박사 ③ 승려 ④ 역박사(易博士) ⑤ 역박사(曆博士) ⑥ 의박사 ⑦ 채약사 ⑧ 악인 (①~⑧ 동시에 파견해 야마토왜 경영)

또 장륙이나 되는 거대한 불상을 만들어 그 공덕으로 야마토왜의 행복이나 발전을 기원하는 것과 같은(긴메이 6년 9월) 야마토왜에 대한 백제왕의 높은 관심도 게이타이왕 이전에는 거의 없었다.

이렇게 볼 때 오진부터 부레쓰까지는 백제의 대규모 집단 이주민이 야마토에 정착해 그들 가운데 영도자를 뽑아서 그를 중심으로 저수지와 농토를 개척해 생활하는 일종의 국가 성립 이전 단계의 자치단체(몇 부락 범위의 추장이 그들 스스로 다스리는)였을 것으로 생각된다. 이에 반해 게이타이왕 이후부터는 백제의 대규모 집단 이주민이 정착해 생활하는 지역에 백제에서 보낸 왕이 있기는 했으나 주로 백제에 의해 국가 경영이 행해진 것으로 생각된다. 사카모토 요시타네(坂元義種)의 "백제 왕조가 적극적으로 각지의 정복을 추진하니 왕의 일족이나 고관을 일시적으로 그 지역의 왕·후로 임명했다"는 견해(사카모토요시타네, 1978, p. 101)는 바로 이를 두고 하는 말로 생각된다. 백제로부터의 집단 이주민과 그 자손들이 정착해 생활하고 있는 야마토왜에 백제 왕조는 그곳의 왕으로서 게이타이를 임명해 파견한 것이다.

다시 말하면, 여러 해 동안 계속되는 고구려와의 치열한 전란을 피해 대규모의 백제인들이 집단적으로 야마토에 도착한 400년대 초부터 백제왕(가수리군, 개로왕)이 동생인 군군(곤지)을 야마토에 파견한 유랴쿠 5년(461)까지 약 50년 동안 야마토 지역은 백제로부터의 피난 이주민이 경영했지만, 이 유랴쿠 5년 4월의 백제 왕제(王弟)의 파견은 후대의 일라, 풍장, 교기의 경우처럼 야마토왜의 감독자 또는 관리자의 자격으로 행해진 것으로 보인다.

한편 부레쓰 7년(505) 백제에서 야마토로 파견된 사아군과 그의 아들 법사군은 야마토왜의 관리자 또는 총독이라기보다는 야마토왜의 왕으로 파견된 것으로 보는 것이 더 타당할 것이다. 왜냐하면 첫째, 그보다 10년 전인 495년에 백제의 동성왕[모대(牟大)]이 지방을 정복해 왕족과 고위 관인을 그 왕·후로 임명한 사실(『남제서』)과 관련이 있는 것으로 보이기 때문이다. 505년의 사아군의 야마토왜 파견도 495년의 왕후 책봉과 함께 백제의 영토 확장과 같은 맥락에 있는 것이며, 한반도에서의 백제의 영토 확장이 끝난 후 얼마 되지 않아(10년 정도) 야마토에 영토 확장을 행하는 것은 어느 모로 보나 자연스럽기 때문이다. 둘째, 『일본서기』는 사아군의 아들 법사군이 야마토노키미의 선조라고 표현하고 있지만, 본래는 왜왕의 선조라고 되어 있는 것을 『일본서기』를 개변할 때 야마토노키미로 고친 것으로 생각되기 때문이다. 『일본서기』「부레쓰기」 7년 4월에 백제의 왕족인 사아군이 일본에 내조해 그의 아들 법사군이 야마토노키미의 조상이 되었다고 하는 것은 바로 게이타이 왕조의 성립을 뜻하는 것이다. 『일본서기』는 게이타이왕과 사아군을 별개의 인물로, 그리고 천황과 야마토노키미 역시 별개의 인물로 묘사하고 있지만 동일인물인 것이다. 게이타이왕이 백제에서 왕으로 파견된 사아군이며, 바로 이분이 오늘날까지 역대 천황의 시조이다. 지금까지 일본 학계에서 이 부레쓰 왕 7년 4월의 사아군에 관한 기사에 대해 침묵을 지키거나 헐뜯는 해석을 하는 것에 우리는 유의해야 한다.

3. 초기의 국가적 사업으로서의 저수지 구축과 논 개척 사업

야마토 지역에 백제로부터의 대규모 집단 이주(120현민과 17현민)가 행해진 오진 14~20년(403~409) 이후에 그 지역에 큰 규모의 사업으로 기록되어 있는 것을 『일본서기』에서 찾아보면, 저수지 구축, 농수로 개설, 논 개간 등 농사를 짓기 위한 기초공사밖에 눈에 띄지 않는다. 신천지 일본열도의 야마토 지역에 집단 이주가 행해졌다면 의당 식량을 해결하기 위한 그러한 사업이 제일 먼저 행해졌을 것이다. 『일본서기』는 이것을 정확하게 기록하고 있는 것이다. 이러한 사업에 관한 기록을 『일본서기』에서 보면 다음과 같다.

> A_1. 닌토쿠 11년(441) 10월, 궁의 북부의 들을 파서 남쪽 물을 끌어다가 서쪽 바다로 넣었다. 그래서 그 물을 호리에(堀江)라 했다. 또 북쪽 강의 홍수를 막기 위해 마무타(茨田: 가와치노쿠니 마무타군 마무타향)의 둑을 쌓았다[『고사기』에는 진인(秦人), 즉 백제인이 이 제방을 쌓았다고 기록되어 있다].
>
> A_2. 닌토쿠 12년(442) 10월, 야마시로(山背)의 구루쿠마(栗隈)현[야마시로노쿠니 구사이(久世)군 구루쿠마향. 지금의 교토부 우지(宇治)시 오호쿠보(大久保)]에 물을 댔다. 그래서 이 토지의 사람들은 매년 작황이 풍부했다.

A3. 닌토쿠 13년(443) 9월, 처음으로 마무타 둔창을 세웠다. 그래서 용미부(舂米部)를 정했다.

A4. 닌토쿠 13년(443) 10월, 와니노이케[和珥池: 야마토노쿠니 소후노카미군. 지금의 나라시 이케다초(池田町) 소재]를 만들었다. 이달 요코노(橫野) 둑을 쌓았다.[112]

A5. 닌토쿠 14년(444) 11월, 코무쿠(感玖: 가와치노쿠니 이시카와군 紺口鄕)에 큰 수로를 팠다. 이시카와(石河)의 물을 끌어 가미쓰스즈카(上鈴鹿), 시모쓰스즈카(下鈴鹿), 가미쓰도요우라(上豊浦), 시모쓰도요우라(下豊浦) 등[가와치군 도요우라(豊浦)향]의 네 곳의 들에 물을 적셔 4만여 경(頃)의 논을 얻었다. 그곳의 백성들은 풍작 때문에 흉년의 걱정이 없어졌다.

A6. 리추(履中) 2년 11월, 이하레노이케[磐余池: 나라현 사쿠라이시 이케오우치(池之內) 소재]를 만들었다.

A7. 리추 4년 10월, 이소노카미[나라현 덴리(天理)시 후루(布留) 부근]에 용수로를 팠다.

우리는 위의 사료를 통해 백제의 대규모 집단 이주민이 야마토에 정착한 후 저수지, 용수로를 구축, 개설해 논을 개간하고 둔창을 설립했으며, 바다에는 둑을 쌓아올려 그 물을 이용했음을 알게 된다. 개간 지역은 야마토 지역에 집중되어 있으나 그들의 상륙 지점인 동시에 야마토로 가는 길목인 가와치에서도 그러한 사업을 했음을 알 수 있다.

---

112 스이코 21년(613) 11월에도 와니노이케를 만들었다는 기록이 있으므로 이 닌토쿠 13년 10월 조의 기사는 조작의 가능성이 있다.

다음의 B_1, B_2는 백제의 집단 이주민이 야마토 지역에 이주하기 이전의 기사이다. 즉 백제의 집단 이주민이 야마토에 이주하기 이전에도 저수지를 판 것으로 되어 있다. 이 기사는 두 가지 해석이 가능하다. 백제의 대규모 집단 이주가 행해지기 전에 이미 다른 이주민이 저수지를 구축했거나, 대규모의 백제 이주민이 저수지를 구축했지만 몇 년 소급해 기록했거나 하는 두 가지 해석이다. B_1, B_2의 저수지가 모두 야마토 지역인 점을 고려하면 두 번째의 해석이 더 타당해 보인다.

사료 C_1~C_3의 기사도 저수지 구축이나 농수로 개설 또는 논 개간에 관한 기사이다. 이러한 사업은 문화 수준이 낮은 일본 원주민은 행할 수 없으며, 그것이 야마토 및 가와치의 지역에서 행해졌다는 점을 고려할 때, 이 역시 야마토와 가와치로 이주한 백제의 집단 이주민에 의해 행해진 것임을 알 수 있다. 이렇게 볼 때 사료 C_1~C_3의 기사는 오진 시대나 그 이후 시대의 것을 조작해 과거 시대(진무~주아이)의 것으로 소급한 것이 틀림없을 것이다. 쓰다 소키치가 일찍이 지적한 바와 같이 후세의 것을 조작해 그 이전의 어떤 연, 월의 것으로 배치한 사례[113]의 하나가 될 것이다.

> B_1. 오진 7년(396) 9월, 고구려인, 백제인, 임나인, 신라인 등이 내조했다. 이때 다케우치노 스쿠네에게 명해 여러 한인들을 거느리고 연못을 만들게 했다. 그래서 그 곳을 한인지(나라현 시키군 다하라혼초의 당고지)라 한다(『고사기』에는 백제지로 되어 있다).
>
> B_2. 오진 11년(400) 10월, 쓰루기노이케[劒池: 나라현 가시하라시 이시카

113 최재석, 「쓰다 소키치의 일본 고대사론 비판」, 『민족문화연구』 23, 1990.

와초(石川町)], 가루노이케(輕池: 나라현 가시하라시 오가루초), 가노카키노이케(鹿垣池: 미상), 우마야사카노이케(廐坂池: 나라현 가시하라시 오가루초 부근)를 만들었다.

C_1. 가이카(開化) 5년 2월 6일, 고겐 천황을 쓰루기노이케노시마노헤노미사사기(劍池嶋上陵: 야마토노쿠니 다카이치군. 지금의 나라현 가시하라시 大字石川字劍의 위)에 장사지냈다.

C_2. 스진 62년 7월 2일, 조서를 내려 "농사는 나라의 근본이며 백성이 믿고 살아가는 곳이다. 지금의 가와치 사야마[狹山: 가와치노쿠니 타지히(丹比)군 사야먀초(狹山町)]에는 점토질의 논이 적다. (……) 그러니 많은 못이나 농수로를 파서 백성의 생업을 넓히라"라고 했다.

C_3. 스진 62년 10월, 요사미노이케[依網池: 지금의 오사카부 사카이(堺)시 이케우치(池內) 소재]를 팠다.

C_4. 스진 62년 11월, 가리사카노이케(苅坂池), 사카오리노이케(反折池: 나라현 가시하라시 오가루초 소재)를 만들었다.

C_5. 스이닌 35년 9월, 이니시키노미코토(五十瓊敷命)를 가와치노쿠니에 파견해 다카이쓰노이케(高石池), 치누이케(茅渟池)를 만들었다.

C_6. 스이닌 35년 10월, 야마토의 사키노이케[狹城池: 소후노시모쓰(添下)군 사키노타타나미노이케(狹城盾列池)] 및 아토미노이케(迹見池: 소후노시모쓰군 이케우치촌)를 만들었다.

C_7. 스이닌 35년, 제국(諸國)에 명해 연못과 농수로를 많이 만들게 했다.

C_8. 게이코(景行) 57년 9월, 사카테노이케[坂手池: 지금의 나라현 시키군 다하라혼초 사카테(阪手)]를 만들었다.

4. 야마토왜의 강역과 그 확대

우리는 『일본서기』의 오진 시대의 기록과 『속일본기』와 『신찬성씨록』을 통해 야마토왜의 강역은 처음에는 야마토에서 시작해 가와치 지역을 넘어서 점점 확대되어 가다가 9세기 초에는 이른바 기나이 지방(야마토, 가와치, 야마시로, 이즈미, 세쓰)과 그 주변을 그 강역으로 했음을 알게 된다. 지금부터는 이 과정을 살펴보고자 한다.

D1. 오진 14년(403), 궁월군이 백제로부터 왔다.

D2. 오진 14년(403) 2월, 백제의 옷 짓는 기술자가 왔는데, 구메[후의 대(大)야마토노쿠니 다카이치군 구메향. 지금의 나라현 가시하라시 구메초 부근]의 옷 짓는 기술자의 시조가 되었다.

D3. 오진 15년(404) 8월, 백제로부터 아직기가 말을 가지고 왔는데, 야마토의 가루(輕)의 언덕 위 마구간(후의 야마토노쿠니 다카이치군 가루. 지금의 나라현 다카이치군 오가루초)에서 길렀다.

D4. 오진 16년(405) 2월, 백제로부터 왕인이 왔다.

D5. 오진 16년(405) 8월, 궁월군이 거느린 120현 백성이 신라의 방해 때문에 뒤늦게 도착했다.

D6. 오진 20년(409) 9월, 아치노오미와 그 아들 쓰카노오미가 17현 백성을 거느리고 왔다.

E. 궁월군이 오진 14년에 내조했다. 127현 백성을 거느리고 왔는데, 야마토의 아사즈마(朝津間: 지금의 나라현 고세시 일대)에 거주했다[『신찬성씨록』 야마시로노쿠니 제번 한(漢) 진기촌 조].

F. 정4위하(正四位下) 근위원외중장(近衛員外中將) 겸 안예(安藝) 수훈

(守勳) 2등 판상 大忌寸苅田麻呂 등이 말했다. "히노쿠마노 이미키를 야마토노쿠니 다카이치노 코호리시(高市郡司)에 임명했다. 元由라는 사람은 그 선조가 아치노오미인데, 輕嶋豊明宮 馭宇 천황 때에 17현의 백성을 거느리고 귀화했다. 조서를 내려 다카이치군 히노쿠마무라(檜前村)에 살게 했다. 대개 다카이치군 안에는 히노쿠마노 이미키와 17현의 인부들이 땅 가득히 거주했으며, 타성(他姓: 다른 나라)[114]의 사람들은 열에 하나둘이었다"(『속일본기』 권32, 호키 3년 4월 20일).[115]

G. 아치왕이 오진 천황 때에 본국의 난을 피해 어머니, 처자, 어머니의 형제, 우흥덕(迂興德), 7성의 백제인을 거느리고 귀화[도래(渡來)]했다. (……) 천황이 그가 도래한 뜻을 불쌍히 여겨 아치왕이라 칭하고 오미(使主)라 했다. 그리고 야마토노쿠니 히노쿠마(檜隈) 군향(郡鄕)을 주어 여기에서 거주하게 했다. 아치노오미가 아뢰기를 "신이 입조할 때 본국의 백성이 뿔뿔이 흩어졌다. 지금 듣기로는 고구려, 백제, 신라 등의 나라에 흩어져 있으니 사신을 보내어 여기에 부르게 했으면 좋겠다"라고 했다. 천황이 사신을 보내어 불렀다. (……) 다음의 촌주(村主)는 그의 후예이다 [F, G의 기사에도 사실의 기록과 왜곡의 기록이 혼재되어 있지만, '군사(郡司) 임명', '귀화', '하사(下賜)', '신(臣)' 등의 왜곡의 기록도 그대로 여기에 기록했다].

---

114 사이메이 5년 이해 조에 의하면, 일본에서 생활하는 고구려 화가 자마려가 역시 일본에 와 있는 고구려 사인을 '동성객'이라 하고 있다. 자기와 같은 나라에서 온 사람은 '동성객'이라 하고, 그렇지 않은 사람은 '타성자'라 했음을 알 수 있다.

115 正四位下近衛員外中將兼安藝守勳二等坂上大忌寸苅田麻呂等言 以檜前忌寸 任大和國高市郡司 元由者 先祖阿知使主 輕嶋豊明宮 馭宇天皇(應神)御世 率十七縣人夫歸化 詔賜高市郡檜前村而居焉 凡高市郡內者 檜前忌寸及十七縣人夫滿地而居 他姓者十而一二焉(『續日本記』 卷 32, 寶龜 3年 4月 20日 庚午).

① 高向 촌주(후의 河內國 錦部郡 錦部鄕 高向村; 大阪市 河內長野市 高向)

② 西波多 촌주(후의 河內國 茨田郡 幡多鄕; 大阪市 寢室川市 秦 · 太秦)

③ 平方 촌주(후의 河內國 茨田郡 枚方邑; 大阪府 枚方市 枚方)

④ 石村 촌주(후의 大和國 十市郡 盤余村; 奈良縣 桜井市 中部 · 橿原市(東南部 一帶)

⑤ 鉤波촌주(후의 大和國 平群郡 鉤波鄕; 奈良縣 生駒郡 安堵村)

⑥ 危(兎)寸촌주(후의 和泉國 大鳥郡 等及伎; 大阪府 高石市 富木)

⑦ 長野촌주(후의 河內國 志紀郡 長野鄕; 大阪府 藤井寺市 長野)

⑧ 俾加촌주(후의 大和國 葛山郡 避箇; 奈良縣 御所市 大字朝妻)

⑨ 茅沼山촌주(현재 大阪府 泉佐野市上之鄕 부근)

⑩ 高宮촌주(후의 大和國 葛上郡 高宮鄕; 奈良縣 御所市 大字 西佐味 부근)

⑪ 大石촌주(후의 近江國 栗太郡 大石; 滋賀縣 大津市 大石中)

⑫ 飛鳥촌주(후의 大和國 高市郡 飛鳥; 奈良縣 高市郡 明日香村)

⑬ 西大友촌주(후의 河內國 石川郡 大伴村; 大阪府 富田林市 北大伴 · 南大伴)

⑭ 長田촌주(후의 攝津國 八部郡 兵庫鄕; 兵庫縣 神戶市 長田區 一帶)

⑮ 錦部촌주(후의 河內國 錦部郡 錦部鄕; 大阪府 富田林市 甘山 부근)

⑯ 田村촌주(후의 河內國 丹比郡 田邑鄕; 大阪府 南河內郡 美原町 管生 부근)

⑰ 忍海촌주(후의 大和國 忍海郡; 奈良縣 南葛城郡의 一帶)

⑱ 佐味촌주(후의 大和國 葛上郡 佐味邑; 奈良縣 御所市 葛城佐味)

⑲ 桑原촌주(후의 大和國 葛上郡 桑原鄕; 奈良縣 御所市 掖上)

⑳ 白鳥촌주(후의 河內國 古市郡 白鳥; 大阪府 羽曳野市 古市町 부근)

㉑ 額田촌주(大和國 平群郡 額田鄕; 奈良縣 大和郡 山市額田部北町 · 寺町 · 南町)

㉒ 牟佐촌주(후의 大和國 高市郡 牟佐; 奈良縣 橿原市 見瀨)

㉓ 甲賀촌주(후의 河內國 讚良郡 甲可鄕; 大阪府 四條畷市 甲可)

㉔ 鞍作촌주(후의 河內國 澁川石 鞍作; 大阪市 東住吉區 加美鞍作町)

㉕ 播磨촌주(후의 播磨國 兵庫縣 일부)

㉖ 漢人촌주(어느 마을?)

㉗ 今來촌주(후의 大和國 今來郡; 奈良縣 高市郡)

㉘ 石寸촌주(어느 마을?)

㉙ 金作촌주(어느 마을?)

㉚ 尾張吹角촌주(후의 河內國 安宿郡 尾張鄕; 大阪府 柏原市 國分 부근)

그때 아치왕이 아뢰기를 "이마키군을 설치하려고 합니다"라고 했다. 후에 다카이치군이라고 고쳤다. 그러나 사람은 많고 거주지는 좁아서 다시 여러 나라에 나누어 거주하게 했는데, 세쓰, 미카와[參河: 아이치(愛知)현 일부], 오미, 하리마[播磨: 효고(兵庫)현 일부], 아와[阿波: 도쿠시마(德島)현]의 아야히토(漢人) 촌주가 이것이다[『신찬성씨록』일문(逸文)].

위의 D_1~D_6의 기사 중 D_1, D_5, D_6은 집단 이주 기사이고, D_2~D_4는 개별 이주 기사임을 알 수 있다. 그러나 기사의 전후 관계나 당시[116]의 백제의 위급한 국제관계(고구려와 사투를 계속해 국토가 축소되는 상황)로 보아 평화 시처럼 독자적·개별적 이주가 가능한 상황이 아니었고, 따라서 D_2~D_4도 D_1, D_5, D_6의 집단 이주의 일원으로 간 것으로 보아야 할 것이다.

116 최재석, 「고대 일본으로 건너간 한민족과 일본 원주민의 수의 추정」, 『동방학지』 61, 1989.

그런데 『일본서기』의 기사를 따른다면 D_5의 백제의 120현 백성은 사료 E에 의해 야마토의 아사즈마에 정착했고 D_6의 17현 백성은 사료 F에 의해 야마토의 이마키(후의 다카이치군) 일대에 정착했음을 알 수 있다.

3부 1장에서 언급한 바와 같이 일본열도에는 한반도의 여러 국명을 본뜬 지명이 많으며, 그 각각의 지역에는 다시 한국 내의 세부적인 지명을 본뜬 지명이 적지 않다. 예를 들면, 야마토 지역에는 백제의 곰(곰나루, 웅진, 공주)을 본뜬 구메(來目, 久米, 來目水, 來自村)나 히노쿠마(檜隈, 檜坰, 檜前, 檜前村) 등이 여러 곳에 존재한다.

우리는 사료 D_6과 F에 의해 야마토왜의 역대 왕궁이 있는 다카이치군 주민의 거의 전부는 백제에서 이주한 17현민임을 알 수 있다. 이 지역은 오진왕이 왕궁을 세우고 아직기가 정착해 말을 사육한 곳이며, 역대의 왕궁이 집중되어 있는 곳이다.[117] 그러나 쓰다 소키치를 위시한 일본 고대사학자의 거의 전부는 필사적으로 D_5와 D_6의 기사는 조작, 허위의 기사이며, 중국의 한 씨족에 관한 기록이라고 주장했던 것이다.[118] D_6과 F에 의해 야마토왜의 잉태, 탄생, 성장은 다카이치군의 백제인에 의한 것임을 명백히 알 수 있다.

한편 우리는 비록 윤색되어 있지만 사료 G를 통해 ① 405년에 이주한 사람들(D_5)이 아닌 그로부터 4년 후인 409년에 이주한 사람들(D_6)이 거주한 곳인 이마키(다카이치군) 지역이 정치의 중심지가 되었고,

---

117 다음 항 '5 고대국가 경영의 발전' 참조.

118 최재석, 「고대 일본으로 건너간 한민족과 일본 원주민의 수의 추정」, 『동방학지』 61, 1989; 최재석, 「쓰다 소키치의 일본 고대사론 비판」, 『민족문화연구』 23, 1990; 최재석, 「오늘날의 일본 고대사연구 비판」, 『한국학보』 60, 1990.

② 이주민의 수에 비해 이 지역이 협소해 그 후 주로 야마토와 가와치 지역으로 그 강역을 넓혀 나갔으며, ③ 야마토 지역과 가와치 지역에 존재하는 촌주는 거의 전부 백제 이주민에 의해 독점되어 왔음을 알게 된다. 여기서 참고적으로 사료 G의 촌의 지역 분포를 정리하면 야마토 11촌, 가와치 11촌, 세쓰, 이즈미, 오미, 하리마가 각각 1개 촌, 불명(不明) 4개 촌이다.

야마토와 가와치 지역으로 뻗어나간 백제로부터의 이주민은 『신찬성씨록』이 편찬된 9세기 초에는 야마토, 야마시로, 세쓰, 가와치와 이즈미를 포함하는 이른바 기나이로까지 확대된다. 『신찬성씨록』 1182씨의 출신을 황별, 신별, 제번의 세 가지로 나누는 것은 사실과 거리가 멀지만,[119] 당시 일본의 강역을 나타낸다는 점에서는 중요한 역사적 자료라고 말할 수 있을 것이다.

『신찬성씨록』에서 9세기의 일본의 강역과 1182씨의 소속 지역을 정리하면 〈표 10〉 및 〈그림 2〉와 같다.

〈표 10〉 『신찬성씨록』으로 본 9세기 일본의 강역

左京	272氏	攝津國	103氏
右京	234氏	河內國	164氏
山城國	91氏	和泉國	113氏
大和國	88氏	미정	117氏

119 최재석, 「『신찬성씨록』 비판」, 『대구사학』 38, 1990.

〈그림 2〉 9세기 초 일본의 강역(『신찬성씨록』)

야마토 지역의 현주(縣主)의 집이 천황의 집보다 더 견고하다든가, 가와치 지역의 국조(國造)가 천황에게는 없는 좋은 밭을 소유하고 있다든가, 야마토, 가와치의 현주, 국조 등이 천황의 명을 거역(좋은 밭 양도 거절, 반란 참가, 왕실 보물 착복)할 수 있다든가, 그들이 군대나 사유민을 소유할 수 있다든가 하는 것은 '기나이'는 물론이고 야마토왜의 정치 중심지이며 천황의 거처가 있는 '야마토'나 '가와치'에 야마토왜의 왕권이 통하지 않는 소왕국이 존재함을 뜻하는 것이다. 강역이 점점 확대되어 나가는 것도 사실이지만, 그 강역 속에는 야마토왜와는 무관한 별개의 소왕국이 존재했던 것이다. 『일본서기』는 이 소왕국의 군주가 야마토왜의 지방행정구획의 장인 것처럼 '국조', '현주' 등의 용어를 사용하고 있지만, 이들은 소왕국의 소군주였던 것이다.

5. 고대국가 경영의 발전

지금까지 야마토왜의 형성 시기와 초기의 국가 사업으로서의 간척사업, 그리고 야마토왜의 강역에 대해 알아보았는데, 여기서는 그 국가 경영은 어떠했으며 그것은 어떻게 발전해 나갔는지 알아보고자 한다.

구체적인 국가 경영의 양상을 알아보기 전에 먼저 왕의 거처의 구조, 왕도의 성격, 문자 해독과 보급, 역법의 도입 양상 등에 대해 알아보고자 한다. 이러한 것들은 일본 고대국가의 성격 또는 한·왜(日) 관계를 규명하는 데 중요한 열쇠가 되기 때문이다. 먼저 왕의 거처의 구조부터 알아보자.

(1) 왕의 거처와 왕도의 구조

먼저 궁궐이 있었는지 없었는지, 또 왕의 거처는 대규모의 기와집이었는지 소규모의 초가였는지부터 알아보고자 한다. 이 왕의 거처의 구조에 관한 사료를 『일본서기』에서 보면 다음과 같다.

> H_1. 닌토쿠 원년(431) 1월 3일, 오사자키노 미코토(大鷦鷯尊: 닌토쿠)가 즉위했다. 황후를 존중해 황태후라고 했다. 나니와에 방을 만들었는데, 이를 다카쓰노미야(高津宮)라 했다. 궁전은 칠(漆)도 하지 않고, 나무나 기둥에 장식도 하지 않았으며, 지붕의 띠(茅)의 끝도 절단해 간추리지 않았다.
>
> H_2. 닌토쿠 4년(434) 3월 21일, 이날부터 옷이나 신은 해어져 떨어지게 될 때까지 사용하고 음식물은 썩지 않으면 버리지 않아 (……) 백성의 부담을 덜어주었다. 궁전의 울타리가 망가져도 만들지 않고 지붕의 띠가 파손되어도 잇지 않았다.
>
> H_3. 고쿄쿠 2년(643) 4월 28일, 권궁(權宮: 임시 거처)에서 옮겨 아스카에 있는 회(檜)나무 껍질로 이은 새 궁으로 옮겼다.
>
> H_4. 사이메이 원년(655) 겨울, 아스카 소재의 나무껍질로 이은 궁이 화재를 입었다. 그래서 아스카의 가하라노미야(川原宮)로 옮겼다.
>
> H_5. 사이메이 원년(655) 10월 13일, 오하리다(나라현, 다카이치군 아스카)에 궁궐을 지어 기와로 하려고 했다. 심산광곡(深山廣谷)에 있는 궁전 건축용 재료는 썩은 것이 많아서 궁을 짓는 것을 중지했다.

우리는 위의 사료 H_1~H_4에 의해 다음과 같은 사실을 알 수 있다. 첫째, 야마토왜의 왕의 궁전은 5세기까지는 띠로 지붕을 인 보잘것없는 집이었으며, 7세기 중엽에 이르러 전나무 껍질(檜皮)로 지붕을 인 집으로 변화했다.[120] 따라서 '왕궁'이라는 표현보다는 '왕의 거처'라는 표현이 더 적절할 것이다. 둘째, 7세기 중엽까지도 기와로 된 궁전은 없었으며(H_5), 기와로 된 왕궁이 출현했다면 그 이후에 출현했을 것이다. 아스카 오카모토노미야(岡本宮, 656), 아스카 기요미하라노미야(淨御原宮, 672)도 기와가 아닐 것으로 추측된다.

여기서 왕궁의 구조와 야마토왜 왕실과의 관계에 대해 생각해보고자 한다. 하쿠치 원년(650) 2월에 길조(吉兆)의 상징인 흰 꿩의 출현을 축하하는 의식이 성대하게 거행되었는데, 이때 참석한 야마토왜 조정의 사람들은 다음과 같다.

- 야마토왜왕
- 백제 왕자 풍장
- 백제 왕자 풍장의 동생 새성
- 백제 왕자 풍장의 동생(또는 숙부) 충승
- 고구려인 시의 모치
- 신라인 시학사(왕실 가정교사)
- 좌대신
- 우대신
- 백관(百官), 공경(公卿)

---

120 H_1에 대해 '지금까지 원추리로 인 궁전을 전나무 껍질로 이었기 때문에 판으로 인 궁이라는 이름을 얻었다'고 해석하는 의견도 있다(『日本書紀』 下, 岩波書店, p. 246).

• 흰 꿩의 가마를 멘 사람 여덟 명

• 세 명의 시종(이 가운데 한 명은 상기자 한 명과 동일)

• 왕자

그런데 왕궁이 초가(띠로 이은 집)로 된 오막살이인 데다 왕마다 거의 왕궁을 옮기는(어떤 왕은 2~3회씩 옮기기도 했다) 상황이었으므로 이러한 상황에 있는 조정이 '좌대신'이나 '우대신' 또는 '문무백관'[121]을 거느리고 있었다는 『일본서기』의 기사는 믿을 수 없다. 따라서 이러한 신하들의 존재는 조작임이 명백하다고 하겠다. 그러므로 이러한 사람을 제외한 야마토왜 조정의 구성은 왕과 왕자와 세 명의 시종과 야마토왜 왕정을 지도·감독하기 위해 백제로부터 파견된 백제 왕자 세 명과 고구려인 시의 한 명과 신라인 시학사 한 명이 전부임을 알 수 있다. 650년 당시 야마토왜 조정의 이러한 인적 구성이 무엇을 의미하는지는 백제와 야마토왜의 관계를 거론하지 않더라도 자명하다고 하겠다.

그러면 야마토왜의 왕이 거처하는 곳은 변동없이 오랫동안 한곳에 머물러 있었는지, 아니면 여기저기 옮겨졌는지를 알아보자. 이러한 시각은 앞 절의 왕궁의 구조와 함께 왕권의 강약, 나아가 고대국가의 성격을 규명하는 데 중요한 하나의 디딤돌이 될 것이다. 먼저 『일본서기』에서 왕궁 또는 왕도의 주요 변천 사항을 보면 다음 사료 I_1과 같은데, 이것을 쉽게 이해할 수 있도록 다시 정리하면 〈표 11〉과 같다.

---

121 좌대신, 우대신, 백관 등에 대해서는 5부 3장 「야마토왜의 '일본'으로의 변신 과정」 참조.

I1

(1) 오진왕

① 아키라노미야(明宮: 야마토노쿠니 다카이치군 구메향. 지금의 나라현 가시하라시 오가루초 부근)

② 오호스미노미야[大隅宮: 세이조(西城)군 오사카시 히가시요도가와(東淀川區) 히가시다이도초(東大道町) 니시다이도초(西大道町)]

(2) 닌토쿠왕

나니와 다카쓰노미야[지금의 오사카 성지(城址) 부근]

(3) 리추왕

이하레(盤余) 와카사쿠라노미야[稚櫻宮: 야마토노쿠니 도치(十市)군 이케우치촌. 지금의 나라현 사쿠라이시 이케노우치 이하레이케 부근?]

(4) 한제(反正)왕

가와치 다지히 시바카키노미야[柴籬宮: 가와치노쿠니 다지히군. 지금의 오사카부 하비키노(羽曳野)시 다지히 부근]

(5) 인교왕

언급 없음

(6) 안코우(安康)왕

이소노카미 아나호노미야[穴穗宮: 야마토노쿠니 야마베군 타무라(田村). 지금의 나라현 텐리시]

(7) 유랴쿠왕

하쓰세(泊瀨) 시바카키노미야[泊瀨柴籬宮: 야마토노쿠니 시로카미(城上)군 盤坂谷. 지금의 나라현 사쿠라이시 하세초(初瀨町) 구로사키초(黒崎町)]

(8) 세이네이왕

이하레 미카쿠리(甕栗: 야마토노쿠니 도치군 白香谷. 지금의 나라현 사쿠라

이시)

(9) 겐조(顯宗)왕

치카쓰아스카(近飛鳥) 야쓰리노미야[八釣宮: 야마토노쿠니 다카이치군 아스카(飛鳥). 지금의 나라현 다카이치군 아스카촌 또는 가와치노쿠니 아스카베(安宿)군 아스카]

(10) 닌켄왕

이소노카미 히로타카노미야(廣高宮: 야마토노쿠니 야마베군 嘉幡村. 지금의 나라현 덴리시 이소노카미 부근)

(11) 부레쓰왕

하쓰세노나미키(泊瀨列城: 야마토노쿠니 시로카미군. 지금의 나라현 사쿠라이시 하세)

(12) 게이타이왕

① 5년, 야마시로의 쓰쓰키[筒城: 야마시로노쿠니 쓰즈키(綴喜)군. 지금의 교토부]

② 12년, 야마시로의 오토쿠니(弟國: 야마시로노쿠니 오토쿠니(乙訓)군. 지금의 교토부)

③ 20년, 이하레의 타마호(玉穗: 야마토노쿠니 도치군. 지금의 나라현 사쿠라이시 이케노우치 부근)

(13) 안칸왕

야마토노쿠니의 마가리노카나하시[勾金橋: 야마토노쿠니 다카이치군. 지금의 나라현 가시하라시 마와리카와초(曲川町, 金橋村曲川)]

(14) 센카왕

히노쿠마(檜隈)의 이오리노(廬入野: 야마토노쿠니 다카이치군. 지금의 나라현 다카이치군 아스카촌)

(15) 긴메이왕

시키시마(磯城嶋)의 가나사시노미야[金刺宮: 야마토노쿠니 시로카미 시로카모쓰군. 지금의 나라현 사쿠라이시 가네야(金屋) 부근]

(16) 비다쓰왕

백제대정[야마토노쿠니 히로세(廣瀨)군 백제[지명사서(地名辭書)]. 지금의 나라현 기타카즈라키군 고료초 백제]

(17) 요메이왕

이하레 이케노베(池邊)의 나미쓰키노미야[雙槻宮: 야마토노쿠니 도치군 이케우치(池上)향. 지금의 나라현 사쿠라이시]

(18) 스슌왕

구라하시[倉梯: 야마토노쿠니 도치군. 지금의 나라현 사쿠라이시 구라하시(倉橋)]

(19) 스이코왕

① 도요우라노미야(豊浦宮: 야마토노쿠니 다카이치군. 지금의 나라현 다카이치군 아스카촌 도요우라)

② 오하리다노미야(小墾田宮: 야마토노쿠니 다카이치군. 지금의 나라현 다카이치군 아스카)

(20) 조메이왕

① 아스카노오카(飛鳥岡) 근처 오카모토노미야[야마토노쿠니 다카이치군. 지금의 나라현 다카이치군 아스카촌 오카(岡)]

② 다나카노미야[田中宮: 야마토노쿠니 다카이치군. 지금의 나라현 가시하라시 다나카초(田中町)]

③ 우마야사카노미야(야마토노쿠니 다카이치군 가루. 지금의 나라현 가즈하라시 오가루초)

④ 구다라노미야[백제궁: 야마토노쿠니 다카이치군. 지금의 나라현 소가가와(曾我川) 가]

(21) 고쿄쿠왕

① 오하리다노미야(야마토노쿠니 다카이치군. 지금의 나라현 다카이치군 아스카)

② 아스카노이타부키노 니이미야[飛鳥坂蓋新宮: 야마토노쿠니 다카이치군. 지금의 나라현 다카이치군 아스카촌 오아자오카(大字岡)]

(22) 고토쿠왕

① 나니와노나가라노 도요사키노미야[難波長柄豊碕宮: 세쓰카와치(攝津河內). 지금의 오사카시 동구 호엔자카초(法円坂町)]]

② 오고호리노미야[小郡宮: 세쓰카와치. 지금의 오사카시 중심부인 우에마치다이치(上町臺地)의 서쪽]

(23) 사이메이왕

① 아스카노이타부키노 니이미야(지금의 나라현 다카이치군 아스카촌 오아자오카)

② 아스카노카하라노미야(飛鳥川原宮: 야마토노쿠니 다카이치군. 지금의 나라현 다카이치군 아스카)

③ 노치노아스카노 오카모토노미야(後飛鳥岡本宮: 야마토노쿠니 다카이치군. 지금의 나라현 다카이치군 아스카)

(24) 덴지왕

오미의 오호쓰노미야[大津宮: 오미노쿠니 사가(滋賀)군. 지금의 오호쓰시 미나미사가초(南滋賀町) 부근]

(25) 덴무왕

① 시마노미야(嶋宮: 야마토노쿠니 다카이치군. 지금의 나라현 다카이치군 아스카촌 오카)

② 오카모토노미야(나라현 다카이치군 아스카촌 오카)

③ 아스카노 기요미하라노미야(야마토노쿠니 다카이치군. 지금의 나라현 다카이치군 아스카)

(26) 지토왕

후지와라노미야(藤原宮: 야마토노쿠니 다카이치군. 지금의 나라현 가시하라시)

사료 I1과 〈표 11〉에 의해 우리는 일본의 왕이 여러 번 거처를 옮긴 것을 알 수 있다. 한 왕이 한 곳의 거처에 시종 머물러 있는 경우도 있지만, 두 번 내지 세 번씩이나 거처를 옮기는 경우도 적지 않았다. 왕도와 궁궐을 지은 헤이조쿄에 천도할 때(710)까지는 왕궁의 이사는 쉴 새 없이 계속되었으며, 710년 헤이조쿄에 왕궁을 옮긴 후에도 구니쿄(恭仁京, 740), 시가라키노미야(紫香樂宮, 742), 나니와노미야(難波宮, 744), 호라노미야(保良宮, 761), 유게노미야(由義宮, 769), 나가오카노미야(長岡宮, 784)에 왕궁을 일시적이나마 옮긴 일이 있으나, 대체로 710년 헤이조쿄부터는 고정적인 왕궁 또는 왕도가 정착되었다고 볼 수 있을 것이다.

지금까지 보아온 바와 같이 왕궁은 띠나 전나무 껍질로 지붕을 인 초라한 집이었고, 그 이후에 왕궁을 기와로 지었다고 하더라도 끊임없이 이사하는 처지의 국가였던 것을 보면, 그 강역을 고려에 넣지 않더라도 왕권이 강화되었다거나, 문무백관(百僚, 群卿, 公卿, 大臣, 大連)이 존재했다거나, 일본열도 각지에 지방행정 단위로서의 국가나 그 관료인 국사(國司), 국조가 존재했다고 기록한 『일본서기』의 기사는 조작, 위조의 기사임을 알 수 있는 것이다.

〈표 11〉 왕궁 위치의 변천(오진~지토)

천황	大和					攝津, 河內	山城	近江	備考
	高市郡				高市郡 以外				
	久米鄕(來目)	輕	檜隈(前)	그 밖의 高市郡(今來郡)					
오진	明宮					大隅宮			
닌토쿠						難波高津宮			
리추					磐余 稚櫻宮				
한제						河內丹比柴籬宮			
인교									언급 없음.
안코우					石上穴 穗宮				
유랴쿠					泊瀨朝倉宮				
세이네이					磐余甕栗				
겐조					近飛鳥八釣宮*				*河內國安宿郡飛鳥라는 설도 있다.
닌켄					石上廣高宮				
부레쓰					泊瀨列城				
게이타이					磐余玉穗		山背筒城 山背弟國		
안칸				勾金橋					
센카			廬入野						
긴메이					磯城嶋 金刺宮				
비다쓰				百濟大井*					*河內志에는 河內國 錦部郡 百濟鄕이라고 함.
요메이					磐余池邊雙槻宮				
스슌					倉梯				
스이코				豊浦宮 小墾田宮					
조메이		廏坂宮		飛鳥岡傍岡本宮 田中宮					

고쿄쿠				百濟宮 小墾田宮 飛鳥板蓋新宮					
고토쿠						難波長柄豊碕宮 小郡宮			
사이메이				飛鳥板蓋宮 飛鳥川原宮 飛鳥岡本宮					
덴지								近江(大津宮)	
덴무				嶋宮 岡本宮 飛鳥淨御原宮					
지토				藤原宮					

왕권이 어떠한가는 왕이 거처하는 왕궁의 규모에 의해서도, 더욱 직접적으로는 다음과 같은 사료에 의해서도 명백히 알 수 있다.

I2

- 안칸 원년, 국조 오시코우치노 아타이아지하리(大河內直味張)는 왜왕이 비옥한 좋은 밭을 달라고 하자 토지가 좋지 않다고 거짓말로 이를 거역했다.
- 세이네이 즉위전기, 가와치의 미노(三野) 현주가 반란에 가담하고 기비노카미쓰미치노오미(吉備上道臣)가 배 40척의 군사를 거느리고 호응(呼應)했으나 주도자인 왕자가 잡히자 돌아갔다.
- 유랴쿠 7년 8월, 국조 기비노시모쓰미치노오미 사키쓰야(吉備下道臣前津屋)가 어린 여자를 천황의 사람으로 삼고 큰 여자를 자기 사람으로 삼아 서로 싸우게 하고, 또 작은 수탉은 천황의 닭, 큰 수탉은 자기 닭으로 하여 서로 싸우게 했는데, 모두 싸움에 이긴 천황의 어린 여자

와 닭을 죽여버렸다.

- 유랴쿠 14년, 야마토왜의 한 호족(小君主)이 야마토왜 왕실의 보물을 전하지 않고 착복해 왕실 회합에 나타났다.
- 유랴쿠 14년, 야마토왜의 한 현주의 집이 천황의 집보다 견고했다.

이상의 『일본서기』의 사료에 일본 천황의 왕권이 어떠한가가 여실히 나타나 있다. 왕권이 약화되어 있다기보다 왕권이 없다고 하는 것이 더 적절한 표현일 것이다. 이렇게 왕이 거처하는 왕궁의 규모와 구조, 그리고 이 왕권의 성격으로 보아 야마토왜는 국가의 조건을 갖추지 못한 국가라고 말할 수 있을 것이다.

야마토왜라는 고대국가의 정치 중심지인 왕의 거처 또는 왕도가 이렇게 빈번히 옮겨져서는 그 야마토왜가 고대국가의 기능을 제대로 수행할 리 없다. 왕이 고정적으로 거주하는 정치 중심지를 왕도라 할 때, 어느 정도 한곳에 오랫동안 왕궁이 고정될 때까지 야마토왜에는 왕도는 없고 왕궁만 존재하는데, 그 왕궁마저도 건축 기술이 유치해 오랫동안 견딜 수 있는 가옥을 지을 수 없어 새로운 왕궁으로 이사가야 하는 상황에서 진정한 고대국가는 존재할 수 없는 것이다. 그러한 상황에서는 정치의 중앙집권화는 있을 수 없으며, 몇 부락 범위의 추장 중심의 정치 집단만이 존재한다고 말할 수 있을 것이다.

여기서 왜왕의 묘에 대해 한마디하고자 한다. 지금까지 거대한 고분은 왜왕의 묘, 예를 들면 오진의 묘나 닌토쿠의 묘라고 일본 고대사학자들은 주장해왔다. 그러나 그 거대한 고분은 왜왕의 묘가 될 수 없다. 살아생전의 왜왕이 거처하는 집이 지금까지 보아온 바와 같이 보잘것없는 오막살이에 불과하고, 또 왜왕의 권위가 야마토 지역에도 잘 미치지 않아 왕권이 있는지 없는지도 알 수 없을 정도로 미약했으므로 유독 왜왕 사후의 묘만 거대하게 되었다고는 도저히 생각할 수 없기 때문이다.

여기서 우리는 다시 왕궁과 왕도[궁도(宮都)]의 성격과 국가 체제와의 관계에 대해 생각해보고자 한다. 천황이 거주하는 곳을 왕궁, 왕궁과 문무백관이 집무하는 관아가 있는 곳을 왕도라 하고, 국가 체제나 국가의 중추 조직의 확립이 이 왕궁과 왕도의 구조에 나타난다고 할 때, 왕궁과 왕도는 더욱 중요한 의미를 갖는다. 왕궁이 땅을 파고 그대로 기둥을 박는 초가인지 초석입주(礎石立柱)한 기와집인지는 왕궁이 한곳에 오랫동안 있을 수 있느냐 없느냐와 밀접한 관계가 있다. 땅에 기둥을 박는 전자의 집이라면 20~30년 정도밖에 견디지 못하므로 그 자리에 다시 새로운 기둥을 박지 않는 이상 왕궁을 다른 곳으로 이사할 수밖에 없다. 이것이 일본 천황이 그렇게도 자주 왕궁을 이사하게 된 이유이다. 이러한 여건에서는 문무백관은 물론이고 그들이 집무하는 관아도 있을 수 없으며, 따라서 왕도도 존재할 수 없다. 이렇게 볼 때 최초의 대규모의 기와집 왕궁으로 생각되는 후지와라쿄부터 진정한 왕궁의 기능을 한 것으로 보인다. 따라서 694년의 후지와라쿄 이전까지는 왕도도 존재할 수 없다. 후지와라쿄에서 헤이조쿄(710, 745)로 이어지는데, 지금까지 헤이조쿄는 아무런 근거의 제시 없이 당의 영향 또는 당의 장안성을 모방해 축조했다고 주장되어 왔지만, 첫째, 후지와라쿄를 계획적으로 확대한 것이 헤이조쿄이며, 둘째, 그 후지와라쿄의 궁도에는 동백제, 서백제라는 지명이 있었고, 셋째, 후지와라쿄를 축조할 최후 시기에는 견당사 파견은 중단되고 일본의 해외 파견 사신, 유학생은 한국으로 집중되었으니 중국의 것을 도입할 기회가 없었으며,

넷째, 헤이조쿄는 왜한직의 일족, 즉 한국에서 온 사람이 기술 책임자가 되어 축조했으니 한국에서 온 사람이 한국의 기술로 축조한 것이 명백하다.[122]

오진왕부터 시작되는 야마토왜의 왕가가 지금 보아온 바와 같이 야마토 지역에 집중되어 있는 것처럼 조작된 기년 또는 천황의 기사이기는 하지만, 오진왕 이전의 역대 왕, 즉 진무왕부터 진구에 이르기까지의 왕궁도 야마토 지역에 집중되어 있는 것이 주목된다. 오진 이후의 것을 그 이전에 소급해 반영했음이 여기서도 나타나 있다. 이를 정리하면 사료 I3 및 〈표 12〉와 같다.

I3

① 진무: 우네비 가시하라노미야(橿原宮: 야마토노쿠니 다카이치군 구메향. 지금의 나라현 가시하라시 구메초 부근)

② 스이제이(綏靖): 가쓰라기 다카오카노미야[高丘宮: 야마토노쿠니 가쓰조군 모리와키무라(森脇村). 지금의 나라현 고세시 모리와키]

③ 안네이(安寧): 가타시호(片鹽) 우키아나노미야[浮孔宮: 야마토노쿠니 가쓰게(葛下)군 滄堂村. 지금의 나라현 야마토 다카다(高田)시 나카미쿠라도(三倉堂)]

④ 이토쿠(懿德): 가루(輕) 마가리오노미야(曲峽宮: 야마토노쿠니 다카이치군. 지금의 나라현 가시하라시 오가루초 부근)

⑤ 고쇼(孝昭): 와키노카미(掖上) 이케고코로노미야(池心宮: 야마토노쿠니

122 첫째와 넷째는 安俊男, 日本の宮都, 江上波夫 外三人 編, 『8世紀の日本と東アジア』 3, 長安から平城へ, 1980 참조.

가쓰조군. 지금의 나라현 고세시 이케노우치 부근)

⑥ 고안(孝安): 무로(室) 아키쓰시마노미야[秋津嶋宮: 야마토노쿠니 가쓰조부 모루(牟婁)향. 지금의 나라현 고세시 무로]

⑦ 고레이(孝靈): 구로다(黑田) 이호토노미야(廬戶宮: 야마토노쿠니 시로카모쓰군 구로다향. 지금의 나라현 시키군 다하라혼초 구로다)

⑧ 고겐: 가루(輕) 사카히하라노미야(境原宮: 야마토노쿠니 다카이치군 구메향. 지금의 나라현 가즈하라시 오가루초 부근)

⑨ 가이카: 가스가(春日) 이자카와노미야(率川宮: 야마토노쿠니 소후노카미군 가스가향. 지금의 나라현 나라시 부근)

〈표 12〉 왕의 거처의 위치 변천(진무~진구)

	大和					攝津河內	山城	長門
	久米鄕(來目)	輕	腋上	그 밖의 高市郡	高市郡 以外			
진무	橿原宮							
스이제이					高丘宮			
안네이					浮孔宮			
이토쿠		曲峡宮						
고쇼			池心宮					
고안					秋津嶋宮			
고레이					廬戶宮			
고겐		境原宮						
가이카					率川宮			
스진					瑞籬宮			
스이닌					珠城宮			
게이코					日代宮			
세이무	無言及							
주아이								穴門豊浦宮
진구								穴門豊浦宮
					磐余若櫻宮			
								穴門豊浦宮(殯)

⑩ 스진: 시키(磯域) 미즈카키노미야(瑞籬宮: 야마토노쿠니 시로카미 시로카모쓰군. 지금의 나라현 사쿠라이시 가네무로 부근)

⑪ 스이닌: 마키무쿠(纏向) 다마키노미야(珠城宮: 야마토노쿠니 시로카미군. 지금의 나라현 사쿠라이시 북부)

⑫ 게이코(景行): 마키무쿠(纏向) 히시로노미야[日代宮: 야마토노쿠니 시로카미군. 지금의 나라현 사쿠라이시 아나시(穴師)]

⑬ 세이무: 언급 없음.

⑭ 주아이: 아나토(穴門) 아나토노도요우라노미야[穴門豊浦宮: 나가토노쿠니 도요우라군 北樹林. 지금의 야마구치(山口)현 시모노세키(下關)시 도요우라촌]

⑮ 진구: 위와 같음.

⑯ 진구: 이하레 와카사쿠라노미야(若櫻宮: 야마토노쿠니 도치군 이케우치촌(야마토지). 지금의 나라현 사쿠라이시 이케노우치 이하레노이케 부근)

(2) 문서의 해독과 국가 발전

왕의 거처의 구조와 왕도의 성격에 대해 알아보았는데, 이번에는 야마토왜 조정의 문자 해독 능력이 어느 정도인지 알아보고자 한다.

J1. 비다쓰 원년(572) 5월 15일, 천황은 고구려의 국서를 받고 대신에게 주었다. 많은 문서 업무 전문직의 사람을 불러 그 국서를 읽게 했다. 그러나 그들은 3일이 걸려도 모두 읽을 수 없었다.

J2. 지토 5년(691) 9월 4일, 음박사 대당의 속수언 · 살홍각, 서박사 백제 말사선신에게 각각 은 20냥을 주었다.

J3. 스이코 18년(610) 3월, 고구려에서 승려 담징, 법정 등이 왔다. 담징은

오경을 잘 알고 있고, 물감, 종이, 먹 등을 잘 만들었으며, 수력을 이용하는 맷돌도 만들었다. 수력을 이용해 만든 것은 이때가 처음이다.

J4. 오진 16년(405) 2월, 왕인이 왔다. 태자 우지노와키 이라쓰코는 왕인을 스승으로 모시고 여러 전적을 그에게서 배웠다. 왕인은 모든 것에 통달해 있었다.

J1을 보면 6세기 후반에 이르러서도 야마토왜라는 고대국가의 조정에는 외교 문서를 읽을 수 있는 사람이 없었다는 것을 알 수 있다. 따라서 J4, 즉 오진 16년(405) 2월 조의 전적에 통달했다는 왕인에 관한 기사는 과장된 것임을 알 수 있다. 왕인에 관한 기사는 글을 읽을 줄 아는 사람이 야마토 지역에 정착한 백제로부터의 대규모 집단 이주민 속에 끼여 있었다고 보는 것이 타당한 해석일 것이다.

7세기 초에 물감과 종이와 먹이 처음으로 사용되었으니(J3) 이때까지는 문서의 작성이나 전달은 생각조차 할 수 없었으며 지방 행정 조직은 물론이고 중앙에도 행정 부서가 없었음을 알 수 있다. 사람에게 글을 읽고 쓰는 방법을 가르치는 전문적 직업인인 서박사도 백제 멸망 후인 7세기 말에 등장한다는 것을 우리는 J2에 의해 알 수 있는 것이다.

(3) 역법의 도입과 국가 발전

연, 월, 일, 시를 계산할 줄 아는 사람이 나타나기 전까지의 역사는 엄밀한 의미에서 고대국가의 역사라고는 보기 어렵다. 그렇다면 일본 고대국가로서의 야마토왜는 언제쯤 연, 월, 일을 계산할 줄 아는 역박사(曆博士)를 가지게 되었는지 알아보자.

K_1. 긴메이 14년(533) 6월, 따로 "의박사, 역박사(易博士), 역박사(曆博士)를 당번제로 교대시켜라. 지금 상기의 사람들은 바로 교대할 시기에 있다. 또 역점의 책과 역서, 여러 가지 약을 보내라"라고 했다.

K_2. 긴메이 15년(554) 2월, (……) 따로 (백제로부터 파견된) 역박사(易博士) 시덕 왕도량, 역박사(曆博士) 고덕 왕보손, 의박사 나솔 왕유릉타(……) 등이 모두 청한 대로 교체되었다.

K_3. 스이코 10년(602) 10월, 백제의 승려 관륵이 왔다. 그리고 역서, 천문지리의 책, 둔갑방술의 책을 가져왔다. 이때 서생 서너 명을 골라 관륵에게 배우게 했다. 양호사(陽胡史)의 조상 왕진(王陳)이 역법을 배웠다.

K_4. 지토 4년(690) 11월 11일, 명을 받아 처음으로 원가력[元嘉曆: 송(宋)의 원가(元嘉) 연간에 만든 달력]과 의봉력[儀鳳曆: 당의 달력으로 의봉(儀鳳) 연간(676~679)에 전해진 것]을 사용했다.

우리는 위의 사료 K_1~K_3에 의해 6세기 중엽에 백제의 역박사(曆博士), 역박사(易博士)가 일정 기간 야마토왜에 파견되어 야마토왜의 연력이나 월력을 계산했으며, 이러한 백제의 연·월·일력 관리는 7세기 초(602) 야마토왜의 서생 몇 사람에게 역법을 가르쳐줄 때까지(K_3) 계속되었다는 것을 알 수 있다. 그리고 7세기 말, 즉 690년에 이르러서야 중국에서 도입한 역법을 사용했음을 K_4에 의해 알 수 있는데, 이 690년의 중국 역법의 사용은 백제 패망 이후 백제로부터 대량으로 일본에 밀어닥친 백제 지배층 이주자에 의한 것임을 그 전후 관계를 통해서 알 수 있는 것이다. 『일본서기』에 의하면 백제 패망(660~663) 후부터 도합 3,100여 명의 백제 지배층 이주자가 일본으로 이주했다.

요컨대 우리는 554년 백제가 야마토왜에 역박사(曆博士) 등을 일정 기간 파견 근무시킬 때까지는 야마토왜에 연월을 계산할 줄 아는 사람이 없었으며, 야마토왜에서 백제인으로부터 처음으로 일력을 배운 554년부터 602년까지는 백제의 역박사(曆博士) 파견으로 연월을 계산할 수 있었고, 690년에 이르러서야 백제로부터의 이주자 덕분에 처음으로 역서를 사용하게 되었다는 것을 알 수 있는 것이다.

(4) 전문 · 지식인에 의한 국가 운영

왕궁의 구조와 궁도의 성격, 문서 해독과 역법의 도입 등의 측면을 고려하면서 야마토왜에서의 전문적인 직업인에 의한 국가 경영은 언제부터 어떻게 행해졌는지 알아보고자 한다. 이 전문적인 직업인에 의한 국가 운영에 대해서는 이미 백제와 야마토왜의 관계라는 시각에서 언급한 바 있으나,[123] 여기서는 시각을 조금 달리해 알아보고자 한다.

L1. 게이타이 7년(513) 6월, 백제는 (……) 오경박사 단양이를 보냈다.

L2. 게이타이 10년(516) 9월, 백제는 (……) 따로 오경박사 한고안무를 보내고 박사 단양이와 교대하기를 청해 그대로 했다.

L3. 긴메이 8년(547) 4월, 백제는 하부 덕솔 동성자언을 파견해 덕솔 문휴마나와 교대시켰다.

L4. 긴메이 15년(554) 2월, 백제는 (……) 덕솔 동성자막고를 파견해 전임자인 나솔 동성자언과 교대시켰다. 오경박사 왕류귀를 고덕 마정안과 교대시키고, 승려 담혜 등 아홉 명을 승려 도침 등 일곱 명과 교대시켰다. 별도로 역박사(易博士) 시덕 왕도량, 역박사(曆博士) 고덕 왕보손, 의

123 최재석, 「일본 고대국가 연구: 백제와 야마토왜의 관계」, 『한국학보』 55, 1989 여름.

박사 나솔 왕유릉타, 채약사 시덕 반량풍, 고덕 정유타, 악인 시덕 삼근 · 계덕 기마차 · 계덕 진노 · 대덕 도타(道陀) 등이 모두 청한 대로 교체되었다.

위의 사료 L_1과 L_2에 대해서는 5부 1장에서도 언급했는데, 이를 통해 고대국가의 행정의 이론가인 동시에 담당자인 오경박사는 백제인이며 그가 게이타이 7년(513)에 야마토왜로 파견되어 약 3년간 그곳에서 야마토왜의 국가 행정을 관리하다가 게이타이 10년(516)에 새로 백제에서 파견된 오경박사와 교대하고 백제로 귀국했음을 알 수 있다. 다시 말하면, 513년 이전의 야마토왜는 고대국가를 경영할 만한 전문적 지식을 가진 사람이 없었으며, 513년에 이르러 처음으로 백제로부터의 전문적 정치인의 파견에 의해 야마토왜가 운영되었던 것이다. 513년은 지금까지 살펴본 바와 같이 야마토 조정은 문서 해독도 잘할 수 없었고, 종이와 먹도 사용되지 않았으며, 역서도 일력을 아는 사람도 없었던 시대였던 것이다.

오경박사가 처음으로 백제에서 야마토왜로 파견된 513년부터 약 30년 후인 547년(긴메이 8년)에 백제는 관인인 동성자언을 파견해, 그 전에 파견되어 일본의 행정을 관장한 백제 관인 덕솔 문휴마나와 교대시켰했음을 사료 L_3에 의해 알 수 있다. 이렇게 볼 때 오경박사가 처음으로 일본에 파견된 513년부터 547년 사이의 어떤 시기, 아마도 긴메이 1년(540)에 백제의 관인이 처음으로 일본에 파견되었음을 L_3에 의해 알 수 있는 것이다.

우리는 또 L_3과 L_4에 의해 다음과 같은 사실을 알 수 있다. 첫째, 일본에 파견된 백제인은 승려를 제외하고는 모두 백제의 관위를 가지고 있으며, 둘째, 관리의 관위가 가장 높으며 악인의 관위가 가장 낮다. 셋째, 백제인은 백제의 관위를 가지고 일본에 파견되어 근무하고 있으며, 넷째, 일본에 파견된 백제의 직종은 관리, 오경박사, 승려, 역박사(易博士), 역박사(曆博士), 의박사, 채약사, 악인 등 8종이다. 다섯째, 초기의 오경박사의 파견 근무 기간은 3년이었으나 그 후에는 근무 기간이 7년

〈표 13〉 긴메이 8년 4월부터 15년 2월까지 7년간 파견되어 일본을 경영한 백제인

직종	관위	인원	일본 파견 기간
관리(동서자언)	나솔	1	7년
오경박사	고덕	1	
승려(도심 등)		7	
계		9	

〈표 14〉 긴메이 15년 2월에 파견되어 일본을 경영한 백제인 집단

직종	관위	인원	일본 파견 기간
관리(동성자막고)	덕솔	1	7년
오경박사		1	
승려(담혜 등)		9	
역박사(易博士)	시덕	1	
역박사(曆博士)	고덕	1	
의박사	나솔	1	
채약사	시덕, 고덕	2	
악인	시덕, 계덕, 대덕	4	
계		20	

으로 연장되었다. 여섯째, 각종의 전문 지식 기술인이 따로따로 일본에 파견된 것이 아니라 하나의 큰 조직이 되어 동시에 파견되었으며, 그 관위로 보아 관리가 파견된 일본 경영 조직의 통솔자였음을 알 수 있고, 이 백제 관리는 일본에 파견되어 근무하는 집단의 통솔자인 동시에 일본 조정의 정무를 집행했음이 분명하다. 일곱째, 〈표 13〉과 〈표 14〉에 나타나 있는 바와 같이 긴메이 15년 2월에 일본으로 파견되어 일본 고대국가의 각종 업무를 담당한 백제인 집단의 규모는 20명 정도이다. 여덟째, 채약사나 악인처럼 동일 직종의 사람을 둘 이상 파견할 때는 각각 관위가 다른 사람을 파견했는데, 이는 파견된 조직의 위계질서와 능력을 존중하기 위한 것으로 보인다.

요컨대 당시 일본은 고대국가라 하더라도 국가를 운영하는 데 필요한 여러 전문적 지식인, 기술자가 없었으며, 이러한 인력은 전적으로 백제가 일정 기간 파견하는 인력 집단에 의존하고 있었다. 백제는 무령왕·성왕·위덕왕 3대에 걸쳐 사람이나 조직을 파견해 야마토왜를 경영하고 있었던 것이다.

여기서 우리는 일본 경영을 위해 백제로부터 파견되는 경영 팀의 규모가 점점 커지고 전문 분야도 다양해진다는 것을 알 수 있다.

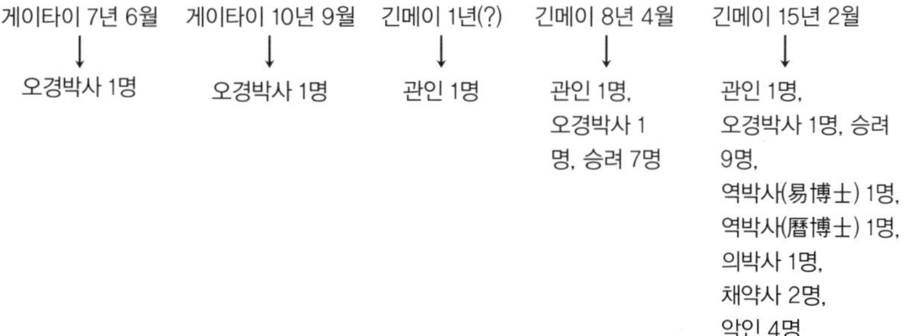

위에 잘 나타나 있는 바와 같이 처음에는 『역경』, 『서경』, 『시경』, 『예기』, 『춘추』 등 오경에 밝은 학자 한 사람을 파견해 다스리던 것을 국가 경영에 경험이 있는 관인 한 사람을 파견하는 것으로 바꾸었고, 다음에는 관인(한 명)과 오경박사(한 명), 승려(일곱 명)로 구성되는 경영 팀으로 그 규모가 커졌으며, 긴메이 15년(554)에는 관인, 오경박사, 승려, 역박사(易博士), 역박사(曆博士), 의박사, 채약사, 악인 등 20명에 이르는 대규모의 야마토왜 경영 집단을 파견했다. 역박사(曆博士)가 554년에 처음으로 파견되었으니, 그 이전은 간지(干支)나 연, 월, 일 등도 계산할 줄 모르는 시대였다는 것을 알 수 있다. 또 오경박사만 파견되던 시기는 파견 근무 기간이 3년이었으나 관인 파견 시기부터는 파견 근무 기간이 7년으로 늘어났으므로 좀 더 일관성 있고 지속적으로 야마토왜를 경영할 수 있도록 한 것으로 생각된다.

위에 언급한 여러 특징들은 야마토왜 발전 과정의 일면을 나타내는 동시에 야마토왜의 성격과 규모를 여실히 나타낸다고 하겠다. 학자 한 명이 경영할 수 있는 야마토왜에서 관인 한 명이 경영할 수 있는 야마토왜로 발전했고, 554년에는 관인, 학자, 승려, 역박사(易博士), 역박사(曆博士) 등 20명이 있어야 경영할 수 있는 야마토왜로 발전한 것이다. 그러나 야마토왜의 조약(造藥), 치료는 백제에서 파견된 세 명의 채약사, 의사가 행했고, 불교는 아홉 명의 백제 승려가 관리했으며, 음악은 네 명의 백제인이 파견되어 연주했다 하니 야마토왜는 백제의 속령치고는 규모가 크지 않았음을 알 수 있다. 파견된 인원으로 보아 백제는 야마토왜에서의 병의 치료보다 야마토왜에서의 불교의 보급과 관리에 더 많은 관심을 가진 것 같다.

『일본서기』는 게이타이 7년(513)부터 긴메이 22년(561)[124]까지만 백제가 사람을 보내 야마토왜를 경영한 것으로 기록하고 있고 그 이후는 언급이 없으며, 또 덴지 2년부터 백제로부터 좌평 세 명, 달솔 60여 명을 포함해 도합 3,100여 명에 이르는 백제인이 야마토왜로 이주한

〈표 15〉 전문적 국가 경영인의 등장 연대

연대	수형(數型)
게이타이 7년(513) 6월	백제의 오경박사(백제에서 파견)
게이타이 10년(516) 9월	백제의 오경박사(백제에서 파견)
긴메이 1년(?)	백제 관인(백제에서 파견)
긴메이 8년(547) 4월	백제 관인, 오경박사, 승려(백제에서 파견)
긴메이 15년(554) 2월	백제 관인, 오경박사, 승려, 역박사(易博士), 역박사(曆博士)(백제에서 파견)
비다쓰 12년(583)	백제의 고급 관인(백제에서 파견)
조메이 3년(631) 3월	백제의 왕자(백제에서 파견)
고토쿠 즉위전기(645)	국박사(법사 민, 다카무코노 후비토겐리)
덴지 2~8년(663~669)	백제 좌평 세 명, 달솔 60여 명(왜로 이주)
덴지 10년(671)	상기자를 법관대보, 학직두 등에 임명
덴무 6년(678) 5월	대박사(백제인 솔모)
지토 5년(691) 4월	대학박사[상촌주백제(上村主百濟)]
지토 5년(691) 9월	서박사(백제 말사선신)
지토 6년(692) 2월	음양박사
지토 7년(693) 12월	진법박사

*비고: 표에 위하면 654년 국박사의 존재로 의심스러움을 알 수 있다.

124 긴메이 15년에 파견된 백제 관인 등이 7년 파견 근무의 임무를 마치는 해는 긴메이 22년, 즉 561년에 해당한다.

〈그림 3〉 야마토왜의 발전

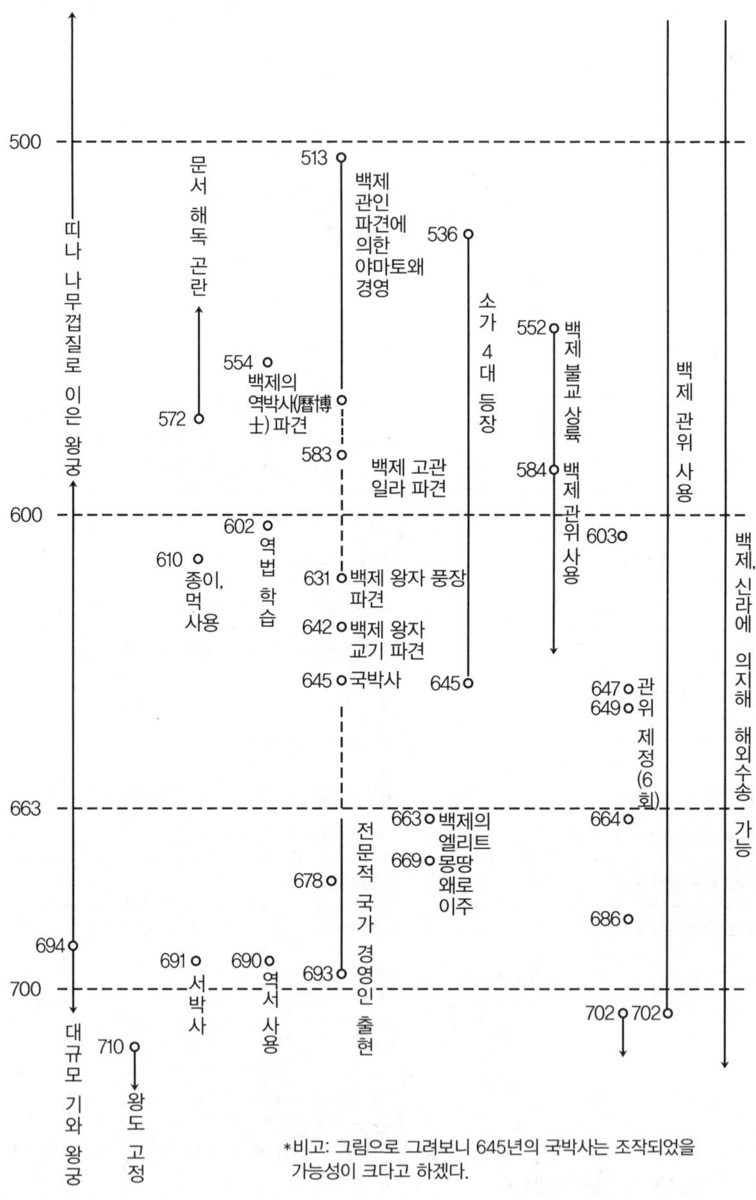

*비고: 그림으로 그려보니 645년의 국박사는 조작되었을 가능성이 크다고 하겠다.

것에 대해서는 언급이 있으나 그들의 역할은 과소평가하고 있다. 그러나 야마토왜를 경영하는 전문적 국가 경영인의 등장 상황을 정리해보면(〈표 15〉, 〈그림 3〉 참조) 7세기 말까지의 야마토왜의 정치적 상황을 뚜렷이 알 수 있을 것이다.

첫째, 6세기 초부터 6세기 중엽까지 야마토왜는 백제와 백제가 파견하는 관인, 오경박사 등의 전문적 국가 경영인에 의해 경영되었다.

둘째, 6세기 중엽부터 7세기 말(백제 멸망) 사이는 백제의 전문적 국가 경영인에 관해 『일본서기』에 아무런 언급이 없으나, 비다쓰 12년과 조메이 3년 3월의 기사 및 덴지 2년부터 지토 7년 사이의 사정으로 미루어 보건대 이 시기도 백제 관인의 파견에 의해 야마토왜가 경영된 것으로 보인다.

셋째, 7세기 중엽 한때 백제로부터의 이주민의 자손으로 보이는 두 사람의 국박사가 국정을 경영한 것처럼 보이나, 그것이 사실이라 하더라도 전후 관계로 보아 그 역할은 파견된 백제인의 그것에 비하면 아주 일시적이고 보잘것없음을 알 수 있다.

넷째, 고대국가를 운영할 만한 능력을 가진 전문적 국가 경영인이 야마토왜에 출현한 것은 백제 멸망 후 백제의 지배층이 대거 백제의 속령인 야마토왜로 이주한 663년 이후부터이다.

(5) 최고권력자의 출현과 정치적 상황

일본에서의 최고권력자[125]에 대해 언급하기 전에 먼저 백제의 고급

125 『일본서기』는 이들을 '오오미', '오무라지'라 하고 있지만, 이들의 칭호가 '오오미', '오무라지'라는 것은 후세에 조작한 것이다. 주 121 참조.

관인의 일본 파견에 대해 언급하고자 한다. 백제의 고급 관인(달솔)인 일라의 일본 파견을 『일본서기』(비다쓰 12년)는 일본의 요청에 의한 백제왕의 '봉견(奉遣)'으로 표현하고, 또한 일라는 일본 체류 중에 그의 수행원에 의해 살해된 것으로 기록하고 있지만(왜왕의 권위에 손상을 준 사람은 보통 살해되는 것으로 『일본서기』는 기술하고 있다), 일본에 파견된 백제 왕자 풍장과 교기처럼[126] 야마토왜의 국정을 감독한 최고의 감독자임이 틀림없을 것이다. 그가 왜왕에 가르쳐준 다음과 같은 국정의 요체 속에도 이것이 시사되어 있다.

① 정치는 반드시 백성을 먹여 살리는 일이다.

② 갑자기 병력을 일으켜 민력을 소멸하는 일을 해서는 안 된다.

③ 국정을 의논하는 사람은 조정에서 일하는 중신인 오미(臣), 무라지(連), 반조, 국조[127]로부터 아래 백성에 이르기까지 모두 잘 살며 부족함이 없도록 한다.

④ 이와 같이 3년을 행해 식량, 병력을 축적하고 백성이 기꺼이 일을 하게 하고, 물불을 가리지 않고 상하가 하나가 되어 나라의 재난을 걱정하도록 한다.

⑤ 그 후 많은 선박을 만들어 항구마다 매어두고 이웃나라의 사신이 보고 두려워하도록 한다.

⑥ 유능한 인물을 백제에 파견해 백제 국왕의 마음에 들도록 하며, 국왕을 일본에 모실 수 없으면 대좌평이나 왕자 등을 모셔 오도록 한다.

---

126 3부 2장 「일본 고대국가 지배층의 원적」 참조.

127 반조, 국조 등의 관직명은 조작된 것으로 보인다. 5부 3장 「야마토왜의 '일본'으로의 변신 과정」 참조.

『일본서기』는 국정에 관한 왜왕의 질문에 일라가 대답하는 형식으로 기록되어 있으나, 그가 당당하게 교시한 국정의 요체에서 우리는 당시의 야마토왜의 정치적 수준과 백제와 야마토왜의 정치적 관계를 알 수 있다. 즉 당시의 왜왕과 그 주위 사람들은 백성을 다스리는 데 필요한 가장 초보적인 소양도 갖추지 못하고 있다는 것과, 특히 여섯 번째의 국정의 요체에서 왜왕은 야마토왜로 파견된 백제의 왕자 고관의 지도, 지시를 따라야 한다는 것을 알게 되는 것이다.[128]

그런데 비다쓰 12년(583)은 앞에서 본 바와 같이 왕의 거처가 아직도 띠로 인 오막살이 가옥이고 왕권이 야마토 지역에도 미치지 않는 지역이 있을 정도로 미미했으며, 종이와 먹이 사용되기 이전이며 문자 해독도 아직 제대로 할 수 없는 시기였고, 또한 백제가 관인, 오경박사, 역박사(曆博士), 역박사(易博士) 등으로 구성하는 야마토왜 경영 팀을 파견하고 있는 시기였다는 점을 고려한다면, 일라라는 고급 백제 정치인이 왜에 건너가서 백제의 전문 관리인으로 구성되는 야마토왜 경영 팀보다 훨씬 차원 높은 국가 관리를 행한 것으로 보인다. 백제가 야마토왜에서 축조한 사원이나 백제의 왕자나 일라 등이 일본 체류 시에 머문 나니와관이 대규모의 초석입주의 기와집인 데 반해 천황이 거처하는 곳은 20~30년만 지나도 썩어버리는 오막살이라는 점에서도 이 사정을 알 수 있을 것이다.

일라가 일본에 온 비다쓰 12년(583)은 소가노 우마코가 아직도 최고 권력자의 자리에 있었던 시대(572~626)였다. 그러나 당시에도 그의 위

---

128 이에 대해서는 5부 1장 「백제와 야마토왜의 관계」와 5부 3장 「야마토왜의 '일본'으로의 변신 과정」 참조.

에는 백제에서 파견된 감독자인 일라가 존재했던 것으로 생각된다.

야마토왜의 전 역사를 통해 볼 때 소가씨 이전에 최고집정관에 오른 사람으로 『일본서기』는 다케우치노 스쿠네, 가쓰라기노 쓰부라(葛城圓), 헤구리노오미 마토리(平群臣眞鳥), 고세노 오히토(許勢男人) 등 네 명을 들고 있으나, 실질적으로 그리고 장기적으로 명실상부하게 야마토왜의 최고권력자로서 야마토왜를 발전시킨 것은 소가씨부터 시작된다고 생각한다. 세이무부터 닌토쿠까지 5대에 걸쳐 최고집정관이 되었다는 다케우치노 스쿠네에 관한 기사는 거의 전적으로 허위이다. 최초로 최고결정자가 된 그는 『고사기』에서는 세이무·주아이·오진·닌토쿠의 네 왕조, 『일본서기』에서는 게이코·세이무·주아이·진구·오진·닌토쿠의 여섯 왕조에 걸쳐 활약했으며, 『일본서기』의 기록에 따르면 300세의 장수를 한 것으로 되어 있으니 조작 기사임이 틀림없다.

실제로 최고권력자가 된 가쓰라기노 쓰부라의 존재는 그다지 뚜렷하지 못할뿐더러 임기도 1년 정도(457년)이며 약 22년 동안(507~529) 최고권력자로 있었던 고세노 오히토의 활약도 두드러지지 않는다. 다만 457년부터 499년까지 권력자였던 헤구리노오미 마토리만은 한때 국정을 전단(專斷)하고 일본의 왕이 되려고 했으며, 표면적으로는 태자를 위해 궁을 만들었지만, 그 일이 끝나자 스스로 자기가 거처했고, 매사에 교만하고 전혀 신하의 분별이 없었다[129]고 『일본서기』는 기록하고 있다.

이렇게 볼 때 명실공히 야마토의 왕 또는 최고권력자로서의 역할을

129 武烈紀 卽位前紀 11年 8月 條.

한 것은 소가노 이나메부터라고 하겠다. 그 자신, 아들, 손자, 증손 4대에 걸쳐 센카 원년(536)부터 고쿄쿠 4년(645)까지 약 110년간 야마토왜의 정치를 좌우했던 것이다. 이들 4대에 관해서는 이미 언급한 바 있으므로[130] 여기서는 야마토왜라는 일본 고대국가에서의 소가씨의 지위에 대해 알아보고자 한다.

① 백제왕이 사신을 야마토왜에 파견해 야마토왜에도 불교를 보급시키는 것이 좋겠다고 전했다. 야마토왜의 국왕은 백제 사신에게 "본인 혼자서는 결정할 수 없다"라고 대답했다(긴메이 13년 10월).

② 다른 중신(모노노베노 오무라지 오코시 등이 극구 반대했지만 소가노 이나메가 불교 도입을 결정했으며, 야마토왜왕이 그 결정을 따랐다(긴메이 13년 10월).

③ 소가노 우마코가 스슌 천황을 살해할 수 있었다(스슌 5년 11월 3일).

④ 대신 에미시의 아들 이루카는 스스로 국정을 잡았으며, 위세는 에미시보다 강했다(고쿄쿠 원년 정월 15일).

⑤ 소가노 에미시는 선조의 묘(祖廟)를 가쓰라기[가쓰조군 다카미야향, 지금의 나라현 고세시 모리와키 미야도 근처]에 세우고 천자만이 행하는 팔일무를 행했다(고쿄쿠 원년 이해).

⑥ 전 국민과 180부곡을 동원해 쌍묘를 만들었는데, 하나는 대릉이라고 자기의 묘로 하고, 다른 하나는 소릉, 즉 자기 아들인 이루카의 묘로 했다(고쿄쿠 원년 이해).

⑦ 소가노 에미시는 연보라색 관(冠)을 아들 이루카에게 주었다(고쿄쿠 2

130 최재석, 주 126 참조.

년 10월 6일).

⑧ 소가노 에미시와 아들 이루카의 집을 우마카시노오카(지금의 나라현 다카이치군 아스카촌에 있는 언덕)에 나란히 짓고 대신의 집을 상궁문, 이루카의 집을 곡궁문이라 불렀다. 남녀의 아이들을 왕자라 불렀고, 문 옆에 무기고를 설치했으며, 항상 50명의 병사를 거느리고 호위시켜 출입했다. 한국에서 온 사람들이 이 두 궁문을 경호했다(고쿄쿠 3년 11월).

이렇게 볼 때 소가 4대의 시대(536~645) 가운데 적어도 소가노 에미시 시대, 특히 642년(고쿄쿠 원년)부터 645년까지는 그가 실질적인 야마토왜의 천황이었던 것으로 보인다. 소가 가문이 반대 세력을 무릎 쓰고 불교를 도입하고, 야마토노쿠니의 제반 사업을 개척해 야마토왜를 실질적인 고대국가로 발전시킨 공헌은 그들 가문에 있었던 것으로 생각된다. 그 공헌은 다음과 같이 요약될 것이다.

① 불교 도입 결정

② 여러 사찰 건립과 불교 보급

③ 선세(船稅) 징수

④ 백제인이 경영하는 대규모 둔창과 고구려인이 경영하는 소규모 둔창 설치

⑤ 각종 역사서(천황기, 국사, 지방호족 기록) 편찬

⑥ 백제에서 온 백제 왕자에 국정 보고

위의 ⑥항에 관해서 『일본서기』는 대신 소가노 에미시가 백제의 왕자(교기)를 자기 집에 초대해 친히 대화했다고 기록하고 있지만, 야마

토왜에서의 백제 왕자의 지위와 역할, 백제와 야마토왜의 관계[131]를 고려한다면 최고권력자인 소가가 백제에서 파견된 백제 왕자에게 국정을 보고하고 백제 왕자로부터는 국정의 지시를 받은 것으로 생각된다.

(6) 백제 패망 후의 백제의 대규모 전문 지배층의 일본 이주와 정치 발전

나당연합군에 패망한 백제는 본국을 등지는 수많은 이주민을 낳았고, 그 이주민은 모두 백제의 속령인 야마토왜로 이주했다. 보통 망명객이라 할 때는 일반 백성도 포함될 수 있지만, 대개는 이주하지 않으면 적지 않은 해를 볼 가능성이 있는 지배층일 것이다. 이러한 백제의 수많은 엘리트층의 야마토왜 이주는 그만큼 야마토왜의 각 분야에 걸친 발전을 촉진했으며, 정치 분야도 예외가 아닐 것이다. 이러한 점을 고려하면서 『일본서기』에서 야마토왜의 백제 이주민에 관한 기사를 알아보고자 한다.

M1. 덴지 2년(663) 9월 7일, 백제의 주류성이 처음으로 당에 항복했다. (……) 24일, 일본의 배를 탄 군사들 및 좌평 여자신, 달솔 목소귀자, 곡나진수, 억례복류와 일반 백성이 테레성에 도착했다. 다음 날 배를 내어 일본으로 향했다.

M2. 덴지 4년(665) 2월 이달, (……) 백제의 백성 남녀 400여 명을 오미노쿠니의 가무사키군에 살게 했다.

M3. 덴지 4년(665) 2월 이달, 백제국의 관위 계급을 조사했다.

---

131 본서 5부 1장과 3장 참조.

M_4. 덴지 4년 3월 이달, 가무사키군의 백제인에게 논과 밭을 주었다.

M_5. 덴지 5년(666) 이해 겨울, 백제의 남녀 2,000여 명을 아즈마노쿠니에 살게 했다. 계해(癸亥)년(663)부터 3년간 모두에게 관식(官食)을 주었다.

M_6. 덴지 8년(669), 이해에 또 좌평 여자신과 좌평 귀실집사 등 남녀 700여 명을 오미노쿠니의 가모군으로 옮겼다.

M_7. 덴지 10년(671) 정월, 이달 좌평 여자신, 사택소명(법관대보)에게 대금하를 수여했다. 귀실집사(학직두)에게 소금하를 수여하고, 달솔 곡나진수(병법에 정통), 목소귀자(병법에 정통), 억례복류(병법에 정통), 답발춘초(병법에 정통), 발일비자(炑日比子), 찬파라(贊波羅) 금라금수(金羅金須: 의약에 정통),[132] 귀실집신(鬼室集信: 의약에 정통)에게는 대산하를 수여했다. 소산상은 달솔 덕정상(德頂上: 의약에 정통), 길대상(吉大尙: 의약에 정통), 허솔모(許率母: 오경에 정통), 각복모(角福牟: 음양에 정통)에게 수여했다. 소산하를 다른 달솔 등 50여 명에게 주었다.

여기서 M_7을 표로 나타내면 〈표 16〉과 같다.

우리는 위의 사료에 의해 다음과 같은 사실을 알 수 있다.

① 660년부터 663년까지 3년간에 걸친 백제의 마지막 항쟁마저 실패하자 그해(663)부터 본국인 백제의 망명객이 속국인 야마토왜로 이주하기 시작했다.

② 백제인 집단 이주자 가운데 지배층만도 각각 400여 명, 2천여 명,

132 "炑日比子 (……) 金須"까지는 2인인지 3인인지 또는 4인인지 아직 명확하지 않다. 필자는 2인으로 취급했다.

〈표 16〉 백제 이주민이 백제로부터 받은 관위와 속령인 일본에서 받은 관위

백제의 관위		일본의 관위	
관위	성명	관위	보직
좌평	여자신	대금하	
	사택소명	대금하	법관대보
	귀실집사	소금하	학직두
달솔 A	곡나진수	대산하	병법에 정통
	목소귀자	대산하	병법에 정통
	억례복류	대산하	병법에 정통
	답발춘초	대산하	병법에 정통
	발일비자	대산하	의약에 정통
	찬파라 금라금수	대산하	의약에 정통
	귀실집신	대산하	의약에 정통
	덕정상	소산상	의약에 정통
	길대상	소산상	의약에 정통
	허솔모	소산상	대박사(오경에 정통)
	각복모	소산상	음양에 정통
달솔 B: 달솔 1명	미상	소산하	미상
달솔 2명		소산하	
달솔 3명		소산하	
달솔 4명		소산하	
⋮		⋮	
		소산하	
달솔 50여 명		소산하	

*비고: 편의상 성명을 밝힌 달솔은 '달솔 A', 그렇지 않은 것은 '달솔 B'라 함.

700여 명, 도합 3,100여 명이나 된다.

③ 이주자에 대해 야마토왜는 663년부터 국비식(國費食)과 논과 밭을 제공했다.

④ 덴지 4년(665)에 야마토왜는 백제의 관위의 계급을 조사했는데, 이것은 야마토왜에 온 많은 백제 이주민에게 그에 상응하는 야마토왜의 관위를 주기 위해서였다. 사료 M_7에 의하면 백제의 관위 좌평은 야마토왜의 대금하, 소금하, 달솔은 대산하, 소산상, 소산하에 대응된다.

⑤ 수많은 이주자에게 각각 자신의 전문직과 관위가 고려되어 상당한 관위가 주어졌는데, 〈표 16〉에 나타난 것만 해도 사법 분야, 학문 분야, 병법 분야, 오경 분야, 음양 분야, 의약 분야 등 여섯 분야로, 학문 분야 사람은 곧 대학박사, 서박사가 되었을 것이고, 병법 분야 사람은 장군이 되었을 것이다. 또 오경 분야, 음양 분야에 정통한 사람은 각각 오경박사, 음양박사가 되었을 것이고, 의약에 정통한 사람은 의박사가 되었을 것이다.

⑥ 〈표 16〉을 보면 성명과 관위와 보직 또는 정통 분야를 밝힌 10여 명의 달솔 관위를 가진 사람(달솔 A)뿐만 아니라 성명과 보직 또는 정통 분야를 밝히지 않은 50여 명의 달솔 관위를 가진 백제 관인(달솔 B)도 존재하는 것을 알 수 있다. 『일본서기』는 이것을 밝히지 않았지만, 이들도 새로운 국가 일본의 건설에 지주가 되었을 것이다. 그리고 오미령(671), 기요미하라령(690), 다이호율령(701) 등이 실제로 시행되었다고 한다면 당시 임용된 관인은 거의 전부 백제에서 온 백제인이었을 것이다.

⑦ 백제 부흥군의 항쟁마저 실패로 돌아간 663년부터 국호를 '왜'에서 '일본'으로 바꾸고 새로운 국가로 발돋움하는 670년까지의 7년간은 그 준비 기간으로 생각되는데, 이에 대해서는 5부 3장에서 논할 것이다.[133]

위에서 살펴본 바와 같이 종주국인 백제의 패망으로 생긴 수많은 백제 이주민의 야마토왜 이주는 여러 분야에서 야마토왜 발전에 획기적 비약을 가져왔다고 말할 수 있을 것이다. 이미 (4) 「전문·지식인에 의

---

133 이에 대해서는 5부 3장 「야마토왜의 '일본'으로의 변신 과정」 참조.

한 국가 경영」에서 언급한 바와 같이 전문적인 지식인 또는 관인이 존재하기 이전의 야마토왜의 정치적 상황에서 각 분야에 정통한 백제의 최고의 관인, 즉 좌평의 관인 세 명과 달솔의 관인 61명, 도합 64명[134]이 야마토왜로 건너가서 자기 전문 분야에서 활약했다는 것은 야마토왜의 발전 과정에서 가장 획기적이고 혁명적인 발전이라 할 수 있을 것이다. 덴지 4년(665) 8월에 나가토노쿠니(시모노세키해협)나 오노, 기등에 성을 구축한 답발춘초, 억례복류 등은 백제의 마지막 항쟁인 663년의 주류성 싸움에서 패하자 백제에서 야마토왜로 후퇴한 백제 장군이고, 〈표 15〉의 덴무 6년(678) 5월 3일의 대박사, 지토 5년(691)의 대학박사와 서박사, 지토 6년(692)의 음양박사, 지토 7년(693)의 진법박사 등도 모두 백제 패망 후 일본으로 이주한 상기 표의 백제인임이 틀림없을 것이다. 백제라는 한 나라의 모든 분야의 최고지식인, 관인을 거의 그대로 한꺼번에 야마토왜로 옮겨 놓은 셈이 되었으니, 야마토왜는 비약적인 발전을 하지 않을 수 없을 것이다. 위의 사료 M_7은 이들의 전문 분야가 법률, 학문, 병법, 약, 오경, 음양 등 6분야로만 명기되어 있지만, 전문 분야가 명기되어 있지 않은 달솔 관위의 50여 명 중에는 높은 수준의 고대국가를 경영하는 데 필요한 모든 분야의 전문인이 포함되어 있었을 것이다.

(7) 불교와 정치 발전

야마토왜에서의 불교 도입 과정에 대해서는 이미 언급한 바 있으

---

134 이 숫자는 『주서』로 미루어 보아 백제의 거의 전부의 최고 관위 관인의 숫자이다.

나,[135] 여기서는 시각을 달리하여 이 문제를 살펴보고자 한다.

고대국가든 중세국가든 간에 국가인 이상 국가와 종교는 불가분의 관계에 놓여 있으며, 현·근세로부터 중세·고대로 거슬러 올라갈수록 국가와 종교는 밀접한 관계에 놓여 있다고 하겠다. 그러나 『일본서기』에 의하면, 긴메이 13년(552) 이전 야마토왜에는 고대국가에 상응하는 신앙 또는 종교가 없었다. 백제로부터 불교 도입을 강력히 주장하고 이것을 실천에 옮기려고 한 소가노 이나메에 대해 불교 도입을 극구 반대한 사람들의 이유는 이러했다. 즉 지금까지 '천지사직(天地社稷)'의 180신을 사시사철 제사를 지내고 있었는데 지금 부처님을 믿으면 나라의 신이 노한다[136]는 것이었다. 이와 같이 불교 도입 반대를 주장한 이는 모노노베노 오코시, 나카토미노 무라지 가마코 등이었는데, 이들의 주장에서 우리는 당시 야마토왜의 신앙 관계를 알 수 있다. 다시 말하면, 불교가 도입되기 이전의 야마토왜는 180신, 즉 여러 잡신을 신앙하고 있었다. 이 잡신 숭배는 고대국가의 품위에 걸맞지 않는 종교라고 말할 수 있을 것이다.

이러한 시각으로 본다면 야마토왜에 불교가 도입되었다는 것은 야마토왜의 발전의 또 하나의 획기적인 사건이라 말할 수 있을 것이다. 전체 백성을 통합하는 기능을 가진 종교를 갖게 되었다는 것은 국가가 그만큼 유대와 통합이 증대되었다고 말할 수 있을 것이다. 이러한 시각에서도 아스카데라(호코지)를 소가씨 일가의 개인 사찰로 보는 견해

---

135 최재석, 「일본 원주민의 문화 수준과 고대 일본의 개척자」, 『동양사학연구』 30, 1989; 최재석, 「일본 고대국가 연구: 백제와 야마토왜의 관계」, 『한국학보』 55, 1989 여름.

136 欽明 13年 10月 條.

는 역사를 왜곡한 견해임을 알 수 있다. 불교 도입은 야마토왜에서 흩어져 있고 분리되어 있는 백성을 하나의 중심으로 통합한 것으로 보인다. 이렇게 볼 때 불교 도입 이전의 야마토왜와 도입·보급 이후의 야마토왜 사이에는 여러 가지 측면에서 차이가 있을 것으로 생각한다. 백제로부터의 불교 도입에 관한 중요 기록 가운데 몇 가지를 『일본서기』에서 보면 다음과 같다.

다음 사료에 나타나 있는 바와 같이 불교가 공식으로 도입된 552년부터 호코지가 창건된 588년까지의 약 36년간은 불교가 야마토왜에 확고하게 뿌리를 내린 기간으로 볼 수 있을 것이다. 552년에 불교가 공식적으로 도입되고, 577년에 승려, 비구니, 조불공, 조사공으로 구성된 한 무리의 백제인이 들어오고, 584년에 처음으로 개인의 집에 절을 지었다. 그리하여 마침내 588년에 수많은 백제의 승려와 절 건축 전문 기술인이 다시 야마토왜에 와서 마침내 큰 절인 호코지를 건립했던 것이다. 그 결과, 불교 도입으로부터는 72년, 호코지 창건(588)으로부터는 불과 36년 경과한 스이코 32년(624)에는 기나이에 사찰이 무려 46개나 늘어났으며, 승려 816명, 비구니 569명, 합계 1,385명으로 불어났다. 이처럼 불교가 융성하면서, 불교 도입과 보급에 큰 역할을 한 소가씨의 최고권력자로서의 지위는 더욱 확고해지고 권세는 더욱 강대해진 것으로 보인다. 다시 말하면, 야마토왜의 불교 도입, 보급, 융성은 한편으로는 야마토왜라는 국가에 통합을 가져오고, 다른 한편으로는 그 국가의 최고권력자에게 더 확고한 지위와 위세를 가져왔던 것이다.

N1. 긴메이 13년(552) 10월, 백제의 성명왕은 서부 희씨(姬氏) 달솔 노리사치계(怒唎斯致契) 등을 파견해 석가불 금동상 1구(軀), 번개 약간, 경

론 약간을 보내왔다. (……) 이날 천황은 이 말을 듣고 매우 기뻐하며 백제 사신에게 말하기를 "본인은 예부터 지금까지 이러한 묘법(불법)을 듣지 못했다. 그러나 본인 혼자서 결정하지 못한다"라고 했다. (……) 천황은 "그러면 소가노 이나메 스쿠네에게 주어 시험적으로 예배시켜보라"라고 했다. 그는 오하리다의 집에 불상을 안치해 성의 있게 불도를 닦을 준비를 하고 무쿠하라의 집을 청결하게 하고 절로 삼았다.

N2. 비다쓰 6년(577) 11월, 백제왕은 불경 약간, 율사 · 선사 · 비구니 · 주금사 · 불공 · 조사공 등 여섯 명을 보내왔다.

N3. 비다쓰 13년 이해(584), 대신 소가노 우마코 스쿠네는 역시 백제에서 이주한 두 사람(구라쓰쿠리노스구리 시바 다쓰토, 이케베노 아타이히타)을 사방에 파견해 수행자를 찾게 했으며, 고구려인 혜편을 불법사로 했다. 대신 소가노 우마코 스쿠네는 불법에 귀의했으며, 불전을 자기 집 동쪽에 짓고 미륵석상을 안치해 비구니가 된 시바 다쓰토의 딸과 그녀의 여제자 두 명을 초청해 법회의 재식을 제공하게 했다. 우마코 스쿠네와 백제에서 이주한 앞의 두 사람 등은 불법을 깊이 믿었으며 수업을 게을리하지 않았고 소가노 우마코 스쿠네는 또한 이시카와의 집에 불전을 지었는데, 불법의 보급은 여기서 시작된다.

N4. 스슌 원년(588), 백제가 사신과 함께 승려 혜총, 영근(令斤), 혜식(惠寔) 등을 파견해 불사리를 보내왔다. 백제국은 은솔 수신, 덕솔 개문(蓋文), 나솔 복부미신(福富味身) 등을 파견해 불사리 및 승려 영조율사, 영위, 혜중, 혜숙, 도엄, 영개 등과 절 건축공 태량미태, 문고고자, 노반박사 장덕 백매순, 와박사 마나문노, 양귀문, 능귀문, 석마제미, 화공 백가를 보내왔다. 소가노 우마코는 백제의 승려들에게 수계의 법을 청하고 젠신니 등을 백제의 사신 은솔 도신(道信)에게 딸려 학문을 시키려고 백제로

출발시켰다. 처음으로 호코지를 건립했다.

N5. 스이코 32년(624) 9월 3일, 이때 절은 46개소, 승려는 816명, 비구니는 569명, 도합 1,385명이었다.

(8) 관위의 사용과 정치 발전

왕을 보좌해 국정을 펴는 지배 집단에 관위가 있었는가 없었는가 하는 문제는 국가 발전을 설명하는 데 매우 중요한 하나의 시각이 된다. 단적으로 말하면 관위가 있었다는 것은 그들 지배 집단 내부에 위계질서가 있었다는 것을 의미하고, 그렇지 못하면 그러한 질서가 없으므로 국가로서의 기능에 의심을 갖게 하는 것이다. 『일본서기』의 관위 제정에 관한 기사를 우선 본 다음, 이에 대해 살펴보고자 한다.

O1. 스이코 11년(603) 12월 5일, 처음으로 관위를 시행했다. 대덕(大德), 소덕(小德), 대인(大仁), 소인(小仁), 대례(大禮), 소례(小禮), 대신(大信), 소신(小信), 대의(大義), 소의(小義), 대지(大智), 소지(小智), 도합 12위계이다.

O2. 고토쿠 다이카 3년(647), 이해에 7색 13계(階) 관위를 제정했다. 제1은 직관(織冠)으로 대소 2계가 있다. (……) 제2는 숙관(繡冠)으로 대소 2계가 있다. (……) 제3은 자관으로 대소 2계가 있다. (……) 제4는 금관(錦冠)으로 대소 2계가 있다. (……) 제5는 청관(青冠)으로 대소 2계가 있다. (……) 제6은 흑관(黑冠)으로 대소 2계가 있다. (……) 제7은 건무(建武)이다.

O3. 고토쿠 다이카 5년(649) 2월, 전의 관제를 고쳐 관위 19계를 제정했다. 제1 대직(大織), 제2 소직(小織), 제3 대숙(大繡), 제4 소숙(小繡), 제5

대자(大紫), 제6 소자(小紫), 제7 대화상(大花上), 제8 대화하(大花下), 제9 소화상(小花上), 제10 소화하(小花下), 제11 대산상(大山上), 제12 대산하(大山下), 제13 소산상(小山上), 제14 소산하(小山下), 제15 대을상(大乙上), 제16 대을하(大乙下), 제17 소을상(小乙上), 제18 소을하(小乙下), 제19 입신(立身).

O4. 텐지 3년(664) 2월, 그 관위는 26계이다. 대직(大織), 소직(小織), 대봉(大縫), 소봉(小縫), 대자(大紫), 소자(小紫), 대금상(大錦上), 대금중(大錦中), 대금하(大錦下), 소금상(小錦上), 소금중(小錦中), 소금하(小錦下), 대산상(大山上), 대산중(大山中), 대산하(大山下), 소산상(小山上), 소산중(小山中), 소산하(小山下), 대을상(大乙上), 대을중(大乙中), 대을하(大乙下), 소을상(小乙上), 소을중(小乙中), 소을하(小乙下), 대건(大建), 소건(小建)의 26이다. 이전의 화(花)를 금(錦)으로 고쳤다. 금에서 을(乙)에 이르기까지 10계가 불어났다. 또 지금까지의 초위(初位) 1계를 늘려 대건, 소건 2계로 했다.

O5. 텐무 14년(685) 1월 21일, 다시 작위의 이름을 바꾸어 계급을 늘렸다. 명위(明位) 2계, 정위(淨位) 4계, 계마다 대(大), 광(廣)이 있으며, 도합 12계이다. 이것은 여러 왕 이상의 관위이다. 정위(正位) 4계, 직위(直位) 4계, 근위(勤位) 4계, 무위(務位) 4계, 추위(追位) 4계, 진위(進位) 4계, 매 계마다 대, 광이 있어서 도합 48계이다. 이것은 여러 신하의 관위이다.

지금까지의 일본 사학계는 사료 O1에 의거해 스이코 11년(603)의 관위 제정을 사실로 인정하고 일본 고대국가에서의 관위제도의 효시로 보고 있다. 그러나 필자는 다음과 같은 이유에서 O1의 기사는 조작된 것으로 본다.

① 관위 12계 중 제4계의 소인과 제6~12계의 소례(6계), 대신(7계), 소신(8계), 대의(9계), 소의(10계), 대지(11계), 소지(12계)를 받은 자의 실례가 『일본서기』에 보이지 않는다. 대덕, 소덕, 대인, 대례를 받은 자만이 『일본서기』에 흩어져 보인다.[137]

② 일본 학계에서 인정하고 있듯이[138] O_1의 관계와 O_2, O_3, O_4의 관계가 대응되지 않는다.

③ 관위 제정년의 간격이 O_2와 O_3, O_3과 O_4, 그리고 O_4와 O_5 사이는 각각 2년, 15년, 22년에 불과한 데 비해 O_1과 O_2의 간격은 44년이나 된다. 즉 O_2~O_5는 짧은 기간(647~685)에 여러 번 관위 제정이 있었는데, 603년과 647년 사이에는 관위 제정이 한 번도 없다. 진실로 603년에 관위 제정이 있었다면 603년과 647년 사이에도 여러 번 관위 제정이 있었을 것이다. 647년에서 685년 사이에 시행착오가 있었다면 그보다 앞선 603년에서 647년 사이에도 의당 시행착오가 있었을 것이기 때문이다.

④ O_1의 제정 시기인 603년은 이미 살펴본 바와 같이 아직 종이, 먹이 만들어지기(610) 전인 동시에 역서가 사용되기(690) 훨씬 이전 시대였다. 이러한 시대에 그러한 관위가 제정될 수는 없을 것이다.

또 O_5, 즉 685년의 관위가 60종이나 되는 것도 그 실용성 여부가 의심된다. 관위 등급을 시기적으로 보면 처음에 12계(O_1)이던 것이 13계(O_2), 19계(O_3), 26계(O_4), 60계(O_5)로 늘어났는데, 갑자기 아무런 이

---

137 대덕은 스이코 31년에, 소덕은 스이코 31년, 고쿄쿠 원년 8월 12일, 고쿄쿠 2년에, 대인은 스이코 14년, 긴메이 2년 9월, 고쿄쿠 원년 2년에, 대례는 스이코 15년과 16년 8월 9일에 보인다.

138 『日本書紀』 下, 岩波書店, p. 622.

〈표 17〉 685년에 제정된 관위[명위, 정위(淨位)]

明	大廣	壹
	大廣	貳
淨	大廣	壹
	大廣	貳
	大廣	參
	大廣	肆

유 없이 26계(O_4)에서 60계(O_5)로 늘어날 수는 없는 것이며, 설사 60계의 관위의 존재를 인정한다고 하더라도 현실적으로 60계나 되는 많은 관위는 실제 생활에서 적용할 수 없을 것이다.

사료 O_5의 관위 중 명위와 정위(淨位)의 관위를 표로 나타내면 〈표 17〉과 같다.[139] 그리고 정위(正位), 직위, 근위, 무위, 추위, 진위의 관위를 나타내면 〈표 18〉과 같다.[140] 명위, 정위(淨位)의 12계급은 여러 왕에게 수여하는 것이고, 정위(正位) 이하의 48계급은 여러 신하에게 수여하는 관위이다. 그런데 왕에게 수여하는 관위의 계급 수와 신하에게 수여하는 관위의 계급 수를 합하면 60계급이 되고, 실제 수여한 관위 계급은 소수에 불과한 것이다.

그러므로 필자는 야마토왜에서의 관위 제정은 잠정적으로 O_2의 해, 즉 고토쿠 다이카 3년(647)의 것을 최초의 것으로 가정하고자 한다. 그

139 天武 14年 正月 21日.
140 위의 주 참조.

〈표 18〉 686년에 제정된 관위[정위(正位) 이하]

正	大廣 壹	勤	大廣 壹	追	大廣 壹
	大廣 貳		大廣 貳		大廣 貳
	大廣 參		大廣 參		大廣 參
	大廣 肆		大廣 肆		大廣 肆
直	大廣 壹	務	大廣 壹	進	大廣 壹
	大廣 貳		大廣 貳		大廣 貳
	大廣 參		大廣 參		大廣 參
	大廣 肆		大廣 肆		大廣 肆

러나 바로 전에 언급한 바와 같이 다이카 3년에 관위가 제정되었는데 2년 후인 다이카 5년(649)에 다시 관위가 제정되고 15년 후인 덴지 3년(664)에 다시 관위가 제정되었다는 사실 자체가 실제로 관위가 제정되었다고 하더라도 실효를 거두지 못했음을 나타내는 것이다. 5세기 초 야마토왜는 백제로부터의 대규모 집단 이주로부터 시작되었지만, 그로부터 2백 수십 년(스이코 11년의 것을 인정하면 백 수십 년)이 경과한 647년까지는 관위 제정이 없었다. 관위 제정이 없었다는 것 자체가 국가가 존재하지 않았음을 뜻하는 것이다. 그리고 관위 제정이 없거나 또는 제정되었다고 하더라도 그것을 사용하지 않고 다른 나라의 관위를 사용한다면 그것은 바로 그 다른 나라의 속령 또는 속국임을 나타내는 것이다. 그러면 다음 사료를 살펴보자.

O6. 게이타이 7년(513) 6월, 백제는 (……) 오경박사 단양이를 (야마토왜로) 보냈다.

O7. 게이타이 10년(516) 9월, 백제는 (……) 따로 오경박사 한고안무를

(야마토왜로 보내고) 박사 단양이와 교대하기를 청해 그대로 했다.

O8. 덴지 4년(665) 8월, 달솔 답발춘초를 파견해 나가토노쿠니에 성을 쌓았으며, 달솔 억례복류, 달솔 사비복부를 쓰쿠시노쿠니에 파견해 오노 및 기의 성 두 개를 쌓았다.

O9. 덴무 2년(673) 윤 6월 6일, 대금하 백제 사택소명이 죽었다. 사람됨이 뛰어났다. 천황은 놀라서 외소자위를 주고, 본국인 백제국의 최고위인 대좌평의 관위를 주었다.

즉 우리는 전에 언급한 L3과 L4, 그리고 O8, O9에 의해 야마토왜에서 관위가 제정되기 이전에는 백제의 관위인 덕솔, 나솔, 고덕, 시덕, 계덕, 대덕이 사용되었음을 알 수 있다.

또 사료 O8에 의해 관위가 제정되고 백제가 멸망한 이후에도 백제의 관위가 그대로 통용되고 있음을 알 수 있다. O9는 백제가 멸망한 지 10여 년이 경과한 후에도 백제의 관위를 얻는 것을 최고의 영예로 인식하고 이미 멸망한 백제의 관위를 수여하고 있음을 보여주는 것이다.

백제의 관위 좌평에 위대한 뜻이 담긴 대(大)자를 붙여 '대좌평'이라 하고, 또 백제를 야마토왜가 속해 있는 나라 또는 야마토왜의 종주국의 뜻이 담긴 본국으로 의식해 야마토왜의 본국인 백제의 최고의 관위를 수여하는 것에서도 야마토왜와 백제의 관계가 종주국과 속령의 관계임을 알 수 있다.[141] 백제가 멸망하고 국호를 왜에서 일본으로 바꾼

141 야마토왜와 백제의 관계에 대해서는 최재석, 「일본 고대국가 연구: 백제와 야마토왜의 관계」, 『한국학보』 55, 1989 여름; 최재석, 「일본 원주민의 문화 수준과 고대 일본의 개척자」, 『동양사학연구』 30, 1989 참조.

〈표 19〉 덴무 14년 제정 최고 관위를 받은 사람

연대	정광삼	정광사
지토 4년(690) 7월 5일	丹比嶋眞人(우대신)	
지토 5년(691) 정월 7일		백제왕 여선광
지토 5년(691) 정월 13일	丹比嶋眞人(우대신)	백제왕 선광
지토 7년(693) 정월 15일	백제왕 선광	
지토 8년(694) 정월 2일		布勢朝臣御主人 大伴宿禰御行
지토 10년(696) 정월 22일	丹比嶋眞人(우대신)	阿倍朝臣御主人 大伴宿禰御行

후에도 여전히 야마토왜는 이미 멸망한 백제를 받들고 그 정통성을 이어받은 나라라는 것을 자처하고 있는 것이다.

그리고 685년에 제정한 관위 중 최고의 관위에 대해 한마디하고자 한다. 실제로 수여된 최고의 관위는 '정광삼'이었고, 정광일(正廣壹), 정광이(正廣貳)의 관위는 존재하지 않았다. 그 최고의 관위를 받은 사람은 두 사람으로, 한 사람은 백제의 왕자(왕족)이고 다른 한 사람은 신라의 최고 신분인 진골을 본뜬 '진인(마히토)'의 신분과 우대신(右大臣)의 직책을 가진 사람이었는데, 당시 우대신이라는 관직은 존재하지 않았을 때였으므로 결국 일본의 최고 관위를 받은 사람은 백제에서 파견된 백제왕 한 사람뿐이라는 것을 알 수 있다(〈표 19〉 참조).

그러면 끝으로 일본에서 관위 제정이 실제로 있었는가에 대해 살펴보고자 한다. 우리는 다음과 같은 근거에 의해 『일본서기』의 664년 이전의 관위 제정 기사는 매우 의심스럽다고 결론지을 수밖에 없다.

첫째, 663년 이전에 야마토왜는 백제의 직할령 또는 직할국이었으므로 관위를 제정할 이유가 없으며, 또한 제정될 수 없다.

둘째, 이미 언급한 바와 같이 647년, 649년, 664년의 관위 제정을 가정하더라도 이렇게 자주 관위가 제정될 수도 없다.

셋째, 513년부터 673년까지 백제의 관위가 일본에서 통용되었다.

넷째, 백제가 패망한 이후에도 얼마 동안은 야마토왜(일본)는 백제의 관위를 더 존중하는 분위기였다.

다섯째, 다음과 같은 모순된 기사가 『일본서기』에 존재하니 역시 관위 제정을 의심할 수밖에 없다.

① 관위 대금(大錦)은 다이카 3년(647)에 제정되었는데, 그로부터 2년 전인 645년 6월 14일에 한 중신[나카토미노카마코 무라지(中臣鎌子連)]에게 그 관위가 수여되었다고 『일본서기』는 기록하고 있다.[142]

② 관위 대산상, 대산하는 다이카 5년(649)에 제정되었는데, 역시 그로부터 2년 전인 647년에 대산이라는 관위를 가진 기술자가 있었다고 기록하고 있다.[143]

③ 관위 대금중은 덴지 3년(664)에 제정되었는데, 그로부터 2년 전인 덴지 원년(662)에 이 관위를 가진 사람이 있었다고 기록하고 있다.[144]

④ 관위 대금상, 소금하는 덴지 3년(664)에 제정되었는데, 그로부터 10년 전인 654년에 각각 대금상과 소금하의 관위를 가진 중신이 있다고 『일본서기』는 기록하고 있다.[145]

⑤ 또 664년보다 5년 전인 659년에도 소금하의 관위를 가진 사람이

142 孝德 即位前 6月 14日 條.
143 大化 3年 是歲 條.
144 天智 元年 5月.
145 白雉 5年 2月 條.

있다고 『일본서기』는 기록하고 있다.[146]

⑥ 관위 소산중은 덴지 3년(664)에 제정되었는데, 그보다 17년 전인 다이카 3년(647)에 이 관위를 가진 신하가 있었다고 『일본서기』는 기록하고 있다.[147]

(9) 해상수송 수단의 발달과 야마토왜

이미 필자는 해상국가의 경우 어느 정도 자립적인 고대국가가 되려면 적어도 몇 가지 기본적인 조건, 이를테면 백성을 다스리는 데 필요한 최소한의 정치 지식과 해상수송 능력을 갖추어야 한다는 것을 지적하고 야마토왜의 해상수송 능력에 대해 살펴본 바 있는데,[148] 어느 정도 중복된 점도 있으나 보완의 뜻도 있으므로 여기서 다시 야마토왜의 해상수송 수단에 대해 살펴보고자 한다.

편의상 야마토왜 유학생의 신라 파견, 야마토왜 유학생의 당나라 파견, 야마토왜의 사신과 유학생을 해외로 수송한 송사의 국적, 그들을 당나라로 수송할 때의 경유지 등으로 나누어 살펴보고자 한다.

야마토왜는 신라에 그들의 유학생을 여러 번 파견했는데,[149] 그 유학생을 누가 수송했는지 알아보자.

〈표 20〉을 보면 야마토왜는 여러 번 유학생을 파견했으며, 그 유학생의 파견과 귀국은 야마토왜가 직접 한 것이 아니라 신라에 부탁해 신라의 송사나 신라 사신의 야마토왜 왕복 시에 끼어서 했음을 알 수

---

146 齊明 5年 7月 3日 條.

147 大化 3年 是歲 條.

148 최재석, 「일본 고대국가 연구: 백제와 야마토왜의 관계」, 『한국학보』 55, 1989 여름.

149 이에 대해서는 최재석, 「야마토왜와 고구려·신라의 관계」, 『한국학보』 57, 1989 참조.

있으며, 이는 백제 멸망(660~663) 시기에도 그대로 계속되었음을 알 수 있다. 이러한 상황은 당나라에 파견된 야마토왜의 유학생의 경우에도 동일했음이 〈표 21〉에 나타나 있다.

〈표 20〉 신라 파견 일본 유학생이 탑승한 배편(『일본서기』)

연대	배편	
	출국	귀국
조메이 4년(632) 8월	?	신라 송사
덴무 14년(686) 5월 26일	?	?
지토 원년(687) 9월 23일	?	신라사 편
지토 3년(689) 4월 20일	?	신라사 편
지토 6년(692) 10월 11일	?	?
지토 7년(693) 3월 16일	?	?

〈표 21〉 당나라 파견 야마토왜 유학생이 편승한 배편(『일본서기』)

연대	배편
스이코 16년(608) 9월 11일	당객 편
스이코 31년(623) 7월	신라 대사 편
조메이 11년(637) 9월	신라 송사 편
조메이 12년(638) 10월 11일	신라 경유
고토쿠 하쿠치 4년(653) 5월 12일	왜인 송사 편
사이메이 4년(658) 7월	신라선 편
덴무 13년(685) 12월 6일	신라 경유(신라 송사 편)
지토 4년(690) 9월23일	신라 송사 편

즉 야마토왜 유학생의 8회에 걸친 당나라 파견 중 6회는 모두 신라의 사신이나 송사의 선박에 편승해 파견과 귀국이 이루어졌으며, 나머지 1회는 당나라 사신의 선박에 편승하는 것이었다. 이렇게 볼 때 나머지 1회(하쿠치 4년 5월 12일)는 왜인 송사에 의해 수송되었다는 『일본서기』의 주장은 매우 의심스럽다고 말할 수 있을 것이다.

이제 야마토왜의 유학생과 사신을 해외로 수송한 송사의 국적을 알아보자.[150]

〈표 22〉에 의해 우리는 송사는 야마토왜의 해외 유학생과 사신을 해외로 수송하는 직책의 사람이며, 이들의 국적은 백제인도 있으나 대개는 신라인임을 알 수 있다. 13회의 송사 중 4회는 일본 국적이라고 『일본서기』는 주장하고 있으나, 앞에서 살펴본 신라 파견 일본 유학생, 당나라 파견 일본 유학생의 경우를 고려하거나, 다음과 같은 『일본서기』의 기사에 비추어 볼 때 쓰시마와 규슈 사이를 수송했다는 사례 3을 제외하고는 모두 그 사실성이 의심스럽다고 하겠다.

> P. 사이메이 3년(657), 사신을 신라에 보내 승려 지타쓰, 하시히토노 무라지 미우마야, 요사미노 무라지 와쿠고 등을 신라국의 사신에 붙여 대당에 보내고 싶다고 했으나 신라가 듣지 않아 그들이 그대로 귀국했다.

즉 657년에도 야마토왜는 야마토왜 사신을 당나라에 파견할 수 있는 인력과 배가 없어서 신라에 의지하는 시기였으므로 그보다 이전인

150 〈표 22〉는 최재석, 「일본 고대국가 연구: 백제와 야마토왜의 관계」, 『한국학보』 55, 1989 여름호에서 언급한 바 있다.

〈표 22〉 송사의 국적과 수송 지역

송사의 국적	기사 출처	연대	송사의 성명	수송 지역	피수송자
① 일본	비다쓰 2년 7월	573	吉備海部直難波	?	고구려 사절
② 신라	조메이 4년 8월	632	?	당→대마도	대당 일본 유학승
③ 일본	조메이 5년 정월 26일	633	吉上雄摩呂, 黑摩呂	일본→대마도	대당객(고표인)
④ 신라	조메이 11년 9월	639	?	당→일본 왕도	대당 일본 유학승
⑤ 일본	하쿠치 4년 5월 12일	653	室原首御田, 土師連八手	일본→당	당 파견 사절, 대당 유학승 등 121명
⑥ 백제, 신라	하쿠치 5년 7월 24일	654	?	당→쓰쿠시	견당사
⑦ 일본	덴지 6년 11월 13일	667	小山下伊吉連傳德	쓰쿠시→백제(?)	?
⑧ 백제	덴지 10년 11월 10일	671	沙宅孫登	?	?
⑨ 신라	덴무 2년 윤 6월 15일	674	貴干寶, 眞毛	신라→쓰쿠시	일본 파견 신라 사절
⑩ 신라	덴무 4년 2월	676	奈末 金風那 外	신라→쓰쿠시	신라 왕자 충원
⑪ 신라	덴무 5년 11월 3일	677	奈末 被珍那 外	신라→쓰쿠시	신라인 (김청평)
⑫ 신라	덴무 7년	679	奈末 加良井山 外	신라→쓰쿠시	신라 사절
⑬ 신라	지토 4년 9월 23일	690	大奈末 金高訓	당→쓰쿠시	대당 일본 유학승

573년과 653년(〈표 22〉의 ①과 ⑤)에 야마토왜의 송사가 고구려와 당나라에 각각 고구려 사절과 야마토왜의 사신과 유학생을 수송했다는 『일본서기』의 기사는 허위라는 것을 알 수 있다. 667년의 일본 송사의 기사(〈표 22〉의 ⑦)도 신빙성이 없다. 667년이 배와 인력이 없었던 657년으로부터 10년이 경과한 데 불과하고, 또 그 이후의 모든 수송을(⑧~⑬) 신라 송사가 담당했는데 유독 ⑦의 수송만을 일본 송사가 담당했다고는 생각할 수 없기 때문이다.

야마토왜 또는 일본의 해외수송 능력의 빈약성은 9세기까지 계속된 듯하다. 일본인 승려 엔닌(圓仁)이 신라인 장보고(張保皐)의 도움으로 당나라에 갈 수 있었던 것도 이러한 맥락에서 이해될 것이다.[151]

이와 같이 야마토왜의 유학생과 사신의 당나라 파견은 대부분 신라의 보호와 협조에 의해 가능했는데, 그렇다면 이들의 경유지는 어느 나라인지 알아보자. 이들의 경유지를 『일본서기』에서 보면 다음과 같다.

Q1. 스이코 16년 6월 15일, 이모코(妹子)가 아뢰기를 "신이 돌아올 때 양제(煬帝)가 글을 저에게 주었는데, 백제국을 통과할 때 백제인이 이것을 찾아내어 빼앗아 갔습니다"라고 말했다.

Q2. 조메이 12년 10월 11일, 대당의 유학승 청안과 학생 다카무코노아야히토 겐리가 신라를 거쳐 돌아왔다.

Q3. 고토쿠 하쿠치 5년 2월, 대당에 파견하는 압사 대금상 다카무코노후비토겐리, 대사 소금하 가헤헤노 오미마로, 부사 대산하 구스시 에니치, 판관 대을상 후미노아타이 마로, 미야노오비토 아미다, 소을상 오카노키미 요로시, 오키소메노 무라지 오쿠, 소을하 나카토미노 하시히노 무라지 오유, 다나헤노 후비토토리 등이 배 두 척에 나누어 탔다. 수개월이 걸려 신라도를 따라 내주[산동반도 북안(北岸)]에 도착했다.

Q4. 고토쿠 하쿠치 5년 7월 24일, 서해사 기시노나가니 등이 백제, 신라의 송사와 함께 쓰쿠시에 이르렀다.

Q5. 사이메이 2년, 서해사 사에키노 무라지 다쿠나와(佐伯連栲繩), 소산하 나니와노키시 구니카쓰(難波吉士國勝) 등이 백제에서 돌아와서 앵무

151 圓仁, 『入唐求法 巡禮行記』.

한 마리를 바쳤다.

Q6. 사이메이 3년, 서해사 소화하 아즈미노 무라지 쓰라타리, 소산하 쓰노오미 구쓰마(津臣傴僂)가 백제에서 돌아와서 낙타 한 마리와 노새 두 마리를 바쳤다.

Q7. 사이메이 4년, 서해사 소화하 아즈미노 무라지 쓰라타리가 백제에서 돌아와서 "백제가 신라를 치고 돌아갔다"라고 말했다.

Q8. 덴무 13년 12월 6일, 대당의 유학생 하지노 스쿠네 오이, 시라이노 후비토 호네 및 백제 전쟁 시 당에 포로가 된 이쓰카이노 무라지 고비토, 쓰쿠시노미야케노 무라지 도쿠코가 신라를 거쳐 귀국했다. 신라는 대나말 김물유를 파견해 오이 등을 쓰쿠시에 보냈다.

이해를 돕기 위해 위의 사료를 정리하면 〈표 23〉과 같다.

〈표 23〉 당나라에 파견된 야마토왜 사신의 경유지

연대	경유지	출발지	비고
스이코 16년(608) 6월 15일	백제국 경과	당	백제 경유 시 문서 피탈
조메이 12년(640) 10월 11일	傳신라(신라 경유)	당	
하쿠치 5년(654) 2월	取신라도(신라 경유)	당	
하쿠치 5년(654) 7월	서해사	당	백제, 신라 송사와 함께
사이메이 2년(656)	서해사	당	백제에서 귀국
사이메이 3년(657)	서해사	당	백제에서 귀국
사이메이 4년(658)	서해사	당	백제에서 귀국
덴무 13년(685) 12월 6일	傳신라(신라 경유)	당	

* 비고: 사이메이 3년과 4년은 같은 내용

〈표 20〉~〈표 23〉을 보면 야마토왜와 당나라 간의 인적 수송은 거의 전적으로 한국(백제, 신라)의 보호와 협조에 의해, 동시에 한국을 경유함으로써 이루어지고 있음을 알 수 있다. 한국을 경유한다는 것은 사료 Q1에도 나타나 있는 바와 같이 한국의 고대국가의 영향 또는 관할하에 들어간다는 것을 의미한다.

그리고 '서해의 길', '백제국 경유'는 백제 경유를 뜻하고, 서해사는 백제를 경유하는 사신을 뜻한다. 신라국 경유는 '전신라(傳新羅)', '취신라도(取新羅道)'의 용어를 사용함을 알 수 있다.

요컨대 야마토왜는 백제 패망 이전 시대는 물론이고 백제 패망 훨씬 이후의 시대까지도 한국, 특히 신라의 보호와 협조에 의해서만 사인과 유학생의 해외 파견이 가능했고, 야마토왜 자신은 그때까지 해외수송 수단과 인력을 갖추지 못했으며, 당나라에 인력을 파견할 때도 반드시 한국의 관할하에 있는 한국의 땅을 경유해서만 가능했던 것이다. 다시 말하면, 700년까지도 일본은 한국과 중국으로 가는 교통수단을 거의 전적으로 백제나 신라에 의존했고, 독자의 힘으로 사절이나 유학생을 한국이나 중국에 보낼 수 없는 시기였던 것이다.

6. 맺는말

우리는 지금까지 고대국가로서의 야마토왜의 형성 시기와 그 초기 사업으로서의 저수지와 논 개척 사업, 야마토왜의 강역과 그 경영의 네 가지 측면에 대해 알아보았는데, 특히 마지막 국가 경영의 고찰은 다시 아홉 가지 시각에서 살펴보았다.

그 결과, 우리는 그 수도 열세할 뿐만 아니라 실도 바늘도 문자도 없는 일본 원주민이 살고 있는 지역에 고도의 선진 문화를 가진 백제의 대규모 집단 이주가 이루어진 시기(5세기 초)를 일본열도 내의 최초의 고대국가의 형성 시기로 보아야 한다는 견해에 도달하게 되었다.

백제인이 집단 이주한 후에 착수한 사업은 저수지, 수로와 논 개척에 집중되어 있었는데, 이것은 그들의 가장 긴요하고도 중요한 당면 과제가 양식의 자급자족이라는 것을 고려할 때 지극히 당연하고 또한 충분히 수긍이 가는 것이었다.

이렇게 출발한 야마토왜의 강역은 처음에는 야마토·가와치 지역에서 시작해 9세기 초에는 이른바 기나이(야마토, 가와치, 야마시로, 이즈미, 세쓰)와 그 주변으로까지 넓혀져 갔다. 그러나 그들의 정치적 중심지는 백제로부터의 이주민이 집단적으로 거주하는 야마토 지역에 있었으며, 이마키군(후의 다카이치군) 지역이 핵심이었던 것이다.

고대국가로서의 야마토왜의 발전 단계는 본문에서 살펴본 바와 같이 한마디로 요약하기는 어렵다. 그러나 왕궁의 구조와 규모, 왕권의 정도, 문서의 해독, 역서의 사용, 국정 운영 담당자의 국적 등의 시각에서 본다면 백제 패망으로 인해 백제의 엘리트 이주자(약 3천여 명)가 대거 일본으로 이주한 시기부터 야마토왜는 명실공히 활기를 띠게 되었으며, 그 전까지는 주로 본국인 백제가 야마토왜를 경영했음을 알 수 있다(〈그림 3〉 참조). 그리고 야마토왜를 경영한 백제가 패망한 이후부터는 불가피하게 독자적인 국가 경영을 해왔는데, 그 초기는 시행착오가 적지 않았던 것 같다.

5세기까지의 야마토왜는 왕의 거처, 왕권, 강역 등의 시각으로 볼 때 일본열도에 산재해 있는 다른 무수한 소왕국(이것도 신라, 고구려, 가야 등 한민족이 이주해 건국했다) 중 하나와 다를 바 없는 보잘것없는 소왕국에 지나지 않았던 것으로 보인다. 목표이고 설계도일 뿐 현실로 실현되지 않은 다이호율령(701)을 인정하더라도 8세기에 들어와서 일본 고대국가의 실질이 형성되기 시작했고, 요레이령[養老令: 덴표호지(天平寶字) 원년(757)]이 발효된 8세기 중엽에 이르러서야 어느 정도 국가로서의 기틀이 잡혔다고 할 수 있는 것이다. 그러나 협소한 기나이 지역보다 더 넓은 지역의 국가 강역 또는 자체의 인력과 수단에 의한 해외수송 등의 시각에서 본다면 일본 고대국가는 9세기 초 또는 그 이후에야 국가의 틀이 잡혔다고 말할 수 있을 것이다.

야마토왜(일본) 사람들은 8세기까지 한복을 입고 김치 등 한국 음식을 먹었으며 또한 한국말을 사용하고 있다가 이것들이 한국 것과는 다른 것, 말하자면 일본의 것으로 서서히 바뀌었는데, 이러한 과정과 일본 고대국가의 발전과는 밀접한 관련이 있을 것으로 생각한다.

국호를 왜에서 일본으로 바꾸고, 땅에 기둥을 박아 세운 집이어서 20~30년이면 썩어서 그곳을 떠나야 할 오막살이 왕궁에서 한곳에서 오랫동안 정착할 수 있는 규모가 큰 기와집 왕궁의 정치 체제로 바꾼 것도, 또 덴지 2년(663) 이후의 모든 관위의 제정이나 전문적 관인(법관대보, 학직두, 대박사, 대학박사, 음박사, 서박사, 음양박사, 의박사, 주금박사 등)의 출현, 그리고 율령 없는 국가에 처음으로 율령을 제정하게 된 것도 대규모 지배층이 몽땅 야마토왜로 이주한 결과 필연적으로 생겨난 비약적인 일대 변혁, 발전이었던 것이다. 왕궁과 왕도의 성격의 시각이나 관위 사용의 시각 또는 율령제의 시각에서 본다면 진정한 의미의 고대국가는 국호를 왜에서 일본으로 바꾼 7세기 말 또는 8세기 초에 이루어졌다고 말할 수 있을 것이다. 5세기 초 백제인의 야마토 지역에의 대규모 집단 이주는 야마토왜의 형성과 관련이 있고, 백제 멸망 후의 백제의 대규모 지배층의 야마토왜 이주는 진정한 일본 고대국가 형성의 원동력이 된 것이다.

우리가 살펴본 일본 고대국가의 아홉 가지 측면에 대해서는 언급이 없이 다만 8세기 초의 크나큰 정치적 제도인 헤이조쿄의 축조나 율령 제정 등에 대해서만 언급하면서 이러한 제도는 거의 전적으로 중국의 영향 또는 중국 문물의 도입에 의한 소산이라는 것이 일본 학계의 주장이었다. 중국의 문물, 제도를 도입했다면 율령 체제 확립기(671~702)에 많은 견당사가 파견되었을 것이다. 그러나 〈표 24〉에 나타나 있는 바와 같이 이 기간 동안 열심히는 고사하고 한 번의 견당사도 없었으며, 오히려 견신라사가 여러 번 파견되었다. 그리고 선진국의 문물이나 제도의 도입에서 볼 때 후진국에서 선진국에 몇 회의 사신이 파견되는 것보다 선진국의 지식층, 관인층이 직접 도래하는 것이 훨씬 더 크나큰 공헌을 할 것이다. 이렇게 볼 때 일본에서의 율령 체제 확립은 일차적으로 다수의 백제 지배층의 일본 이주에 의해서 행해졌고, 2차적으로는 견신라사에 의해 행해졌으며, 중국 문물의 영향이라는 주장은 근거 없는 것이다.

세기별로 보면 대체로 5세기는 전란을 피해 야마토로 이주한 백제의 집단 이주민이 스스로 자치 조직을 만들어 생활하는 시기였으며, 6세기에 들어와서 백제는 야마토에 왕(게이타이)이 될 사람을 파견하는 동시에 관인, 오경박사, 승려, 역박사(易博士), 역박사(曆博士), 의박사, 음악인 등을 일정 기간 파견해 야마토왜를 경영했는데, 이러한 야마토왜 경영은 663년 본국인 백제가 패망할 때까지 계속되었다. 다시 말하면, 6세기는 백제가 명목상 또는 형식상으로 야마토왜의 왕을 세웠지

〈표 24〉 일본에서의 율령 체제의 확립

연도	한국과의 관계	중국과의 관계	율령 체제 확립 과정
659(사이메이 5)		견당사 파견	
660(사이메이 6)	백제 의자왕 항복		
661			
662			
663(덴지 2)	백제 부여군 항복, 백제 지배층 몽땅 야마토왜 이주		
664			
665(덴지 4)		견당사 파견	
667			
668(덴지 7)	고구려 평양성 함락		
669(덴지 8)		견당사 파견	
670(덴지 9)	견신라사 파견		
671(덴지 10)			오미령 시행
672			
673			
674			
675			
676(덴무 4)	견신라사 파견		
677(덴무 5)	견신라사 파견		
678			
679			
680(덴무 8)	견신라사 파견		
681			
682(덴무 10)	견신라사 파견		
683			

684			
685(덴무 13)	견신라사 파견		
686			
687(지토 1)	견신라사 파견		
688			
689			
690(지토 4)			기요미하라령 시행, 후지와라노미야 조영 착수
691			
692			
693(지토 7)	견신라사 파견		
694			
695(지토 9)	견신라사 파견		
696			
697			
698			
699			
700			
701(다이호 1)			다이호율령 반포
702(다이호 2)		견당사 파견	
703			
704			
705			
706			
707			
708(와도 1)			헤이조쿄 조영 착수

만 실질적으로는 야마토왜를 직접 직영하던 시기였던 것이다. 절은 초석입주의 기와집인 데 비해 왕의 거처는 띠로 지붕을 잇는 오막살이로 한다든가, 왕명이 가와치에도 미치지 못한다든가(안칸기 원년), 불교 도입도 혼자서는 결정할 수 없다고 왜왕이 백제가 파견한 사신에게 하소연하는 것 등은 바로 이러한 사실을 반영하는 것이다. 이렇게 볼 때 야마토왜의 역사는 3기로 나눠는데, 제1기인 5세기는 백제 이주민의 자치시대, 제2기인 6세기에서 백제 패망까지는 백제 자영시대, 그리고 제3기인 670년부터는 백제로부터의 독립시대로 말할 수 있을 것이다.

3장
백제의 야마토왜와 '일본'으로의 변신 과정

1. 머리말

지금까지 백제와 야마토왜의 관계와 야마토왜의 형성과 발전에 대해 알아보았는데, 여기서는 백제의 야마토왜와 일본으로의 변신 과정에 대해 살펴보고자 한다. 혁명이나 정변이 일어나지 않았는데도 국호를 '일본'으로 바꾸었으며, 국호를 일본으로 바꾸기 이전 시대와 이후 시대는 역사서 서술의 태도에도 크나큰 차이가 생겨났다. 다시 말하면, 국호를 바꾼 시기의 전후 시대는 국호의 변화뿐만 아니라 국가의 성격에도 변화가 일어났는데, 이러한 고대국가의 성격의 변화는 왜 일어났는가에 대해서도 알아보고자 한다.

백제의 야마토왜와 일본으로의 변신 과정이 주제이긴 하지만, 편의상 야마토왜의 강역과 백제에 의한 야마토왜의 경영에 대해서도 언급하고자 한다. 이에 대해서는 이미 별고에서 언급한 바 있으나, 되도록 중복되지 않는 측면에 대해 언급해 보충하고자 한다.

2. 야마토왜의 강역

(1) 백제의 대규모 집단 이주민과 야마토 지역

백제의 대규모 집단 이주민의 야마토 지역 정착에 대해서는 이미 언급한 바 있으므로 여기서 다시 그것을 재정리하고자 한다.[152]

오진 시대의 백제로부터의 집단 이주 관계 사료를 『일본서기』에서 보면 다음과 같다.

A1. 오진 14년(403), 궁월군이 백제로부터 왔다.

A2. 오진 14년(403) 2월, 백제의 옷 짓는 기술자가 왔는데, 구메(후의 야마토노쿠니 이마키군 구메향. 지금의 나라현 가즈하라시 구메초 부근)의 의봉의 시조가 되었다.

A3. 오진 15년(404) 8월, 백제로부터 아직기가 말을 가지고 왔는데, 야마토의 가루의 언덕 위 마구간(후의 야마토노쿠니 다카이치군 가루. 지금의 나라현 가즈하라시 오가루초 부근)에서 길렀다.

A4. 오진 16년(405) 2월, 백제로부터 왕인이 왔다.

A5. 오진 16년(405) 8월, 궁월군이 거느린 120현 백성이 신라의 방해 때문에 뒤늦게 도착했다[『신찬성씨록』에 의하면 그들은 야마토노쿠니 가쓰라야마(葛山)군 아사즈마. 지금의 나라현 고세시 일대에 거주했다].

A6. 오진 20년(409), 아치노오미와 그의 아들 쓰카노오미가 17현의 백성을 거느리고 왔다(『속일본기』에 의하면 야마토노쿠니 다카이치군은 백제에서 온 17현 백성으로 땅이 가득 차 타국의 사람은 열 명 중 하나둘 정도였다).

---

152 최재석, 「백제의 야마토왜의 형성과 발전」, 『동방학지』 65, 1990.

위에서 개별 이주인 A_2~A_4는 집단 이주인 A_5 또는 A_6과 함께 야마토왜로 이주했다고 보아야 할 것이다. 당시[『삼국사기』 근초고왕 24년(369)~아신왕 8년(389) 조] 고구려와 사투를 계속해 국토가 축소되는 위급 상황이었으므로 평화 시처럼 독자적·개별적으로 올 수 있는 시기가 아니었기 때문이다. 그리고 A_1과 A_5는 동일 집단의 이주를 나타낸다. 그러고 보니 백제로부터의 야마토왜 대규모 집단 이주는 A_5와 A_6으로 귀착된다. 그런데 위의 A_2와 A_3은 개별 이주로 되어 있지만, 이는 백제인의 일본열도 내에서의 정착지를 명시해준다는 점에서 중요한 사료가 된다.

백제인의 집단 정착지를 정리해보면 야마토의 이마키군과 가쓰라야마군임을 알 수 있다. 즉 오진 16년에 백제에서 이주한 120현민이 정착한 지역이나 오진 20년 역시 백제에서 이주한 17현민이 정착한 지역이 인접 지역이긴 하나 다 같이 야마토 지역인 점은 동일하다고 하겠다.

- 백제의 옷 짓는 기술자의 정착지: 야마토노쿠니 이마키군(다카이치군) 구메향(지금의 나라현 가즈하라시 구메초)
- 백제의 아직기의 정착지: 야마토노쿠니 이마키군 가루(지금의 나라현 가즈하라시 오가루초)
- 백제의 120현민의 정착지: 야마토노쿠니 가쓰라야마군 아사즈마(지금의 나라현 고세시)
- 백제의 17현민의 정착지: 야마토노쿠니 이마키군(지금의 나라현 다카이치군 히노쿠마)

백제의 옷 짓는 기술자가 정착한 곳인 구메향에 오진왕이 자기 거처를 정했고, 아직기가 정착해 말을 사육한 곳에 조메이왕이 거처를 정했으며, 백제 120현민이 정착한 곳에 조작된 왕일망정 효소왕(孝昭王)이 왕가(王家)를 세웠음을 알 수 있다. 더욱이 백제의 17현 백성이 이주해 그들로 가득 차 있는 다카이치군(이마키군)에(앞의 사료 A_6 참조) 야마토왜의 역대 왕의 왕가 내지 거처가 집중되어 있다는 사실(〈표 25〉 참조)은 백제민이 대규모로 야마토로 이주해 야마토왜라는 국가를 건설했음을 알게 해준다.

백제, 신라, 고구려로부터 일본에 이주한 자 가운데 이주의 횟수나 이주자의 수 측면에서 가장 두드러진 것은 백제로부터의 이주인데, 특

〈표 25〉 거의 백제 이주민만이 거주하는 야마토노쿠니 다카이치군에 왕가를 세운 왕

왕명	高市郡 久米鄕(來目) (奈良縣 橿原市 久米町)	高市郡 輕 (奈良縣 橿原市 大輕町)	그 밖의 高市郡 (奈良縣 高市郡)
오진	○		
안코우			○
센카			○
긴메이			○
비다쓰			○
스이코			○
조메이		○	○
고쿄쿠			○
사이메이			○
덴무			○
지토			○

히 오진 시대의 대규모 집단 이주의 기록은 매우 주목할 만하다. 문화 수준이 매우 낮은 원주민 사회에 고도의 선진 문화 수준을 가진 이주자가, 그것도 대규모 집단 이주의 형식을 취할 때 어떤 정치적 상황이 전개될 것인가는 신천지인 북미나 호주에 앵글로색슨족이 집단 이주한 후에 그곳에 전개된 정치 상황의 예를 들지 않더라도 짐작할 수 있을 것이다.

그러나 이 다카이치군의 백제로부터의 대규모 집단 이주에 관한 『일본서기』의 기사에 대해 『속일본기』로부터 현재의 일본 고대사학자에 이르기까지 시종 한결같이 집요하게 이 기사는 역사적 사실이 아니라 전설, 조작이며, 중국인에 관한 기사라고 주장하고 있다.[153] 한 예로, 쓰다 소키치는 야마토왜의 정치 중심지인 다카이치군에 '귀화인'이 거주했다는 것은 순전히 조작된 기사라고 누차 주장했다.[154]

그러나 이 『일본서기』의 기사는 『삼국사기』 「백제본기」의 기사 중 다음과 같은 기사와 일치하거나 밀접한 관계가 있으므로 『일본서기』의 기사는 역사적 사실의 기록으로 보아야 한다.

첫째, 일본에 이주한 백성의 국적이 『삼국사기』와 『일본서기』 다 같이 백제라는 점.

둘째, 『삼국사기』에서 백제를 떠난 기년(399)과 『일본서기』에서 일본에 이주한 기년(403~405)과의 전후 관계나 그 시간적 거리에서 무리가 없는 점.

셋째, 백제인이 경유한 지역이 『삼국사기』와 『일본서기』 모두 타국

---

153 최재석, 위의 논문.

154 최재석, 「쓰다 소키치의 일본 고대사론 비판」, 『민족문화연구』 23, 1990.

〈그림 4〉 백제의 집단 이주민의 정착지

(신라)이라는 점.

넷째, 두 역사서 모두 그 이주 단위가 개인이 아니라 집단이라는 점.

다섯째, 두 역사서 모두 집단 이주의 규모가 대규모라는 점(『삼국사기』는 백제의 호구가 많이 줄어들 정도라고 표현하고, 『일본서기』는 120현민이라 표현함).

여섯째, 『삼국사기』가 기술하는 백제인이 백제를 떠난 이유가 타당하다는 점.

이상의 이유로 『삼국사기』와 『일본서기』에서 백제인이 신라를 거쳐 일본에 집단 이주한 것은 확실히 사실로 인정된다. 여기서 한 가지 지적해두어야 할 것은 700년까지도 야마토라는 명칭이 없었다는 사실이다. 따라서 야마토노쿠니도 없었으며, 국(國: 지방행정단위)의 하위 조직인 군도 없었다. 정착 초기에는 단지 나라 지역에 해당하는 지역 안의 여러 곳에 흩어져 여러 부락을 형성해 생활하다가 인구가 증가함에 따라 점차로 그 영역을 주변으로 확대해 나갔는데, 후에 행정 조직으로 국과 군이 생기자 야마토노쿠니 또는 야마토노쿠니 이마키군(다카이치군)으로 불렸던 것으로 생각된다.

이렇게 야마토왜의 강역은 처음에는 야마토에서 시작해 점점 그 영역을 확대해 나가다, 다음 절에서 보게 되겠지만, 9세기 초에는 기나이 지방(야마토, 가와치, 야마시로, 이즈미, 세쓰)을 그 강역으로 하게 됨을 알 수 있다.

(2) 초기의 강역으로서의 야마토 지역

야마토의 이마키군과 가쓰라야마군 일원에 이주 정착한 백제의 이주민은 점차로 그 영역을 확대해 나갔는데, 여기서는 왕의 거처가 있는 지역, 절의 위치, 실질적인 천황이었던 소가씨 4대의 시정 지역의 세 가지 측면에서 야마토왜의 초기 강역을 알아보고자 한다. 『일본서기』에는 기록되어 있지 않지만 지리적 해로 교통상으로 보아 백제로부터의 이주민의 지도자들은 가와치, 미나미 세쓰(南攝津) 방면에도 있었을 것이다.

① 왕의 거처가 있는 지역

왕의 거처가 고정적으로 한곳에 정착한 8세기 초까지는 대체로 왕의 거처는 여러 곳으로 옮겨졌다.[155] 천황마다 이리저리 옮기는 왕궁의 위치를 보면 당시의 정치 상황 또는 고대국가의 강역을 알 수 있다. 왕의 거처의 위치를 정리하면 〈표 26〉과 같다.

우리는 이를 통해 천황마다 옮기는 왕궁의 위치는 대개 야마토에 위치했으며, 그 이외의 지역으로 옮기는 일이 있다고 하더라도 그 사례는 얼마 되지 않으며, 그 범위도 기나이를 벗어나지 못함을 알 수 있다.

② 절의 위치로 본 강역

『일본서기』에 의하면 700년 당시 야마토왜에는 일단의 백제인(승려, 영조율사, 사공, 노반박사, 와박사, 화공)이 건너가서 세운 아스카데라를 비롯해 도합 20개의 절이 있는 것으로 되어 있다. 이러한 사찰이 당시 야마토왜 사람들의 종교 생활에 중심적 기능을 한 것은 물론이다. 이제 이러한 기능을 한 사찰의 소재를 알아보고자 한다.

---

155 왕궁의 구조와 왕도의 이동에 대해서는 최재석, 「백제의 야마토왜의 형성과 발전」, 『동방학지』 65, 1990 참조.

〈표 26〉 왕궁의 위치

왕명	大和	攝津, 河内	山城	近江
오진	○	○		
닌토쿠		○		
리추	○			
한제		○		
인교		언급 없음		
안코우	○			
유랴쿠	○			
세이네이	○			
겐조	○			
닌켄	○			
부레쓰	○			
게이타이	○		○	
안칸	○			
센카	○			
긴메이	○			
비다쓰	○			
요메이	○			
스슌	○			
스이코	○			
조메이	○			
고쿄쿠	○			
고토쿠			○	
사이메이	○			
덴지				○
덴무	○			
지토	○			

〈표 27〉 절의 위치

절 이름	大和			攝津	山城
	高市郡 飛鳥	그 밖의 高市郡	高市郡 外		
飛鳥寺(元興寺, 法興寺)	○				
川原寺	○				
橘寺	○				
檜隈寺	○				
坂田寺(金剛寺)	○				
大窪寺		○			
輕寺		○			
高市大寺		○			
梓削寺		○			
藥師寺		○			
斑鳩寺(法隆寺)			○		
大井寺			○		
百濟大寺 (大寺, 大官大寺)			○		
巨勢寺			○		
櫻井寺(向原寺, 豊浦寺)			○		
山田寺(淨土寺)			○		
吉野寺			○		
大別王寺				○	
四天王寺				○	
秦寺(峰岡寺)					○

〈표 27〉에도 나타나 있는 바와 같이 사찰이 세쓰와 야마시로에 존재하기도 하나 대부분은 야마토에 집중되어 있다. 왕의 거처의 위치와 거의 동일함을 알 수 있다.

③ 소가씨 4대의 시정 지역

소가노 이나메, 우마코, 에미시, 이루카 등의 소가 4대(536~645)의 시대는 그들이 실질적 천황으로 야마토왜를 다스린 시대로 볼 수 있을 것이다.[156] 따라서 우리는 그들 4대의 시정 지역을 살펴봄으로써 당시의 야마토왜의 강역을 짐작할 수 있을 것이다. 여기서 소가씨 4대의 활약 또는 시정 지역 가운데 대표적인 곳을 보면 다음과 같다.

B1. 긴메이 13년 10월, 아직 불교가 보급되기 전에 소가노 이나메가 불상을 오하리다의 집(야마토노쿠니 다카이치군 아스카촌)에 안치하고 정성 들여 불도를 닦았다.

B2. 긴메이 17년 10월, 소가노오오미 이나메 스쿠네가 야마토노쿠니 다카이치군[지금의 나라현 가즈하라시 미세초(見瀬町)]에 나가서 백제인이 경영하는 대규모의 둔창과 고구려인이 경영하는 소규모의 둔창을 설치했다.

B3. 긴메이 23년 8월, 소가노 이나메 오오미(蘇我稻目大臣)가 두 여자를 받아들여 처로 삼고 가루(야마토노쿠니 다카이치군. 지금의 나라현 가즈하라시 오가루초 부근)의 곡전(曲殿)에 살게 했다.

B4. 비다쓰 원년 5월, 고려의 사신을 사가라카관(야마시로노쿠니 사가라카군 사가라카. 지금의 교토부 사가라카군 세이카초 야마다 부근)에서 접대했다.

B5. 비다쓰 13년, 우마코 스쿠네, 이케베노 아타이히타, 시바 다쓰토는 불법을 깊이 믿고 수업을 게을리하지 않게 되었고, 우마코 스쿠네는 이시카와의 집(야마토노쿠니 다카이치군 이시카와. 지금의 나라현 가즈하라시 이

156 소가씨에 대해서는 최재석, 위의 논문 참조.

시카와초)에 불전을 만들었는데, 불법의 시작은 이때부터다.

B6. 비다쓰 14년 2월 15일, 소가노 우마코 오오미는 불탑(사리탑)을 오노 언덕[야마토노쿠니 다카이치군. 지금의 나라현 가즈하라시 와다초(和田町)]에 세워 법회, 재식을 하고 사리를 탑심주(塔心柱) 아래에 넣었다.

B7. 비다쓰 14년 3월 30일, 모노노베노유게노 모리야노오무라지가 불상과 불전을 불태워버렸으며, 매우 한탄하며 울부짖는 자들을 쓰바키치[야마토노쿠니 다카이치군. 지금의 나라현 사쿠라이시 가네야의 정(亭)]에서 채찍질했다.

B8. 요메이 2년 4월 2일, 이하레(야마토노쿠니 도치군)의 강가에서 신상(新嘗)의 큰 제사가 행해졌다.

B9. 스이코 34년 5월 20일, 소가노 우마코 오오미가 죽어서 모모하라노하카[桃原墓: 야마토노쿠니 다카이치군 아스카촌, 이른바 아스카 이시부타이(石舞臺)의 고분]에 묻었다.

B10. 스이코 34년 5월 20일, 소가노 우마코 오오미는 삼보(三贊: 불법)를 외경(畏敬)했으며, 아스카 강가(야마토노쿠니 다카이치군 아스카)에 집이 있었다.

B11. 고쿄쿠 원년 4월 10일, 소가노오오미는 우네비의 집(야마토노쿠니 다카이치군)으로 백제의 교기 등을 모시고 대화했다.

B12. 고쿄쿠 원년 12월, 거국적인 백성과 180부곡을 사역해 생전에 쌍묘를 이마키(야마토노쿠니 가쓰라야마군 이마키. 지금의 고세시 동남)에 만들고, 하나는 대릉이라 하고 에미시의 묘로, 또 하나는 소릉이라 하고 이루카의 묘로 했다.

B13. 고쿄쿠 3년 11월, 소가노오오미 에미시와 아들 이루카는 집을 우마카시노오카(야마토노쿠니 다카이치군 아스카촌)에 나란히 짓고, 대신의 집

은 '상궁문', 이루카의 집은 '곡궁문'이라 불렀다.

우리는 위에서 당시 야마토왜의 실권력자로 군림했던 소가씨 4대의 활동 무대나 시정 지역이 야마토를 넘지 못함을 알 수 있다. 야마토 가운데서도 백제의 대규모 집단 이주민이 정착했던 다카이치군이 그들의 활동 무대였던 것이다.

(3) 7~9세기의 강역

우리는 앞 절에서 왕궁의 위치, 절의 위치, 소가 4대의 시정 지역 등을 살펴보았는데, 여기서는 사회복지사업이 실시된 지역, 성(姓)을 하사받은 사람의 거주 지역, 왕정이 미친 지역 등을 살펴보고 9세기 초에 편집된 『신찬성씨록』에 수록된 씨족의 거주 지역을 살펴보고자 한다.

① 사회복지사업이 실시된 지역

고대 사회의 사회복지사업은 어느 사회를 막론하고 환과고독(鰥寡孤獨), 병자, 가뭄 및 홍수 피해자의 구제에 한정되어 있다.[157] 야마토왜에서의 사회복지사업을 『일본서기』에서 시대순으로 보면 다음과 같다.

C1. 지토 4년(690) 정월 17일, 환과고독, 병자, 빈곤해 자존(自存)하지 못

---

157 한국 고대 사회의 사회복지사업에 대해서는 최재석, 『한국 고대사회사 연구』, 일지사, 1987의 제3장 「고구려의 사회복지」, 제6장 「백제의 사회복지」, 제10장 「신라의 사회복지」 참조.

하는 자에게 벼를 주고 조역(調役)을 면제했다.

C2. 지토 4년(690) 3월 20일, 수도와 기나이의 사람들 중 나이 80 이상인 자에게 벼를 20속씩 주었다.

C3. 지토 4년(690) 4월 7일, 수도와 기나이의 노인 5,031명에게 벼를 20속씩 주었다.

C4. 지토 6년(692) 3월 19일, 행차하는 시마[志摩: 지금의 미시(三志)현 시마군]의 백성 중 나이 60세 이상인 자에게 벼를 50속씩 주었다.

C5. 지토 6년(692) 3월 29일, 명해 천하의 백성 중 빈곤해 궁한 자에게 벼를 주되 남자에게는 3속, 여자에게는 2속을 주었다.

C6. 지토 11년(697) 정월 11일, 천하의 환과고독, 병자, 가난한 자들에게 각각 차등을 두어 벼를 주었다.

야마토왜에서의 사회복지사업은 환과고독, 병자, 가난한 자에게만 양식을 주고 조역을 면제하고 있으며, 자연재해자(가뭄, 수해, 메뚜기, 서리, 해충, 지진, 화재 등)는 사회복지 실시 대상에서 제외되어 있다. 또 사회복지의 방법도 아주 단순함을 알 수 있다. 사회복지 대상자에 자연재해자도 포함될 뿐만 아니라 사회복지 방법도 꽤나 다양한 백제, 고구려, 신라의 사회복지와는 대조적이다. 두 번째로 눈에 띄는 것은 야마토왜의 사회복지사업은 지토 4년(690)에 이르러 처음으로 시행되었다는 점이다. 이렇기 때문에 이 사회복지사업의 발상과 실시도 백제 멸망 후 백제의 엘리트층이 모두 야마토왜로 이주한 것과 밀접한 관련이 있는 듯하다. 다시 말하면, 690년의 사회복지사업과 역서 사용도, 다음 해인 691년의 역박사(曆博士) 출현도 모두 663~669년 사이에 야마토왜로 대거 이주한 백제의 정치 지배층의 활약의 결과인 것이다.

그 전까지는 국정을 이끌어갈 인재가 야마토왜에는 없었던 것이다. 그리고 세 번째로 주목되는 것은 이러한 사회복지사업이 기나이에만 실시되었다는 점이다. 사회복지사업이 기나이에만 실시되었다는 것은 바로 당시의 강역이 기나이라는 것을 뜻하는 것이다. 사료 중에 '천하'라는 용어가 두 번 있으나 다른 제도와의 관계나 전후 관계로 보아 그것이 기나이임이 틀림없을 것이다.

② 성을 하사받은 사람의 거주 지역

앞에서 사회복지사업이 행해진 지역을 살펴보았는데, 지금부터는 성(姓)을 하사받은 사람의 거주 지역은 어디인지 알아보고자 한다. 『일본서기』는 어느 정도 많은 사람에게 성을 하사한 기사를 다음과 같이 기술하고 있다.

① 덴무 10년 4월 12일, 14씨에 성을 하사하다[사성(賜姓)].
② 덴무 12년 9월 23일, 38씨에 성을 하사하다.
③ 덴무 12년 10월 5일, 14씨에 성을 하사하다.
④ 덴무 13년 10월, 13씨에 성을 하사하다.
⑤ 덴무 13년 11월, 52씨에 성을 하사하다.
⑥ 덴무 13년 12월 2일, 50씨에 성을 하사하다.
⑦ 덴무 14년 6월 20일, 11씨에 성을 하사하다.

성을 하사받은 사람의 거주 지역을 살펴보면 다음 A~G와 같다.

A. 덴무 10년 4월 12일 성을 하사받은 사람의 거주 지역	
1. 錦織造小分	姓氏錄의 河内 · 和川 諸藩에 錦部連 있음
2. 田井直吉摩呂	?
3. 次田倉人椹足	?
4. 石勝	?
5. 川内直縣	河内國(姓氏錄)
6. 忍海造鏡	河内國(姓氏錄)
7. 荒田	?
8. 能麻呂	忍海造能麻呂이며 忍海部는 上記 6 참조
9. 大狛造百枝	河内國
10. 足坏	大貊造坏이며 大貊部는 上記 9 참조
11. 倭直龍麻呂	大和國
12. 門部直大嶋	大和國(姓氏錄)
13. 宍人造老	?
14. 山背狛烏賊麻呂	山城國

B. 덴무 12년 9월 23일 성을 하사받은 사람의 거주 지역	
1. 倭直	大和國
2. 栗隈首	山城國
3. 水取造	左京 · 右京(姓氏錄)
4. 矢田部造	攝津國(姓氏錄)
5. 藤原部造	?
6. 刑部造	?
7. 福草部造	左京 · 右京(姓氏錄)

8. 凡河内直	河内國
9. 川内漢直	河内國
10. 物部首	大和國(姓氏錄)
11. 山背直	山城國
12. 葛城直	?
13. 殿服部造	?
14. 門部直	大和國(姓氏錄)
15. 錦織造	河内國
16. 緩造	大和國(姓氏錄)
17. 鳥取造	?
18. 來目舍人造	大和國(大和國에 來自이라는 지명이 있음)
19. 檜隈舍人造	左京(姓氏錄) 또는 大和國(大和國에 檜隈라는 지명이 있음)
20. 大狛造	河内國(姓氏錄)
21. 秦造	山城國
22. 川瀨舍人造	近江國
23. 倭馬飼造	大和 또는 河内國
24. 川内馬飼造	河内國
25. 黃文造	山城國(姓氏錄)
26. 蓆集造	大和國(姓氏錄)
27. 勾筥作造	?
28. 石上部造	?
29. 財日奉造	?
30. 泥部造	?

31. 宍穂部造	?
32. 白髮部造	山城國(姓氏錄)
33. 忍海造	河内國(姓氏錄)
34. 羽束造	?
35. 文首	河内國
36. 小泊瀨造	?
37. 百濟造	左京(正倉院 文書)
38. 語造	?

C. 덴무 12년 10월 5일 성을 하사받은 사람의 거주 지역	
1. 三宅吉士	河内國
2. 草壁吉士	河内國
3. 伯耆造	?
4. 船史	河内國
5. 壹伎史	左京 · 右京(姓氏錄)
6. 娑羅羅馬飼造	河内國(姓氏錄)
7. 菟野馬飼造	河内國(姓氏錄)
8. 吉野首	大和國(姓氏錄)
9. 紀酒人直	?
10. 采女造	?
11. 阿直史	右京(姓氏錄)
12. 高市縣主	右京 · 和泉(姓氏錄)
13. 磯城縣主	大和國

14. 鏡作造	大和國(和名抄)

D. 덴무 13년 10월 성을 하사받은 사람의 거주 지역	
1. 守山公	左京(姓氏錄)
2. 路公	左京(姓氏錄)
3. 高橋公	?
4. 三國公	左京 · 右京 · 山城(姓氏錄)
5. 當麻公	右京(姓氏錄)
6. 茨城公	?
7. 丹比公	右京(姓氏錄)
8. 猪名公	右京 · 攝津(姓氏錄)
9. 坂田公	左京(姓氏錄)
10. 羽田公	左京(姓氏錄)
11. 息長公	左京(姓氏錄)
12. 酒人公	大和國(姓氏錄)
13. 山道公	左京 · 右京(姓氏錄)

E. 덴무 13년 11월 성을 하사받은 사람의 거주 지역	
1. 大三輪君	大和 磯城地方의 豪族
2. 大春日臣	大和 添上郡 春日鄕(和名抄: 지금의 奈良市 春日野町 부근)을 근거로 하는 豪族
3. 阿倍臣	?
4. 巨勢臣	?
5. 膳臣	(姓氏錄 左京皇別 高橋朝臣 高橋氏文에 膳臣에게 高橋의 姓을 下賜)

6. 紀臣	(姓氏錄 左京 · 右京 皇別에 紀朝臣)
7. 波多臣	波多는 大和國의 地名; 大和國 高市郡 波多鄕(和名抄)(지금의 奈良縣 高市郡 明日香 畑, 同 高取町부근)
8. 物部連	?
9. 平群臣	?
10. 雀部臣	(姓氏錄 左京皇別에 雀部朝臣)
11. 中臣連	(朝廷의 祭祀 管掌)
12. 大宅臣	大和國 添上郡 大宅鄕(지금의 奈良市 南部; 和名抄)(姓氏錄 河内 皇別에 大宅臣)
13. 粟田臣	山城國 愛宕郡 上粟田 下粟田(和名抄)(지금의 京都市 左京區 岡崎 부근)
14. 石川臣	(姓氏錄 左京皇別에 石川朝臣)
15. 櫻井臣	(姓氏錄 左京皇別에 櫻井朝臣)
16. 采女臣	(姓氏錄 左京皇別에 采女朝臣)
17. 田中臣	(姓氏錄 左京皇別에 田中朝臣)
18. 小墾田臣	大和國 高市郡의 地名(지금의 奈良縣 高市郡 明日香村 豊浦 부근)
19. 穗積臣	(姓氏錄 左京神別에 穗積朝臣 · 穗積臣)
20. 山背臣	山城國
21. 鴨君	大和國 葛山郡 居住(姓氏錄 大和神別에 賀茂朝臣)
22. 小野臣	(姓氏錄 山城皇別에 小野朝臣 · 小野臣)
23. 川邊臣	?
24. 櫟井臣	大和國 添上郡의 地名(지금의 奈良縣 天理市 櫟之本 부근) (姓氏錄 左京皇別에 櫟井臣)
25. 柿本臣	大和國 添上郡의 地名
26. 輕部臣	?
27. 若櫻部臣	?

28. 岸田臣	大和國 山邊郡의 地名(지금의 奈良縣 天理市 岸田)(姓氏錄 右京皇別에 岸田朝臣)
29. 高向臣	(姓氏錄 左京皇別에 高向朝臣)
30. 宍人臣	(姓氏錄 左京皇別에 宍人朝臣)
31.來目臣	大和國 高市郡 久米鄕(지금의 奈良縣 橿原市 久米町 부근)
32. 犬上君	犬上은 近江國의 地名(지금의 滋賀縣 犬上郡)
33. 上毛野郡	郡馬縣 地方
34. 角臣	?
35. 星川臣	?
36. 多臣	?
37. 胸方君	筑前國 → 大和國 城上郡 登英山(奈良縣 櫻井市 外山)
38. 車持君	(姓氏錄 左京皇別에 車持公)
39. 綾君	讚岐國 阿野郡(지금의 香川縣 綾歌郡 東部 · 坂出市)
40. 下道臣	備中國 下道郡(지금의 岡山縣 吉備郡 · 川上郡)
41. 伊賀臣	伊賀國 伊賀郡(지금의 三重縣 名賀郡의 東半部)
42. 阿閉臣	伊賀國 阿拜郡(지금의 三重縣 阿山郡 西部 · 上野市)
43. 林臣	(姓氏錄 左京 · 河內 皇別에 林朝臣)
44. 波彌臣	波彌는 近江國의 地名
45. 下毛野君	栃木縣 地方
46. 佐味君	(姓氏錄 左京皇別에 佐味朝臣)
47. 道守臣	(姓氏錄 左京皇別에 道守朝臣, 右京 · 山城 · 攝津 · 皇別에 道守臣, 姓氏錄 左京 · 河內 · 和泉皇別에 道守朝臣, 河內皇別에 道守臣)
48. 大野君	(姓氏錄 右京皇別에 大野朝臣)
49. 坂本臣	?

50. 池田君	(姓氏錄 左京皇別에 池田朝臣)
51. 玉手臣	(姓氏錄 左京皇別에 玉手朝臣)
52. 笠臣	備中國 小田郡(지금의 岡山縣 小田郡 · 笠岡市)(姓氏錄 右京皇別에 笠朝臣 · 笠臣)

F. 덴무 13년 12월 2일 성을 하사받은 사람의 거주 지역	
1. 大伴連	(軍事 奉仕 大族)
2. 佐伯連	(姓氏錄 左京皇別에 佐伯宿禰)
3. 阿曇連	(姓氏錄 右京皇別에 安曇宿禰, 河内神別에 安曇連)
4. 忌部連	(朝廷의 神事 奉仕)
5. 尾張連	?
6. 倉連	(姓氏錄 和泉神別에 椋連)
7. 中臣酒人連	(姓氏錄 左京神別에 中臣酒人宿禰)
8. 土師連	(朝廷의 土器製作 · 喪葬 奉仕)
9. 掃部連	(朝廷의 清掃 · 鋪設 奉仕)
10. 境部連	(姓氏錄 左京 · 右京 神別에 坂合部宿禰)
11. 櫻井田部連	?
12. 伊福部連	?
13. 巫部連	(姓氏錄 左京 · 攝津 神別에 巫部宿禰, 山城 · 和泉 神別에 巫部連)
14. 忍壁連	?
15. 草壁連	(姓氏錄 山城 · 攝津 皇別에 日下部宿禰, 河内皇別에 日下部連: 草壁은 日下部 · 草香部라고도 씀)
16. 三宅連	?
17. 兒部連	(姓氏錄 左京神別에 子部)

18. 手襁丹比連	(姓氏錄 河内神別에 襷多治比宿禰)
19. 靫丹比連	(王室 측근의 警衛를 위한 靫負를 管掌)
20. 漆部連	(漆器 製作)
21. 大湯人連	(貴人의 子의 養育)
22. 若湯人連	(姓氏錄 左京 · 攝津 神別에 若湯坐宿禰)
23. 弓削連	(姓氏錄 左京 · 河内 神別에 弓削宿禰)(弓削部 管掌)
24. 神服部連	(神服部 管掌)
25. 額田部連	?
26. 津守連	攝津
27. 縣犬養連	(姓氏錄 左京神別에 縣犬養宿禰)(犬養部 管掌, 宮廷警衛)
28. 稚犬養連	(姓氏錄 河内 · 和泉 神別에 若犬養宿禰)(犬養部 管掌, 宮廷警衛)
29. 玉祖連	(姓氏錄 左京 · 河内 神別에 玉祖宿禰)
30. 新田部連	(田部 管掌, 屯倉 耕作)
31. 倭文連	(姓氏錄 大和神別에 委文宿禰)(倭文部〈織物製作〉 管掌)
32. 氷連	(姓氏錄 左京神別에 氷宿禰, 河内神別에 氷連)(氷室의 얼음 管掌)
33. 凡海連	(姓氏錄 右京 · 攝津 神別에 凡海連)(海部 管掌, 海產物 貢上 奉仕)
34. 山部連	(山部 管掌, 山林 管理)
35. 矢集連	(姓氏錄 右京神別에 箭集宿禰, 左京神別에 矢集連)
36. 狹井連	(姓氏錄 山城神別에 佐孚宿禰, 左京神別에 佐部連: 狹井은 佐部라 쓰기도 하고 狹井은 大和國 城上郡의 地名: 지금의 奈良縣 櫻井市 三輪町)
37. 爪工連	(姓氏錄 左京神別에 爪工連)(爪工部 管掌, 翳의 製作 담당)
38. 阿刀連	(姓氏錄 左京 · 山城 神別에 阿刀宿禰)
39. 茨田連	茨田은 河内國의 地名(姓氏錄 河内皇別에 茨田宿禰, 右京 · 山城 皇別에 茨田連)
40. 田目連	(姓氏錄 右京神列에 多米宿禰, 左京神別에 多米連)(田目은 多米와 同一)

41. 少子部連	(姓氏錄 左京皇別에 小子部宿禰, 和泉皇別에 小子部連)(난쟁이인 小子部 管掌, 宮中 雜事奉仕)
42. 菟道連	(姓氏錄 山城神別에 宇治宿禰, 河內 · 和泉 神列에 宇治部連)(菟道連은 宇治部連과 同一)
43. 小治田連	(姓氏錄 左京神別에 小治田宿禰)
44. 猪使連	?
45. 海犬養連	(犬養部 管掌, 宮廷警衛)
46. 間人連	(姓氏錄 左京皇別에 間人宿禰)
47. 舂米連	(姓氏錄 左京神別에 舂米宿禰)
48. 美濃矢集連	美濃國 可兒郡 矢集鄕(지금의 岐阜縣 可兒郡 可見町 矢戶)
49. 諸會臣	?
50. 布留連	?

G. 덴무 14년 6월 20일 성을 하사받은 사람의 거주 지역	
1. 大倭連	大和國(姓氏錄)
2. 葛城連	?
3. 凡川內連	河內國
4. 山背連	山城國
5. 難波連	河內國(姓氏錄)
6. 紀酒人連	?
7. 倭漢連	大和國
8. 河內漢連	河內國
9. 秦連	山城國
10. 大隅直	大隅國
11. 書連	河內國

이상의 사료에 의해 다음과 같은 사정을 알 수 있다.

성을 하사받은 사람이 비교적 적은 A(14명), C(14명), D(13명), G(11명)의 경우는 거의 전부가 기나이에 거주하는 사람임을 알 수 있다. 성을 하사받은 사람이 비교적 많은 B(38명), E(52명), F(50명)의 경우도,

〈표 28-1〉 성을 하사받은 사람의 거주 지역(B)

大和	山城	王都	攝津	河内	近江	大和 또는 河内	불명	계
6	5	4	1	7	1	1	13	38

〈표 28-2〉 성을 하사받은 사람의 거주 지역(E)

大和	山城	近江	備中	伊賀	讚皎	郡馬縣	栃木縣	左京	右京	左京 · 右京 左京 · 河内 左京右京 · 朝廷奉仕	불명	계
11	3	2	2	2	1	1	1	9	5	4	11	52

〈표 28-3〉 성을 하사받은 사람의 거주 지역(F)

左京	7	右京 · 攝津 · 山城 · 和泉	1
右京	2	大和	1
左京 · 右京	4	河内	1
朝廷奉仕	11	攝津	1
左京 · 攝津	1	和泉	1
左京 · 河内	2	河内 · 和泉	1
左京 · 山城	2	河内 · 山城	1
左京 · 和泉	1	河内 · 山城 · 攝津	1
右京 · 攝津	1	美濃國	1
右京 · 河内	1	불명	8
右京 · 河内 · 山城	1	계	50

기나이 이외의 지역도 있기는 하나 역시 대부분이 그곳에 거주한 사람이었다.

③ 실제로 왕정이 미친 지역의 범위

실제로 야마토왜의 왕정이 미친 지역의 범위를 『일본서기』에서 보면 다음과 같다.

D1. 유랴쿠 7년, 드디어 손끝 기술자들을 야마토노쿠니 아토의 히로쓰[가와치노쿠니 시부카와(澁川)군 아토베(跡部)향. 지금의 오사카부 야오(八尾)시 우에마쓰초(植松町) 부근]에 살게 했다.

D2. 긴메이 7년 7월, 야마토노쿠니의 이마키군에서 보고가 있었다. "(……) 가와라노타미노 아타히미야(川原民宮)는 히노쿠마읍(나라현, 다카이치군 아스카촌 히노쿠마) 사람이라고 했다.

D3. 긴메이 13년 10월, 그래서 "백제왕 신(臣) 명(明)은 부신(部臣) 노리사치계를 파견해 제국에 전해 올리고 기나이에 보급시키고자 합니다. 부처께서 '내 법은 동쪽으로 전해진다'고 하신 것을 실현하는 것입니다"라고 말했다.

D4. 긴메이 17년 10월, 소가노오무라지 이나메 스쿠네 등을 야마토노쿠니의 다카이치군에 파견해[조작 이전의 기사는 '소가노 이나메가 야마토노쿠니의 다카이치군의 한인'이었을 것이다] 한인(백제인)이 경영하는 대규모 둔창과 고구려인이 경영하는 소규모 둔창을 설치했다.

D5. 스이코 15년 겨울, 야마토노쿠니에 다카이치노이케(高市池: 다카이치군 소재), 후지하라노이케(藤原池: 다카이치군 소재), 가타오카노이케(肩岡池: 가쓰게군 葦田池), 스가하라노이케(菅原池: 소후노시모쓰군 스가하라 소

재)를 만들었다.

D6. 다이카 원년 8월 5일, 야마토노쿠니의 6현[다카이치, 가스라기(葛木), 도치, 시키(志貴), 야마베, 소후(曾布)]에 파견되는 사신은 호적을 만들고 동시에 전답을 조사하라고 말씀하셨다.

D7. 다이카 2년 정월 1일, [개신(改新)의 명] 제2, 수도를 정비하고 기나이 나라들의 국사(國司), 군사(郡司), 관새(關塞), 척후(斥候), 방인(防人), 역마, 전마(傳馬)를 설치해 영(鈴)과 계(契)를 만들어 산하(山河)의 구획을 정하라. (……) 기나이란 동쪽은 나바리(名墾)의 요코카하[橫河: 이가(伊賀) 나나가(名張)군. 지금의 미에(三重)현 나가(名賀)군의 서반부 나나가시의 나나가천]까지, 남쪽은 기이(紀伊)의 세노야마[兄山: 기노쿠니(紀伊國) 기(紀)천 중류 북쪽 봉우리, 와카야마(和歌山)현 이토(伊都)군 가쓰라기초(葛城町)에 시로야마(背山), 對峰에 이모코야마(妹山)가 있다]까지, 서쪽은 아카시[赤石: 하리마노쿠니 아카시(明石)군의 구시후치(櫛淵)]까지, 북쪽은 오미의 사사나미(狹狹波)의 아후사카야마[合坂山: 다쓰사카야마(逹坂山)]까지를 가리킨다.

D8. 다이카 2년 3월 22일, (……) "기나이 및 사방의 나라에 이르기까지 농사를 짓는 달에는 신속히 농사에 힘쓰게 하고 생선이나 술을 먹는 것을 금한다. 청렴한 사자를 파견해 이 뜻을 기나이에 알려라"라고 했다.

D9. 하쿠치 4년 이해, 태자가 야마토쿄(倭京)로 도읍을 옮기자고 청했다. 천황은 허락하지 않았다.

D10. 덴지 6년 8월, 황태자가 야마토쿄에 갔다.

D11. 덴지 6년 11월 이달, 야마토노쿠니의 다카야스성[高安城: 나라현 이코마(生駒)군과 오사카부 야오시의 경계의 다카야스노야마(高安山)], 사누키노쿠니(讚吉國) 야마다군의 야시마성(屋嶋城), 쓰시마의 가나타성(金

田城)을 쌓았다.

D12. 덴지 8년 겨울, 다카야스성을 만들어 기나이의 전세(田稅)를 그곳에 모았다. 이때 이카루가데라(班鳩寺)에 화재가 있었다.

D13. 덴무 원년 7월 22일, 장군 후케히(吹負)는 이미 야마토의 땅을 평정했다.

D14. 덴무 5년 정월 25일, 명해 "국사(國司)를 임명하는 데는 기나이 및 미치노쿠(陸奧) 나가토노쿠니 이외는 모두 대산위(大山位) 이하의 사람을 임명하라"라고 했다.

D15. 덴무 5년 4월 4일, 야마토노쿠니의 소후노시모쓰[나라시 서부 및 야마토군 야마(山)시]의 와니쓰미노요고토(鰐積吉事)가 상서로운 닭을 바쳤다.

D16. 덴무 5년 5월, 명하기를 "미나부치야마[南淵山: 미나부치는 나라현 다카이치군 아스카촌 이나부치(稻淵)], 호소카와야마(細川山)의 초목을 베는 것을 금한다. 또 기나이 산야의 본래부터 금한 곳은 함부로 베고 태워서는 안 된다"라고 했다.

D17. 덴무 5년 9월 10일, 왕경(王卿)들을 수도와 기나이에 파견해 사람마다 무기를 조사했다.

D18. 덴무 6년 5월 이달, 가뭄이 있어 수도와 기나이에서 기우제를 지냈다.

D19. 덴무 10년 정월 19일, 기나이 및 여러 나라에 명해 천사(天社), 지사(地社)의 신의 궁(신사)을 수리하게 했다.

D20. 덴무 12년 12월 17일, 명해 "모든 문무관 및 기나이의 유위자(有位者)들은 4계절의 처음 달(1 · 4 · 7 · 10월)에 반드시 입궁해 천황을 배알하라"라고 했다.

D21. 덴무 13년 2월 28일, 정광사 히로세노 오호키미(廣瀨王), 소금중 오

호토모노 무라지 야스마로(大伴連安麻呂) 및 판관, 녹사(錄事), 음양사(陰陽師), 기수자 등을 기나이에 파견해 왕도를 만드는 데 적당한 장소를 관찰시켰다.

D22. 덴무 14년 9월 11일, 미야토코로노 오호키미(宮處王), 히로세노 오호키미, 나니와노 오호키미(難波王), 타케타노 오호키미(竹田王), 미노노 오호키미(彌努王)를 수도와 기나이에 파견해 각 사람이 준비한 무기를 검열했다.

D23. 덴무 14년 10월 12일, 정대사(淨大肆) 하쓰세노미코(伯瀨王), 직광사 고세노아소미 우마카히(巨勢朝臣馬飼) 및 판관 이하 도합 20명에 기나이의 역(役)을 맡겼다.

D24. 지토 4년 정월 23일, 폐백(幣帛)을 기나이의 천신지지에게 바쳤다.

D25. 지토 4년 3월 20일, 수도와 기나이의 80세 이상의 자에게 시마노미야의 벼를 각각 20속씩 주었다.

D26. 지토 4년 4월 7일, 수도와 기나이의 남녀 노인 5,031명에게 각각 벼 20속씩 주었다.

D27. 지토 4년 4월 14일, 명해 "관위가 올라가는 연한은 백관 및 기나이 사람으로서 유위자는 6년, 무위자(無位者)는 7년으로 한다"라고 했다.

D28. 지토 5년 6월, 명해 (……) "수도와 기나이의 여러 절의 승려는 5일간 경전을 읽으라"라고 했다.

D29. 지토 5년 10월 13일, 기나이 및 여러 나라에 장생지(長生地: 살생금지처)를 각 1,000평씩 설정했다.

D30. 지토 6년 4월 5일, 기나이 네 곳(야마토, 야마시로, 세쓰, 가와치)의 백성 가운데 짐꾼이 된 자는 금년 조역을 면제했다.

D31. 지토 6년 윤 5월 3일, 홍수가 있었다. 사자를 여러 나라에 돌게 해

재해로 생활이 곤란한 자에게는 관의 벼를 빌려주고 산림과 못에서 수렵을 허가했다. 명해 수도와 기나이 네 곳에서 금광명경(金光明經)을 강설하게 했다.

D32. 지토 6년 6월 11일, 기나이에 대부(大夫), 알자(謁者)를 파견해 기우제를 지내게 했다.

D33. 지토 6년 9월 9일, 다타마히노 마헤쓰키미(班田大夫) 등을 기나이 네 곳에 파견했다.

D34. 지토 7년 정월 13일, 수도와 기나이의 유위자로 80세 이상인 자에게 이불 한 채, 굵은 비단 2필, 솜 2둔(屯), 삼베 4단(端)을 주었다.

D35. 지토 9년 6월 3일, 대부, 알자를 파견해 수도와 기나이 네 곳의 신사에 참배하고 기우제를 지냈다.

D36. 지토 11년 6월 6일, 명해 경(經)을 수도와 기나이의 절에서 읽게 했다.

위의 기사를 다시 정리하면 〈표 29〉와 같다.

〈표 29〉를 보면 700년까지 실제로 왕정이 미친 강역 범위는 거의 대부분 야마토, 야마시로, 세쓰, 가와치 등을 포함하는 기나이라는 것을 알 수 있다.[158] 701년 다이호율령이 제정될 때까지는 야마토라는 용어는 없었고 왜국(倭國)만을 야마토라 읽었으니 왜의 강역은 야마토일 것으로 생각된다.

---

158 기나이·미치노쿠·나가토(長門), 기나이·제국(諸國), 기나이·사방국(四方國) 가운데 미치노쿠·나가토, 제국, 사방국은 전후 관계로 미루어 보아 윤색된 것으로 보인다.

〈표 29〉 실제로 왕정이 미친 강역 범위

大和	河內	畿內(四畿內)	畿內·陸奧·長門	畿內·諸國	畿內·四方國	계
9	1	22	1	2	1	36

④ 『신찬성씨록』을 통해 본 9세기 초의 일본의 강역

알려져 있는 바와 같이 9세기 초에 편찬된 『신찬성씨록』[159]은 당시의 지배층의 거주지 또는 본거지별로 기술하고 있다. 이를 살펴보면 〈표 30〉과 같다.[160]

당시 지배층의 거주지는 좌경, 우경의 왕도를 포함하는 기나이에 집중되어 있었다. 따라서 9세기 초 일본의 실질적인 강역은 기나이 지역임을 알 수 있는데, 이는 이미 살펴본 왕궁의 위치, 절의 위치, 소가씨 4대의 활동 무대, 사회복지사업이 행해진 지역, 성을 하사받은 사람들의 주거 지역, 실제로 왕정이 미친 강역 범위 등과 일치하는 지역이다.

여기서 유의해야 할 점은 야마토왜의 왕정이 미치는 영역이 기나이와 그 주변 지역이라 하더라도 기나이 또는 심지어는 야마토 지역에도 왕정이 미치지 않는 지역이 있다는 사실이다. 가와치의 국조에게 왜왕이 비옥한 논을 달라고 하자 토지가 좋지 않다고 거짓말을 해 왕명을 거역한 것이나(안칸 원년), 야마토의 한 호족이 보물을 전하지 않고 자기가 착복하고 왕실 모임에 나타난 사실(유랴쿠 14년), 가와치의 현주가 반란에 가담한 사실(세이네이 즉위전기), 가와치의 현주가 크나큰 토

159 『신찬성씨록』에 대해서는 최재석, 「『신찬성씨록』 비판」, 『대구사학』 38, 1989 참조.

160 『신찬성씨록』을 통해 본 9세기 초의 강역에 대해서는 이미 언급한 바 있다. 최재석, 「백제의 야마토왜의 형성과 발전」, 『동방학지』 65, 1990 참조.

〈표 30〉『신찬성씨록』으로 본 9세기 초의 일본의 강역

지역	구분	씨 수
左京	皇別	44氏
	皇別上	42氏
	皇別下	32氏
	神別上	38氏
	神別中	23氏
	神別下	21氏
	諸蕃上	35氏
	諸蕃下	37氏
右京	皇別上	33氏
	皇別下	34氏
	神別上	36氏
	神別下	29氏
	諸蕃上	39氏
	諸蕃下	63氏
山城國	皇別	24氏
	神別	45氏
	諸蕃	22氏
大和國	皇別	18氏
	神別	44氏
	諸蕃	26氏
攝津國	皇別	29氏
	神別	45氏
	諸蕃	29氏
河内國	皇別	46氏
	神別	63氏
	諸蕃	55氏
和泉國	皇別	33氏
	神別	60氏
	諸蕃	20氏
미정		117氏
합계		1,182氏

*비고: 황별, 신별, 제번에 대해서는 최재석, 『신찬성씨록 비판』 참조.

지를 소유해 그 일부[40정(町)]를 왜왕에게 준 사실(세이네이 즉위전기, 안칸 원년 1월), 야마토의 한 현주가 군대를 소유하고 있었던 사실(리추 즉위전기), 가와치의 한 현주가 특정 사유민(私有民: 부곡)을 소유한 사실(안칸 원년 12월) 등에 의해서도 기나이, 심지어는 야마토 지역에도 왕권이 미치지 않았던 것을 알 수 있다.

8세기 내지 9세기 초까지의 일본의 강역이 어떠했는지는 다음의 사실이 잘 말해준다고 하겠다.

① 715년 신라인 74가구가 지금의 기후현에서 새로운 나라[국(國), 군(郡)] 시작

② 716년 고구려인 179명이 사이타마(埼玉)현에서 '고려군(국)' 시작

③ 758년 신라인 74명이 가나가와(神奈川)현에서 '신라군(국)'을 만듦

④ 760년 신라인 131명이 무사시 지방에서 집단생활

⑤ 765년까지 오카야마현에 가야인이 만든 '가야군(국)' 존재

⑥ 791년까지 세쓰 지방에 야마토왜와 별개의 '백제군(국)' 존재

요컨대 8세기까지도 일본열도 전부를 통합하지 못했던 것이다.

3. 백제의 야마토왜 경영과 야마토왜의 백제인 과시

(1) 같은 나라로서의 백제와 야마토왜

이미 별고[161]에서 언급한 바와 같이 백제는 전쟁에서 잡은 포로(고구려인, 신라인, 당인)를 다음과 같이 4회에 걸쳐 야마토왜로 보냈다.

E1. 긴메이 11년(550) 4월 16일, 고구려인 포로 10구(口)를 야마토왜로 보냄

E2. 긴메이 15년(554) 12월, 신라인 포로 70구를 야마토왜로 보냄

E3. 긴메이 6년(660) 10월, 당나라 포로 100여 구를 야마토왜로 보냄

E4. 사이메이 7년(661) 11월 11일, 당나라 포로 106구를 야마토왜로 보냄

백제가 전쟁에서 잡은 포로를 신천지 야마토왜로 보내는 것은 영국이 노예나 죄수를 신천지인 호주에 보낸 것처럼 그들의 노동력이 필요했기 때문이며, 이것은 바꾸어 말하면 영국과 호주가 동일 국가였던

---

161 최재석, 「일본 고대국가 연구: 백제와 야마토왜의 관계」, 『한국학보』 55, 1989.

것처럼 백제와 야마토왜도 동일 국가였음을 보여주는 현상인 것이다.

이러한 현상은 국토 방어 현상에도 그대로 나타난다. 덴지 2년(663) 9월 백제의 마지막 항쟁의 보루인 주류성이 함락되자 백제의 장군 달솔 억례복류 등은 다른 백제의 지배 엘리트들과 배를 타고 야마토왜로 후퇴했으며,[162] 덴지 4년(665) 8월에 백제로부터 후퇴한 다른 백제의 장군들과 함께 기타큐슈의 쓰쿠시에 신라의 공략에 대비해 성을 구축했다.[163] 이것은 바로 주류성이 제1선이고 기타큐슈가 제2선이며, 백제의 장군이 제1선에서 패해 제2선으로 후퇴해 전투 준비를 했다는 것을 뜻하는 것이다. 제1선과 제2선은 같은 나라의 강역을 의미하는 것이다.

한편 백제가 항복하자 백제의 지배 엘리트가 거의 몽땅 야마토왜로 거주지를 옮겨 백제에 있을 때 받은 관위에 해당하는 관위를 야마토왜에서도 받은 사실을 보아도 백제와 야마토왜의 관계를 알 수 있다.

또 백제와 야마토왜가 같은 나라라는 것은 야마토에 거주하는 사람들의 두 가지 유형에도 나타나 있다. 야마토 지역에 거주하는 사람들을 살펴보면 어느 시기를 기준으로 보더라도 크게는 '이전에 한국(삼국)에서 이주해 온 사람들의 자손'과 '최근에 한국에서 건너온 사람'으로 대별할 수 있다. 500년 당시를 기준으로 살펴보아도 650년을 기준으로 살펴보아도 이 두 가지 유형으로 분류할 수 있다. 그런데 첫 번째 경우는 한국에 되돌아가는 사람도 있겠지만 대체로 야마토에서 지속적으로 생활하는 사람이 대부분일 것이다. 두 번째 경우는 야마토에서

162 天智紀 2年 9月.

163 天智紀 4年 8月.

생활하기 위해 한국에서 온 사람과 야마토에서의 생활은 임시적이고 조만간 한국으로 되돌아갈 사람의 두 유형으로 분류할 수 있을 것 같다. 그리고 이 경우는 더욱 고찰해보아야 하겠지만 『일본서기』는 이마키[신한新漢)]나 한국인, 백제인 등으로 기술하는 것 같다. 이를 좀 더 자세히 살펴보자.

『일본서기』는 고구려 승려 혜자가 스이코 3년(595) 5월에 일본에 귀화했다고 기술하고 있지만, 사실은 그해에 일본에 와서 20여 년간 불교 포교에 힘쓰다가 스이코 23년(615) 11월 15일에 고구려에 귀국했다.[164]

고쿄쿠 4년(645) 6월 12일에 당시의 실질적인 천황인 소가노 이루카를 살해한 사람은 한국인(백제인일 것이다)인 사에키노 무라지 코마로, 와카이누카이노 무라지 아미타, 아마노이누카이노 무라지 가쓰마로이고,[165] 임신의 난 때 오미 조정(덴지 천황)의 사령관은 이키노후비토라는 한국(백제)의 장수였으며,[166] 오호시아마노미코(大海人王皇子: 덴무 천황) 편을 들어 공을 세운 순무미자(淳武微子)는 백제인이었다.[167]

여기서 임신의 난에 대해 상세히 설명할 여유는 없지만, 백제인 장수가 나당군의 침공을 받은 백제를 극력 도운 바 있는 오미 조정의 사령관이었다는 점 하나만 보아도 임신의 난이, 오미 조정은 백제를 계승하자는 주장을 한 데 반해 덴무 천황 편에서는 백제와는 단절해 그

---

164 推古 3年 5月, 同 4年 11月, 同 23年 11月 條.
165 皇極 4年 6月 12日.
166 天武 元年 7月 23日.
167 持統 5年 5月 21日.

것과 이질적인 국가를 세우자고 주장한 데서 비롯된 것임을 알 수 있을 것이다.

이렇게 볼 때 야마토왜에 '이전에 한국에서 이주해 온 사람', '최근에 한국에서 건너온 사람', 두 가지 유형의 사람이 존재한다는 것은 마치 신천지 호주 개척 당시 호주에 거주하는 사람에 '영국인'과 '호주에 이주한 영국인'의 두 가지 유형이 있는 것과 동일하다고 하겠다.

(2) 본국의식과 형제의식

백제와 야마토왜가 영국과 개척 당시의 호주의 관계처럼 하나의 나라로 볼 수 있는 측면이 있는 것과 동시에 백제는 '본국', '형의 나라'이고 야마토노쿠니는 '속령', '동생의 나라'로 의식하고 있었다. 『일본서기』에는 이러한 의식을 나타내는 기사가 적지 않게 남아 있다. 다음 사례는 백제가 본국이라는 것을 나타낸다.

F1. 사이메이 6년 10월, (……) 백제국이 야마토왜에 파견한 왕자 풍장을 맞이해 왕으로 삼고 싶다고 했다. (……) 명해 "구원을 청하는 것은 전에 들었다. 다급함을 돕고 잃은 것을 계승하는 것은 당연하다. 백제국이 궁해 우리에게 왔는데 '본국'이 망해 의지할 곳도 하소연할 곳도 없다. (……) 장군에 명해 팔방에서 진격해야 한다. 구름처럼 신속히 만나고 움직여 신라에 모이면 그 원수를 베고 긴박한 고통을 덜어줄 수 있을 것이다"라고 했다.

F2. 덴무 2년 윤 6월 6일, 대금하 백제 사택소명이 죽었다. 사람됨이 총명하고 예지가 있어 당시 수재라 칭했다. 천황이 놀라서 외소자위를 주었다. 또한 본국인 백제국의 최고위인 대좌평을 주었다.

우리는 위의 사료를 통해 야마토왜의 천황 스스로가 백제를 본국으로 의식하고 있었음을 알 수 있다. 야마토왜에서도 본국인 백제의 관위를 받는 것이 최고의 영예라는 것이 나타나 있다.

후세에 조작, 개변되지 않은 『일본서기』의 기사 가운데는 백제 중심의 기사나 백제가 야마토왜에 대해 형의 나라라는 기사가 남아 있다. 그 가운데 하나가 『일본서기』 유랴쿠 5년 7월 조[168]에 남아 있는 기사다. 즉 백제의 개로왕은 동생 곤지군[169]을 야마토왜로 파견하면서 "이로써 백제는 야마토에 대해 형왕의 우호를 맺었다"라고 했던 것이다.

(3) 백제 사신과 나니와관

백제는 야마토왜를 경영하기 위해 야마토왜 경영에 필요한 일이 있을 때마다 관인을 파견하는 제도와, 일정 기간 야마토왜에 파견해 거기서 업무를 보다가 그 기간이 끝나면 새로 부임하는 관인과 교대하고 본국인 백제로 귀국하는 제도의 두 가지 제도를 활용했다. 전자는 이른바 '사자'라고 하는 것인데, 이 관직명이 『일본서기』에는 생략되기도 한다. 『일본서기』는 백제를 비롯해 고구려, 신라가 야마토왜에 여러 사자를 파견하는 것으로 되어 있지만, 그 가운데 많은 수 또는 대부분은 이 삼국이 야마토왜에 조공을 바치기 위한 것이라고 조작해놓았다는 점에 유의해야 한다.[170]

---

168 雄略紀 5年 4月 條, 同 5年 7月 條.

169 곤지군에 대해서는 뒤에서 좀 더 다룰 것이다.

170 고구려와 신라 사인의 야마토왜 파견에 대해서는 최재석, 「백제의 야마토왜와 고구려·신라의 관계」, 『한국학보』 57, 1989 참조.

여기서 백제가 야마토왜에 사자를 파견한 대표적인 경우를 살펴보고자 한다.

첫째, 백제가 잡은 전쟁 포로를 야마토왜에 보낼 때 백제의 관인이 그 포로를 거느리고 가는 경우인데, 이 경우는 사자라는 명칭은 사용하지 않으며 백제의 관위를 가진 관인으로서 야마토왜에 간다.

둘째, 야마토왜를 현지에 가서 경영하는 사람이나 사람들을 파견하고 귀국하게 할 때 안내, 수송하는 임무를 사신이 담당한다. 이 경우도 사신은 백제의 관위를 가진 관인으로서 파견한다. 게이타이 7년 6월에 오경박사 단양이를 야마토왜에 파견할 때는 백제의 장군 저미문귀(姐彌文貴)와 주리즉이(州利即爾)가 파견되었으며, 게이타이 10년 9월에 단양이와 교대할 오경박사 한고안무를 파견하고 전임자 단양이를 귀국시킬 때는 주리즉차(州利即次)를 파견했다.[171] 역시 긴메이 8년 4월 야마토왜를 현지에서 경영하기 위해 신임자인 관인 덕솔 동성자언을 파견하고 전임자인 덕솔 문휴마나를 귀국시킬 때도 전부(前部) 덕솔 진모선문(眞慕宣文)과 나솔 기마(奇麻)를 파견했으며, 긴메이 15년 2월에 새로운 백제의 야마토왜 현지 경영 팀을 파견하고 전임의 야마토왜 현지 경영 팀을 귀국시킬 때도 백제의 관인 한솔 장군 삼귀(三貴)와 나솔 물부오(物部烏) 등을 파견해 귀국을 돕게 했다.[172]

셋째, 사신 가운데는 백제의 최고 관위인 좌평을 가진 관인도 있으며, 야마토왜의 국정을 관리하기 위해 파견된 백제의 왕자 교기[173]를

171 繼體紀 7年 6月, 同 10年 9月 條.
172 欽明紀 8年 4月, 同 15年 2月 條.
173 백제 왕자 교기에 대해서는 뒤에서 다시 언급된다.

수행하기도 했다. 백제의 사신인 대좌평 지적(智積)이 이 경우이다.[174]

넷째, 불교를 공식적으로 최초로 야마토왜에 전파·보급시키는 임무를 띠고 야마토왜에 파견되는 경우도 있다. 즉 긴메이 13년(641) 10월 백제의 사신 서부 희씨 달솔 노리사치계 등이 백제 성명왕의 불교 도입의 뜻을 야마토왜왕 긴메이에게 전했으나, 그는 개인으로서는 기꺼이 찬성하나 혼자서는 결정하지 못한다고 백제 사신에게 속마음을 털어놓았다.[175]

다섯째, 조사(弔使)로서 야마토왜에 파견되는 경우도 있다.[176]

여섯째, 백제의 왕자가 왕의 서거를 알리는 사신으로서 야마토왜에 파견되는 경우도 있다.[177]

위의 몇 가지 사례에도 나타나 있는 바와 같이 야마토왜 경영에 필요한 일이 일어나면 백제는 왕자, 대좌평을 비롯해 장군, 나솔, 덕솔, 시덕 등의 관인을 사신으로서 왜국에 파견했다.

백제의 관인이 야마토왜에 파견되면 의당 그들에게 부과된 임무를 완수하기 위해 상당한 기간 야마토왜에 체재해야 한다. 그 기간은 짧으면 10일에서 길면 2년 1개월이나 되었는데,[178] 이들이 이러한 기간 동안 머물러 유숙하고 활동할 근거지가 있어야 한다. 이것이 바로 나니와관이 존재하는 의의인 것이다.

---

174 皇極紀 元年 7月 22日 條.

175 欽明紀 13年 10月 條.

176 皇極紀 元年 2月 2日 條.

177 欽明紀 16年 2月 條.

178 최재석, 「일본 고대국가 연구: 백제와 야마토왜의 관계」, 『한국학보』 55, 1989.

나니와관은 백제국 이외에 신라, 고구려의 사신도 유숙했지만 백제 패망 전까지는 주로 백제로부터 온 여러 사신이 유숙하고 활동했던 곳으로 여겨진다. 비다쓰 12년 10월 야마토왜의 정치를 지도한 백제의 중신 일라도 이곳을 중심으로 활동했으며, 덴지 3년 3월 백제 왕자 선광도 이곳에 유숙했다. 『일본서기』는 '나니와관'이라는 명칭 이외에 '나니와', '나니와군', '나니와 나루', '나니와 소군', '나니와 소군궁(小郡宮)', '나니와 대군', '나니와 대군궁(大郡宮)' 등 여러 가지 명칭을 사용하고 있다. 또한 이곳은 천황이 행차한 곳인 동시에 어떤 때는 한때 왕궁의 소재지라고 기술하고 있으나, 당시의 야마토왜의 정치 상황과 백제와 야마토왜의 관계를 고려할 때 이 나니와관은 천황의 왕궁 이상의 중요한 기능을 한 것 같다.[179] 나니와관의 구조와 왕궁의 구조의 차이나, 종주국인 백제의 패망 후 나니와관의 기능이 급속히 쇠퇴하는 측면 역시 야마토왜에서의 이의 정치적 의미를 잘 보여준다. 요컨대 야마토왜라는 일본 고대국가의 성격을 규명하는 데는 백제의 사신과 나니와관의 정치적 의미가 매우 중요하다 하겠다.

(4) 백제 관인을 파견해 야마토왜 국가 행정을 관리하는 제도

야마토왜는 6세기까지 그들의 국가 행정을 맡을 관인이 없었다. 그래서 백제가 백제 관인을 야마토왜에 파견해 야마토왜의 국가 행정을 담당하게 했던 것이다. 다시 말하면, 6세기까지도 야마토왜에는 국정을 맡을 관인이 없어서 백제가 백제 관인을 야마토왜에 파견해 3년 또는 7년간 야마토왜의 행정을 담당하게 하고, 그 기간이 끝나면 새로운

179 나니와관의 명칭과 구체적인 기능에 대해서는 위의 주 참조.

백제 관인을 파견해 전임자가 하던 행정을 인계하고 후임자가 부임하면 그는 귀국하게 하는 제도를 가지고 있었던 것이다. 이에 관한 기사를 『일본서기』에서 보면 다음과 같다.

G1. 게이타이 7년(513) 6월, 백제는 당시의 국가 행정의 전문가인 오경박사 단양이를 파견해 행정을 담당하게 했다.

G2. 게이타이 10년(516) 9월, 신임 오경박사 한고안무를 파견하고 전임자 단양이는 귀국하게 했다.

G3. 긴메이 8년(547) 4월, 백제는 관인 덕솔 동성자언을 파견하고 그때까지 야마토왜의 행정을 관장했던 덕솔 문휴마나는 귀국하게 했다.

G4. 긴메이 15년(554) 2월, 백제는 새로이 관인 덕솔 동성자막고를 파견하고 그때까지 야마토왜의 행정을 관장했던 동성자언을 귀국하게 했다. 또 오경박사 왕류귀를 파견해 전임자인 고덕 마정안과 교대하게 하고, 담혜 등 아홉 명의 승려를 파견하고 전임자인 도침 등 일곱 명의 승려와 교대하게 했다.

야마토왜에 파견되어 야마토왜의 행정을 담당한 백제 관인의 임기와 직업을 정리하면 〈그림 5〉와 같다.

이 밖에 다음과 같이 백제의 관위를 가진 백제의 관인이 수시로 야마토왜로 파견되어 짧게는 3개월 길게는 2년 이상 야마토왜에 머물면서 야마토왜를 경영, 관리하고 백제로 귀국했다. 물론 이 시기는 다음 절에서 언급하는 바와 같이 야마토왜에는 아직 관위가 존재하지 않던 시기였다. 이들 백제 관인의 야마토왜에서의 역할에 대해 『일본서기』는 밝히지 않고 있지만, 이들은 일본 경영 팀의 일을 돕기도 했지만 별

〈그림 5〉 야마토왜의 행정을 관장한 백제 관인의 직업과 임기

513(게이타이 7)	오경박사 단양이
516(게이타이 10)	오경박사 한고안무
540(긴메이 1)(?)	관인 덕솔 문휴마나
547(긴메이 8)	관인 나솔 동성자언
	오경박사 고덕 마정안
	승려 도침 등 7명
554(긴메이 15)	관인 덕솔 동성자막고
	오경박사 왕류귀
	승려 담혜 등 9명
	역박사(易博士) 시덕 왕도량
	역박사(曆博士) 고덕 왕보손
	의박사 나솔 왕유릉타
	채약사 시덕 반량풍
	채약사 고덕 정유타
	악인 시덕 삼근
	악인 계덕 기마차
	악인 계덕 진노
	악인 대덕 진타
561	(다른 야마토왜 경영 팀 파견?)

도의 임무를 띠고 그 일을 하기도 했던 것으로 보인다.

① 513년(게이타이 7년 6월), 백제의 장군 저미문귀가 왜로 건너가 1년 8개월 만에 일을 마치고 백제로 귀국했다.

② 541년(긴메이 2년 7월), 나솔 기신미마사(紀臣彌麻沙)가 왜로 파견되어 1년 9개월 만에 일을 마치고 백제로 귀국했다.

③ 544년, 나솔 기련이 왜로 파견되어 1년 2개월 만에 일을 마치고 백제로 귀국했다.

④ 544년, 나솔 득문(得文)이 왜로 파견되어 7개월 만에 일을 마치고 백제로 귀국했다.

⑤ 544년, 나솔 기마(奇馬)가 파견되어 7개월 만에 일을 마치고 귀국했다.

⑥ 546년, 나솔 약엽례(掠葉禮)가 파견되어 2년 1개월 만에 일을 마치고 귀국했다.

⑦ 547년, 덕솔 진모선문이 파견되어 9개월 만에 일을 마치고 귀국했다.

⑧ 552년, 덕솔 목협금돈(木劦今敦)이 파견되어 8개월 만에 일을 마치고 귀국했다.

⑨ 554년, 시덕 목협문차(木劦文次)가 파견되어 3개월 만에 일을 마치고 귀국했다.

⑩ 555년, 백제 왕자가 왜로 건너가 11개월 만에 일을 마치고 귀국했다.

(5) 백제 관위의 사용과 그 의미

관위가 제정되지 않았다는 것은 국가를 다스릴 관인이 없다는 것을 뜻한다. 관위와 관인이 존재하지 않았다는 것은 독립된 국가가 아직 생겨나지 않았다는 것을 뜻한다.

야마토왜는 700년 현재, 603년, 647년, 649년, 664년, 686년, 6회에 걸쳐 관위가 제정되었다. 이 모두를 사실로 인정한다 하더라도 야마토왜에서 관위가 제정되기 이전, 즉 7세기 초까지는 전적으로 백제의 관위가 야마토왜에서 사용되었으며, 야마토왜에서 관위가 제정된 이후에도 여전히 백제의 관위가 그대로 야마토왜에서 사용되어 왔다는 점에 대해서는 이미 언급한 바 있다.[180] 그리고 백제의 관인이 야마토왜에

---

180 최재석, 「백제의 야마토왜의 형성과 발전」, 『동방학지』 65, 1990.

파견되어 야마토왜의 국정을 관장할 때도 백제 관인은 백제의 관위인 나솔, 덕솔, 시덕, 고덕, 계덕, 대덕 등의 관위를 가진 채 야마토왜의 국가 행정을 펴나갔다. 야마토왜가 고유의 관위를 가지기 이전 시대는 물론이고 고유의 관위가 제정된 이후에도 여전히 백제의 관위가 사용된다는 것은 야마토왜가 백제의 속국이 아니라 속령이라는 것을 나타내는 것이다. 속령이 아닌 속국 또는 보호국이 되려면 적어도 관인이 있어야 하고, 고유의 관위가 제정되어 그것이 통용되어야만 하는데, 야마토왜는 이 둘 모두 결여하고 있었던 것이다. 야마토왜라는 고대국가의 성격을 규명하는 데 이 점은 매우 중요한 기준이 된다.

(6) 절 · 나니와관 · 왕궁의 구조의 차이와 그 의미

신라나 백제 등으로부터의 귀한 손님이 야마토왜로 건너와서 일정 기간 체류하는 나니와관과 왜왕이 거주하는 왕궁은 그 구조부터 차이가 난다. 결론부터 말하면, 절이나 나니와관은 초석을 박은 견고하고 규모가 큰 기와집이고, 천황이 거주하는 왕궁은 기둥을 박고 세운 보잘것없는 초가집이다.

스슌 원년(588)에 세워진 아스카데라(호코지, 간고지라 하기도 한다)는 백제로부터 관인, 승려, 영조율사, 사원 건축공, 노반박사, 와박사, 화공 등의 대규모의 인력이 야마토왜의 아스카에 건너가서 세운 거대한 기와집 절이다. 이 밖의 모든 절이 백제인이 직접 건너와서 세운 기와집 절이며, 야마토왜 불교의 중심지가 되었던 것이다.

백제로부터 온 왕자, 왕족, 정치인, 관인 등이 유숙한 나니와관이 초가 오막살이 집인지 절처럼 초석을 박은 기와집인지 분간할 수 있는 사료는 없다. 그러나 나니와관이 왕궁과는 달리 오랫동안 한곳에 있었다는 점 하나만 보더라도 왕궁과 같은 초가집이 아닌 것만은 확실해 보인다. 『일본서기』에 나타난 것만 하더라도 나니와관은 게이타이 6년(512) 12월부터 존재해 긴메이 2년(630) 수리한 일이 있으나 지토 6년(692) 11월까지 존속했다. 나니와관이 땅을 파고 그대로 기둥을 박은 집이라면 이렇게 오랫동안 존속할 수 없으며, 수리도 있을 수 없다. 이렇게 볼 때 그곳은 기와집임이 거의 틀림이 없으며, 중간에 수리한 적은 있으나 근 200년 가까이 나니와에 있었던 것으로 보인다.

이에 반해 왕궁은 이미 지적한 바와 같이[181] 694년 아마도 최초의 기와집 왕궁인 후지와라노미야가 건립될 때까지는 땅을 파고 그대로 기둥을 박은 초가집이어서 20~30년 정도밖에 견디지 못하므로 왕궁을 자주 옮길 수밖에 없었다. 이렇게 볼 때 나니와관도 절처럼 백제인이 직접 와서 세운 것으로 생각된다.

다시 말하면, 불교의 중심지인 절이나 백제로부터의 귀빈이 숙박하는 나니와관은 오랜 세월 지탱할 수 있는 초석을 박은 대규모의 기와집인 데 반해 일본의 천황이 거처하는 왕궁은 20~30년밖에 지탱할 수 없는, 땅에 그대로 기둥을 박은 초가집이었다. 당시의 야마토왜는 관위도 관리도 아직 없어서 백제가 직접 본국에서 관리를 파견해 야마토왜를 경영하고 있었으며, 천황의 거처가 있는 야마토, 가와치에도 야마토왜의 왕권이 통하지 않는 지역(소왕국)이 존재했던 점 등을 종합해볼 때 백제는 명목상·형식상의 왜왕을 두고 야마토왜를 직영했던 것으로 생각된다.

---

181 최재석, 위의 논문.

(7) 백제 왕자, 관인과 야마토왜왕과의 관계

백제의 관인이 야마토왜에 파견되어 일정 기간 야마토왜의 국정을 다스리고 그 임무가 끝나면 그것을 후임자에게 인계하고 귀국하는 것과는 달리 백제 왕자 또는 왕족은 수시로 처자를 거느리고 이웃집을 드나들듯이 야마토왜로 가서 생활했다.[182]

그런데 이 백제의 왕자나 고관 중에는 일정 기간 야마토왜에 파견되어 그 지역의 총독 또는 왕으로 임명되어 역할을 하는 자도 있었다. 사카모토 요시타네가 백제 왕조가 적극적으로 각지의 정복을 추진해 왕의 일족이나 고관을 일시적으로 그 지역의 왕·후로 임명했다고 한 것은 바로 이것을 뜻한다. 『일본서기』에서 이러한 역할을 한 백제의 왕자(왕족)와 고관을 찾아보면 우선 일라와 풍장과 교기, 세 명을 꼽을 수 있을 것이다.

일라는 수행원으로 세 번째 높은 관위인 은솔을 비롯해 여러 관인을 인솔해 야마토왜에 도착해 그곳의 총독으로서의 임무를 수행했다(비다쓰 12년 7월, 12월). 그러나 『일본서기』 편찬자는 여기서도 여러 가지 조작 기사를 삽입했는데, 관련 없는 임나 문제를 포함하거나 일라가 그의 수행원에 의해 살해된 것처럼 꾸민 것이 그 예다. 『일본서기』는 보통 왜왕의 권위와 체면이 손상되는 일을 한 자가 있으면 대부분 살해된 것처럼 기술하고 있다. 왕실이 맡긴 보물을 전하지 않고 착복해 왕실 모임에 나타난 야마토왜의 한 호족도 살해되었고(유랴쿠 14년), 천황의

---

182 야마토왜에서의 백제 왕자의 역할에 대해서는 최재석, 「일본 고대국가 연구: 백제와 야마토왜의 관계」, 『한국학보』 55, 1989에서 어느 정도 언급한 바 있다. 여기서는 그것을 보충하는 의미에서 재론하고자 한다.

집보다 현주의 집이 더 좋다고 했다가 살해된 경우(유랴쿠 14년)도 있다. 그래서 총독으로 와 있는 백제의 왕자 풍장도 인질로 온 것처럼 『일본서기』가 기술했던 것이다.

일라에 관한 기사를 좀 더 살펴보면 다음과 같다.

> H1. 비다쓰 12년(583) 7월, 명해 말하기를 "(……) 지금 백제에 있는 히노아시키타(火葦北) 국조 아리시토(阿利斯登)의 아들 달솔 일라는 현명하고 용기가 있다. 그래서 짐은 그 사람과 (정치를) 상의하려고 한다"라고 했다.
>
> H2. 비다쓰 12년(583) 겨울 10월, 기노쿠니노미야쓰코 고오시카쓰(紀國造押勝) 등이 백제에서 돌아와서 조정에 보고하기를 "백제 국왕은 일라를 아껴서 일본에 오는 것을 허락하지 않습니다"라고 했다.
>
> H3. 비다쓰 12년(583) 이해, 기비노아마노아타이 하시마(吉備海部直羽嶋)를 파견해 백제에 일라를 불렀다. (……) 백제 국주(國主)는 천황을 두려워해 감히 명을 어길 수 없었다. 일라, 은솔 덕이(德爾), 여노(余怒), 기노지(奇奴知), 참관(參官) 타사(柁師), 덕솔 차간덕(次干德), 수수(水手) 등 약간 명을 보냈다. 조정은 오토모노 아라테코노 무라지(大伴糠手子連)를 보내 위로했다. 또 대부 등을 나니와관에 보내 일라를 방문하게 했다. (……) (천황은) 또 아베노메노오미(阿倍目臣), 모노노베노 니헤코노 무라지(物部贄子連), 오토모노 아라테코노 무라지 등을 보내 국정에 대해 일라에게 물었다. 일라는 대답하기를 "천황이 천하를 다스리는 정치는 반드시 백성을 부양하는 일입니다. (……) 그리고 유능한 인물을 백제에 파견해 그 국왕을 모셔 오도록 하십시오. 만일 오시지 않으면 그 태좌평(太佐平), 왕자 등을 불러서 오도록 하십시오. 스스로 마음에 공손하고

따르는 마음이 생길 것입니다"라고 했다.

우리는 조작된 기사 가운데서도 일라가 당당히 말한 국정의 요체에서 사카모토 요시타네와 같은 견해에 도달하게 되는 것이다.

야마토왜의 왕·후로서의 풍장과 교기에 대해 알아보기 전에 야마토왜에 체류하는 백제의 왕자 또는 왕족에 대해 살펴보고자 한다.

하쿠치 원년(650) 2월 야마토왜에서 흰 꿩 출현을 축하하는 의식 때 함께 주빈으로 참석했고, 백제의 의자왕이 나당군에 항복하던 사이메이 6년(660)에는 백제를 부흥시키려는 백제 왕자 풍장과 함께 백제로 귀국해 2년 동안 항쟁하다가 663년에 또한 나당군에 항복한 충승 같은 왕자[183]도 있었다. 충승에 관한 기사를 『삼국사기』와 『일본서기』에서 보면 다음과 같다.

I1. 하쿠치 원년(650) 2월 15일, (……) 백제군 풍장, 그 동생 새성, 충승, 고구려 시의 모치, 신라의 시학사 등이 가운데 뜰에 이르렀다.

I2. 사이메이 6년(660) 10월 주. 왕자 풍장 및 처자와 숙부 충승 등을 (백제로) 보냈다(그 정확한 출발 시기는 7년, 덴지 즉위전기 9월 조에 보인다).

I3. 의자왕 용삭 3년(663), 왜국의 군사를 백강(白江) 어구에서 만나 네 번 싸워 모두 이기고 전선(戰船) 400척을 불태웠다. 이렇게 되자 왕 부여풍(夫余豊)은 도망했다. (……) 이에 부여충승(夫余忠勝)과 충지(忠志) 등은 그 무리를 거느리고 왜군과 함께 항복했다(『삼국사기』 의자왕 조).

183 『삼국사기에는 충지와 함께 풍[『일본서기』에는 풍장, 규해(糺解)로 표현되고 있다]의 아들로 되어 있고, 『일본서기』에는 풍의 형제 또는 숙부로 기술되어 있다.

한편 조메이 3년(631) 백제의 왕자 풍장과 함께 야마토왜에 와 있던 왕자 선광은 백제의 마지막 항쟁의 거점인 주류성이 나당군에 함락되자 백제로 귀국하지 않고 그대로 야마토왜에 머물러 있다가 아들 창성과 함께 야마토왜에서 극진한 대접을 받기도 했다. 왕자 선광과 창성에 관한 기사를 『일본서기』, 『속일본기』에서 보면 다음과 같다.

J1. 덴지 3년(664) 3월, 백제왕 선광은 나니와에 거주했다.

J2. 지토 5년(691) 정월 7일, 정광사 백제왕 여선광(余禪廣) (……) 등에게 많은 물품을 주었다.

J3. 지토 5년(691) 정월 13일, 정광사 백제왕 선광에게 100호(戶)를 더해 주었다.

J4. 지토 7년(693) 정월 15일, 백제왕 선광에게 정광삼의 관위를 추증(追贈)하고 더불어 물품을 주었다.

J5. 덴무 3년(675) 정월 10일, 백제왕 창성이 죽었다. 소자(小紫)의 관위를 주었다(이상 『일본서기』).

J6. 조메이 천황 때 의자왕이 그의 왕자 풍장왕과 선광왕을 입시(入侍)하게 했다(『일본서기』 조메이 3년 조에는 선광에 대해서는 언급이 없음). 주류성이 함락되자 (……) 선광은 귀국하지 않았으며, 지토 천황은 백제왕의 호를 주었고, 죽자 정광삼의 관위를 주었다. 백제왕 창성은 어릴 때 아버지를 따라 일본에 왔다가 아버지보다 먼저 죽었다. 덴무왕 때 소자의 관위를 주었다(『속일본기』 덴표진고 2년 6월 28일).

한편 백제의 왕족 달솔 여자진(余自進)은 의자왕이 항복한 후 2년 동안 백제의 웅진성(熊津城)에서 군사를 모으고 항전했으나, 주류성이 함락된 663년에 다른 백제 귀족 지배층과 함께 야마토왜로 건너와 야마토왜에서 활약했다. 그에 관한 기사를 『일본서기』에서 보면 다음과 같다.

K1. 사이메이 6년(660) 9월 5일, (……) 중부 달솔 여자진은 웅진성에 의거해 각각 자리를 잡고 흩어져 있는 병사를 모았다. (……) 백성들이 존경해 '좌평 복신', '좌평 자진(自進)'이라 숭배했다.

K2. 덴지 2년(663) 9월 24일, 좌평 여자신, 달솔 목소귀자, 곡나진수, 억례복류와 백성들은 테레성에 도착했다. 다음 날 배를 내어 처음으로 일본으로 향했다.

K3. 덴지 8년(669) 이해, 좌평 여자신, 좌평 귀실집사 등 700여 명은 오미노쿠니 가모노(蒲生野)에 이주했다.

K4. 덴지 10년(671) 정월, 좌평 여자신, 사택소명(법관대보)에게 대금하를 주었다.

지금부터는 야마토왜에서의 백제 왕자의 지위와 역할에 대해 알아보고자 한다. 먼저 『일본서기』에서 그에 관한 기사부터 살펴보자.

L1. 유랴쿠 5년(461) 4월, 백제의 가수리군(개로왕)이 (……) 그의 동생 군군 곤지에게 말하기를 "너는 일본에 가서 천황을 섬기라"라고 했다. 군군이 대답하기를 "왕명을 어길 수는 없습니다. 원하옵건대 왕의 부인을 주시고 저를 보내주십시오"라고 했다. 가수리군은 임신한 여자를 군군에게 주며 말하기를 "우리 임산부는 산월(產月)이다. 만약 길에서 출산하면 모자(母子)를 같은 배에 태워 어디서든 빨리 나라(백제)로 보내도록

하라"라고 했다. 드디어 함께 파견되었다.

L2. 유랴쿠 5년 6월, 임산부는 가수리군의 말처럼 쓰쿠시의 가카라노시마(各羅嶋)에서 아기를 낳았다. 그래서 아기 이름을 시마노키시(嶋君)라 한다. 군군은 한 배로 그를 백제로 보냈다. 그가 무령왕이다. 백제인은 이 섬을 기미노시마(主嶋)라 한다[시마(嶋)는 무령왕의 이름인 사마(斯痲, 斯磨)에서 나왔다].

L3. 유랴쿠 5년 7월, 군군이 수도에 들어왔다. 이미 다섯 아이가 있었다(『백제신찬』에서 말하기를 "신축년(461)에 개로왕이 동생 곤지군을 파견해 왜국으로 가게 하고 왜왕을 섬기도록 했는데, 이로써 일본에 대해 형왕의 우호를 맺었다"라고 했다).

L4. 유랴쿠 23년(479) 4월, 백제의 문근왕이 돌아가셨다. 천황은 곤지왕의 다섯 아들 가운데 두 번째 말다왕이 젊고 총명함을 보고 명해 안으로 불러 친히 머리를 쓰다듬고 친절하게 훈계하고 그 나라의 왕으로 삼았다. 무기를 하사하고 쓰쿠시노쿠니의 군사 500명을 파견해 나라로 보내주었다. 이분이 동성왕이다.

L5. 부레쓰 4년(502) 주. 『백제신찬』에 이렇게 말했다. "말다왕은 무도하고 백성에 포학을 가했다. 백성들이 모두 이를 버렸다. 무령왕이 즉위했다. 이름은 사마왕(斯痲王)이라 한다. 이분이 곤지 왕자의 아들이다. 즉 말다왕의 배다른 형이다. 곤지는 왜로 향했는데, 그때 쓰쿠시 섬에 이르러 사마왕을 낳았다. 섬에서 보내졌지만 수도로 가지 않고 섬에서 낳았기 때문에 그렇게 이름했다. 지금 가카라(各羅)의 바다 안에 키미노시마가 있다. 왕이 태어난 섬이다. 그래서 백제인은 이렇게 부른다. 지금 생각하니 시마노키미(嶋王)는 개로왕의 아들이다. 말다왕은 곤지왕의 아들이다. 이것을 배다른 형이라 하지만 아직 상세하지 않다."

이제 일라와 마찬가지로 야마토왜의 총독으로 활약한 풍장과 교기에 대해 알아보자. 『일본서기』가 상당히 윤색, 조작되어 있기는 하지만, 위의 사료 K, L, 다음 사료 M과 〈표 31〉에 의해 다음과 같은 사실을 알 수 있다.

① 5세기 중엽에 백제왕은 그의 동생을 야마토왜에 파견해 야마토왜가 '동생의 나라'로서 '형의 나라'인 백제국을 섬기도록 하는 형제의 우호의 의를 확실히 했으며, 야마토왜에 파견되어 생활하고 있는 그 동생의 다섯 아들 가운데 한 아들은 야마토왜의 극진한 대우를 받으며 백제에 귀국해 백제의 왕에 즉위했다. 그런데 이 기사는 게이타이왕 이후 시대의 일의 반영인 듯하다.

② 왜왕에 국정의 대요를 설명해 준 백제의 중신 일라의 사례(H_3)에 여실히 나타나 있지만, 야마토왜의 최고의 정치 지도자는 백제의 왕자, 왕족이 아니면 백제의 최고의 정치인인 좌평(대좌평)이다. 백제의 왕자, 왕족 또는 좌평 등이 야마토왜에 출입이 잦은 것은 바로 이러한 임무 때문인 것으로 생각된다.

③ 〈표 31〉에 잘 나타나 있는 바와 같이 백제의 왕자 교기는 당시 실질적인 천황인 소가의 정무 보고를 받았으며(『일본서기』는 친히 대화했다고 기술하고 있다), 또 그로부터 많은 선물을 받았다. 또 교기가 쓰쿠시에 다다르면 쓰쿠시 대재는 급히 사자를 보내 이 소식을 야마토의 조정에 알렸다. 또 교기를 즐겁게 하기 위해 그 앞에서 수렵하는 것과 씨름하는 것도 보여주었으며, 왕자의 수행원의 한 사람으로 보이는 대좌평 지적에 대해서도 극진히 대접했는데, 이 좌평은 왕자 교기를 문전에서 배례했다. 야마토 조정의 백제 왕자 교기에 대한 이러한 극진한 대접은 그가 야마토왜의 총독이 아니고서는 있을 수 없는 일이다.

〈표 31〉 왕자 풍장과 교기의 일본에서의 역할

연도	풍장	교기
631	의자왕의 아들 풍장(여풍)이 왜에 파견되었다(『일본서기』는 인질로 표현)	
642		2월 24일 阿培山背連의 집에 거주했다. 4월 8일 대사 교기가 종자를 거느리고 왔다 10일 소가노오오미가 우네비의 집에서 교기에게 정무 보고를 했다. 소가노오오미가 좋은 말 한 필, 철 20정을 교기에게 바쳤다. 5월 5일 일본 조정이 가후치노쿠니에서 수렵하는 것을 교기에게 보였다. 21일 교기의 종자 한 명이 죽었다. 22일 교기의 아이가 죽었다. 24일 교기가 처자를 거느리고 백제대정의 집으로 옮겼다. 7월 22일 일본 조정이 백제의 사인 대좌평 지적 등에 연회를 베풀었다. 일본 조정이 교기 앞에서 씨름을 시켜 보였다. 연회가 끝나고 대좌평 지적 등이 교기 문전에서 배례했다.
643	풍장 (일본에서) 양봉을 했다.	4월 21일 쓰쿠시 대재가 급사(急使)를 야마토왜 조정에 보내 백제 왕자 교기와 아들 왕자가 왔다는 것을 알렸다.
650	2월 9일 천황이 흰 꿩 출현의 뜻을 물으니 백제군(풍장)이 가르쳐 주었다. 15일 백제군 풍장이 아들 새성, 충승 등을 거느리고 왕궁에 납시었다.	
661	9월 백제 왕자 풍장에 직관(織冠)을 주었다. 군사 5천 명이 풍장의 본국 귀국을 호위했다.	
662	5월 풍장이 백제 왕위를 계승했다.	

일라가 갈파한 국정의 요체는 사실을 반영한 것임을 알 수 있다.

이제 마지막으로 야마토왜 국왕의 지위의 한 측면을 살펴보고자 한다. 긴메이 13년(641) 10월 백제 국왕이 불교를 야마토왜에 보급하기 위해 파견한 백제의 사신에 대해 야마토왜 국왕이 "이 문제는 본인 혼자서는 결정할 수 없다"라고 말한 것이나,[184] 야마토왜에 와 있는 행실이 좋지 않은 한 백제 왕자(새성)를 백제 국왕이 본국으로 귀국시키려고 했음에도 왜왕이 계속 그를 야마토왜에 머물러 있게 하고는 불안해하고 있는 점에도 야마토왜 국왕의 지위의 일면이 나타나 있다고 하겠다. 여기서 새성에 관한 기사를 보면 다음과 같다.

> M1. 고교쿠 원년(642) 2월 2일, 아즈미노야마시로노 무라지 히라부, 쿠사카베노키시 이하카네(草壁吉士磐金), 야마토노아야노후미노 아타이아가타(倭漢書直縣) 등을 백제의 조사(弔使)가 있는 곳에 보내 소식을 묻게 했다. 조사는 "백제 국왕이 신에게 말씀하시기를 '새성은 언제나 나쁜 짓만 한다. 귀국하는 사신이 그를 데리고 귀국하도록 청해도 천황이 듣지 않는다'고 했다"라고 말했다.
>
> M2. 고교쿠 원년(642) 4월 10일, 소가노오오미가 우네비의 집에 백제의 교기 등을 모셔 친하게 대화했다. 좋은 말 한 필과 철 20정을 선물했다. 그러나 새성만은 부르지 않았다.
>
> M3. 하쿠치 원년(650) 2월 15일, 백제군 풍장, 그 동생 새성 · 충승, 고려시의 모치, 신라의 시학사 등이 가운데 뜰에 이르렀다.

---

184 欽明紀 13年 10月.

그러나 그러한 것보다도 660년 백제의 의자왕이 나당군에 항복한 후 왕이 없는 상황에서 사인을 야마토왜에 파견해 백제를 도와달라고 한 백제 왕족 귀실복신(무왕의 종자)의 요청을 야마토왜왕이 기꺼이 따라주었다는 것에 야마토왜왕과 백제 왕족 간의 정치 관계가 잘 나타나 있다고 하겠다.

귀실복신과 야마토왜왕의 관계를 『일본서기』에서 보면 다음과 같다.

N1. 사이메이 6년(660) 9월, 백제는 달솔 종미각종(從彌覺從) 등을 보내 "당은 백제를 정복했다. (……) 그러나 오직 복신만은 이미 망한 나라를 일으켰다"라고 했다.

N2. 사이메이 6년(660) 10월, 백제의 좌평 귀실복신이 좌평 귀지 등을 보내 (……) "왕자 풍장을 맞아들여 국왕으로 하려고 한다"라고 말했다.

N3. 사이메이 6년(660) 12월, 천황은 복신의 원에 따라 쓰쿠시에 가서 구원병을 보내려고 여러 무기를 비치했다.

N4. 사이메이 7년(661) 4월, 백제의 복신이 사신을 보내 풍장(규해)을 마중하려고 청했다.

N5. 사이메이 7년(661) 9월, 군사 5천을 거느리고 풍장이 본국에 돌아가는 길을 호위하게 했다. 복신이 마중나와 절하고 국정을 위임했다.

N6. 덴지 원년(662) 정월, 백제의 좌평 귀실복신에 화살 10만 척, 실 500근, 솜 1천 근, 피륙 1천 장, 다룬 가죽 1천 장, 종자용 벼 3천 석을 주었다.

마지막으로 한 가지 보태고 싶은 것은 『일본서기』 부레쓰 7년 4월의 백제 왕족 사아군의 파견 기사는 앞에서 상세히 언급한 바와 같이 야마토왜의 왕으로서의 게이타이 천황에 관한 것이었다는 사실이다.

(8) 야마토왜의 백제인 과시

그 정확한 연대는 앞으로의 과제가 되겠지만, 야마토왜는 그 건국 시기인 5세기 초부터 백제가 멸망하기 전까지, 또는 『고사기』가 편찬된 712년 이전까지는 백제의 속령 또는 속국으로서 백제인이라는 것을 자랑으로 의식했으며, 또한 이것을 기록으로 기술했을 것이다. 야마토왜의 인구 구성은 대부분 한국에서 이주한 한민족이고, 적어도 8세기까지는 한국어를 그대로 사용하며 한복을 입고 있었으며, 음식도 한국 음식을 먹고 있었다. 한국, 특히 백제로부터의 대규모 집단 이주민이 정착한 야마토 지역에서 왕의 거처를 정하고 국가를 건설, 경영한 것을 또한 자랑으로 여겨왔던 것이다.

야마토왜가 백제인이라는 것을 자랑으로 여겨왔다는 기사는 『일본서기』에 남아 있다. 여기서 그 대표적인 사례를 연대순으로 보면 다음과 같다.

① 비다쓰 원년(572), 지명을 '백제대정'이라 하고 그곳에 왕궁을 지었다.

② 긴메이 11년(639) 7월, 지명을 여전히 '백제천'이라 하고 그곳에 왕궁을 지었다.

③ 긴메이 12년(640), 왕의 거처를 '백제궁'이라 하고 천황이 그곳으로 이사했다.

④ 긴메이 13년(641) 10월, 왕은 '백제궁'에서 돌아가셨다.

⑤ 긴메이 13년(641) 10월, 왕의 시신 안치소를 '백제대빈'이라 했다.

⑦ 고쿄쿠 2년(643) 3월 13일, 백제로부터의 귀빈이 묵는 객관을 여전히 '백제객관'이라 불렀다.

⑧ 하쿠치 원년(650), 이름이 '백제선'이라는 배 두 척을 건조하게 했다.

⑨ 사이메이 6년(660) 10월, 백제를 '본방(本邦)'이라 하고, 본방이 망해 의지할 곳도 말할 곳도 없다고 했다.

⑩ 덴지 4년(665) 8월, 백제가 패망한 이후에도 백제의 관직을 사용하게 하고, 그 관직자로 하여금 성을 쌓게 했다.

⑪ 덴무 원년(673) 7월, 이른바 임신의 난 때 오미 조정의 사령관은 한국(백제)의 장수 이키노후비토라는 것을 명기했다.

⑫ 덴무 2년(674) 윤 6월, 백제가 망해 야마토에 와 있는 백제인 사택소명이 죽자 백제국 최고의 관위인 대좌평을 주었다.

⑬ 지토 5년(691) 5월 2일, 순무미자는 역시 임신의 난 때의 전공(戰功)으로 직대참(直大參)이라는 관위를 받았는데, 백제인이라는 것을 명기했다.

⑭ 지토 8년(694), 후지와라쿄를 지었을 때 그 중심부에 '동백제', '서백제'라는 이름을 붙였다.[185]

위에서 본 바와 같이 백제가 멸망하기까지 야마토왜는 백제인이 건국하고 천황은 백제인이라는 것을 숨김없이 자랑스럽게 의식해왔고, 백제가 패망한 이후에도 어느 시기까지는 그들이 백제인이라는 것을 은폐하려고 하지 않았다. 이러한 사정이 대체로 8세기 초부터 달라졌으며, 그 결과 『고사기』, 『일본서기』와 같은 은폐 조작된 역사서가 나오게 된 것이다. 그러나 위에서 본 바와 같이 야마토왜가 백제가 세운 국가라는 것을 완전히는 은폐하지 못했다.

그리고 현재 일본의 각 사절, 박물관, 쇼소인(正倉院) 등에 소장되어 있는 각종 유물, 문화재를 보는 시각도 올바르게 시정되어야 한다고

---

185 藤岡謙二郎, 『畿內歷史地理研究』, 1958, p. 9.

생각한다. 적어도 백제 패망 몇 년 후인 670년에 국호가 왜에서 일본으로 바뀌기 이전 시대의 유물, 문화재는 백제인의 긍지를 가지고 백제에서 가져갔거나 야마토왜에서 만든 것이며, 670년 이후의 것은 점차로 일본인이라는 의식을 가지면서 만들었을 것이다. 백제사, 백제선, 백제객관, 백제악이라는 명칭은 전자의 전형적인 예인 것이다.

4. 백제가 직영한 야마토왜가 일본으로 변신하는 과정

(1) 의자왕 항복 후의 항쟁과 백제 지배층의 대규모 이주

660년 7월 백제의 의자왕은 웅진에서 나당군에 항복했지만, 백제는 백제의 왕족인 좌평 복신(무왕의 아들)이 중심이 되어 백제 부흥을 도모했다. 그는 당시 야마토왜에 체류 중인 의자왕의 아들 풍장을 모셔와서 백제의 새로운 왕으로 삼고 백제의 부흥을 도모했는데, 이 저항 세력과 백제의 속령인 왜의 군사가 합력해 663년 8월, 저항 세력의 중심인물인 백제 왕자 충승, 충지(풍은 고구려로 도주)가 또 항복할 때까지 만 3년간 백제 각지에서 피비린내 나는 항쟁을 계속했다. 여기서 백제 부흥군의 혈투 사항을 『삼국사기』 「백제본기」, 「신라본기」와 『일본서기』에서 보면 다음 A~D와 같다. 기록상 약간의 차이는 있으나 큰 흐름을 읽는 데는 지장이 없을 것이다.

A. 660년[신라 무열(武烈) 7년, 백제 의자 20년, 야마토왜 사이메이 6년]의 상황	
무열 7년	백제 의자왕 웅진에서 항복

의자 20년 7월	백제 의자왕 웅진에서 항복
사이메이 6년	백제 의자왕 웅진에서 항복
무열 7년 8월	백제의 여중(餘衆: 저항 세력)이 남잠(南岑), 정현성(貞峴城), 두시원악(豆尸原嶽)에서 저항
무열 7년 8월 26일	임존성(任存城)에서 저항
무열 7년 9월 23일	저항 세력 사비성(泗城) 공격
사이메이 6년 9월	백제군 구마노리성(久麻怒利城)에 진을 쳐서 흩어져 있는 군사를 모으고 신라와 싸움
무열 7년 10월 9일	이례성(禮城)에서 저항, 20여 성 이때까지 저항
사이메이 6년 10월	백제의 왕족 좌평 복신이 야마토왜에 파견된 왕자를 국왕으로 하고자 했으며, 왜왕은 백제를 돕고 신라를 치라고 함
무열 7년 11월 1일	고구려가 신라의 칠중성(七重城)을 침공
무열 7년 11월 5일	계탄(鷄灘)의 왕흥사(王興寺) 잠성(岑城)에서 저항
사이메이 6년 12월 4일	왜왕 쓰쿠시에 행차, 무기 비축

B. 661년[신라 문무(文武) 원년, 백제 의자왕 용삭 원년, 야마토왜 사이메이 7년]의 상황	
무열 8년 2월	백제 군사 사비성 공격
사이메이 7년 4월	백제의 좌평 복신이 야마토왜에 사신을 보내 야마토왜에 체류하는 백제의 왕자를 왕으로 삼고 싶다고 말함
무열 8년 5월 9일	고구려 장군 신라의 술산성(述川城) 공격
문무 원년 6월	당의 소정방 고구려 공격
덴지 즉위전 8월	왜 전군(前軍) 후군(後軍)을 파견해 백제 원조, 무기 · 식량 보냄
덴지 즉위전 9월	백제 왕자 본국에 호송
문무 원년 9월 25일	옹산성(甕山城)에서 저항

의자 용삭 원년	야마토왜 파견 왕자를 왕으로 삼고 주류성에서 대항, 서북부 여러 성 신왕 세력에 호응
의자 용삭 원년	부여풍(夫餘豊)은 사신을 고구려와 왜국에 파견해 구원을 청해 당병(唐兵)을 막으려 함

C. 662년(신라 문무 2년, 야마토왜 덴지 원년)의 상황	
덴지 원년 1월 27일	야마토왜 백제 좌평 복신에게 활 10만 정 등을 줌
덴지 원년 5월	백제 왕자 풍장 등을 보냈는데 그가 백제왕이 됨
문무 2년 8월	내사지성(内斯只城)에 주둔해 저항
덴지 원년 이해	백제를 구원하기 위해 무기, 선박, 군량 준비

D. 663년(신라 문무 3년, 백제 의자 용삭 3년, 야마토왜 덴지 2년)의 상황	
문무 3년 2월	거열성(居列城), 거물성(居勿城), 사평성(沙平城), 덕안성(德安城) 함락
덴지 2년 3월	왜병 2만 7천 명이 신라를 공격함
문무 3년 5월	저항 세력이 신왕을 옹립하고 당장(唐將)이 있는 웅진성을 포위하고 공격, 임존성에서 저항
의자 용삭 3년 5월	왜국의 수군(배 1,000척)이 와서 백제를 구원했으나 패배, 주류성 함락
문무 3년 5월	두륙(豆陸), 윤성(尹城), 주류성 함락
덴지 2년 8월 27~28일	왜의 구원군과 당의 수군이 싸웠으나 왜군 패배. 백제왕 풍장 고구려로 도피
덴지 2년 9월	주류성 함락
덴지 2년 9월 24일	좌평 여자신 등 일본으로 이주
문무 3년 이때	백제왕 부여풍은 도피하고, 왕자 충승, 충지 등이 항복
의자 용삭 3년	왜국의 구원군 백강 어구에서 패배, 왕 부여풍 도망, 백제 왕자와 왜군 항복, 임존성 함락

위의 사료에 잘 나타나 있는 바와 같이 백제의 의자왕이 항복한 후 3년간의 백제 부흥군의 혈투는 상상을 초월할 만큼 격렬했다. 그런데 여기서 유의해야 할 것은 백제의 의자왕이 항복하자마자 백제의 지배층이 당시의 백제 속령이었던 야마토왜로 이주한 것이 아니라 백제가 항복한 날부터 3년간은 그대로 백제에 남아 있었다는 사실이다. 일반적 상식으로는 660년에 항복이 이루어지면 곧 야마토왜로 이주할 것으로 생각되지만, 실제로 그러한 이주 현상은 그로부터 3년 후에 일어났던 것이다. 의자왕이 항복했다고 하더라도 그대로 백제에 남아 있었으며 백제 본토에서의 저항군과 야마토왜의 군사로 구성되는 백제 부흥군이 권토중래해 백제의 고토를 회복하는 전투에 참여하거나 지켜보다가 이 계획마저 실패하자 그제야 3천여 명의 백제의 지배층이 대거 야마토왜로 이주한 것이다.[186]

(2) 국호 개정과 새로운 국가의 출범

백제가 멸망할 때까지 야마토왜는 백제의 속령으로 존재했고, 백제국에 의해 직접 통치가 이루어졌다.[187] 다시 말하면, 당시는 야마토왜의 인구 구성이 거의 전부 백제를 중심으로 하는 한민족이라고 하더라도 하나의 고대국가를 경영할 만한 고급 인재가 없었던 것이 현실이었다. 이러한 상황에서 종주국이 패망하고 수천 명의 백제 지배층 사람들이 백제의 속령이었던 야마토왜에 몰아닥치자 야마토왜에 새로운

---

186 天智 2年 9月 7日, 同 9月 24日, 4年 2月, 5年 冬 條, 8年 是年 條 참조.

187 5부 1장 「백제와 야마토왜의 관계」, 5부 2장 「백제의 야마토왜 형성과 발전」, 5부 3장 「백제의 야마토왜 경영과 야마토왜의 백제인 과시」 참조.

정치질서가 생겨나는 것은 당연한 일이었다.

백제의 마지막 항쟁 거점인 주류성이 함락된 663년 9월부터 국호를 왜에서 일본으로 바꾼 670년[188]까지 야마토왜에서 일어났던 중요한 정치 사건을 『일본서기』에서 보면 다음과 같다. 그런데 이 국호를 '태양의 시작' 또는 '뿌리'의 뜻이 있는 '일본'으로 한 것도 한민족의 근본 사상인 신(新), 동(東), 명(明), 광(光), 태양(太陽) 등의 의미 내용과 상통하는 '동명사상', '태양사상'에서 비롯된 것이다. 한국 고대 왕국명, 지명, 왕명에 명, 광, 태양의 뜻이 담겨져 있는 것과 동일하다. 이른바 천조대신(天照大神)의 '천조(天照)'도 같은 맥락에서 비롯된 것이다.[189] 일본의 중심 조상신을 '천조'라는 용어를 붙여 천조대신이라 한 것, 그리고 왕호를 '왕'에서 '천(天)'을 붙여 '천황'이라 한 것도 모두 한국의 동명사상 또는 태양사상에서 유래된 것이다.

O1. 덴지 2년(663) 9월 7일, 백제의 주류성이 함락되었다. 9월 24일. 좌평 여자신, 달솔 목소귀자, 곡나진수, 억례복류와 백성들이 테레성에 도착했으며, 다음 날 배를 내어 처음으로 일본으로 향했다.

O2. 덴지 3년(664) 이해, 쓰시마, 이키노시마, 쓰쿠시노쿠니에 변경 수비병과 봉화대를 설치했다. 또 쓰쿠시에 큰 둑을 쌓아 물을 비축했다. 이를 미즈키(水城)라 했다.

O3. 덴지 4년(665) 2월 이달, 백제 멸망 후 대거 이주한 백제인에게 관위를 주기 위해 백제국의 관위 계급을 조사했다. 또 백제의 백성 남녀 400

188 『삼국사기』「신라본기」 문무왕 10년 12월 조.

189 동명사상에 대해서는 졸저, 『한국 고대사회사 방법론』, 1987, pp. 146~148 참조.

여 명을 오미노쿠니의 가무사키(神崎)군에 살게 했다. 3월, 가무사키군의 백제인에게 밭을 주었다. 8월, 달솔 답발춘초를 파견해 나가토노쿠니에 성을 쌓고, 달솔 억례복류, 사비복부를 쓰쿠시에 파견해 오노와 기에 두 개의 성을 쌓았다.

O4. 덴지 5년(666) 겨울, 백제의 남녀 2천여 명을 아즈마노쿠니에 살게 했다. 백제 사람들에게 663년부터 3년간 국비(國費)에 의해 음식을 주었다.

O5. 덴지 6년(667) 3월, 왕도를 오미로 옮겼다.

O6. 덴지 6년(667) 11월, 야마토노쿠니의 다카야스성, 사누키노쿠니 야마다군의 야시마성[屋島城: 지금의 가가와(香川)현 다카마쓰(高松)시 야시마], 쓰시마노쿠니(對馬國)의 가나타성[지금의 시모쓰노아가타(下縣)군 미쓰시마초(美津島町) 다케시키(竹敷)의 키야마(城山)]을 쌓았다.

O7. 덴지 7년(668) 7월, 구루쿠마노 오호키미(栗前王)를 쓰쿠시노카미(筑紫率)에 임명했다. 그때 오미노쿠니에서 무술을 배웠다.

O8. 덴지 8년(669) 1월 9일, 소가노아카에노오미(蘇我赤兄臣)를 쓰쿠시노카미로 임명했다. 이해 겨울, 다카야스성을 수리해 기나이의 전세(田稅)를 그곳에 모았다. 이해, 좌평 여자신, 귀실집사 등 남녀 700여 명을 오미노쿠니 가모노에 이주시켰다.

O9. 덴지 9년(670) 2월, 또 다카야스성(나라현 이코마군과 오사카부 야오시의 경계)을 수리해 곡식과 소금을 비축했다. 또 나가토에 성 하나, 쓰쿠시에 성 둘을 쌓았다.

위의 내용을 표로 나타낸 것이 〈표 32〉인데, 이 표에서 다음과 같은 사실을 알 수 있다.

① 664년 쓰시마에 수비병과 봉화대를 설치해 놓고도 마음이 놓이

〈표 32〉 663년부터 670년까지 야마토왜의 중요 정치 사건(『일본서기』)

연도		방비	백제 이주민 대책	식량 비축	천도
653	9월 7일 9월 24일	백제 주류성 함락 백제 지배층 왜로 떠남			
664		① 대마도, 이키노시마, 쓰쿠시에 방위병과 봉화대 설치 ② 쓰쿠시에 수성 구축			
665	2월		이주 백제인 관위 조사, 400여 이주민 오미로 이주		
	3월		오미로 이주한 백제민에게 전답 지급		
	8월	① 나가토노쿠니에 성 구축 ② 쓰쿠시의 오노, 기에 성 구축			
666 겨울			① 2천여 이주민 아즈마노쿠니로 이주 ② 663년부터 이들에게 식량 제공		
667	3월				왕도를 오미로 천도
	11월	① 대마도의 가나타성 구축 ② 사누키의 야시마성 구축 ③ 가와치와 야마토의 경계에 다카야스성 구축			
668	7월	① 쓰쿠시대재사 임명 ② 오미에서 무술 수련			
669	1월	쓰쿠시노카미 임명			
	겨울	다카야스성 수리	백제 이주민 700여 명 오미노쿠니 가모노로 이주		
670	2월	① 다카야스성 수리 ② 나가토노쿠니, 다카야스성 구축		식량, 소금 비축	

지 않아 667년에 다시 쓰시마에 성을 쌓았다.

② 또한 664년에 쓰쿠시에도 수비병과 봉화대를 설치하고 미즈키를 쌓고도 마음이 놓이지 않아 665년에 오노와 기의 두 곳에 성을 쌓았으며, 670년에 다시 쓰쿠시성을 쌓았다.

③ 665년 8월에 나가토에 성을 쌓았으나 역시 마음이 놓이지 않아 670년 2월에 또 성을 쌓았다.

④ 규슈와 야마토의 해상 요지인 사누키(讃吉: 지금의 가가와현)에도 성을 쌓아 결국 이중 삼중으로 쌓았다.

⑤ 야마토왜 사람들은 그래도 역시 안심이 되지 않아 군사 요충지인 쓰쿠시의 책임자를 1년 사이에 두 번이나 갈아치웠으며, 그래도 또 신라의 침공이 염려되어 667년 수도에(더욱 정확하게 말하면 수도인 야마토와 가와치의 경계선에 위치함) 다카야스성을 쌓아 야마토 방어의 방벽으로 삼았으며, 3년 뒤인 670년에 이 성을 수리했다.

⑥ 우리는 또 『일본서기』의 667년 3월 기사에서 신라가 수도인 야마토를 공격하지 않을까 하는 불안으로 당시 수도의 민심이 흉흉함을 충분히 짐작할 수 있고, 그곳 사람들의 반대에도 불구하고 내해(內海)에서의 공격이 있을 경우 야마토보다 훨씬 깊숙한 곳에 위치해 훨씬 안전한 호숫가의 오미(오호쓰)로 천도했음을 알게 된다. 결국 야마토왜는 쓰시마 → 이키(壹岐) → 쓰쿠시 → 나가토 → 사누키 → 가와치 → 야마토의 해상 루트상에 성을 쌓아 신라의 침공에 대비했음을 알 수 있다. 이러한 군비상의 대비 이외에 〈표 32〉에 나타나 있는 바와 같이 백제로부터의 대규모 지배계급 이주자의 대책에 부심했던 것이다.

즉 위에서 우리는 백제의 최고 지배층 집단이 야마토왜로 이주하기 시작한 덴지 2년(663) 9월 24일부터 덴지 9년(670)까지 야마토왜에 일어났던 중요한 정치 사건은 첫째, 성을 쌓거나 신라의 동태를 살피는 쓰쿠시의 책임자를 임명해 신라의 공략에 대비하는 일, 둘째, 갑자기 닥친 백제로부터의 이주민의 생활 대책을 마련하는 일, 셋째, 식량을 비축하는 일, 넷째, 피난차 수도를 옮기는 일 등의 네 가지에 집중되어 있음을 알 수 있다. 다시 말하면, 이러한 일들은 전시 체제에서의 일들이며, 이러한 국가 안보에 관한 화급하고도 중요한 일들의 처리 때문에 백제에서 지배층이 몽땅 야마토왜로 왔다고 하더라도 그들이 오자마자 새로운 국가를 출범시킬 경황이 없었을 것이다.

신라 공략에 대비한 방비나 식량 비축, 그리고 전쟁 이주민에 대한 대책이 어느 정도 이루어졌을 뿐만 아니라 신라가 공략해 올 위험성도 없어지자 그제야 670년에 왜는 국호를 일본으로 바꾸고 새로운 국가 체제를 정비해 나갔던 것으로 보인다.

의자왕이 항복한 후 3년 동안 항쟁했으나 백제가 부흥할 가망이 없어지자 백제의 지배층은 슬픔을 삼키며 야마토왜로 이주했고, 야마토왜 조정도 백제의 마지막 항쟁의 거점인 주류성이 함락되자 "백제의 이름이 오늘로 끊겼으니 조상의 묘소에 어찌 다시 갈 수 있겠는가?" 하고 탄식한 점[190]을 고려할 때 국호의 변경은 불가피하다고 볼 수밖에 없다. 우리는 이미 야마토왜에서 강 이름을 '백제천', 마을 이름을 '백제촌', 천황의 궁을 '백제궁', 절 이름을 '백제대사', 천황의 시신 안치소를 '백제대빈'이라 불렀던 것을 보았다. 663년 백제의 주류성이 함락되자 야마토왜의 백성들이 "백제의 이름이 오늘로 끊겼구나" 하고 비통해하는 것도 왜의 국호가 백제였음을 시사한다고 할 수 있을 것이

---

190 天智紀 2年 9月 條.

다. 여하튼 백제의 지배층이 몽땅 야마토왜로 이주했으니 이제는 독립 국가를 경영할 만한 인재가 모두 갖추어진 셈이 된다. 이에 국호를 왜에서 일본으로 바꾸고 새로운 국가 형성에 매진한 것이다.

670년 국호를 왜에서 일본으로 바꾼 후 새로운 국가 체제 정비를 서두르게 되었고, 이 과정에서 공헌한 사람에게 상을 주게 되었는데, 그 가운데 몇 가지 사항을 보면 다음과 같다.

P1. 덴지 9년(670), 국호를 일본으로 바꾸었다[『삼국사기』 문무왕(文武王) 10년 조].

P2. 덴지 10년(671) 1월, 백제에서 이주해 온 좌평 여자신 이하 50여 명의 국가 경영 경험이 있는 지배층 인사에게 고위의 관위를 수여해[191] 새로운 국가 건설의 기틀로 삼았다.

P3. 덴무 2년(674) 윤 6월 6일, 백제의 대금하 사택소명이 죽자 외소자위의 관위와 백제국 최고 관위인 대좌평의 관위를 주었다.

P4. 덴무 6년(678) 5월 3일, 대박사인 백제의 솔모(率母)에게 대산하의 관위를 주고 식봉 30호를 주었다.

P5. 덴무 12년(684) 3월 2일, 승정, 승도, 율사를 임명했다[율령제적인 율사는 이것이 처음이며, 승강(僧綱)제도의 실질적인 출발점일 것이다].

---

191 덴지 10년(671) 1월 이달, 대금하의 관위를 좌평 여자신, 사택소명(법관대보)에게 수여하고, 소금하의 관위를 귀실집사(학직두)에게 수여했다. 대산하의 관위를 달솔 곡나진수(병법에 정통), 목소귀자(상동), 억례복류(상동), 답발춘초(상동), 발일비자, 찬파라 금라금수(의약에 정통), 귀실집신(상동)에게 수여하고, 소산상의 관위를 달솔 덕정상(상동), 길대상(상동), 허솔모(오경에 정통), 각복모(음양에 정통)에게 수여했다. 소산하의 관위를 다른 달솔 등 50여 명에게 수여했다.

P6. 덴무 13년(685) 10월 1일, 마히토(眞人), 아소미(朝臣), 스쿠네(宿禰), 이미키(忌寸) 등 8색(色)의 성(姓)을 제정했다.

P7. 덴무 14년(686) 2월 4일, 백제인 등 147명에게 작위를 주었다.[192]

P8. 덴무 14년(686) 10월 4일, 백제의 승려 상휘(常輝)에게 식봉 30호를 주었다.

P9. 덴무 14년(686) 10월 8일, 백제 승려가 위약(胃藥)을 달여 바쳤다.

P10. 덴무 슈초 원년(686) 5월 9일, 백제인 시의 억인에게 근대일의 관위와 식봉 100호를 주었다.

P11. 지토 4년(690), 환과고독, 병자, 가난한 자 등에 처음으로 사회복지 시책을 실시하고 이후 이 일을 계속했다.

P12. 지토 6년(692), (처음으로 대규모의 기와집) 왕궁인 후지와라쿄를 축조했다.

P13. 다이호 원년(701), 처음으로 율령을 제정했다.

P14. 와도(和銅) 원년(708), 헤이조쿄가 축조되었다.

(3) 712년 이전의 역사서

알려져 있는 바와 같이 712년에 『고사기』, 720년에 『일본서기』가 편찬되었는데, 쓰다 소키치의 비판을 들먹이지 않더라도 이러한 역사서를 정독한 사람이라면 곧 그것들이 후세에 여러 번 여러 사람에 의해 여러 방법으로 개작, 변개되어 있다는 것을 알 수 있다. 이미 이 장의 3절인 「백제의 야마토왜 경영과 야마토왜의 백제인 과시」에서도 언급한 바와 같이 종주국인 백제가 패망할 때까지 그 속령인 야마토왜는 백제

192 당인, 신라인도 포함되어 있지만, 대부분은 백제인일 것이다.

가 건국, 경영하고, 천황 자신을 포함해 백제인이라는 것을 자랑으로 여겨왔다. 따라서 야마토왜가 백제인에 의해 세워진 땅이라는 것도 분명 기술했을 것이다.

그러나 백제가 패망한 후 얼마 뒤부터는 이러한 야마토왜에 관한 역사는 은폐되기 시작했다. 그러한 사실의 은폐와 역사의 조작으로 나타난 최초의 역사서가 『고사기』와 『일본서기』였던 것이다. 그러나 지금 우리가 살펴본 바와 같이 그러한 사서, 특히 『일본서기』에는 은폐, 조작, 변개되지 않은 사실을 기록한 부분이 남아 있다. 천황이 거처하는 왕궁을 '백제궁', 천황의 시신 안치소를 '백제대빈'이라 하는 것 등은 조작, 변개되지 않고 사실을 기록한 부분으로 보아야 한다.

현재 일본 학계에서 『일본서기』의 전신으로 인정되고 있는 『제기(帝紀)』, 『구사(舊辭)』가 백제 패망 전에 편찬되었다면 역사적 사실을 기록했겠지만, 백제 패망 후에 편찬되었다면 사실을 많이 왜곡했을 것이다. 『제기』라는 명칭 자체가 강한 조작의 냄새를 풍기고 있다.

또 『일본서기』에는 『백제기』, 『백제신찬』, 『백제본기』에서 인용한 부분도 적지 않게 있다. 그러나 이러한 역사서도 『일본서기』 자체의 기술처럼 극히 일부만 사실대로 인용하고 나머지 대부분은 조작으로 일관되어 있다. 『일본서기』가 인용한 역사서마저도 조작한 것은 『일본서기』 기사의 조작 부분을 사실로 가장하기 위해서였던 것이다. 위의 세 책은 백제가 대왜 정책의 필요상 편찬한 것으로 추측되지만, 『일본서기』의 편찬자는 그 대부분을 없애고 변개, 윤색한 일부만을 본래의 세 책의 기록인 양 『일본서기』에 인용한 것이다. 우리는 여기서 백제 패망까지는 야마토왜가 백제가 경영하는 나라라는 것을 자랑으로 여기고 있었다는 사실에 유의해야 한다. 여기서는 시대순으로 『일본서기』가

인용하는 위 3종의 역사서의 내용을 기술하고자 한다.

Q1. 진구 47년 4월 주. (진구 황후와 오진 천황이 신라의 사신을 책망하고 천신에 점치기를 "누구를 백제에 파견해 거짓인지 아닌지를 조사하고, 또 누구를 신라에 파견해 그 죄를 문책하면 좋겠는가?"라고 했다. 그랬더니 천신이 가르쳐 주기를 "다케우치노 스쿠네와 상의하고 치쿠마나가히코(千態長彦)를 사신으로 파견하면 소원처럼 될 것이다"라고 했다.) (……) 『백제기』의 치쿠마나나가히코(職麻那那加比跪)란 이 사람을 말하는 것인가?

Q2. 진구 62년 주. 『백제기』는 말하고 있다. 임오(壬午)년에 신라는 일본에 조공하지 않았다. 일본은 사치히코(沙至比跪)를 파견해 신라를 쳤다. 신라인은 미녀 두 명을 몸 치장시켜 항구로 맞이해 유인했다. 사치히코는 그 미녀를 받아들여 오히려 가라국을 쳤다. 가라국의 왕 기본한기(己本旱岐) 및 아들 백구저(百久氐), 아수지(阿首至), 국사리(國沙利), 이라마주(伊羅麻酒), 이문지(爾汶至) 등은 그 백성을 거느리고 백제로 도망갔다. 백제는 그들을 후대했다. 가라국왕의 누이 기전지(旣殿至)는 대왜국에 와서 말하기를 "천황은 사치히코를 보내 신라를 치게 했지만, 신라의 미녀를 받아들여 버리고 치지 않았다. 오히려 우리나라인 가라국을 멸망시켰다. 형제 백성 모두 유랑했다. 걱정되어 참을 수 없어 찾아와서 말씀드린다"라고 했다. 천황은 크게 노해 목라근자(木羅斤資)를 파견해 병사를 거느리고 가라에 와서 그 나라를 회복했다고 한다. 어떤 설에 의하면, 사치히코는 천황의 노여움을 알고 살그머니 돌아와서 스스로 몸을 감추었다. 그 누이가 황궁에 봉사하는 일이 있어 히코가 비밀리에 사람을 보내 천황의 노여움이 풀어졌는지를 묻게 했다. 누이는 꿈에 의탁해 말하기를 "오늘 꿈에 사치히코를 보았습니다"라고 했다. 천황은 크게 노하며

"사치히코는 어떻게 왔는가?"라고 했다. 누이는 천황의 말씀을 보고했다. 사치히코는 허락되지 않음을 알고 바위굴에 들어가서 죽었다고 한다.

Q3. 오진 8년 3월 주. 『백제기』에 쓰여 있기를, 아화가 왕이 되어 귀국(貴國: 일본)에 무례한 짓을 했다. 그래서 우리 침미다례(枕彌多禮), 현남(峴南), 지침(支侵), 곡나(谷那), 동한(東韓)의 땅을 빼앗겼다. 그래서 왕자 직지를 천조에 보내 선왕의 우호를 수교하라고 했다.

Q4. 오진 25년 주. 『백제기』에 의하면, 목만치는 목라근자가 신라를 쳤을 때 그 나라의 여자를 취해 낳은 것이다. 그 아버지의 공(功)으로 임나를 마음대로 했다. 우리나라(백제)에 와서 귀국(일본)과 왕래했다. 직제를 받고 우리나라 정사(政事)를 행했다. 권세가 높았지만 천황은 그 난폭함을 듣고 호출했다.

Q5. 유랴쿠 2년 7월 주. 『백제신찬』이 말하기를 기사(己巳)년에 개로왕이 즉위했다. 천황이 아레나코(阿禮奴跪)를 파견해 미녀를 구했다. 백제 모니 부인의 딸을 몸 치장시켜 적계여랑이라 부르고 천황에게 바쳤다 한다.

Q6. 유랴쿠 5년 7월 주. (군군이 수도에 들어왔는데 이미 다섯 명의 아이가 있었다.) 『백제신찬』에서 말하기를 신축(辛丑)년에 개로왕이 동생 곤지군을 대왜로 보내어 천왕을 섬기게 했다. 이로써 형왕의 우호를 다졌다고 했다.

Q7. 유랴쿠 20년 겨울 주. 『백제기』에 쓰여 있기를, 개로왕 을묘(乙卯)년 겨울에 고구려의 대군이 와서 대성(大城)을 공략해 7일 밤 7일 낮에 왕성이 함락되고 드디어 위례(慰禮)를 잃었다. 국왕 및 대후(大后), 왕자들이 모두 적의 손에 돌아가셨다고 한다.

Q8. 부레쓰 4년 주. 『백제신찬』에서 말하기를 "말다왕이 무도해 백성에 포학했다. 백성들이 그를 버리고 무령왕이 즉위했다. 이름을 사마왕이라 한다. 이는 곤지 왕자의 아들이다. 즉 말다왕의 배다른 형이다. 곤지가 왜

로 향했는데, 이때 쓰쿠시에 이르러 사마왕을 낳았다. 섬에서 돌아왔지만 수도에 이르지 않고 섬에서 태어났기 때문에 그렇게 이름 지었다. 지금 가카라의 바다에 기미노시마가 있다. 왕이 태어난 섬이다. 그래서 백제인이 이렇게 이름 지었다. 지금 생각하니 개로왕의 아들이다. 말다왕은 곤지왕의 아들이다. 이를 배다른 형이라 하는 것은 아직 상세하게 알 수 없다.

Q9. 게이타이 3년 2월 주. (사신을 백제에 파견했다.) 『백제본기』에 쓰여 있기를 "구라마치킴(久羅麻致支彌)이 일본에서 왔다고 한다. 상세한 것은 모른다"라고 했다

Q10. 게이타이 7년 6월 주. (백제 저미문귀 장군과 주리즉이 장군을 파견해 호쓰미노오미 오시야마[穗積臣押山: 『백제본기』에는 야마토의 오시야마키미(意斯移麻岐彌)라 한다]와 함께 오경박사 단양이를 바쳤다.

Q11. 게이타이 9년 2월 4일 주. (백제의 사신 저미문귀 장군 등이 귀국을 희망했다. 그래서 명을 내려 모노노베노 무라지를 붙여서 돌아가게 했다.) 『백제본기』에는 모노노베노 치치노무라지(物部至至連)라 쓰여 있다.

Q12. 게이타이 25년 12월 5일 주. 어떤 책에는 천황은 28년에 죽었다고 한다. 그것을 여기에서 25년으로 한 것은 『백제본기』의 글을 가져와서 기사를 쓴 것이다. 그 글에 의하면, 25년 3월 진군해 안라에 이르러 걸탁성(乞乇城)을 쌓았다. 이달 고구려는 그 왕 안(安)을 시해했다. 신해(辛亥)년은 25년에 해당한다. 후세에 조사하는 사람이 밝힐 것이다.

Q13. 긴메이 2년 7월 주. (안라에 파견해 신라에 이른 임나의 집사를 불러 임나 재건을 도모했다. 특히 안라의 일본부의 가와치노아타이(河內直)가 계략을 신라에 내통한 것을 심히 책망했다.) 『백제본기』에는 가후치노아타이(加不至費直), 아사카이나시(阿賢移那斯), 사로마쓰(佐魯麻都) 등이라 하지만 알

수 없다.

Q14. 긴메이 5년 2월 주. [백제는 시덕 마무, 시덕 고분옥(高分屋), 시덕 사나노차주(斯那奴次酒) 등을 파견해 임나에의 사신으로서 일본부와 임나의 왕에게 "기신(紀臣) 나솔 미마사(彌麻沙), 나솔 기련, 물부련나솔(物部連奈率) 용가다(用歌多)를 파견해 천황에 보냈다. 미마사 등은 일본에서 돌아와서 천황의 조서(詔書)를 가져와서 '너희들은 그곳의 일본부 사람과 함께 속히 좋은 계획을 세워 짐의 희망에 부응하도록 하라. 속지 않도록 하라"라고 되어 있다고 했다. 또 쓰모리노 무라지(津守連)는 일본에서 와서] 『백제본기』에는 쓰모리노 무라지 기마노코(津守連己麻奴跪)라 한다. 그러나 말의 사투리는 옳지 않다. 자세히 모르겠다.(……) (특히 하내직) 『백제본기』에는 하내직, 이나시, 마도(麻都)라 한다. 말이 사투리로 되어 아직 그것이 옳은 것인지 상세하지 않다.(에게 말하기를 '예부터 지금까지 단지 너의 잘못한 것만 듣고 있다. 너의 선조들도) 『백제본기』에는 너의 선조 나간타갑배(那干陀甲背), 가랍직기갑배(加獵直岐甲背)라 한다. 또 나기타갑배(那奇陀甲背), 응기기미(鷹奇岐彌)라 한다. 말이 사투리로 되어 아직 상세하지 않다. [같이 간계(奸計)를 꾸며 속여왔다. 위가가군(爲哥可君)] 『백제본기』에 말하기를 위가기미(爲哥岐彌), 이름은 우히키(有非岐)라 한다고 한다(은 오로지 그 말을 믿고 나라의 병란도 걱정하지 않고 나의 뜻에 반해 마음대로 포학한 짓을 했다. 그래서 추방되었는데 그것은 네 탓이다. 너희들은 임나에 와서 언제나 나쁜 짓을 했다. 임나가 매일 손상되는 것은 너희들 탓이다"라고 했다).

Q15. 긴메이 5년 3월 주. [백제는 나솔 아탁득문(阿乇得文), 하세(許勢) 나솔 기마, 물부 나솔 가비(哥非) 등을 파견해 표(表)를 올려 말하기를 "나솔 미마사, 나솔 기련 등이 신(臣)의 나라에 와서 천황의 조서를 읽고 말하기를 '너희들 거기에 있는 일본부와 함께 상의해 좋은 계획을 세워 속히 임나를 세워라. 잘 조사해

신라에 속지 말라'라고 했습니다. 또 진수련(津守連) 등이 신의 나라에서 천황의 칙서를 읽고 임나를 세울 것을 물었습니다. 공손히 명을 받들어 곧 함께 의논하려고 합니다. 사신을 파견해 일본부] 『백제본기』에는 우코하노오미(烏胡跛臣)라 부른다고 한다. 생각건대 이것은 이쿠하노오미(的臣)이다[와 임나를 불렀습니다"라고 했다. (……) 안라인(安羅人)은 임나일본부를 아버지로 알고 단지 그 뜻만을 따릅니다] 『백제본기』는 안라를 아버지로 하고 임나일본부를 본(本)으로 여긴다고 한다. (……) [이키미(印支彌)의 다음에 온 고세노오미(許勢臣)의 때에] 『백제본기』에 우리가 이키미를 머무르게 한 후에 온 고세노오미 때에 이르러서라고 한다. 잘 알 수 없다[에는 신라가 다시 남의 경계를 침범한 일이 없습니다.]

Q16. 긴메이 5년 10월 주. [백제의 사신 나솔 득문, 나솔 기마 등이 귀국했다.] 『백제본기』에 겨울 10월, 나솔 득문, 나솔 기마 등이 일본에서 귀국했지만 상주(上奏)한 가와치노아타이(이나시, 마쓰(麻都) 등의 일에 대해서는 대답이 없다고 했다.

Q17. 긴메이 6년 주. [고구려에 대란(大亂)이 있어 다수의 사람이 죽음을 당했다.] 『백제본기』에 말하기를 "12월 갑오(甲午)에 고구려의 세군(細群)과 추군(麤群)이 궁전에서 싸웠다. 북을 치며 전투를 했다. 세군이 져서 포위를 풀지 않은 지 3일, 모든 세군의 자손을 잡아 죽였다. 무술(戊戌)에 고구려의 향강상왕(香岡上王)이 죽었다"라고 한다

Q18. 긴메이 7년 이해 주. [고구려에 대란이 있어 전사자가 2천여 명이었다.] 『백제본기』에 말하기를 "고구려는 정월 병오에 가운데 부인의 아들을 왕으로 세웠다. 나이 8세. 고구려 왕에게는 세 명의 부인이 있었는데, 정부인에게는 아들이 없고 가운데 부인이 세자를 낳았다. 그의 외할아버지는 추군이다. 작은 부인도 아들을 낳았다. 그의 외할아버지는 세군이다. 고

구려왕의 병이 위독해지자 세군, 추군은 각각 그 부인의 아들을 즉위시키려 했다. 그래서 죽은 세군이 2천여 명이 되었다"라고 한다.

Q19. 긴메이 11년 2월 10일 주. [백제에 사신을 보내 조(詔)하기를] 『백제본기』에 말하기를 "3월 12일에 일본의 사신 아히타(阿比多)가 세 척의 배를 거느리고 왔다"라고 한다["짐이 시덕 구귀(久貴), 고덕 마진문(馬進文) 등이 올린 표의 뜻에 따라 손바닥을 보듯이 교시(教示)하겠다"라고 했다].

Q20. 긴메이 11년 4월 주. [백제에 있는 일본의 사신이 돌아오려고 했다.] 『백제본기』에는 "4월 1일에 일본의 아히타가 돌아왔다"라고 한다.

Q21. 긴메이 17년 정월 주. [백제 왕자 혜가 귀국을 청했다. 그래서 무기와 좋은 말을 많이 주었다. 또 여러 가지 물건을 주어 그것을 여러 사람들이 기뻐하고 칭찬했다. 아베노오미, 사에키노 무라지, 하리마노아타이(播麻直)를 파견해 쓰쿠시노쿠니의 수군을 거느리고 호위해 백제에 이르게 했다. 따로 쓰쿠시노 히노키미(筑紫火君)] 『백제본기』에는 쓰쿠시노키미(筑紫君)의 아들 히노나카노키미(火中君)의 아우라 한다[를 파견해 용사 1천을 거느리고 미저(彌弖)까지 호위하고 뱃길의 요충지를 지키게 했다].

(4) 야마토왜 국내 기사의 조작

『일본서기』는 그 해설자들도 인정하고 있듯이[193] 백제 중심의 기사와 야마토왜 중심의 기사로 되어 있다. 백제 중심의 기사는 백제가 종주국이고 야마토왜는 백제의 속령 또는 속국으로 되어 있는 기사이고, 야마토왜 중심의 기사는 반대로 야마토왜가 종주국이고 한반도에 존재하는 백제, 신라, 고구려 등 여러 나라가 야마토왜의 속령 또는 속국

---

193 坂本太郎 外 3人, 『日本書記』(上, 下), 1965, 1967 참조.

으로 되어 있는 기사이다. 700년 당시 일본열도로 건너간 한민족과 일본 원주민의 수의 비교,[194] 한민족과 일본 원주민의 문화 수준의 차이,[195] 나라 시대 사람의 복장과 음식,[196] 나라 시대에 사용된 언어[197] 등을 보면 당시 야마토왜 사람들의 약 90퍼센트는 일본 원주민보다 월등히 뛰어난 문화를 가진 한민족이라는 것을 알 수 있다. 그들은 한복을 입고 한식을 먹었으며 한국어를 사용하고 있었는데, 이러한 여러 상황은 『일본서기』의 백제 중심의 기사와 상응하는 것으로, 야마토왜가 한국의 종주국이라는 기사는 조작이라는 것을 말해준다.

8세기까지도 그 대부분이 한국인인 야마토왜 사람은 한국어를 사용하고 한복을 입고 한국 음식을 먹고 있었으나, 시간이 흐르며 그들이 사용하는 언어도 변해갔고, 그들이 입고 있는 의복도 변해갔으며, 음식도 달라져 갔다. 따라서 8세기 초의 『일본서기』와 『고사기』, 9세기 초의 『만엽집』은 당연히 한국어(한국식 한문)로 되어 있어야 하는데도 그 이후에 변화한 언어인 헤이안 시대나 가마쿠라 시대의 언어로 개변되어 있다. 개변되지 않은 극히 일부분만은 한국어로 되어 있지만, 나머지는 거의 전부 변화된 언어, 즉 후세의 일본어로 조작되어 있는 것이다.

그러면 야마토왜의 국내 정치 기사에 대해 『일본서기』는 어떻게 조

---

194 최재석, 「고대 일본으로 건너간 한민족과 일본 원주민의 수의 추정」, 『동방학지』 61, 1989.

195 최재석, 「일본 원주민의 문화 수준과 고대 일본의 개척자」, 『동양사학연구』 30, 1989.

196 關根眞隆, 『奈良朝服飾の研究』, 1974; 『舊唐書』 倭國傳; 『扶桑略記』; 關根眞隆, 『奈良朝食生活の研究』, 1964.

197 朴炳植, 『日本語の悲劇』, 1986; 李寧熙, 『もう一つの萬葉集』, 東京: 文藝春秋, 1989; 李寧熙, 『枕詞の秘密』, 東京; 文藝春秋, 1990; 徐廷範, 『日本語の源流をさかのぼる』, 東京: 德間書店, 1989; 서정범, 『우리말의 뿌리: 한국어 조어의 재구(再構)와 어원 연구』, 서울: 고려원, 1989.

작, 개변하고 있는지 알아보자. 『일본서기』 개변자들은 첫째, 일본은 한국의 역사보다 훨씬 긴 역사를 가졌고, 둘째, 일본은 처음부터 독립국가로 시작되었으며, 셋째, 한국 또는 한반도는 야마토왜의 식민지 또는 예속된 나라라는 세 가지 조작을 했다. 여기서 하나 주목할 것은 한국(고구려, 신라, 백제, 가야 등)의 개국시조는 그 탄생 과정만 짤막한 신화적 표현으로 나타나 있는 데 반해 『일본서기』에서는 사람의 시대에 앞서는 '신의 시대'와 '사람의 시대'로 이분하고, 그 신의 시대를 길게 잡아 수백 년으로 했다는 점이다. 그러나 하늘에서 땅으로 하강하는 과정은 가야 시조의 것을 거의 그대로 모방했다.[198] 또 하나 주목되는 것은 백제에서 야마토로 대규모 집단 이주가 행해진 오진 이전 시대도 이미 오랫동안 국가가 형성되어 있었던 것으로 조작한 점이다. 서기전 3세기부터 한국에서 소규모로 끊임없이 일본열도로 이주했지만, 야마토 지방에 대규모의 집단 이주가 시작된 것은 오진 시대부터다. 따라서 그 정치 지도자는 아무리 빨라도 오진 이전에 소급될 수 없다. 그럼에도 『일본서기』 편찬자와 개변자는 그 이전 시대도 오랫동안 국가가 형성되어 진무부터 진구까지 16대의 왕이 존재한 것으로 조작한 것이다.

이제 『일본서기』가 야마토왜의 국내 정치 기사를 어떻게 조작하고 있는지 알아보자. 그보다 먼저 다음 사람들의 『일본서기』 비판부터 알아보자.

구로이타 가쓰미

이른바 '황국사관(皇國史觀)'의 주창자인 구로이타 가쓰미도 역대

---

198 최재석, 『한국 고대사회사 방법론』, 일지사, 1987, p. 218.

〈표 33〉 천황의 재위 기간과 공위 기간(구로이타 가쓰미)

진무 76년	스이닌 99년	안코우 3년	요메이 2년
공위 3년	게이코 60년	유랴쿠 23년	스슌 5년
스이제이 33년	세이무 60년	세이네이 5년	스이코 36년
안네이 38년	공위 1년	겐조 3년	조메이 13년
이토쿠 34년	주아이 9년	닌켄 11년	고쿄쿠 3년
공위 1년	오진 110년	부레쓰 8년	고토쿠 10년(다이카 5년, 하쿠치 5년)
고쇼 83년	공위 2년	게이타이 25년	사이메이 7년
고안 102년	닌토쿠 87년	공위 2년	덴지 10년
고레이 76년	리추 6년	안칸 2년	고분 1년
고겐 57년	한제 5년	센카 4년	덴무 14년(덴무 13년, 슈초 1년)
가이카 60년	공위 1년	긴메이 32년	지토 10년
스진 68년	인교 42년	비다쓰 14년	

천황의 재위 기간과 천황과 천황 사이의 공위(空位) 기간을 〈표 33〉과 같이 기술해,[199] 조작이라는 표현을 쓰지는 않았지만 기년과 재위 기간이 조작되었음을 간접적으로 인식하고 있다.

쓰다 소키치

『일본서기』에 대한 쓰다 소키치의 비판은 이미 별고에서 상세하게 언급한 바 있으므로[200] 여기서는 그 가운데 몇 가지만 언급하고자 한다. 그는 『일본서기』의 기년도 기사도 후세에 여러 번 조작되었다고 말

---

199 黑板勝美, 『更訂 國史硏究年表』, 1936.

200 최재석, 「쓰다 소키치의 일본 고대사론 비판」, 『민족문화연구』 23, 1990.

한다.

① 『일본서기』의 기년이 역사적 사실이 아니라는 것은 이미 학계의 정설이 되어 있다.

② 『일본서기』의 기년은 물론 믿을 수 없다.

③ 『일본서기』의 기년이 고의로 조작된 것이라는 것은 지금 새삼스러이 말할 필요가 없는 학계의 정설이다.

④ 『일본서기』의 기년은 그 후 다시 몇 번의 변개를 했다.

⑤ 기년의 법이 『일본서기』에서 일정한 것으로 되기 전에 몇 번이나 조작된 듯하며, 그 하나가 『고사기』에 남아 있다.

⑥ 『일본서기』가 완성될 때까지는 긴 세월이 경과했고, 그것에는 편술(編述) 방침의 변화가 수반되었으며, 기재의 내용에도 몇 번의 개정이 행해졌다. 특히 기년에서도 적어도 긴메이·비다쓰까지의 역조(歷朝)의 역년(歷年)상의 위치는 덴무 조(朝)의 사국(史局)에서 한 번 새로 설정되고 그 후 다시 변개되어 『일본서기』에 보이는 기년이 되었다.

⑦ 『일본서기』는 이 밖에 후세에 조작된 설화나 편찬자의 구성이 가해져 그것이 연대기의 형식으로 배열되었다.

⑧ 역조의 역년상의 위치가 몇 번이나 변경되고, 이에 맞추어 조작한 기사의 연월도 종종 바뀌면서 여러 가지 혼란이 생겼다.

⑨ 『일본서기』의 편찬은 긴 세월을 요했고, 그 편찬 과정에서 하나의 설화에 몇 번이나 손이 가해졌으며, 윤색의 경로도 많았다. 그 윤색도 설화의 자연적인 발전이라기보다는 새로운 형태의 연대기를 편찬할 경우에 고의로 행해졌다.

⑩ 스이코 이전의 연대기는 거의 가공의 기사로 채워져 있다.

이케우치 히로시

『일본서기』의 비판자 중 그것이 조작되었다고 비판한 사람은 얼마 전까지지도 쓰다 소키치와 이케우치 히로시(池內宏) 두 사람 정도였다. 『일본서기』에 대한 이케우치의 비판문의 일부를 보면 다음과 같다.[201]

① 『일본서기』의 기록은 유랴쿠 천황의 시대(457~484)마저도 대단히 신뢰할 수 없다(p. 133).

② 진구 황후기 중 확실한 역사적 사실은 367년경의 백제 내복(來服)의 한 기사에 불과하다(p. 65).

③ 『일본서기』의 한반도 관계의 기사 그 자체를 점검하면 그것은 다음 장에서 언급하는 것처럼 매우 믿을 수 없다(p. 111).

④ 『일본서기』의 전체의 기년에는 조작이 있다(p. 18).

⑤ 『일본서기』의 기년은 『삼국사기』의 기년에 비해 간지 2운(運), 즉 120년의 연대가 소급되어 있다(p. 33).

⑥ 『일본서기』의 기년에는 조작이 심하다(p. 36).

⑦ 『일본서기』의 기년은 신용할 수 없다(p. 51).

⑧ 『일본서기』의 상세(上世)의 기년이 조선의 『삼국사기』나 중국의 사적(史籍)의 기년과 상당히 어긋나는데 (……) 이는 『일본서기』 편찬자의 기년 조작에 기인한다(p. 113).

⑨ 『일본서기』 편찬자는 기년의 조작을 감행함으로써 『위지』 「왜인전」의 여왕 히미코(卑彌呼)를 오진 천황의 앞의 여왕으로서 진구 황후에 반영시켰다. 만일 그녀가 실재의 여왕이고 여황과 오진 천황의 진

201 최재석, 「이케우치 히로시의 일본 상대사론 비판」, 『인문론집』 33, 1988; 池內宏, 『日本上代史の研究』, 1947.

실의 관계가 명백히 알려져 있었다면 『일본서기』의 편찬자는 이러한 기년 조작을 감히 하지 않았을 것이며, 또 그러할 필요가 없었을 것이다(p. 114).

⑩ 진구 황후의 신라 정복은 사실이 아니지만 일본 장군 아라타와케(荒田別), 가가와케(鹿我別), 소쓰히코 등이 신라를 정복한 것은 역사적 사실이다(p. 51).

스에마쓰 야스카즈

일본 고대사의 진실을 은폐하고 허위의 고대사를 서술하는 데 걸림돌이 되는 『삼국사기』의 초기 기록을 조작, 전설이라고 유별나게 주장한[202] 스에마쓰 야스카즈(末松保和)도 『일본서기』의 기년과 내용은 불완전하고 불명하며 『고사기』와 『일본서기』에 대한 '진실을 구하는 태도'는 뿔을 바로잡으려다가 오히려 소를 죽이는 결과가 된다는 본심을 드러내는 평을 가하고 있다. 『일본서기』에 대한 그의 평의 일부를 보면 다음과 같다.

① 『일본서기』의 내용은 진위가 반반 정도이며, 기년은 유랴쿠 천황에 이르기까지는 극히 불완전하고 불명하다.

② 『고사기』 『일본서기』에 대한 '구진적(求眞的) 태도'는 뿔을 바로잡으려다가 소를 죽이게 되는 결과가 된다.

③ 종래의 일본 기년 연구에서 성찰할 수 있는 유일의 것은 백제 고사의 한 조각[편영(片影)]만을 알 수 있는 것에 불과하다.[203]

---

202 최재석, 「스에마쓰 야스카즈의 일본 고대사론 비판」, 『한국학보』 53, 1988.

203 ①, ②, ③은 주 202 참조.

④ 일본 국가 형성의 연대는 기년 연구의 결론을 떠나서는 입론(立論)될 수 없는데, 『일본서기』 기년의 120년 소급은 『삼국사기』와의 비교로 판명되었다.[204]

⑤ 연대상으로나 내용상으로나 그대로 사실의 기재로서 인정할 수 있는 것은 『일본서기』의 유랴쿠 천황기에 이르러 비로소 여기저기 보인다.[205]

⑥ 『일본서기』 진구기 46~51년 조의 백제 관계 기사는 일본색 윤색 또는 개조가 있다.[206]

미즈노 유

『일본서기』의 역대 천황의 공위 기간을 상세하게 찾아내어 적지 않은 일본 천황이 가공의 것이라고 주장한 이는 미즈노 유(水野祐)다. 그는 진무 천황부터 스이코 천황까지 33대 천황 가운데 실재의 천황은 18대뿐이라고 비판하고 있다.

① 신대 진무 천황으로부터 스이코 천황에 이르기까지 33대 천황 가운데 실재의 천황은 스진에서 스이코까지 모두 18대이며, 15대는 가공의 천황이다.

② 진무 천황에서 가이카 천황에 이르기까지 9대의 천황, 스이닌·게이코 천황, 안코우·세이네이·겐조·닌켄·부레쓰 5천황 및 센카 천황 도합 17천황은 후세에 국사 편찬이 행해진 때에 역대 구성의 사색적

---

204 末松保和, 「日本上世紀年考批判」, 『青丘學叢』 13, 1933.

205 末松保和, 『任那興亡史』, 1956, p. 22.

206 末松保和, 위의 책, p. 58.

〈표 34〉 천황의 공위 기간(미즈노 유)

천황	공위 기간		
	연	월	일
1. 진무~ 2. 스이제이	3	9	26
4. 이토쿠~5. 고쇼	1	4	—
6. 고안~7. 고레이	1	0	1
7. 고레이~8. 고겐		11	5
11. 스이닌~12. 게이코	1	0	26
13. 세이무~14. 주아이	1	6	28
15. 오진~16. 닌토쿠	2	10	17
16. 닌토쿠~17. 리추	1	1	14
18. 한제~19. 인교	3	—	—
19. 인교~20. 안코우		11	28
22. 세이네이~23. 겐조		11	14
26. 게이타이~27. 안칸	2	10	—
29. 긴메이~30. 비다쓰		11	16

필요에 따라 생각해낸 전설상의 가공의 천황이다.

③ 진구 황후의 섭정기 또는 『일본서기』처럼 이것을 1대로 한 것도 명백히 후세의 사색적 필요에 따른 윤색이며 사실이 아니다.

④ 『고사기』 최고의 사본인 마후쿠지(眞福寺)본을 비롯해 위쿠마(猪熊)본, 무라이(村井)본, 마에다(前田)본 등의 옛 사본에는 스진, 세이무, 주아이, 오진, 닌켄, 리추, 한제, 인교, 유랴쿠, 게이타이, 안칸, 비다쓰, 요메이, 스슌, 스이코의 15천황이 죽은 해의 간지가 기록되어 있는데, 이 가운데 안칸, 요메이, 스슌, 스이코의 4천황을 제외한 나머지 11천황의 간지는 모두 『일본서기』의 그것과 다르다. (……) 이 15천황이 죽은 해의 간지는 후세인이 삽입한 것이며, 『고사기』의 본래의 전승이 아니다.

⑤ 역대 천황의 공위 기간은 〈표 34〉와 같다.[207]

사카모토 다로 외 3인

『일본서기』를 가장 상세하게 잘 해설한 것으로 알려진 사카모토 다로(坂本太郎), 이에나가 산로(家永三郎), 이노우에 미쓰사다(井上光貞), 오노 스즈무(大野晉) 등 네 명이 교주(校註)한 이와나미 서점의 『일본서기』(상·하)도 조작이라는 표현을 쓰지는 않았지만 다음과 같이 기년과 천황 등에 후대의 사람들이 보탠 것이 있다고 말하고 있다.

① 실질적인 야마토 조정의 건설자는 스진 천황이다(상, p. 581).

② 백제와의 교섭 전후의 기년에 간지 2갑(120년)의 연장이 있는 것 등은 현재의 학계의 정설이 되어 있다고 해도 좋다. 『일본서기』의 기년 전체를 정확한 객관적 연대로 환산하는 것은 거의 불가능하지만, 한국사와의 대조, 『송서』, 『양서(梁書)』 등에 의해 (……) 오진 이후의 실제 연대에 대해서는 대체적인 것을 알 수 있다(상, p. 580).

③ 게이타이·안칸·센카·긴메이 조의 4대에 관한 『일본서기』의 기년에 대해서는 여러 가지 불가해한 점이 있다(하, p. 546).

④ 게이타이 천황과 안칸 천황 사이에 2년의 공위 기간이 있다(하, pp. 46, 48, 546).

⑤ 『일본서기』의 천황의 한(漢)나라 풍의 시호(謚號)는 본래 없었는데 후대의 사람들이 보탠 것이다(상, p. 577).

요시다 다케히코

『失われた九州王朝(잃어버린 규슈 왕조)』라는 저서를 낸 요시다 다케히코(吉田武彦)는 역대 천황의 수명을 〈표 35〉와 같이 제시하고 있

---

207 水野祐, 『增訂 日本古代王朝史論序說』, 1954, pp, 1, 45, 153, 184.

〈표 35〉 역대 천황의 수명(요시다 다케히코)

천황	일본서기	고사기
1. 진무	127세(63.5세)	137세(68.5세)
2. 스이제이	84세(42세)	45세(22.5세)
3. 안네이	57세(28.5세)	49세(24.5세)
4. 이토쿠	〈77세(38.5세)〉	45세(22.5세)
5. 고쇼	〈113세(56.5세)〉	93세(46.5세)
6. 고안	〈137세(68.5세)〉	123세(61.5세)
7. 고레이	〈128세(64세)〉	106세(53세)
8. 고겐	〈116세(58세)〉	57세(28.5세)
9. 가이카	〈111세(55.5세)〉 또는 115세(57.5세)	63세(31.5세)
10. 스진	120세(60세)	168세(84세)
11. 스이닌	140세(70세)	153세(76.5세)
12. 게이코	106세(53세)	137세(68.5세)
13. 세이무	107세(53.5세)	95세(47.5세)
14. 주아이	52세(26세)	52세(26세)
(진구 황후)	100세(50세)	100세(50세)
15. 오진	110세(66세)	130세(65세)
16. 닌토쿠	?	83세(41.5세)
17. 리추	70세(35세)	64세(32세)
18. 한제	?	60세(30세)
19. 인교	?	78세(39세)
20. 안코우	?	56세(28세)
21. 유랴쿠	?	124세(62세)
22. 세이네이	약간	?
23. 겐조	?	38세(19세)
24. 닌켄	?	?
25. 부레쓰	?	?
26. 게이타이	82세(41세)	43세(21.5세)
27. 안칸	70세(35세)	?
28. 센카	73세(36.5세)	?
29. 긴메이	약간	?
30. 비다쓰	?	?
31. 요메이	?	?
32. 스슌	?	?

33. 스이코	75세(37.5세)	?
34. 조메이	?	
35. 고쿄쿠	양위(중임)	
36. 고토쿠	?	
37. 사이메이	?	
38. 덴지	〈46세(23세)〉	
39. 덴무	?	
40. 지토	양위	

*비고: ( ) 안은 2분의 1의 수치, 〈 〉는 기사에 의한 산출.

다. 그는 천황의 장수가 조작이 아니라 '2배년력(二倍年曆)'에 의거하는 수명 계산에서 나왔다고 하지만, 이것은 궤변에 불과하다. 우리는 천황의 수명이 『고사기』와 『일본서기』 사이에도 다르다는 것을 이 표를 통해 알 수 있다.[208] 이 표는 요시다 다케히코가 2배년력에 의해 천황의 수명이 계산되었다는 것을 나타내기 위해 작성한 것이지만, 우리는 반대로 이 표가 천황의 수명이 조작되었다는 것을 나타내는 것으로 해석하고자 하는 것이다.

마루카메 가네쓰쿠

끝으로 마루카메 가네쓰쿠(丸龜金作)의 『일본서기』 비판을 알아보자. 그는 천황의 재위 기간, 즉위년, 사망년에 의심스러운 점이 적지 않으며, 기사에도 예를 들면 닌토쿠 천황기에 있어야 할 것이 오진 천황기에 기록되어 있다고 평하고 있다. 그는 『고사기』와 『일본서기』에도 차이가 있지만, 같은 『일본서기』에도 세 가지 기준을 세워 각각 천황의 즉위년과 사망년이 다름을 보여준다. 어떻게 하든지 『일본서기』를 합

---

208 吉田武彦, 『失ねれた九州王朝』, 1973, p. 126.

리적 역사서로 해석하려고 하고 있지만, 세 가지 기준에 의해 해석하는 자체가 『일본서기』가 조작되었음을 보여주는 것이라 하겠다. 그의 비판을 보면 다음과 같다.[209]

① 오진 천황기에 있어야 할 기사가 진구황후기에 기록되어 있고, 닌토쿠 천황기에 있어야 할 사항이 오진 천황기에 기록되어 있다.

② 인교 천황의 사망년, 안코우·유랴쿠 천황의 즉위년이 분간하기 어렵다.

③ 『일본서기』의 인교 천황기 말기의 기사에는 믿기 어려워 보이는 곳이 있다. 예를 들면, 인교 천황기 24년 6월부터 42년 정월까지 일체의 기사가 없는데, 42년 정월에 돌연히 천황 붕어(崩御) 기사가 등장한다.

④ 안코우 천황의 즉위년과 유랴쿠 천황의 즉위년은 의심할 점이 있어 믿을 수 없다.

⑤ 진구·오진 시대의 기년을 2간지(120년) 내려야 한다는 것을 알게 된 것만도 훌륭한 연구 결과다.

⑥ 그가 제시한 주아이 사망 10년 전인 352년부터 부레쓰 4년(502)까지의 연표는 〈표 36〉과 같다.[210]

이상에서 우리는 일본의 대표적 고대사학자 여덟 명의 『일본서기』에 대한 비판을 대략 살펴보았다. 그 결과, 어느 누구도 기년, 천황의 재위 기간과 수명, 즉위년과 사망년, 기사 내용과 천황의 실재성 자체에 대

---

209 丸龜金作, 『日本古代史の硏究』, 1982, pp. 154, 196~197, 214, 218, 230~231, 232.
210 丸龜金作, 위의 책, pp. 248~257.

〈표 36〉 역대 천황의 즉위년과 사망년(마루카메 가네쓰쿠)

	고사기	A 일본서기	B 일본서기	C 일본서기
352 임자		닌토쿠 40		진구 32
354 갑인			오진 1	
362 임술	주아이 사망			
363 계해	오진 1			
389 기축	오진 27	닌토쿠 70	오진 36	진구 69(사망)
390 경인	오진 28	닌토쿠 78	오진 37	오진 1
394 갑오	오진 32(사망)	닌토쿠 82	오진 41(사망)	오진 5
399 기해		닌토쿠 87(사망)		
400 경자		리추 1		
405 을사		리추 6(사망)		
406 병오		한제 1		
412 임자		인교 1		
427 정묘	닌토쿠 사망			
430 경오				오진 41(사망)
432 임신	리추 사망			
437 정축	한제 사망			
453 계사		인교 42(사망)		
454 갑오	인교 사망			
456 병신		안코우 3(사망)		
457 정유		유랴쿠 1		
479 기미		유랴쿠 사망		
480 경신		세이네이 1		
489 기사	유랴쿠 사망	닌켄 2		
502 임오		부레쓰 4		

*비고: 'A 일본서기'는 진무 천황 신유 기년에 의거해 배열한 『일본서기』의 기년.
'B 일본서기'는 오진 천황 즉위 41년설을 취한 것.
'C 일본서기'는 『일본서기』의 진구 황후 55년을 백제 초고왕이 사망한 을해년(375)으로 배열한 것.
'C 일본서기'는 진구 황후 붕후 오진 천황 즉위로서 41년 재위를 배열한 것.

해 조작되었다고 평을 하거나 조작이라는 표현 자체는 쓰고 있지 않지만, 결국 조작임을 인정할 수밖에 없는 기사였음을 시인하고 있는 것을 보았다.

지금부터는 일본 고대사학자가 잘 지적하지 않은 기사에 대해 그것이 사실인지 아닌지를 알아보고자 한다. 국호(일본), 왕호(천황), 왕족(황후, 황태자, 황태후), 중앙 왕실의 관직, 지방행정구획으로서의 국(國) 등 대표적인 몇 가지 사항에 대해서만 알아보고자 한다.

'왜(倭)'라는 국호가 '일본'으로 바뀐 해는 670년(신라 문무왕 10년, 덴지 9년)이다.[211] 그렇다면 『일본서기』는 덴지 9년부터 '일본'이라는 국호를 사용했어야 하는데도 귀신시대(神代)부터 시종 일본이라는 국호를 사용하고 있다. 또한 왕호가 왕에서 천황으로 바뀐 시기는 대체로 덴무 시대로 인정되고 있다. 국호가 670년에 바뀌었다고 한다면 왕호가 '왕'에서 '천황'으로 바뀐 것도 670년 이전으로 소급될 수 없다는 것이 필자의 견해다. 바뀐 시기가 아무리 빨라도 스이코 천황 시대이며, 다이호율령 제정 시기인 8세기 초에 왕호가 바뀌었다고 주장하는 견해도 있다.[212] 그렇다면 '천황'이라는 왕호도 당연히 『일본서기』의 해당 시기부터 기술되어 있어야 하는데도 이것 역시 조작된 천황인 진무부터 존재한 것처럼 기술하고 있다. 여기에 대해 『삼국사기』 「신라본기」는 23대 법흥왕(法興王)부터 왕호인 '왕'을 사용하고 그 이전은 뜻은 역시 왕이지만 당시의 왕호인 거서간(居西干: 1대), 차차웅(次次雄: 2대), 이사금(尼師今: 3~18대), 마립간(麻立干: 19~22대) 등을 윤색, 변개하지 않고 그대로 기술하고 있어서 조작된 『일본서기』와 꽤 대조적임을 알 수 있다.

'일본'이라는 국호와 '천황'이라는 왕호가 언제부터 몇 번이나 사용

---

211 『삼국사기』 「신라본기」 문무왕 10년 조.

212 大和岩雄, 「「天皇」の始用時期をめぐって」, 『일본書紀研究』 15, 1987; 栗原明信, 「東アジアから見た「천황」號の成立」, 『上代日本對外關係の研究』, 1978.

되었는가를 『일본서기』에서 보면 〈표 37〉과 같다. 얼마나 여러 번 사용해 이것을 기정사실화하려고 노력했는지 알 수 있다.

왕호인 천황과 마찬가지로 '황후', '황태자', '황태후'의 호칭도 진무 시대부터 사용해온 것처럼 기술하고 있다. 이를 살펴보면 〈표 38〉과 같다.

우리는 앞에서 종주국인 백제의 패망 후 백제의 고급 전문 지식층이 대규모로 야마토로 이주하기 전까지 야마토왜의 왕궁은 20~30년이면

〈표 37〉 국호인 '일본'과 왕호인 '천황'의 사용 시기와 빈도(『일본서기』)

왕명	일본	천황	왕명	일본	천황
신대 상	10	1	안코우	—	12
신대 하	5	1	유랴쿠	7	122
진무	5	52	세이네이	3	23
스이제이	5	26	겐조	—	51
안네이	2	10	닌켄	—	24
이토쿠	1	10	부레쓰	4	11
고쇼	6	10	게이타이	10	37
고안	4	11	안칸	—	21
고레이	6	9	센카	—	12
고겐	9	9	긴메이	59	86
가이카	6	12	비다쓰	—	35
스진	3	31	요메이	—	27
스이닌	4	60	스슌	—	18
게이코	37	63	스이코	4	47
세이무	—	9	조메이	—	40
주아이	1	32	고쿄쿠	—	27
진구	6	24	고토쿠	4	66
오진	—	46	사이메이	4	37
닌토쿠	—	56	덴지	10	37
리추	—	18	덴무	1	96
한제	—	10	지토	2	74
인교	—	54	계	219	1,457

〈표 38〉 '황후', '황태자', '황태후'의 사용 시기(『일본서기』)

왕대	황후	황태자	황태후	왕대	황후	황태자	황태후
진무	○	○		유랴쿠	○	○	○
스이제이	○	○	○	세이네이		○	
안네이	○	○	○	겐조	○	○	
이토쿠	○	○	○	닌켄	○	○	
고쇼	○	○	○	부레쓰	○	○	
고안	○	○	○	게이타이	○	○	
고레이	○	○	○	안칸	○		
고겐	○	○	○	센카	○		
가이카	○	○	○	긴메이	○	○	○
스진	○	○	○	비다쓰	○	○	○
스이닌	○	○	○	요메이	○	○	
게이코	○	○		스슌	○	○	
세이무	○	○	○	스이코	○	○	
주아이	○	○	○	조메이	○	○	
진구	○	○	○	고쿄쿠	○	○	
오진	○	○	○	고토쿠	○	○	
닌토쿠	○	○	○	사이메이	○	○	
리추	○	○		덴지	○	○	○
한제		○		덴무	○	○	
인교	○	○		지토	○	○	
안코우	○	○	○				

썩는 초가집이었으며, 야마토왜의 경영은 백제에서 파견된 전문 경영팀에 의해 행해졌다는 것을 지적해왔다. 당시 야마토왜의 정치적 상황이 이러할진대 문무백관이나 여러 경(卿)들이 있을 수 없고, 오오미나 오무라지 등 조정의 중신도 있을 수 없다. 그러나 『일본서기』는 이러한 관직명의 중신과 문무백관이 일찍부터 존재한 것처럼 다음과 같이 조작하고 있다.

〈표 39-1〉과 〈표 39-2〉에 나타나 있는 중앙관직은 거의 전부 조작이고, 다음의 〈표 40-1〉부터 〈표 40-4〉까지에 나타나고 있는 지방행

정구획으로서의 '나라'와 그 책임자로서의 국조, 국사(國司), 군사(郡司), 현주(〈표 39-1〉)도 거의 전부 조작이다. 기나이, 아니 야마토나 가와치 지역에서도 왕권이 미치지 못하는 상황이었는데 일본열도 전역에 지방행정구획으로서의 '나라'나 '군(郡)' 또는 '현(縣)'이 설치되었

〈표 39-1〉 중요 관직의 존재 시기(1)(『일본서기』)

왕대	百官(百寮, 百僚)	群卿	公卿	大臣	大連	大夫	將軍	國造	國司	郡司	縣主
진무								○			○
스이제이											○
안네이											○
이토쿠											○
고쇼											○
고안											○
고레이											○
고겐								○			○
가이카											
스진	○	○				○	○				
스이닌		○			○	○	○				
게이코	○	○						○			○
세이무				○							
주아이	○	○		○		○					○
진구	○	○				○	○				○
오진		○		○							
닌토쿠	○			○				○			
리추					○			○			
한제											
인교	○	○									
안코우											
유랴쿠	○	○		○	○			○	○	○	○
세이네이	○				○						○
겐조	○		○	○	○	○		○			○
닌켄											
부레쓰				○	○						
게이타이	○			○	○		○	○		○	
안칸				○	○			○		○	○
센카				○	○	○					
긴메이		○		○	○	○	○	○		○	

비다쓰				○	○	○		○			
요메이		○		○	○						
스슌		○		○	○	○	○				
스이코	○	○		○		○	○	○	○		
조메이	○	○		○		○	○				
고쿄쿠		○		○	○	○	○	○	○		
고토쿠	○	○	○	○		○		○	○	○	
사이메이		○					○	○		○	
덴지				○		○	○				
덴무	○	○	○	○		○	○	○	○	○	○
지토	○	○	○	○				○	○	○	

〈표 39-2〉 중요 관직의 존재 시기(2)(『일본서기』)

출처	서기 연도	神官	神祇官	神祇伯	神祇官頭	太政大臣	太政官	左大臣	右大臣	納言	大納言	中納言	小納言	御史大夫
게이타이 원년 2월 10일	507			○										
긴메이 16년 2월	555			○										
고쿄쿠 3년 정월	644			○										
고토쿠 즉위전기 6월 14일	645							○	○					
다이카 2년 2월 15일	646								○					
3년 10월 11일	647							○	○					
4년 4월	648							○	○					
5년 4월 20일	649							○	○					
하쿠치 원년 2월 15일	650							○	○					
사이메이 4년 정월 13일	658							○						
덴지 10년 정월 5일	671					○		○	○			○		
10년 11월 23일	671							○	○					
덴무 즉위전기 10월 19일	672							○			○			
원년 6월 27일	673							○	○					
원년 7월 22일	673							○	○					
원년 7월 23일	673							○	○					
원년 7월 24일	673							○	○					
원년 8월 2일	673									○				
원년 8월 25일	673							○	○					
2년 12월 5일	674	○												
5년 9월 21일	677	○												
6년 11월 27일	678	○												
9년 7월	681									○				
슈초 원년 9월 28일	686						○							

지토 원년 정월	687									○				
3년 5월 22일	689						○							
3년 8월 2일	689		○											
4년 정월	690			○										
4년 7월 5일	690					○			○					
5년 정월 13일	691								○					
5년 11월	691			○										
5년 12월 8일	691								○					
6년 2월 19일	692											○		
6년 3월 3일	692											○		
6년 9월 14일	692		○											
8년 3월 23일	694				○									
10년 10월 17일	696							○						
10년 10월 22일	696							○						
다이호율령	701		○	○		○	○	○	○		○		○	
덴표 원년 7월	729											○		
덴표 쇼호 5년 3월	753											○		

〈표 40-1〉 지방행정구획으로서의 '나라'의 존재 시기(1)(『일본서기』)

왕대	倭	山城	攝津	河內	安藝	東國	穴門 長門	阿波	淡路	伊賀	伊豆	出雲
신대	○				○	○		○				○
진무	○			○	○							
스이제이												
안네이	○											
이토쿠												
고쇼	○											
고안												
고레이												
고겐												
가이카												
스진	○	○		○		○						○
스이닌	○	○		○			○		○			○
게이코				○	○	○		○				
세이무	○											
주아이	○								○			
진구	○	○				○	○		○			
오진	○		○						○		○	
닌토쿠	○	○		○	○				○			
리추	○			○				○	○			
한제				○								

인교	○			○				○	○			
안코우												
유랴쿠	○	○	○	○						○		
세이네이			○	○								
겐조	○	○	○									
닌켄	○											○
부레쓰	○											
게이타이	○	○		○				○				
안칸	○			○	○				○			
센카	○			○								
긴메이	○	○	○	○			○			○		
비다쓰												
요메이												
스슌			○	○		○			○			
스이코	○	○	○	○	○				○			○
조메이			○									
고쿄쿠	○			○	○	○						
고토쿠	○				○	○	○					
사이메이	○								○			○
덴지	○					○	○			○		
덴무	○	○	○	○		○	○		○	○		
지토	○		○	○		○				○		○

〈표 40-2〉 지방행정구획으로서의 '나라'의 존재 시기(2)(『일본서기』)

왕대	伊勢	因幡	伊豫	石見	蝦夷	越前	近江	尾張	甲斐	上野	紀	吉備
신대	○							○			○	
진무											○	○
스이제이												
안네이												
이토쿠												
고쇼												
고안												
고레이												
고겐												
가이카												
스진	○							○				○
스이닌	○						○					
게이코	○		○				○	○	○	○	○	○
세이무												
주아이											○	
진구	○										○	

오진							○					○
닌토쿠	○										○	○
리추												
한제												
인교			○				○					
안코우			○									
유랴쿠	○	○					○		○			
세이네이			○									○
겐조			○				○					
닌켄												
부레쓰												
게이타이						○	○					○
안칸	○						○	○		○	○	
센카								○				
긴메이	○						○				○	○
비다쓰	○										○	○
요메이												
스슌												
스이코							○			○		
조메이			○									○
고쿄쿠							○					
고토쿠								○			○	
사이메이			○	○	○		○	○		○		
덴지							○					
덴무	○	○				○	○	○	○		○	○
지토	○	○	○				○	○	○		○	

〈표 40-3〉 지방행정구획으로서의 '나라'의 존재 시기(3)(『일본서기』)

왕대	越	相模	讚岐	信濃	志摩	下野	但馬	丹波	筑紫	對馬	遠江	土左
신대									○	○		
진무									○			
스이제이												
안네이												
이토쿠												
고쇼												
고안												
고레이												
고겐	○								○			
가이카								○				
스진								○	○			
스이닌	○						○	○				

게이코	○	○	○	○						○		
세이무												
주아이	○									○		
진구									○	○		
오진	○								○			
닌토쿠											○	
리추			○						○			
한제												
인교									○	○		
안코우												
유랴쿠				○			○	○	○	○		
세이네이												
겐조								○		○		
닌켄								○				
부레쓰				○					○			
게이타이								○	○	○		
안칸									○			
센카									○			
긴메이	○								○			
비다쓰	○								○	○		
요메이												
스슌	○								○			
스이코	○								○	○		
조메이										○		
고쿄쿠	○								○		○	
고토쿠	○			○					○			
사이메이	○			○					○			
덴지	○		○						○	○		
덴무	○	○		○		○	○	○	○	○	○	○
지토	○	○	○	○	○	○			○		○	○

〈표 40-4〉 지방행정구획으로서의 '나라'의 존재 시기(4)(『일본서기』)

왕대	播磨	肥火後國	火前	日高見	飛驒	常陸	日向	備後	肅愼	美濃	武藏	陸奧
신대							○			○	○	
진무							○					
스이제이												
안네이												
이토쿠												
고쇼												
고안												

고레이												
고겐												
가이카												
스진												
스이닌	○									○		
게이코	○	○		○		○	○			○	○	○
세이무												
주아이												
진구	○		○				○				○	
오진	○						○					
닌토쿠	○				○		○				○	
리추												
한제												
인교												
안코우												
유랴쿠	○										○	
세이네이	○											
겐조	○											
닌켄	○											
부레쓰												
게이타이		○										
안칸		○						○			○	
센카		○										
긴메이									○			
비다쓰	○	○										
요메이												
스슌												
스이코	○											
조메이							○					○
고쿄쿠												
고토쿠							○			○		
사이메이									○	○		○
덴지	○					○						
덴무	○				○			○	○	○	○	○
지토	○				○	○			○	○	○	○

다는 것은 전적으로 허위인 것이다. 현주나 국조가 거대한 토지와 사유민과 군대를 소유하고 있었다고 『일본서기』가 기록하고 있는 것은 '국조'나 '현주'가 아니라 일부 일본 고대사학자가 잘 쓰는 '호족'이

었던 것이다. 이 호족이야말로 야마토왜와는 독립된 소군주였으며, '둔창'과 '고분'이 있으며 한국 국명(백제, 신라, 고려, 가야, 가라)을 본뜬 소왕국의 영도자였던 것이다(일본열도 내의 한국 지명에 대해서는 3부 1장 참조). 이러한 영도자 또는 소군주가 야마토 지역에도 존재했던 것이다. 이렇게 한민족의 이주 집단으로 시작된 한국 지명의 소왕국은 일본열도, 특히 서부에 무수히 생겨났지만, 『일본서기』의 편찬자는 이것마저 '나라' 또는 '현'으로 표현해 야마토왜의 지방행정구획으로 조작했던 것이다. 빗추(備中) 지역에 집단 이주한 '가야인(伽耶人)'이 처음에 '가야국(加夜國)'이라는 소왕국을 건설했으나 그 사실을 빼버리고 '빗추노쿠니(備中國)'의 賀陽鄕(가야) 또는 賀夜郡(賀陽郡, 가야)으로 시작한 것처럼 기술하듯이 일본열도 내의 다른 '나라'나 '현'도 이와 같이 기술했을 것이다.

위의 분석에 나타나 있는 바와 같이 『일본서기』는 기년, 국호, 왕호, 천황의 수명, 재위 기간, 즉위년, 사망년, 중앙관직, 지방행정구획으로서의 '나라'의 설과 그 관직 등 국내 정치 전반에 관해 조작했음을 알 수 있다. 이 모두 야마토왜가 한국의 삼국시대보다도 훨씬 이전부터 독립국가로서 일본열도 전역을 통일하고 있었다는 것을 나타내기 위해 취해진 조작이었던 것이다.

(5) 야마토왜와 한국의 관계 기사 조작

이미 언급한 바와 같이 『일본서기』는 크게 세 가지 조작, 즉 첫째, 야마토왜는 한국보다 훨씬 오랜 역사를 가졌고, 둘째, 야마토왜는 처음 개국부터 독립국이었으며, 셋째, 한국은 처음부터 야마토왜의 식민지 또는 예속국이었다고 조작했던 것이다.

여기서 이 마지막 항목에 관한 조작 기사가 어떻게 쓰여졌는지 알아보고자 한다. 이에 관한 기사는 크게는 '구체적인 언급 없이 막연하게 그냥 한국이 야마토왜에 항복하고 예속국이 되겠다고 맹세한 기사', '어느 해 어느 날에 조공했다는 식으로 구체적으로 한국이 일본에 예속되었다고 기술하는 기사', '기사 내용은 엄연히 한국이 종주국이고 야마토왜가 속령 또는 속국으로 되어 있지만 반대로 야마토왜가 한국의 종주국으로 표현된 기사'의 세 가지로 대별할 수 있을 것이다. 먼저 첫 번째 사례를 알아보고자 한다. 동화처럼 조작되어 있음을 볼 수 있다.

R1. 진구 섭정 전기 10월 3일, 와니노쓰(和珥津)에서 출발했다. 그때 바람의 신이 바람을 일으키고 파도의 신이 파도를 일으켜 바다 속의 고기가 모두 떠서 배를 도왔다. 바람은 순풍이 불고 범선은 파도로 보내졌다. 노를 젓지 않고 신라에 도착했다. 그때 배를 태운 파도가 멀리 나라 가운데까지 미쳤다. 이것은 천신지지가 도왔기 때문이다. 신라의 왕은 겁을 먹고 어찌할 바를 몰랐다. (……) 신라왕은 "동쪽에 신(神)의 나라가 있어 일본이라고 한다. 또 성왕이 있어 천황이라고 한다. 틀림없이 그 나라의 신병(神兵)이겠지. 어떻게 군사를 거느리고 싸울 수 있겠는가?"라고 했다. 백기를 들고 스스로 항복하고 흰색 끈을 목에 걸고 스스로 체포되었다. 지도와 호적을 봉인(封印)해 제출했다. 그리고 "금후 오랫동안 복종해 말 기르는 사람이 되겠습니다"라고 했다. 고구려, 백제 두 나라 왕은 신라가 지도와 호적을 제출하고 일본에 항복했다는 말을 듣고 비밀히 그 군세(軍勢)를 염탐해 이기지 못함을 알고 스스로 진(陣) 밖으로 나와 머리를 숙여 "금후 영원히 서쪽의 미개국이라 칭하고 조공을 멈추지 않겠습니다"라고 말했다. 그래서 세 나라를 일본 조정 직할의 농업경영지(또

는 직할령)로 정했는데, 이것이 이른바 삼한이다.

R2. 진구 49년 3월, 아라타와케, 가가와케를 장군으로 했다. 구저 등과 함께 군사를 정돈해 탁순국(卓淳國)에 이르러 바로 신라를 습격하려고 했다. (……) 목라근자 사사노궤(沙沙奴跪)에 명해 정병(精兵)을 거느리고 사백개로(沙白蓋盧)와 함께 가게 했다. 모두 탁순국에 모여 신라를 쳐부수었다. 그리고 비자본(比自炑), 남가라(南加羅), 연국(喙國), 안라, 다라(多羅), 탁순(卓淳) 가라, 7국을 평정했다. 군사를 옮겨 서쪽으로 고해진(古奚津)에 이르러 남만(南蠻)의 탐라(제주도)를 멸망시켜 백제에 주었다.

R3. 진구 51년 3월, 백제왕은 또 구저를 보내 조공했다. (……) 이해 치쿠마나가히코를 구저에 딸려서 백제국에 파견했다. 그때 말하기를 "짐은 신(神)의 지시에 따라 왕래의 길을 열었다. 바다의 서쪽을 평정해 백제에 주었다. 지금 우의를 돈독히 해 오랫동안 칭찬하고 사랑한다"라고 했다. 이때 백제왕 부자는 함께 이마를 땅에 대고 빌면서 말하기를 "귀국의 대은(大恩)은 천지보다 무겁습니다. 어느 날 어느 때라도 어찌 잊겠습니까? 위로 성왕이 계셔 해와 달처럼 밝습니다. 지금 신(臣)은 아래에서 확실히 영원히 서쪽의 제후가 되어 어디까지나 두 마음이 없을 것입니다"라고 했다.

R4. 오진 즉위전기, 황태후(진구) 섭정 3년에 황태자가 되었다. 그때 나이 3세로 천황이 임신되었을 때 천신, 지신은 삼한을 주었다.

R5. 오진 3년 11월, 백제의 진사왕이 즉위해 귀국(일본)의 천황에 대해 실례를 했다. 그래서 기노쓰 스쿠네, 하타노야시로 스쿠네(羽田矢代宿禰), 이시카와 스쿠네(石川宿禰), 쓰쿠노 스쿠네 등을 파견해 그 무례함을 책망했다. 그래서 백제국은 진사왕을 죽이고 사죄했다. 기노쓰 스쿠네 등은 아화를 왕으로 삼고 귀국했다.

R6. 닌토쿠 41년 3월, 기노쓰 스쿠네를 백제에 파견해 처음으로 나라와

군(郡)의 경계선과 향토의 산물을 기록하는 것을 행했다. 그때 백제의 왕족 사케노키미(酒君)가 무례했다. 그래서 기노쓰 스쿠네는 백제왕을 책망했다.

R7. 유랴쿠 9년 3월, (……) 기노오유미 스쿠네(紀小弓宿禰) 등이 신라에 들어갔다. 지나가는 길목에 있는 군을 점령했다. 신라왕은 밤에 일본군(관군)이 사면을 포위해 북소리를 내는 것을 듣고 탁지(喙地)가 점령되었다고 생각해 수백의 기병과 함께 도주했다. 오유미 스쿠네(小弓宿禰)는 진격해 적장을 베었다.

R8. 겐조 3년 이해, 기노이쿠하 스쿠네(紀生磐宿禰)는 임나에서 고구려에 들어가 삼한의 왕이 되려고 관부(官府)를 정돈하고 스스로 신성(神聖)이라 칭했다.

R9. 긴메이 23년 7월, 대장군 기노오마로 스쿠네(紀男麻呂宿禰)를 파견해 군사를 거느리고 다리(哆唎)에서 출발했다. (……) 기노오마로 스쿠네는 이기고 군을 거느리고 백제의 군영에 들어갔다. (……) 가하베노 오미니헤(河邊臣瓊缶)는 홀로 전진해 잘 싸웠다. 신라는 또 백기를 들고 항복해 왔다.

R10. 긴메이 23년 8월, 대장군 오토모노 무라지 사데히코(大伴連狹手彦)를 파견해 군사 수만 명을 거느리고 고구려를 쳤다. 사데히코는 백제의 계략을 사용해 고구려를 격파했다. 그 왕은 울타리를 넘어 탈출했다. 사데히코는 승리한 후 궁중에 들어가 갖가지 진기한 보물, 칠직장(七織帳), 철옥(鐵屋)을 입수해 귀국했다.

R11. 스이코 8년, 사카이베노오미(境部臣)를 대장군, 호즈미노오미(穗積臣)를 부장군으로 했다. 1만여 군사를 거느리고 임나를 위해 신라를 쳤다. 신라를 향해 바다를 건넜다. 신라에 도착해 다섯 성을 공략했다. 신라

왕은 백기를 들고 장군의 깃발 밑으로 와서 다다라, 소나라(素奈羅), 불지귀(弗知鬼), 위타(委陀), 남가라(南迦羅), 아라라(阿羅羅)의 여섯 성을 내어주고 항복을 청했다.

R12. 스이코 31년, (……) 수많은 군사를 거느리고 신라를 정벌했다. (……) 신라왕은 대군이 쳐들어온다는 것을 듣고 겁을 먹고 항복을 청했다. 천황은 장군들의 상주를 듣고 이것을 허락했다.

위의 사료를 다시 정리하면 〈표 41-1〉과 같다. 〈표 41-1〉을 다시 정리하면 〈표 41-2〉처럼 된다. 즉 신라를 정복하거나 항복을 받은 기사가 제일 많아 여섯 가지 사례나 되고, 그다음으로 백제왕이 왜왕에 충성을 맹세하거나, 백제에 영토를 하사하거나, 백제왕을 죽이고 새 왕을 세운 것과 같이 백제가 야마토왜의 식민지처럼 기술한 기사가 많음을

〈표 41-1〉 한국이 야마토왜에 항복했다고 동화같이 기록한 기사(『일본서기』)

진구 섭정전기 10월 3일	① 신라왕 왕복(바람신, 파도신, 물고기가 일본 군사를 신라로 운반) ② 고구려, 백제도 신라왕 항복 소식 듣고 직할령으로 스스로 결정
진구 49년 3월	① 신라 격파 ② 비자본 등 7국 평정 ③ 제주도를 멸망시켜 백제에 줌
진구 51년 3월	백제왕 부자가 일본 장군 앞에서 이마를 땅에 대고 영원한 충성을 맹세
오진 즉위전기	천신, 지신이 삼한을 진구에게 줌
오진 3년 11월	사람을 파견해 무례함을 책망하여 백제왕(진사왕)을 죽이고 다른 사람(아화)을 왕으로 삼음
닌토쿠 41년 3월	사람을 파견해 처음으로 백제의 나라와 군의 경계선을 책정하고 토산물을 기록하게 함
유랴쿠 9년 3월	왜장이 신라의 군을 점령하고 신라의 장군을 베었으며 신라왕이 도주함

겐조 3년	왜인 한 사람이 임나, 고구려에 들어가 삼한의 왕이 되려고 함
긴메이 23년 7월	왜장이 백제의 군영에 들어가서 신라는 또 백기를 들고 항복
긴메이 23년 8월	왜왕은 장군을 파견하여 고구려를 격파하고 고구려왕은 도주
스이코 8년	① 왜장으로 하여금 임나를 위해 신라를 공격하게 해 다섯 성을 공취 ② 신라왕은 여섯 성을 분할하여 항복
스이코 31년	① 수많은 왜군이 신라 정벌 ② 신라왕이 항복을 청함 ③ 왜왕이 이를 허락

〈표 41-2〉 한국이 야마토왜에 항복했다고 기록한 기사의 사례(『일본서기』)

내용	횟수
신라 정벌, 항복 신라왕 도주	6
백제왕 충성 맹세 백제에 영토 '하사' 백제왕 죽이고 신왕 세움 백제에 정치를 가르침	3
천신이 삼한을 진구에게 줌	1
왜인이 삼한의 왕이 되려고 함	1
고구려 격파, 고구려왕 도주	1

보게 된다.

또 『일본서기』의 편찬자는(아마도 이것은 720년 당시의 편찬자보다는 그 후의 『일본서기』 기사의 변개자가 행했을 것으로 생각되지만) 한국(백제, 고구려, 신라 등)의 왕은 야마토왜의 왕에 '신(臣)' 또는 '신국(臣國)'이라 자칭하고 '표문(表文)'을 올리고 '아뢰다'라고 기술하는 반면, 야마토왜의 왕은 한국의 왕들에 '명(命)'하고 '칙(勅)'하고 '하사'했다고 기록하고 있다. 여기서 이러한 기사가 몇 번, 어느 시기에 나타나는지를 표로 만들면 〈표 42〉와 같다. 이 표에 의해 이러한 기사는 이른바 진구 시대부터 시작했으며, 긴메이 때와 게이타이 때에 가장 많이 조작되었음을 알 수 있다.

〈표 42〉 한국의 왕과 왜왕의 관계를 나타내는 용어(『일본서기』)

왕대	한국의 왕이 왜왕에 사용한 용어			왜왕이 한국왕에 사용한 용어		
	臣(臣國)	上表	奏	詔(詔書)	勅	賜
진구	3					
오진		1				
닌토쿠						
리추						
한제						
인교						
안코우						
유랴쿠						
세이네이						
겐조						
닌켄						
부레쓰		1				
게이타이	2	1	1	1	5	2
안칸		1				
센카						
긴메이	6	8	6	15	14	1
비다쓰		1			2	
요메이						
스슌						
스이코		2				
조메이						
고쿄쿠		1				
고토쿠				1	1	
사이메이		1				
덴지		2			1	7
덴무			2	1		
지토			3	1	1	

*비고: ① 긴메이 15년 12월에는 臣, 臣國 두 가지로 사용했는데 하나로 취급했다.
② '奏'에는 '청정(請政)' 2회(덴무 5년 11월 3일; 덴무 14년 11월 27일)와 '진청(秦請)'이 포함되어 있다.
③ 숫자는 기사의 횟수이다.

한편 『일본서기』의 편찬자, 조작·변개자들은 야마토왜 국왕의 죽음은 황제의 죽음처럼 '붕(崩)'으로 표현하고, 백제왕의 죽음은 야마토왜의 중신이나 왕자의 죽음처럼 '훙(薨)'으로 표현하고 있다.

A. 왜왕 죽음의 표현 사례

신대 하, 히코나기사타케우가야 후키아에즈노미코토(彦波瀲武鸕鷀草葺不合尊)가 서주궁(西州宮)에서 죽었다[崩].

진무 76년 3월 11일, 천황이 가시하라궁에서 죽었다[崩].

지토 3년 5월 22일, 나니와노미야지텐카(難破宮治天下) 천황(고토쿠 천황)이 죽었다[崩].

B. 왜 왕족의 죽음의 표현 사례

스이코 11년 2월 4일, 구메(來目) 황자가 죽었다[薨].

스이코 11년 7월 6일, (황자의) 처 토네리노히메미코(舍人姬王: 긴메이왕의 딸)가 아카시에서 죽었다[薨].

덴무 10년 2월 29일, 아베노오호토지[阿倍夫人: 덴무 천황의 빈(嬪)]가 죽었다[薨].

C. 왜 중신의 죽음의 표현 사례

센카 원년 7월, 모노노베노 아라카히노 오무라지(物部麁鹿火大連)가 죽었다[薨].

긴메이 31년 5월 20일, 대신 소가노 우마코가 죽었다[薨].

덴지 8년 10월 16일, 후지와라노우치노 아소미(藤原內大臣: 가마타리)가 죽었다[薨].

D. 백제왕의 죽음의 표현 사례

진구 55년, 백제의 초고왕이 죽었다[薨].

진구 64년, 백제의 귀수왕이 죽었다[薨].

진구 65년, 백제의 침류왕이 죽었다[薨].

오진 16년, 백제의 아화왕이 죽었다[薨].

유랴쿠 23년 4월, 백제의 문근왕이 죽었다[薨].

게이타이 17년 5월, 백제의 무령왕이 죽었다[薨].

우리는 여기서 『일본서기』의 변개자들은 고구려, 신라, 백제 삼국의 국왕이 다 같이 '신(臣)'이라 자칭하고 '표'를 올리고 '아뢰다'라고 했다고 조작 기사를 쓴 것이 아니라 이러한 기사는 주로 백제왕에 집중되어 있다는 사실과, 또 왜왕이 '명(命)'하고 '칙(勅)'하고 '하사'하는 상대의 왕도 대부분 백제왕에 집중되어 있다는 사실에 주목한다. 신라왕이나 고구려왕에 대해서가 아니라 주로 백제왕에 대해 그들을 야마토왜왕의 신하처럼 취급해 그와 같은 기사를 반복해 기술하는 것은 야마토왜가 백제에 의해 건국되고 경영된 속국이라는 것을 은폐하기 위해서인 것으로 보인다.

『일본서기』의 편찬자와 후세의 조작·변개자들이 가장 적극적으로 조작한 제목의 하나는 한국이 끊임없이 야마토왜에 조공했다고 기술한 것이다. 백제, 신라, 고구려가 각각 단독으로 조공했다고 기술하기도 하지만, 이들 나라 가운데 몇 나라가, 심한 경우에는 네 나라가 함께 야마토왜에 조공했다고 기술했으며, 이미 별고에서 언급한 바와 같이 고구려가 멸망한 후에도 고구려가 야마토왜에 조공했다고 허위로 기술하는 데는 폭소마저 터져 나올 정도다.

〈표 43〉 한국이 야마토왜에 조공했다고 조작한 기사(『일본서기』)

연대	표현	조공했다고 기록된 국가								
		고구려	신라	백제	임나	탐라	삼한	해표지국	반파국	오
스진 65년 7월	朝貢				○					
스이닌 3년 3월 주	貢獻		○							
게이코										
세이무										
주아이										
진구 전기 10년 3월	朝貢	○	○	○						
전기 12년 14일 주	朝貢		○							
5년 3월 7일	朝貢		○							
46년 3월 1일	貢 · 獻			○						
47년 4월	朝貢 · 調使		○	○						
49년 3월	朝貢			○						
51년 3월	朝貢 · 貢獻			○						
52년 9월 10일	每年 繼續 朝貢		○							
	獻(七枝刀, 七子鏡)			○						
62년	(不調)		○							
오진 14년 2월	貢(縫衣工女)			○						
15년 8월 6일	貢(良馬)			○						
28년 9월	朝貢	○								
31년 8월	貢(匠者) · 調使		○							
닌토쿠 11년	朝貢		○							
12년 7월 3일	貢(鐵盾, 鐵的)	○								
12년 8월 10일	獻(鐵盾, 鐵的)	○								
17년 9월	貢獻(調, 絹 等)		○							
17년	(不調貢)		○							
53년	(不調貢)		○							
58년 10월	朝貢	○								○
리추										
한제										
인교 42년 정월 14일	貢上(調船, 樂人)		○							
42년 11월	貢上(物, 船)		○							
안코우										
유랴쿠 2년 7월 주	貢進(女人)			○						
5년 4월	貢(女人)			○						
6년 4월	朝貢									○

7년	獻(巧者)			○						
7년	所獻(手末才伎)			○						
10년 9월 4일	所獻(鵝鳥)									
14년 정월 13일	所獻(手末才伎)									○
23년	調賦			○						
세이네이										
겐조										
닌켄										
부레쓰 6년 10월	進調			○						
7년 4월	進調 · 調使			○						
게이타이 6년 12월	貢調			○						
7년 6월	貢(五經博士)			○						
7년 11월	獻(珍寶)								○	
10년 9월	貢(五經博士)			○						
23년 9월	朝貢			○						
안칸 원년 5월	來貢 · 常調			○						
센카 원년 5월 1일	遣使獻							○		
긴메이 원년 8월	遣使獻 · 脩貢職	○	○	○	○					
4년 9월	來獻(財, 奴)			○						
5년 11월	貢調			○						
7년 6월 12일	獻調			○						
8년 4월	貢(官人)			○						
11년 4월 1일	獻(高麗奴)			○						
11년 4월 16일	獻(高麗人 捕虜)			○						
13년 10월	獻(佛像, 幡蓋, 佛經)			○						
15년 2월	貢(官人, 易博士, 曆博士, 醫博士, 採藥師, 樂人)			○						
21년 9월	獻調賦		○							
22년	獻調賦		○							
23년 8월	奉獻(七織帳)	○								
23년 11월	獻 · 貢調賦		○							
31년 5월	調	○								
32년 3월	獻物未呈	○								
비다쓰 원년 5월 1일	所獻 · 調物	○								
원년 6월	調	○								
3년 11월	進調		○							
4년 2월	進調			○						
4년 6월	進調		○							
6년 11월 1일	獻(佛經, 律師, 禪師, 比丘			○						

	尼, 呪禁師, 造佛工, 造寺工)									
8년 10월	進調 · 送佛象		○							
9년 6월	進調		○							
11년 10월	進調(返還)		○							
요메이										
스슌 즉위전기 6년	調使			○						
원년	獻(佛舍利) · 進調 · 獻(僧, 寺工, 鑪盤博士, 瓦博士, 畫工)			○						
스이코 5년 4월	朝貢			○						
6년 8월 1일	貢(孔雀)		○							
7년 9월 1일	貢(駱駝, 驢, 羊, 白稚)			○						
8년	貢調		○		○					
10년 10월	貢(歷本, 天文地理書)			○						
13년 4월	貢上(黃金 300兩)	○								
18년 3월	貢上(僧 曇徵, 法定)	○								
19년 8월	朝貢		○		○					
24년 7월	貢(佛象)		○							
26년 8월 1일	貢方物, 貢獻(俘虜, 土物, 駱駝)	○								
29년	朝貢		○							
31년 7월	貢(佛象, 舍利)	○		○						
31년 11월	貢調 · 調貢使人		○		○					
32년 4월 3일	貢上(佛象, 佛經)			○						
33년 정월 7일	貢(僧侶 慧灌)	○								
조메이 2년 3월 1일	朝貢	○		○						
7년 6월 10일	朝貢			○						
10년	朝貢		○	○	○					
12년 10월 11일	朝貢		○	○						
고교쿠 원년 2월 21일	貢(金, 銀 等)	○								
원년 5월 16일	調使			○						
원년 5월 18일	進調			○						
2년 4월 21일	調使			○						
2년 6월 23일	進調(船)			○						
2년 7월 3일	調 · 獻物 · 調使			○						
4년 6월 8일	進調						○			
고토쿠 다이카 원년 7월 10일	進調 · 調使	○	○	○						
2년 2월 15일	貢獻(調賦)	○	○	○	○					

2년 9월	貢(質)		○							
	調				○					
3년 정월 15일	貢獻(調賦)	○	○							
3년 이해	來獻(孔雀, 鸚鵡)		○							
4년	貢調		○							
하쿠치 원년 4월	貢調		○							
원년 4월 주	貢獻	○	○	○						
2년 6월	貢調 · 獻物		○	○						
2년	貢獻使		○							
3년 4월	貢調 · 獻物		○	○						
4년 6월	貢調 · 獻物		○	○						
사이메이 원년 7월 11일	調使			○						
원년	進調	○	○	○						
2년 8월 8일	進調	○								
2년	進調	○	○	○						
6년 10월	來獻(唐俘)			○						
7년 5월 23일	貢獻					○				
7년 5월 23일 주	奉進(入朝)					○				
7년 11월 7일 주	所獻(唐俘)			○						
덴지 원년 6월 28일	進調 · 獻物			○						
2년 2월 2일	進調			○						
3년 5월 1일	獻物			○						
5년 정월 11일	進調 · 獻物	○				○				
5년 10월 26일	進調	○								
6년 7월 11일	貢獻					○				
7년 4월 6일	進調			○						
7년 7월	進調	○								
7년 9월 12일	進調		○							
7년 9월 29일	調船		○							
8년 9월 1일	進調		○							
10년 정월 9일	進調	○								
10년 2월 23일	進調			○						
10년 6월 15일	進調			○						
10년 6월	進調 · 獻(水牛 等)		○							
10년 10월 7일	進調		○							
10년 12월 17일	進調使		○							
덴무 원년 5월 28일	進調	○								
2년 윤 6월 8일	朝貢					○				
2년 윤 6월 15일	調使		○							

2년 8월 20일	朝貢	○								
4년 2월	進調		○							
4년 3월	朝貢·進調	○	○							
4년 8월	朝使					○				
4년 8월 28일	調使	○	○							
5년 11월 3일	進調		○							
5년 11월 23일	朝貢	○								
6년 8월 28일	朝貢					○				
7년	貢上·當年之調		○							
8년 2월 1일	朝貢	○								
8년 10월 17일	朝貢·調物·獻物		○							
9년 5월 13일	朝貢	○								
9년 11월 24일	進調		○							
10년 10월 20일	貢調(金, 銀 等)·別獻 (金, 銀 等)		○							
11년 6월 1일	貢方物	○								
12년 11월 13일	進調		○							
14년 11월 27일	進調		○							
덴무 슈초 원년 4월 19일	進調(馬 等 100餘 種)·別獻物(金 等 60餘 種)		○							
	獻調賦									
지토 원년 9월 23일	調賦(金, 銀 等 10餘 物)·別所獻(佛象 等 80餘 物)		○							
2년 2월 2일	來獻方物		○							
	別獻(佛象 等)									
	調賦·別獻									
2년 8월 25일	進調				○					
3년 4월 20일	奉調		○							
3년 5월 22일	進調·獻物		○							
6년 11월 8일			○							
6년 11월 24일			○							
9년 3월 2일			○							

그들은 물건뿐만 아니라 사람마저도 조공했다고 기록하고 있는데, 『일본서기』에서 한국이 야마토왜에 조공한 기사를 정리하면 위의 〈표 43〉과 같다.

한편 『일본서기』에는 기사 내용은 엄연히 백제국이 종주국이고 야마토왜가 속국 또는 속령이지만, 그 표현 방식은 그와 반대로 되어 있는 기사가 적지 않다. 이것은 사실(史實)을 기록한 『일본서기』를 후세에 조작·변개할 때 그 표현 방식을 바꾼 것으로 생각된다.

예를 들면, 긴메이 13년 10월에는 백제왕이 사신을 야마토왜왕에 파견해 불교를 신봉하고 보급시킬 것을 권유·지시한 기사가 기술되어 있는데, 그 기사 자체는 백제국이 어디까지나 종주국이지만 그 기사의 표현 방법을 보면 왜국이 종주국으로 표현되어 있다.

또 게이타이 7년 6월과 게이타이 10년 9월 조에는 야마토왜를 경영하기 위해 파견되는 백제의 오경박사와 임기를 마치고 귀국하는 오경박사에 관한 기사가 있으며, 긴메이 8년 4월과 긴메이 15년 2월에는 역시 일정 기간 동안 야마토왜를 경영하기 위해 파견되는 여러 전문 관리인으로 구성된 백제인들이 야마토왜에 파견되고 귀국하는 기사가 있다. 어느 기사나 그 내용 자체는 야마토왜가 백제의 속령으로 되어 있지만, 그 기사의 표현 방식은 그 반대로 되어 있는 것이다.

또 오진 14년부터 20년 사이에는 옷다운 옷도 입지 못한 소수의 원주민이 거주하는 야마토 지방에 대규모의 백제의 집단 이주민이 정착하는 기사가 있다. 이 기사 역시 그 내용과 표현 방식은 정반대다.

(6) '임나일본부' 기사의 조작

『일본서기』에 이른바 임나와 임나일본부에 대해 조작된 기사가 적지 않게 존재하는 것은 사실이지만, 여기서 유의해야 할 것은 이러한 『일본서기』의 조작 기사보다도 메이지 시대부터 지금까지의 일본 고대사학자의 왜곡 해석이 더 극심하며, 이것이 학문 발전을 저해하고 있다는 점이다.

『일본서기』를 편견 없이 솔직히 읽으면 임나는 지금의 쓰시마다. 따라서 임나 10개국도 쓰시마 내에 존재한다. 이것은 다음 사료를 보면 명명백백한 사실이다. 단지 일본 고대사학자들이 이 명백한 기사를 인정하려 하지 않고, 가라 등의 몇몇 지명이 한국사에 있는 것을 핑계로 임나는 가야라고 시종 우겨대는 데 불과한 것이다. 임나의 다음 10개의 지명이 쓰시마에 존재하고 있는 것이다.[213]

> S_1. 스진 65년 7월, 임나는 쓰쿠시에서 2천여 리이며, 북쪽으로 바다를 사이에 두고 신라의 서남에 있다.
>
> S_2. 긴메이 23년 정월, 임나의 미야케(官家)를 멸망시켰다[어떤 책에는 21년에 임나가 망했다고 한다. 총괄해 임나라 하지만 나누면 가라국, 안라국, 사이기국(斯二岐國), 다라국(多羅國), 졸마국(卒麻國), 고차국(古嵯國), 자타국(子他國), 산반하국(散半下國), 걸손국(乞湌國), 임례국(稔禮國), 총 10국이다].

임나와 가야(가라)가 별개의 나라일 뿐 같지 않다는 것에 대해서는 이미 상세하게 논한 바 있으므로[214] 여기서는 지금까지 일본 고대사학자들이 견강부회의 하나의 근거로 삼았던 신라와 임나의 지명의 대비표만 제시하고자 한다(표 44-1).

이제 『일본서기』 변개자가 임나 기사를 변개한 사정을 알아보자. 『일본서기』에도 나타나 있듯이 임나는 쓰시마에 존재하는 작은 국가이

---

213 이병선, 『임나국과 대마도』, 서울: 아세아문화사, 1987.

214 최재석, 『일본 고대사연구 비판』, 1990, 제5~8장 참조.

〈표 44-1〉 신라의 7국, 4촌, 4읍, 6성과 임나의 10국, 4현의 대비표

신라 7국	신라 약탈 4촌	신라 진조(進朝) 4읍	신라 할애(割愛) 강복(降服) 6성	임나 10국	임나 4현
진구 49년 3월	게이타이 23년 4월	비다쓰 4년 6월	스이코 8년	긴메이 23년 정월	게이타이 6년 12월
比自炑					
南加羅			南加羅		
喙國					
安羅				安羅	
多羅				多羅	
卓淳					
加羅				加羅	
	金官				
	背伐				
	安多				
	委陀				
	또는				
	多多羅	多多羅	多多羅		
	須那羅	須那羅	素那羅		
	和多	和多	委陀		
	費智	發鬼	費知鬼		
				斯二岐	
				卒麻	
				古嵯	
				子他	
				散半下	
				乞湌	
				稔禮	
					上哆唎
					河哆唎
					娑陀
			阿羅羅		牟陀

며, 그 국왕은 한국인이다. 따라서 한국은 당시 고구려, 백제, 신라, 가야, 임나의 5국으로 구성되어 있다. 부산에서 육안으로도 보이는 쓰시마인 임나는 한국의 이주민이 일본열도로 이주하는 데 반드시 통과해

야 할 길목에 놓여 있다. 쓰시마보다 먼 거리에 있는 야마토와 규슈에 각각 한국이 경영하는 야마토왜와 규슈왜(九州倭)가 존재하는 것을 보면 쓰시마에도 한국인이 경영하는 소국가가 존재했음이 틀림없을 것이다. 이것이 바로 『일본서기』에 나오는, 국왕이 한국인이며 한국의 지명과 한국의 관위를 가진 관인이 있는 임나인 것이다.

그런데 야마토왜와 임나의 관계는 양자 간의 관계 자체보다는 넓게는 야마토왜와 한국의 관계의 일환으로, 즉 야마토왜와 신라의 관계, 야마토왜와 백제의 관계와 관련을 맺어서 살펴야 그 진상이 더욱 뚜렷해진다는 것을 지적해두고자 한다. 『일본서기』의 변개자는 신라, 백제, 임나 등이 모두 야마토왜에 예속되었다고 하면서도 구체적으로는 조금씩 그 내용을 달리해 기술했다. 신라에 대해서는 야마토왜가 여러 번 군대를 파견해 신라의 항복을 받고 예속국으로 삼은 것처럼 조작 기사를 썼으며, 백제에 대해서는 백제왕이 스스로 야마토왜왕에 신(臣)이라 자칭한 예속국으로 묘사했으며, 임나에 대해서는 그곳에 '일본부'를 설치해 임나를 예속국으로 한 것처럼 기사를 쓴 것이다. 이것이 『일본서기』가 임나에 관한 기사를 조작한 요점이다. 사실과 다른 조작 기사를 쓰다 보니 '일본부'가 설치되고 그 책임자에 '경(卿)', '대신', '집사', '신' 등 여러 관명이 있는 것처럼 기술하기도 하고, '미야케'가 설치되었다고도 한 것이다. 다른 한편으로는 또 일본열도의 다른 지역에서처럼 쓰시마에도 지방행정구획인 '나라'가 설치되어 '국수(國守)', '국사(國司)'가 임명된 것으로 기술해 전후 모순되고 일관되지 못한 기사를 쓰게 된 것이다. 엄연히 한국인 국왕이 존재하는 임나에 야마토왜가 임명한 임나국사(任那國司)가 그 지역을 다스리고 있다고 허위 조작한 것인데, 이렇게 임나국에 때에 따라서 그때그때 '일본의 관가',

'일본의 지방행정구획인 나라(國)', '일본부' 등 3종의 국가기관이 설치되었다고 주장한 것만으로도 조작된 기사임이 명백한 것이다.

임나에서 활약했다고 하는 일본 관인의 관명을 『일본서기』에서 보면 다음과 같다.

① 임나대부	긴메이 14년 8월
② 제왜신(諸倭臣)	긴메이 15년 12월
③ 일본부 행군원수(行軍元帥)	유랴쿠 8년 2월
④ 국수	게이타이 6년 12월, 23년 3월
⑤ 국사(임나국사)	유랴쿠 7년
⑥ 일본부 경(卿)	긴메이 2년 7월, 5년 2월
⑦ 일본부 대신	긴메이 5년 11월
⑧ 일본부 집사	긴메이 5년 정월
⑨ 일본부 신(臣)	긴메이 5년 11월, 6년 9월

이 밖에 임나에 관해 의미가 통하지 않거나 모순된 기사 몇 가지를 지적하고자 한다.

① 긴메이 2년 7월조는 하한(下韓)과 임나를 동등한 별개의 나라로 취급하고 있으나, 같은 4년 11월 8일 조에는 하한을 임나 관할의 한 지역으로 기술하고 있다.

② 게이타이 6년 12월 조를 보면 임나국과 다리국(哆唎國)을 동등한 별개의 나라로 취급하면서 상다리(上哆唎), 하다리는 임나 4현의 하나라고 기술하고 있다.

③ 다이카 원년 7월 10일에는 백제가 임나를 대신해 조공한 것으로

기술하고 있으나, 다이카 2년 9월에는 그때까지 신라가 임나를 대신해 조공을 바친 것으로 기술하고 있다. 한편 다이카 2년 2월 15일 기사처럼 임나가 직접 조공한 것으로 기술하기도 한다.

④ 앞의 〈표 44-1〉에 나타나 있는 바와 같이 임나 10국과 임나 4현의 관계가 이해되지 않는다.

⑤ 스이코 31년(623)에 신라가 임나를 쳐서 속국으로 만들었는데, 그보다 12~13년 전인 스이코 18년(610) 7월과 19년(611) 8월에 이미 임나 관인이 신라의 관위를 가지고 있다.

⑥ 신라가 임나를 쳐서 속국으로 한 해인 스이코 31년(623)에 임나 관인은 백제의 관위를 가지고 있다.

조작을 일삼는 『일본서기』의 편찬자나 후세의 변개자까지도 임나는 쓰시마라고 기술하고 있는데, 유독 현대의 일본 사학자만이 임나는 가야라고 주장한다.

'가라', '가야'라는 국호가 쓰시마뿐만 아니라 일본열도 거의 전역에 존재하는 것은 외면한 채 임나(쓰시마)에 있는 '가라'라는 국명이 한반도에 있다는 이유로 오히려 '가라'가 '임나'라고 우겨대는 것이다. 이리하여 스에마쓰 야스카즈는 가야의 지역뿐만 아니라 전라남북도, 충청남도, 경상북도 남부에 걸치는 남한 전체를 임나라고까지 했던 것이다.[215] 이 경우 그들의 주장에 걸림돌이 되는, 쓰시마는 임나라는 것을 명기한 스진 65년 7월 조의 기사는 외면하거나 과장된 것으로 주장해 왔던 것이다. 백제인이 야마토왜에 정착해 지명에 백제의 이름을 붙였으며, 그 밖에 고구려인, 신라인, 가야인도 일본열도 전역에 이주해 각

215 최재석, 「스에마쓰 야스카즈의 일본 고대사론 비판」, 『한국학보』 53, 1988.

각 떠나오기 전의 나라 이름의 지명을 붙였던 것[216]을 상기하면 신라인이나 가야인 등이 임나인 쓰시마에 이주해 본래 살았던 그들의 본국의 지명을 붙이는 것은 당연한 일이다. 사실 얼마 전까지도 쓰시마에는 시라키(白木)산, 가라(加羅·韓良·迦羅)주(州)의 지명이 존재했다.[217] 이러한 지역에 신라인과 가야(가라)인이 작은 왕국을 형성하고 있었던 것은 물론이다.

그리고 임나의 관인이 어떤 때는 신라의 관위를 가지고 있다고 하고, 어떤 때는 백제의 관위를 가지고 있다고 하는 다음과 같은 기사는 임나(쓰시마)의 일부는 신라의 속국이고 다른 일부는 백제의 속국임을 나타내는 것이다.

> T1. 스이코 18년(610) 7월, 임나의 사신 연부대사 수지매가 쓰쿠시에 도착했다.
>
> T2. 스이코 19년(611) 8월, 임나가 습부대사 친지주지를 파견해 조공했다.
>
> T3. 스이코 31년(623) 7월, 임나가 달솔 나말 지(智)를 파견해 함께 내조했다.
>
> T4. 스이코 31년(623), 또 임나인 달솔 나말 지(遲)를 기시노구라지(吉士倉下)의 부장(副將)으로 했다

위에서 대사는 신라의 관명이고, 달솔은 백제의 관명이다.

임나와 가야가 엄연한 별개의 국가임에도 불구하고 일본 고대사학

---

216 3부 1장 「일본 고대 천황의 원적」 참조.

217 이병선, 『임나국과 대마도』, 『대일본지명사서』 참조.

〈표 44-2〉 일본열도 내에 있는 '가라'라는 국명, 지명의 소재지

	표현	소재지
1	加良	筑前 · 伊勢
2	伽羅	陸中
3	辛	石見 · 肥後 · 信濃 · 筑前 · 下總 · 近江 · 上野 · 豊前 · 播磨 · 備前
4	韓良	筑前 · 對馬
5	韓	日向 · 大隅 · 筑前 · 大和 · 上野 · 對馬 · 播磨
6	唐	陸奧 · 備後 · 石見 · 備前 · 肥後 · 下野 · 和泉 · 岩代 · 美濃 · 陸前 · 武藏 · 相模 · 近江 · 上野 · 對馬 · 肥前 · 伊勢 · 薩摩 · 山城 · 備中 · 備後
7	鹿(城)	遠江
8	可樂	近江
9	柄	岩代 · 相模
10	空	上野 · 攝津
11	加羅	若狹

*비고: ① 한 예로 '加良'이라는 지명이 筑前 내의 여러 곳에 있더라도 하나로 표현했다.
② 〈표 44-2〉, 〈표 44-3〉 모두 『대일본지명사서』에서 추출한 것이다.

〈표 44-3〉 일본열도 내에 있는 '가야'라는 국명, 지명의 소재지

	표현	소재지
1	可也	筑前
2	加悅	丹後
3	河陽	山城
4	蚊屋	備中 · 伯耆 · 近江
5	鹿谷	播磨
6	賀舍	丹後 · 丹波
7	賀野	播磨
8	賀夜	備中
9	賀陽	備中 · 但馬

자들은 가야가 임나라고 주장함으로써 한편으로는 쓰시마[218]를 포함한 일본열도가 한국 국명(신라, 백제, 고구려, 가야, 가라)을 본뜬 지명으로

218 쓰시마, 즉 임나가 언제 일본에 귀속되었는지는 앞으로 다루어야 할 과제이다.

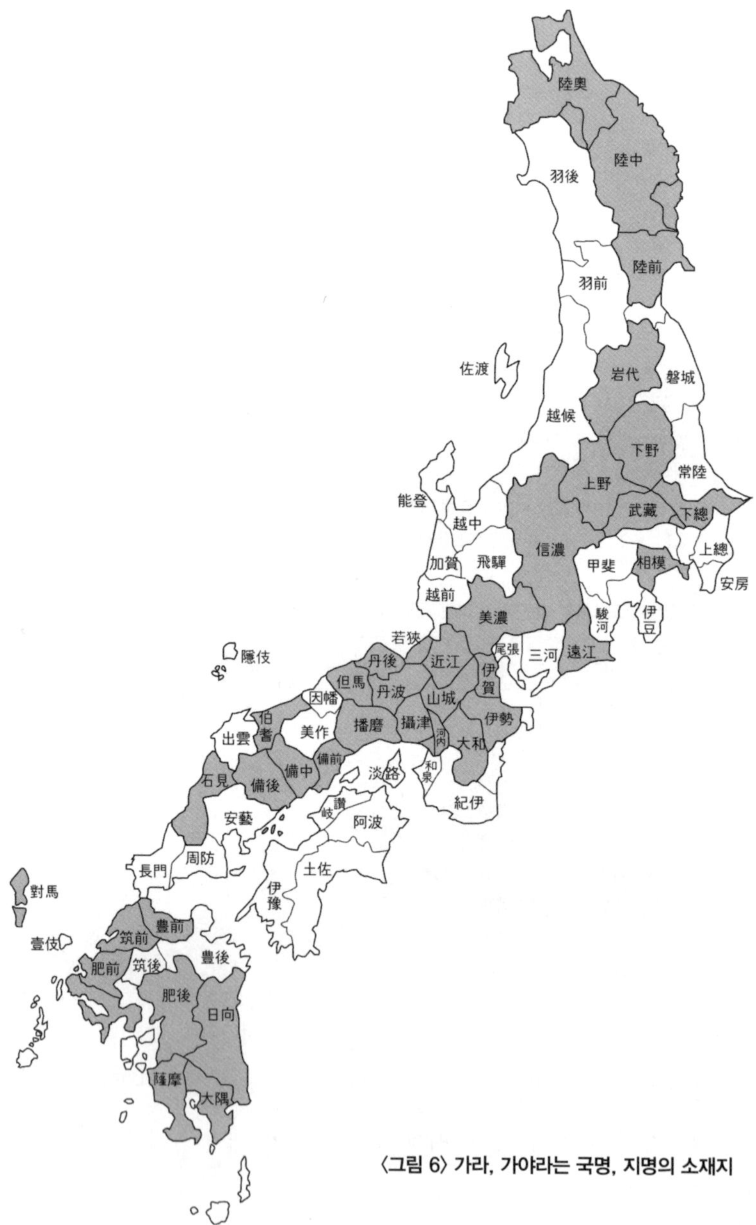

〈그림 6〉 가라, 가야라는 국명, 지명의 소재지

가득 차 있는 것을 은폐하고, 다른 한편으로는 가야국이 일본의 식민지라고 주장하는 두 가지 목적을 달성하고자 하는 듯하다.

가야인이 일본열도로 건너가서 '가라', '가야'라는 국명, 지명을 붙인 곳을 정리하면 〈표 44-2〉, 〈표 44-3〉, 〈그림 6〉와 같다. 이렇게 볼 때 가야국 사람이 신라인, 고구려인, 백제인보다도 먼저 일본열도에 진출하고, 그림에도 나타나 있는 바와 같이 일본열도 내에 가장 광범하게 퍼져 있음에도 불구하고 결국 백제인이 건국, 경영한 야마토왜에 통합되었음을 알 수 있다.

(7) 진구기의 조작

우선 『일본서기』 진구황후기와 그에 따른 천황의 즉위, 사망은 어떻게 조작되었는가부터 알아보자. 『일본서기』에서 진구 황후의 섭정 기간과 관련된 사항을 보면 다음과 같다.

① 주아이 9년 2월 5일	주아이 사망(52세)
② 주아이 9년 2월 12일	진구 섭정 전기
③ 주아이 9년 12월 14일	오진 출생
④ 주아이 10년	진구 섭정 원년
⑤ 진구 섭정 3년 정월 3일	오진 봉(封) 태자
⑥ 진구 섭정 69년 4월 17일	황태후(진구) 사망(100세)
⑦ 진구 69년 4~12월	오진 즉위전기
⑧ 오진 원년 정월 1일	황태자(오진) 즉위(69세)
⑨ 오진 41년 2월 15일	오진 사망(110세)

이를 통해 다음과 같은 것들을 알 수 있는데, 이 자체가 현실성과는 거리가 먼 것이므로 바로 조작되었음을 알 수 있다.

① 아무리 업적이 없는 여왕이라도 천황인 이상 천황으로 기술해야 하고, 또한 아무리 업적이 뛰어난 섭정이라 하더라도 섭정인 이상은 천황으로 기록하지 못함에도 불구하고 이른바 진구 황후만은 섭정이면서도 천황으로 기록하고 있다.

② 섭정은 왕이 존재할 때(보통 왕이 어릴 때) 있는 법인데, 진구는 왕이 없는 상태에서 섭정이 되었다. 왕자(오진)는 12월에 태어나고 섭정은 그보다 10개월 이전인 2월에 시작되었다. 남편(전왕)이 사망한 달에 임신하고 섭정한 것으로 꾸미고 섭정한 지 10개월 후에 왕자가 태어난 것으로 꾸몄다.

③ 여자(진구) 나이 31세에서 100세까지 섭정한 것으로 했다.

④ 69년간 장기간 섭정한 것으로 했다.

⑤ 왕자(오진)는 나이 69세에 이르러 즉위했으며, 110세에 사망한 것으로 했다.

그러면 이와 같이 꾸며진 진구 황후 시대에는 어떠한 역사적 사건이 일어났는지 알아보자. 우선 진구 섭정 5년부터 46년까지 약 40여 년간은 아무런 사건도 없는 역사적 공백으로 남아 있는 것이 눈에 띈다. 그리고 다음에 제시하는 바와 같이 진구황후 후대의 기사는 거의 전부 신라의 정벌과 백제의 조공, 두 가지 기사로 채워져 있다.

원년	신라 정벌, 신라왕 항복
5년	신라왕이 조공
46년	사신을 탁순국에 파견, 백제왕 조공하겠다고 말함

47년	백제왕 조공
	신라국 조공
49년	신라 격파
	신라 7개국 평정
	백제왕 충성 맹세
50년	신라 격파 장군 귀환
51년	백제왕 조공
52년	백제왕 조공 맹세
62년	신라 토벌

일찍이 쓰다 소키치와 이케우치 히로시는 『위지』의 왜 여왕, 히미코에 대응하기 위해 진구황후기를 조작했다고 지적하고 있다.[219] 진구는 『위지』의 히미코에 대응하도록 조작했다 하더라도 그 목적은 지금까지 살펴본 대로 신라를 정복하고 백제가 조공했다는 기사를 기록하기 위해서인 것으로 보인다.

---

219 진무 천황의 즉위를 중국의 『위서』의 설에 의해 신유의 해로 해 그것을 먼 상대에 놓은 것도, 『위지』의 왜 여왕 히미코에 대응하도록 하고, 「진구기」를 만들고, 따라서 오진 조에서 후의 역조의 시대를 순차로 상대에 소급시켜 특히 오진·닌토쿠·인교의 연수를 심하게 연장시킨 것도 (……) 처음부터의 계획이 아니라 (……) 몇 번의 변개에 의해 이루어진 것이다(津田左右吉, 『日本古典の研究』, 1972, pp. 161~162).
『일본서기』의 편찬자는 기년의 조작을 감행함으로써 『위지』 왜인 조의 여왕 히미코를 오진 천황의 앞의 여왕으로서 진구 황후에 반영시켰다. 만일 진구 황후가 실재의 여왕이고 여황과 오진 천황의 진실의 관계가 명백히 알려져 있었다면 『일본서기』의 편찬자는 이러한 기년의 조작을 감히 하지 않았을 것이며, 또 그럴 필요도 없었을 것이다(池內宏, 『日本上代史の一研究』, 1947, p. 114).

(8) 일본 이주 개척자와 경영자에 관한 기사의 왜곡

『일본서기』 편찬자와 후세의 변개자가 가장 철저하게 왜곡한 기사는 일본에의 이주자와 개척자의 표현에 관한 것이었다. 여기에서 그것에 관한 『일본서기』의 전체 기사를 지적할 여유가 없으므로 오진 시대의 백제로부터의 대규모 집단 이주민에 관한 기사와 게이타이·긴메이 대의 백제가 관인을 파견해 야마토왜를 직접 경영한 기사를 어떻게 왜곡했는가에 대해서만 알아보고자 한다. 우선 전자부터 살펴보자. 백제에서 대규모 집단 이주민이 이주한 것과 관련해 『일본서기』는 '귀래(歸來)', '귀화', '공상'이라는 용어를 사용해 이 사실을 은폐하려고 했다. 여기서 왜곡되기 전의 본래의 기사를 추정하면 〈표 45〉와 같을 것이다.

『일본서기』의 편찬자 또는 후세의 변개자는 두 가지 방법을 동시에 사용해 왜곡하는 것 같다. 하나는 백제 관인이 야마토왜에 파견되어 임무를 마치고 귀국하는 기사 바로 앞뒤에 이것과 직접적으로 관련이 없지만 백제가 야마토왜의 속국이라는 인상을 주는 기사를 삽입하는 방법이고, 다른 하나는 백제 관인이 야마토왜 경영을 위해 파견되는 기사를 기술하기는 하지만 백제는 야마토왜에 대해 '공상', '주상(奏上)', '신(臣)'이라는 용어를 사용하고 야마토왜는 백제에 대해 '사(賜)', '칙(勅)'이라는 용어를 사용해 본래의 뜻을 반대로 받아들이거나 적어도 그 뜻을 희석화하려고 한 것 같다.

전자의 방법, 즉 백제 관인이 야마토왜에 파견되거나 임무를 마치고 귀국하는 기사 바로 전후에 백제가 야마토왜의 속국이라는 인상을 주는 기사를 삽입한 예는 〈표 46〉에 있는 바와 같다. 이것은 다음과 같이 요약할 수 있을 것이다.

① 게이타이 7년 6월 백제의 오경박사를 파견하는 기사 바로 다음

〈표 45〉 오진 시대의 백제의 대규모 집단 이주민 기사

연대	본래의 기사	『일본서기』의 왜곡 기사
오진 14년	궁월군이 백제의 120현민을 거느리고 야마토로 이주했다.	궁월군이 백제로부터 내귀했다: 궁월군이 "臣이 120현민을 거느리고 귀화했다"고 上奏했다.
오진 14년 2월	백제에서 봉의공녀가 왔다.	백제왕이 봉의공녀를 貢上했다.
오진 15년 8월 6일	백제에서 말 사육인 아직기가 좋은 말 두 필을 가지고 왔다.	백제왕이 좋은 말 두 필을 貢上했다: 아직기가 명하여 말을 기르게 했다.
오진 20년 9월	아치노오미가 17현민을 거느리고 야마토왜로 이주했다.	왜한직의 조상 아치노오미가 그 아들과 17현의 무리를 거느리고 내귀했다.

에 백제가 남의 나라에 빼앗긴 땅을 돌려달라고 야마토왜왕에 애원한 기사를 기술하고 있다.

② 게이타이 10년 9월 백제가 야마토왜에 파견된 신구(新舊)의 오경박사를 교대시킨 기사 바로 앞에는 야마토왜가 기문(己汶)이라는 땅을 하사한 것을 감사히 여긴다는 기사를 싣고, 또 바로 뒤에는 백제 사신이 고구려 사신을 따라와서 야마토왜와 우호 관계를 맺었다는 기사를 싣고 있다.

③ 긴메이 8년 4월 야마토왜에 파견되는 백제 관인의 교대에 관한 기사 바로 앞에 백제가 야마토왜에 원군을 청했다는 기사를 기술하고 있다.

④ 긴메이 14년 6월 야마토왜가 백제에 의박사, 역박사(易博士), 역박사(曆博士) 등을 교대시켜 줄 것을 청하는 동시에 역점의 책, 역서 및 여러 가지 약물도 보내주었으면 좋겠다고 백제에 청하는 기사 바로 앞에 야마토왜가 오히려 좋은 말, 목조(木造) 선박, 활, 화살 등을 백제에 하사하는 동시에 원군을 백제에 파견한다는 것을 삽입하고 있다(역

〈표 46〉 백제 관인이 파견되어 야마토왜를 경영한 기사

연대	본래의 기사	『일본서기』의 왜곡 기사
게이타이 7년 6월	A. 백제가 穗積 押山의 길 안내를 받아가며 두 장군의 호휘하에 오경박사 단양이를 파견했다. B. (없음)	a. 백제가 두 장군(성명 생략)을 파견해 穗積臣押山에 딸려 오경박사 단양이를 貢上했다. b. 별도로 奏上해 "伴跛國은 臣의 나라인 기문의 땅을 약탈했습니다. 엎드려 원하건대 천은에 의해 본래대로 돌려주시기 바랍니다"라고 했다.
게이타이 10년 9월	A. (없음) B. 백제가 오경박사 한고안무를 파견해 박사 단양이와 교대시켰다. C. (없음)	a. 백제가 주리즉차 장군을 파견해 모노노베노 무라지(일본인)를 따라와서 가문의 땅을 하사한 것을 감사했다. b. 별도로 백제가 오경박사 한고안무를 貢上하고 박사 단양이와 교대할 것을 청하여 그대로 했다. c. 14일 백제 작막고 장군, 일본의 시나노 아히타를 파견해 고구려의 사인 안정 등에 딸려서 내조해 우호 관계를 맺었다.
긴메이 8년 4월	A. (없음) B. 백제가 하부 동성자언을 파견해 덕솔 문휴마나와 교대시켰다.	a. 백제가 2인(관명, 성명 생략)을 파견해 일본의 원군을 청했다. b. 그때 하부 동성자언을 貢上하고 덕솔 문휴마나와 교대했다.
긴메이 14년 6월	A. (없음) B. 백제에 청하기를(또는 奏하기를) "의박사, 역박사(易博士), 역박사(曆博士) 등을 당번제로 교대시켜 주십시오. 지금 상기의 사람들은 바로 교대할 시기입니다. 귀국하는 사인과 교대시켜 주십시오. 또 역점의 책과 역서, 여러 가지 약물도 보내주십시오"라고 하였다.	a. 오오미를 사인으로 백제에 파견해 좋은 말 두 필, 목조선 두 척, 활 50脹, 화살 50구를 하사했다. 勅하여 "원군은 왕이 뜻대로 보낸다"라고 했다. b. 따로 백제에 勅하여 "의박사, 역박사(易博士), 역박사(曆博士) 등을 당번제로 교대시켜라. 지금 상기의 사람들은 바로 교대할 시기이다. 귀국(백제로)하는 사인과 교대시켜라. 또 역점의 책과 역서, 여러 가지 약물도 보내다오"라고 했다.
긴메이 15년 2월	A. (없음) B. 백제는 덕솔 동성자막고를 파견해 전번 근무자 나솔 동성자언과 교대시켰다. (……) 청에 따라 역박사(易博士) 시덕 왕도량, (……) 대덕 진타를 보냈다. 모두 청에 따라 교대시켰다.	a. 백제가 2인(관명, 성명 생략)을 파견해 원군을 청했다. b. 그때 덕솔 동성자막고를 貢上하고 지난 근무자인 나솔 동성자언과 교대했다. (……) 따로 勅을 받들고 역박사 시덕 왕도량, (……) 대덕 진타를 貢上했다. 모두 청에 따라 교대되었다.

점의 책, 역서, 약물도 없어서 도와줄 것을 백제에 청한 야마토왜가 오히려 말과 배를 '하사'했다고 기록한 것이다).

그러면 백제가 야마토왜에 관인을 파견해 야마토왜를 경영한 기사를 어떻게 왜곡했는지 알아보자.

⑤ 긴메이 15년 2월 야마토왜를 경영하는 백제 관인들의 교대에 관한 기사 바로 앞에 백제가 사신을 야마토왜에 파견해 원군을 청한다는 기사를 기록하고 있다.

지금까지 백제로부터의 대규모 집단 이주민에 관한 기사와 백제 관인이 야마토왜에 파견되어 야마토왜를 경영한 기사에 대해서 『일본서기』가 어떻게 교묘하게 왜곡했는지 알아보았다. 다른 기사들도 이러한 방법으로 왜곡·변개되었다. 이제 전체적으로 한국, 특히 백제로부터의 이주민과 개척민을 어떻게 표현했는지 알아보고 이 장을 끝맺고자 한다.

〈표 47〉 가운데 A~D의 표현은 그다지 왜곡되지 않은 표현이며, 그 가운데는 한국으로 다시 귀국하는 사람도 적지 않았을 것이다. F·G항의 사람 중에도 한국으로 다시 귀국하는 사람이 있었을 것이지만, '봉(奉)', '공(貢)', '헌(獻)' 등의 표현은 전적으로 왜곡된 표현이다. '귀화'라는 표현으로 대표되는 E항의 표현은 알려져 있는 바와 같이 '흠화내귀(欽化內歸)'의 뜻으로 율령 체제 확립을 전제로 해 국가 질서에 편성된 호적에 등록되어 국가적 과역을 부담하는 이주자에 대해 사용되는 것이나, 당시 귀화할 독립국가가 없었으니 귀화라는 표현이 있을 수 없다. 신천지 일본에 이주해 그곳을 개척해 국가를 세우고 경영한 주역들 자신을 귀화인이라 표현했으니 이 또한 주객을 전도시킨 조작이다. 신천지 일본에 이주해 그곳을 개척하고 건국한 한국인을 귀화인이

〈표 47〉 한국으로부터의 이주민과 개척민에 관한 표현(『일본서기』)

구분	표현	사례 수	계
A	來朝	1	7
	來之	5	
	來	1	
B	遣	2	2
C	不歸本土	2	3
	欲留	1	
D	浮人	1	2
	爲質	1	
E	歸	1	29
	歸化	8	
	來歸	3	
	來歸, 歸化	1	
	遣, 來歸	1	
	投化	6	
	歸附	1	
	化來	3	
	逃化來	1	
	內附, 內屬	3	
	化來, 歸化	1	
F	奉	1	18
	貢	4	
	貢上	2	
	貢進	1	
	獻	3	
	來獻	1	
	遣, 獻	1	
	獻, 贈	1	
	獻俘虜	2	
	獻唐俘	2	
G	令求	1	3
	召, 獻	1	
	令獻, 貢, 所獻	1	

라 한다면 미국이나 호주에 이주해 그곳을 개척한 영국인도 귀화인이라 해야 할 것이다.

5. 맺는말

지금까지 주로 『일본서기』와 『삼국사기』를 통해 야마토왜의 강역, 백제에 의한 야마토왜의 경영, 그리고 백제의 야마토왜가 일본으로 변신하는 과정에 대해 알아보았는데, 그 결과는 다음과 같다.

① 8세기의 왕권이 미치는 야마토왜의 강역은 기나이를 벗어나는 경우도 있기는 하지만, 아직 이때까지도 일본열도를 통합하지 못했다.

② 고구려의 백제 침공이 격심해진 4세기 중엽 이후부터 백제인의 일본열도 이주가 이어졌겠지만, 백제로부터의 대규모 집단 이주민이 야마토 지방에 이주 정착한 것은 5세기 초(오진 시대)이며, 야마토왜의 고대국가는 대체로 이 시기에 형성된 것으로 보인다. 이주 초기는 국가로까지는 볼 수 없으나 500년대 초 야마토왜의 왕의 임명에 의해 국가의 틀이 잡히기 시작했으며, 그가 이주민들을 통합하고 영도해 신천지를 개척하는 중심 기능을 담당한 것으로 생각된다.

③ 백제가 멸망할 때까지 야마토왜는 백제에서 파견된 관인에 의해 경영되었으며, 백제와 야마토왜의 관계는 종주국과 속령의 관계와 유사했다. 야마토왜는 그때까지는 그들이 백제인이라는 것을 자랑으로 여기고 이를 과시했다.

④ 야마토왜의 왕궁과 절의 구조의 차이, 야마토왜의 왕과 백제의 왕자, 고관의 관계, 야마토왜가 백제 관인에 의해 경영되는 측면 등으로 미루어 볼 때 천황의 존재는 형식적·외형적일 뿐, 야마토왜는 백제가 직영한 것으로 보인다.

⑤ 백제의 마지막 왕인 의자왕이 나당군에 항복하자 백제의 왕족 지배층과 야마토왜는 백제 부흥군을 형성해 3년간 혈투를 벌였으나 결

국 무위로 끝났다. 그 후 백제의 왕족과 지배층은 몽땅 백제의 관위가 통용되고 백제의 관인이 파견되어 경영했던 야마토왜로 건너갔고, 국호를 왜에서 일본으로 고침으로써 비로소 독립국가를 형성하게 된 것이다.

⑥ 야마토왜로 이주한 백제의 지배층과 야마토왜는 합심해 신라의 침공에 대비했으며, 동시에 백제로부터의 전쟁 피난민의 정착에 대책을 강구했다.

⑦ 663년부터 670년까지는 신라의 일본 침공에 대비하느라 경황이 없었지만, 신라로부터의 침공의 위험도 사라지고, 백제로부터의 3천여 명이나 되는 지배층 이주민에 대한 대책도 수립되고, 나당군과의 피비린내 나는 고전의 악몽도 사라지고, 자주 독립적으로 국가를 경영해나갈 만한 전문 지식 지배층도 확보하게 되자 야마토왜는 670년 드디어 국호를 왜에서 일본으로 바꾸고 왕호를 왕에서 천황으로 바꾸어 새로운 국가 건설에 착수하게 된 것이다. 따라서 일본이라는 고대국가는 백제 관인이 경영하고 백제 관위가 사용된 백제의 속령 야마토왜에 나당군의 침공으로 패망한 종주국인 백제의 지배층이 건너가서 세운 국가인 것이다.

⑧ 새로운 국가 건설을 계획한 그들은 기와집으로 된 대규모의 왕궁, 왕도의 건설이나 율령 제정 등 중요한 국가 기본 시책을 펴나가는 동시에 과거의 역사와는 다른 역사서의 편찬에도 착수하게 되었다. 가급적 과거의 역사를 은폐하고, 야마토왜가 백제보다 역사가 더 길고 처음부터 독립국가였으며, 한국이 야마토왜의 속국이라고 기술하는 역사서를 계획했던 것이다. 그러나 이러한 시도도 편찬 당시(720)에는 철저하지 못했고, 쓰다 소키치의 지적처럼 후세에 여러 사람에 의해

여러 가지로 변개되었던 것이다. 8세기까지도 한국 의복을 입고 한국 음식을 먹고 한국어를 사용하고 있었으므로 8세기 초에 편찬된 『일본서기』도 한국어를 사용하고 있어야 하는데도 한국어로 된 기사는 극히 일부분에 지나지 않고 훨씬 후세에 변화된 언어(일본어)로 쓰여 있는 것도 『일본서기』가 후세에 변개되었다는 증거 중 하나다. 하지만 『일본서기』가 후세에 대단히 왜곡·변개되었다 하더라도 변개되지 않은 기사가 남아 있어서 당시의 야마토왜와 일본의 진실을 아는 데는 별 지장이 없다고 하겠다.

시대의 흐름과 더불어 의복도 음식도 언어도 이질화되어 갔으며, 국가의 성격도 그와 더불어 달라져 갔다. 일본 고대사학자의 은폐, 조작과 함께 이러한 이질화가 일본 고대국가의 진실을 밝히는 데 장애물이 되는 것도 사실이다. 국호가 일본으로 바뀌기 이전의 야마토왜의 역사는 한국사의 일부분이고, 국호가 일본으로 바뀐 시기부터는 한국사에서 떨어져 나간 역사로 보인다. 한국 고대사를 정리하면 〈그림 7〉과 같이 될 것이다.

그러나 670년에 국호를 왜에서 일본으로 바꾸었지만 그에 따라 국가체제까지 한꺼번에 모든 것이 전환될 수는 없을 것이다. 여전히 백제의 관위를 받는 것을 명예로 의식했고, 각각 712년과 720년에 편찬된 『고사기』와 『일본서기』도 완전히 과거의 역사적 사실을 은폐하지 않았으며, 또한 아직도 나라 시대는 일본인이 한복을 입고 한국 음식을 먹었으며 한국어를 사용하고 있던 시대였으므로 일본의 역사는 〈그림 8〉과 같이 시대를 구분해야 사실에 더 가까울 것이다. 여기서 우리는 스에마쓰 야스카즈가 『일본서기』에서 '진실을 구하는 태도'를 갖게 되면 뿔을 바로잡으려다가 소를 죽이는 결과가 된다고 주장했던 것을 상기하게 된다.

〈그림 7〉 한국 고대사의 범위

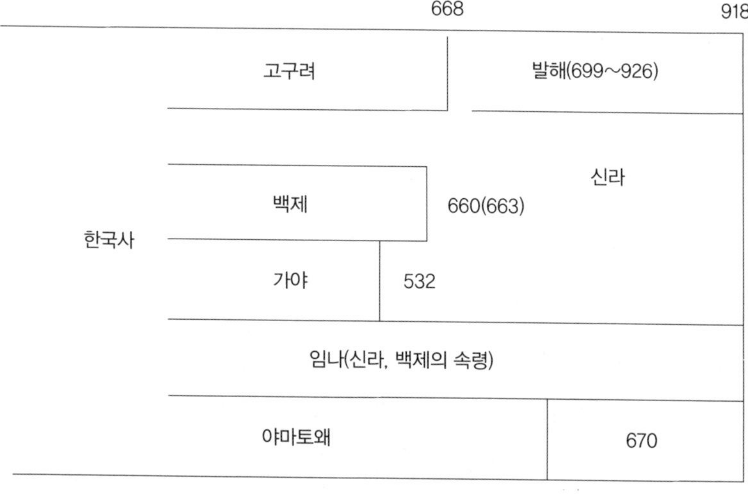

〈그림 8〉 일본사의 시대 구분

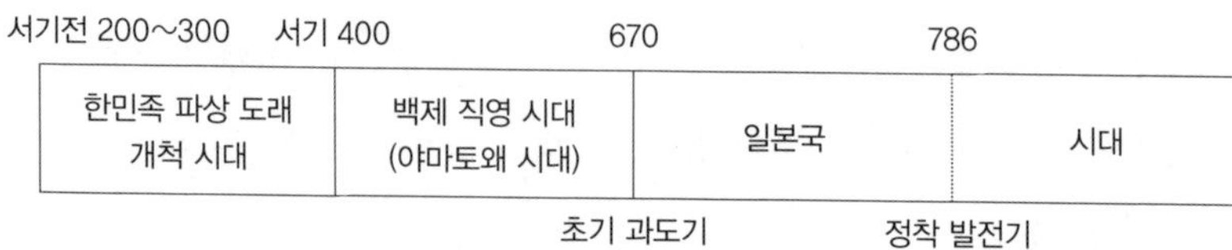

대체로 670년까지는 야마토왜의 사람들이 그들이 한국인(백제인)이고 야마토왜는 백제인이 경영하는 나라라는 것을 자랑으로 여겨왔으나 670년경부터는 이러한 역사적 사실을 은폐하게 되었는데, 그러한 은폐는 712년의 『고사기』, 720년의 『일본서기』부터 나타나 있다. 이러한 흐름은 오늘날 일본 정부나 일본 고대사학자들이 『일본서기』의 백제 본위의 기사 또는 사실의 기사는 조작으로 몰고 조작된 일본 본위의 기사만을 진실의 기사라고 고집하는 데까지 이어져 있다.

나라 시대, 헤이안 시대까지를 포함하는 야마토왜에서 일본으로의 변신 과정은 앞으로 더욱 줄기차게, 그리고 체계적으로 연구되어야 하겠지만, 이 과정은 그들이 입고 있는 의복이 달라지는 과정, 즉 한복에서 일본복으로 변하는 과정, 그들이 먹는 음식이 달라지는 과정, 즉 한국식에서 일본식으로 달라지는 과정, 그리고 그들이 사용하는 문자와 언어가 달라지는 과정, 즉 한국 문자, 언어에서 일본 문자, 언어로 달라지는 과정[220]과 대응시켜 고찰하는 것이 무엇보다도 중요하며, 이것이 앞으로의 최대의 과제라 할 것이다. 물론 현존하는 『일본서기』가 헤이안, 가마쿠라 또는 그 이후의 어느 시대의 언어로 어떻게 쓰이고 조작되었는지도 함께 연구되어야 할 것이다.

이미 언급한 바와 같이 나라 시대까지도 일본인(야마토왜인)은 한국 문자와 한국어를 사용했다. 그렇다면 『일본서기』나 『고사기』는 의당 그 내용이 전부 한국 문자와 한국말로 쓰여 있어야 함에도 불구하고 거의 대부분 나라 시대의 것과는 달라진 후세(헤이안 시대와 그 이후)의 문자, 말로 조작되어 있다. 따라서 달라진 후세의 문자, 말로 쓰인 부분은 나라 시대의 문자와 말, 즉 한국의 문자와 말로 복원되어야 한다. 이것이 앞으로의 두 번째 크나큰 과제가 될 것이다. 이 경우, 물론 그 기사 전체가 조작된 것은 제외되어야겠고, 기사 내용은 백제 중심으로 되어 있지만 표현은 일본 중심으로 되어 있는 것은 본래의 모습으로 복원되어야 할 것이다.

220 한국 민가(民家)와 일본 민가는 다르지만 그 구조는 아직도 기본적으로 같다[장보웅, 「한국 민가와 일본 민가의 비교 연구」, 『민족과 문화』(민속 종교편), 1988].

후기

필자는 한국 고대사와 일본 고대사를 연구하는 일본 고대사학자들의 다음과 같은 태도를 보고 고대 한국과 왜의 관계는 상상 이상의 심상치 않은 관계였을 것이라는 것을 직감하게 되었다. 연구가 진행되는 동안 이 직감은 사실로 판명되어 갔다.

① 일본 고대사를 연구하는 일본 사학자는 거의 전부 한국 고대사에 손을 대고 있다.

② 이들은 한결같이 모두 『삼국사기』의 초기 기록은 조작, 전설의 것이라고 주장하고 있다.

③ 『삼국사기』 초기 기록이 조작되었다고 하면서도 실제로는 초기뿐만 아니라 『삼국사기』 기록 전체를 외면, 무시하고 있다.

④ 『삼국사기』의 사료적 가치 자체를 논하는 글이 아닌 논문, 이를테면 왕위 계승, 골품, 화랑 등에 관한 연구 논문에도 거의 언제나 『삼국사기』는 조작되었다고 주장하고 있고, 심지어는 그 주제에 관한 것보다 『삼국사기』가 조작되었다는 것에 더 많은 정력과 지면을 할애하고 있다.

⑤ 『삼국사기』가 조작, 전설이라고 주장할 때 거의 증거를 제시하지 않고 있으며, 제시하는 경우도 어불성설이거나 폭소를 자아내게 하는

증거들이다.

⑥ 한국사 연구가 아니라 일본 고대사 자체를 연구할 때도 한국 고대사의 초기 기록은 조작, 전설의 것이라고 언급하고 그 후에 일본 고대사를 서술한다.

⑦ 대개 한국 고대사는 중국과 일본 양국의 식민사 또는 예속사로 시작되었다고 기술하고 일본 고대사 서술을 시작한다.

⑧ 이들의 일본 고대사 서술을 보면 메이지 시대부터 오늘날에 이르기까지 전후모순, 견강부회, 황당무계한 주장을 되풀이하고 있으며, 이러한 태도가 일본 고대사 학계의 학풍으로 정착된 느낌마저 든다. 그러한 태도를 높게 평가할망정 비판하는 사람은 지금까지 아무도 없었으며, 계속 오늘에 이르기까지 이어지고 있다(전후모순, 황당무계한 주장의 실례는 졸저 『일본 고대사 연구 비판』에서 제시될 것이다).

⑨ 『일본서기』의 백제 중심의 기사는 모두 조작, 전설의 것으로 몰아붙이고, 일본 중심의 기사는 사실(史實)의 기록으로 주장한다(일본 중심의 기사 가운데 일부는 마지못해 조작, 전설로 인정하고 있다).

⑩ 한국, 중국, 일본(『일본서기』)의 역사서는 한결같이 가야(가라)와 임나를 별개의 나라로 기록하고 있고 같은 나라로 기록한 곳은 한 곳도 없는데도 메이지 시대부터 지금까지 모든 일본 사학자는 거의 필사적으로 같은 나라라고 억지를 쓰고 있다.

⑪ 일본 정치 권력(정부)이 일본 고대사의 진실 규명을 계속 통제하고 거부하고 있다.

이 책에 실린 논문의 목록

1부

「일본 고대사 연구의 기본 시각」, 『제1회 한민족학회 학술발표 요지』, 1989.

2부

1장_「고대 일본으로 건너간 한민족과 일본 원주민의 수의 추정」, 『동방학지』 61, 1989.

2장_「일본 원주민의 문화 수준과 고대 일본의 개척자」, 『동양사학연구』 30, 1989.

3부

1장_「일본 고대 천황의 원적」, 『한국학보』 51, 1988.

2장_「일본 고대 국가의 지배층의 계보」, 『인문론집』 34, 1989.

4부

1장_「백제의 야마토왜와 고구려 · 신라와의 관계」, 『한국학보』 57, 1989.

2장_「야마토왜와 중국과의 관계」, 『일본연구』 5, 1990.

5부

1장_「일본 고대국가 연구: 백제와 야마토왜와의 관계」, 『한국학보』 55, 1989.

2장_「백제의 야마토왜의 형성과 발전」, 『동방학지』 65, 1990.

3장_「백제의 야마토왜와 '일본'으로의 변신 과정」, 『동방학지』 67, 1990.

찾아보기

ㄴ

ㅂ

ㅅ

ㅇ

ㅊ

ㅍ

ㅎ

롯데학술총서 004

백제의 야마토왜와 일본화 과정

초판 1쇄 펴낸 날 2023. 7. 7.

지은이 최재석
발행인 양진호
책임편집 김진희
디자인 김민정
발행처 도서출판 만권당

등 록 2014년 6월 27일(제2014-000189호)
주 소 (07207) 서울시 영등포구 양평로21가길 19, 우림라이온스밸리 B동 512호
전 화 (02) 338-5951~2
팩 스 (02) 338-5953
이메일 mangwonbooks@hanmail.net

ISBN 979-11-88992-21-8 (94910)
979-11-88992-07-2 (세트)

값은 뒤표지에 있습니다.
잘못 만들어진 책은 구입하신 서점에서 바꾸어 드립니다.